框 架

中国经济、
政策路径与金融市场

高瑞东◎著

中信出版集团 | 北京

图书在版编目（CIP）数据

框架：中国经济、政策路径与金融市场 / 高瑞东著. -- 北京：中信出版社, 2022.10
ISBN 978-7-5217-4561-0

Ⅰ.①框… Ⅱ.①高… Ⅲ.①中国经济－宏观经济－经济政策－研究②金融市场－研究－中国 Ⅳ.①F120②F832.5

中国版本图书馆 CIP 数据核字（2022）第 124585 号

框架：中国经济、政策路径与金融市场
著者： 高瑞东
出版发行：中信出版集团股份有限公司
（北京市朝阳区惠新东街甲 4 号富盛大厦 2 座 邮编 100029）
承印者： 嘉业印刷（天津）有限公司

开本：787mm×1092mm 1/16　　印张：31　　字数：403 千字
版次：2022 年 10 月第 1 版　　印次：2022 年 10 月第 1 次印刷
书号：ISBN 978-7-5217-4561-0
定价：98.00 元

版权所有·侵权必究
如有印刷、装订问题，本公司负责调换。
服务热线：400-600-8099
投稿邮箱：author@citicpub.com

目　录

推荐序一　应大国气象，立研究本心 /i

推荐序二　立足中国实践，读懂宏观经济 /v

自　　序　经济学之旅有感 /ix

· // 宏观篇 // ·

第一章　宏观调控框架：从逆周期调控到跨周期调节　/003

　　一、潜在经济增速出现拐点，带来宏观调控分水岭 /005

　　二、潜在经济增速下滑阶段，跨周期与逆周期有机结合 /012

第二章　经济预测框架：通过支出法和生产法核算GDP　/029

　　一、GDP数据是怎么统计出来的？ /032

　　二、如何通过支出法预测GDP增速？ /038

　　三、生产法视角下，如何建立GDP预测体系？ /054

· // 政策篇 // ·

第三章　财政分析框架：从国家账本读懂中国经济 /069

　　一、详解财政"四本账" /072

　　二、如何构建广义财政支出指标？ /083

　　三、新发展模式下，土地财政何去何从？ /092

　　四、财政政策如何推动高质量发展？ /106

第四章　货币分析框架：政策路径的观测与预判 /115

　　一、宏观与市场研究为什么要讨论货币政策？ /118

　　二、决策者视角下货币政策的权衡取舍 /123

　　三、投资者视角下货币政策的观测与预判 /136

　　四、货币信用周期视角下的宏观流动性 /145

　　五、我国的汇率体系与汇率分析 /147

第五章　利率分析框架：连接实体经济与金融市场 /155

　　一、利率如何连接实体经济与金融市场？ /158

　　二、利率市场化与利率体系演进 /162

　　三、利率走势的观测与分析 /171

· // **实体篇** // ·

第六章 投入产出表框架：产业联结与产业链变迁 / 187

    一、走近投入产出表 / 190

    二、如何构建产业链全景图？ / 199

    三、把握产业链变迁 / 204

第七章 通胀分析框架：全方位拆解中国通胀指标 / 217

    一、中国通胀体系的宏微观视角 / 220

    二、CPI 的全方位拆解 / 223

    三、PPI 的全方位拆解 / 232

    四、客观看待 PPI 向 CPI 的传导 / 239

· // **中美篇** // ·

第八章 美国经济研究框架：维持霸权与全球外溢 / 245

    一、两次全球大危机的比较 / 248

    二、美国的利率体系 / 273

    三、解密美国货币市场 / 281

    四、美国财政和税收体制 / 293

第九章　中美关系分析框架：大国博弈与全局推演　/ 325

一、中美关系进入百年大拐点 / 329

二、如何看懂美国政治版图？ / 339

三、中美关系展望：小周期、"小院高墙"和"排华供应链" / 348

四、美国霸权的核心——美元霸权 / 353

· // 未来篇 // ·

第 十 章　人口分析框架：全球共振与中国人口红利　/ 365

一、中国：人口总拐点即将到来，出生下滑趋势难以逆转 / 368

二、二战后的全球人口共振和中国的相对红利 / 376

三、中美人口力量对比：美国人口红利、美版共同富裕 / 380

第十一章　共同富裕框架：全球背景与实现路径　/ 387

一、为何在这个时点强调共同富裕？ / 390

二、为什么制造业是实现共同富裕的关键？ / 397

三、要素改革如何推动共同富裕？ / 407

四、数字经济如何赋能共同富裕？ / 420

第十二章　全球能源革命：一场政治与经济博弈　/ 435

一、全球能源转型加速，中美欧三方如何博弈？ / 438

二、新能源革命下，全球未来利益争夺点在哪里？ / 456

三、低碳转型是我国经济稳增长的重要调节变量 / 468

推荐序一

应大国气象，立研究本心

突如其来的新冠肺炎疫情，伴随紧张的国际局势和极端的气候变化，给全球所有国家都带来了巨大的挑战。全球公共卫生危机、全球经济危机、全球治理危机三者相互影响、相互叠加，对世界的和平与发展造成了重大的冲击。世界面临百年未有之大变局，也给宏观研究带来了新的机遇和挑战。新时代下的宏观研究应该有三个特点：视野上立足于全球；研究中大胆假设、小心求证；具有积极的正外部性，为"强国之路"积极建言献策。

立足中国，放眼全球

全球"东升西降"是不可阻挡的趋势。今天美国的焦虑，源自中国经济的快速上升和美国经济的相对下降。但也需要意识到，中美在经济体量和科技发展水平上仍存在差异。拜登政府执政后，推出多轮财政刺激政策，货币政策从扩张大幅转向紧缩，牵头欧洲收缩核心技术供应链，这些都形成了巨大的外溢效应。伴随着中国企业的国际参与度越来越高，复杂深刻的国际环境变化，也一定会给中国经济和企业造成巨大的影响。

在这一背景下，研究宏观经济更需要立足中国，放眼全球。宏观经济研究不能闭门造车，资本市场也不会只对一国做定价。综合考量海外经济变化趋势和政策长期影响，了解外部环境后，方能刻画出我国经济发展的全貌，理解政策制定的深意。这本书正是在全球视野下做宏观研究的优秀践行，无论是对共同富裕道路的理解，还是对全球能源博弈的研究，均能从中国当前所处的国际政治和经济环境出发，做出更有见地的解读。

大胆亮剑，小心求证

敢于亮剑，敢于不同，这是高瑞东博士做研究的一贯风格和特点。经济社会发展瞬息万变，政府宏观调控是基于预期的，资本市场是在交易预期，宏观经济研究也要时刻走在前沿，敢于提出不同于一致预期的观点，必然能为市场投资和政府调控带来先机。

近年来，由于中美经贸摩擦、新冠肺炎疫情、俄乌局势，中国经济发展面临着巨大的外部不确定性。对此，决策层审时度势、沉着应对，在对冲当下经济压力的同时，也高瞻远瞩、未雨绸缪，为未来的不确定性留出政策空间。

前瞻而与众不同的观点，考验的不仅是探求真理的智慧和勇气，也考验了研究人员对于社会发展规律的深厚理解和对数理工具的熟练运用。在这本书中，无处不可以看到求索精神的体现，这也是青年学者与时代同行应有的昂扬姿态。

经世致用，积极有为

市场机构的宏观研究，不仅可以直接服务于实体企业的经营决策和资本市场的投资策略，也应具有较强的正外部性，对内可以提高社会总福利水平，对外可以服务于国家战略与大国博弈。市场研究机构受资本市场驱动，可以敏锐地捕捉经济周期变化和产业发展趋势，对经济发展做出前瞻性预判，服务于投资决策；而资本市场作为宏观经济的晴雨表，同样可以反映居民和企业部门的预期变化、信心强弱，服务于经济政策和公共治理。

经济学家作为沟通资本、实体、政府多方的桥梁，可以在庙堂之外积极有为、建言献策，这也是中国传统儒家思想中，求实、务实、"以天下为己任"的情怀。高瑞东博士曾经任职于早稻田大学政治经济学院、经济合作与发展组织（OECD）经济部、中国财政部中美经济对话领导小组办公室，从学术研究到国际组织，再到决策部门，最后回归到研究领域，始终都是围绕着经济发展、社会福利提升这一核心议题，始终都在为公共服务做贡献。

结　语

大道至简，繁在人心。经济社会的运转会体现出复杂的表象，但是运转核心却是朴素简洁的经济学原理。社会的主要矛盾总在动态变化，宏观经济研究不应该拘泥于复杂的模型构建和数据演绎，而是应该通过数据寻找驱动经济现象的本质逻辑，搞清楚主要矛盾和次要矛盾。如此，才能在历史变迁中汲取前人智慧，开出良方，确保中华民族这艘巨大的航船破浪前行、行稳致远。

人心齐，泰山移。社会各界建言献策，中华民族凝聚团结、一心奋进，中国一定能够跨越多重障碍，坚持多边合作机制、扩大开放，并借助数字经济的先发优势，在"后疫情时代"走出一条高质量、可持续、和平发展的强国之路。

朱光耀

国务院参事、财政部原副部长

推荐序二

立足中国实践，读懂宏观经济

当今世界百年未有之大变局加速演进，国际环境错综复杂，地缘政治事件频发，全球产业链供应链面临重塑，不稳定性与不确定性明显增加。新冠肺炎疫情影响广泛深远，逆全球化、单边主义、保护主义思潮暗流涌动。在此背景下，公众对宏观经济的关注度与日俱增。为此，我们需要一个宏观经济分析的新思路与新框架，通过立足中国实践，为读者理解宏观经济开拓新图景、搭建新桥梁。

宏观经济运行相当复杂，经常反映出多重因素的影响，倘若只从单个视角出发，往往会得到比较片面的结论。此时，一个注重实践、立足实际、视角独特的经济分析框架，对于我们读懂宏观经济不无裨益。

经济分析框架的实践性

经济分析框架的重要意义之一在于实践性。宏观经济学要学以致用，就必须把宏观经济学理论与经济运行实践结合起来。分析宏观经济，我们的主要目的是基于对过去和现在经济现象的解读，抓住影响当前经济运行的主要矛盾，从而对分析未来趋势提供有价值的参考。

立足经济实践的分析，对于理解政策运行脉络意义重大。2022年5月9日，我在《上海证券报》发表了一篇文章，题目是《疫情对经济的影响将主要在二季度》。2022年前两个月我国经济运行好于预期，但新冠肺炎疫情的反复给原本处于恢复进程中的经济带来新的挑战。本轮疫情不仅直接影响服务业，也冲击了制造业。供应链阻塞给经济社会正常运行带来挑战，稳就业压力增加，消费恢复也可能更为缓慢。因此，我在文章中提出，避免疫情冲击的影响长期化十分重要，也就是要高度关注市场主体的生存问题，改善预期、提振内需，避免疫情给我国制造业造成不可逆的损伤。

高瑞东博士在此书中也非常注重对经济实践的分析与研判。在宏观篇中，通过回顾改革开放以来中国经济的发展历程，探寻了中国宏观调控从逆周期到跨周期的演变路径；在政策篇中，通过分析财政货币政策走向，深入探讨了政策对金融市场的影响路径；在中美篇中，通过对美联储政策实践与美国政治版图进行解析，站在大国博弈视角解读中美关系。高瑞东博士将多年来探索出的宏观分析研判方法归结在此书中，形成了一系列研判具体问题的分析框架，进而根据这些框架开展对经济形势的分析与预测。

经济分析框架的实际性

经济分析框架的重要意义之二在于实际性。我在研究工作中有一个体会，也是我一直努力遵循的原则：经济研究应该依据中国的实际情况和改革的实际需要，而不能照搬国外的理论和经验。早期我国经济学的概念几乎都是从国外引入的，但引入以后往往"变异"，所以很多概念的内涵，甚至有些统计指标的范围也与西方国家不完全一致。因此，倘若直接将这些概念和指标运用到对中国经济的分析实践中，往往会造成很多解读偏差。例如，有学者引用国际著名的不可能三角理论和利率平价理论推演出我国利率、汇率改革和资本市场开放必须遵循"先内后外"的次序。事实上，这两个理论具有局限性，并不完全适合我国的情况，我国的金融改革并不存在严格的时间先后，而是成熟一项、推进一项。

现已成为我国金融宏观调控两大指标之一的社会融资规模（另一个指标是广义货币供应量 M_2），是我国的独创，是一项从 0 到 1 的工作。在我担任中国人民银行调查统计司司长的 6 年时间里，组织全司同志创设、编制、改进并积极宣传推广社会融资规模指标，是领导交代给我最为重要、费时最多，也是感受最深的工作之一。10 多年来，社会融资规模能成为国家重要的指标，并且受到各方面的广泛关注和重视，自有其内在逻辑和原因，主要就在于它不仅从各个侧面反映了社会整体流动性，而且体现了金融与实体经济的关系及对实体经济的资金支持，后者恰恰是我国体制下金融的使命所在。因此，社会融资规模是符合我国实际需要的宏观金融监测和调控指标。

高瑞东博士在写作此书的时候，既有对海外经济和市场的借鉴，但更多是立足于中国实际情况的剖析。例如，在宏观篇中，在搭建 GDP（国内生产总值）预测模型时，除了简易支出法框架，他还搭建了更符合中国实际的生产法 GDP 预测框架，从而与国家统计局核算 GDP 的主要方法保持一致，提高了预测精准度；在政策篇中，他搭建了更加符合中国财政特色的广义财政支出框架，从而可以深刻把握财政和基建的联结关系；在实体篇中，结合"十四五"稳住制造业占比的背景，深入剖析了近年来中国制造业投资中枢不断下滑的原因，并根据国内投入产出的实际情况，构造了中国产业链全景图；在未来篇中，立足中国未来直面的三大命题——人口结构、共同富裕与能源革命，为读者提供更具前瞻性的宏观经济研判。

总之，这本书兼顾理论与实践、国内与国外、当前与未来，思维视角独特，分析方法缜密，语言叙述清晰，对于公共部门决策者、经济金融领域研究者，以及宏观经济的初学者，都具有较高的参考价值。我向高瑞东博士表示祝贺，并希望他持之以恒，做出更加出色的研究成果。

盛松成

上海财经大学教授、中国人民银行调查统计司原司长

自 序

经济学之旅有感

2001年，当21世纪的曙光耀现东方地平线，中国正式加入WTO（世界贸易组织），东方巨人迈着大步走向全球。这一年我作为一名懵懂新人，正式踏入宏观研究的大门，至今已二十一载有余。宏观经济研究从此成了贯穿生命旅程的核心，在大学、国际组织、政府部门和市场机构的工作经历，让我能够从不同的视角理解经济的摩擦、社会的运行和世界的变化。本次能够接到中信出版社的邀请，将自己一路以来的心得体会积累成书，实乃幸事。希望本书能够为读者提供投资与研究的"术"，同时，我也能通过本书与读者交流如何以经济视角来观察社会，思考人生的"道"。

经济一词，源于"经邦济世"，体现的就是中国古代文人修身、齐家、治国、平天下的抱负。近年来，世界经历百年未有之大变局，这种大变局并非一时一事、一域一国之变，而是在世界政治格局重塑、第四次工业革命浪潮、全球公共卫生危机等多重因素叠加下，不稳定性、不确定性高度突出的时代变局。

本书的思路，亦围绕这一时代变局展开。第一部分宏观篇，回顾改革开放以来的中国经济发展历程，探寻中国宏观调控从逆周期到跨周期的演变路径。第二部分政策篇，从财政预算体系出发，构建"广义财政支出框架"，深刻把握财政和经济的联动关系。第三部分实体篇，通过供需、盈利、库存三个维度来推演制造业投资的结构性变化，构建产业链全景图，全方位拆解我国通胀指标体系。

后两部分，我们将视角聚焦于大国博弈和中长期经济因素。第四部分中美篇，从大国博弈角度，对美国政治、经济与中美关系做全局分析。通过剖析美国两党博弈、财政政策和货币政策，推演美国经济和通胀前景，并且通过分阶段回溯贸易摩擦，构建美国对华政策分析框架。第五部分未来篇，将聚焦于全球人口共振视角下的中国人口红利，探讨如何在高质量发展下实现共同富裕，探析全球能源转型加速，以及中美欧三方如何博弈。

通读完以上五篇后，读者基本上可以对宏观经济图景有一个初步的了解。然而，"世之奇伟、瑰怪，非常之观，常在于险远，而人之所罕至焉"。宏观经济研究门槛不高，街头巷尾，人人都能对经济形势发表一二见解。但要想有所造诣、取得突破，看到不同于常人的风景，却需要不断攀爬，付出日积月累的努力。"有志矣，不随以止也"，全书近40万字，是笔者经年如一日的坚持不懈，是保持全天候24小时365天对全球宏观形势的跟踪分析，保持对全球政治经济文化历史的积累。

希望本书能够成为各位读者初探宏观世界的指南，帮助你们在攀登之时尽量少走弯路。当然，"尽吾志也而不能至者，可以无悔矣"，经济学是当代社会科学皇冠上最为璀璨的明珠，只要在旅途中有所感悟，得到对于世界不同视角的思考，就能为人生打上美丽的注脚。每一刻孜孜不倦的思考，可能当下波澜不惊，但终将在某一刹那绽放光华。

从选题到定稿，本书历经两年时间最终完成，特别感谢赵格格、刘文豪、刘星辰、陈嘉荔、杨康的贡献，我们有一个共同的目标，就是做全球最好的宏观研究，对内服务于提升民生福祉，对外服务于国家战略与大国博弈。"孤举者难起，众行者易趋。"中华民族史，就是一部全民族团结奋斗的历史。我们虽然只是宏观经济研究汪洋大海中的一支小队，但却希望能够勇攀浪尖，擎一盏明灯，以星星之火，照亮东方巨龙前行的旅程。

借以本书，希望能够将21年宏观研究的经验与各位读者分享，也希望能够得到全国读者的批评指正意见，疏漏之处争取有机会再版时改正。

── 宏观篇 ──

第一章

宏观调控框架：从逆周期调控到跨周期调节

一、潜在经济增速出现拐点，带来宏观调控分水岭

纵观改革开放以来的 40 多年，2010 年前后，是经济发展和宏观调控的大分水岭。2010 年之前[①]，我国经济的潜在增速持续上升，需求端快速扩张，无论是内需端的基建、住房、消费需求，还是中国加入 WTO 之后来自海外的强劲需求，均在快速释放，经济问题主要来自供给端的限制，比如供需不平衡带来的价格快速上升，逆周期调控也主要以控制经济过热为主。在 1980—2010 年的七次经济逆周期调控中，有五次是以应对经济过热为主要内容的紧缩性调控，另外两次扩张性调控是为了对冲外部经济冲击（即 1998 年的金融危机和 2008 年的次贷危机）。

而在 2010 年之后，随着潜在经济增速触顶，之后开始趋势性

---

① 中国潜在经济增速达峰时间存在争议，但普遍认为这一时间点出现在"十二五"前后。从 GDP 数据来看，2010 年之前 GDP 增速波动向上，2010 年之后 GDP 增速持续趋势性下滑，因此我们把 2010 年作为经济增速达峰的时间点。

下滑，总需求不足的问题逐步显现，经济从"供不应求"变为"供大于求"，宏观逆周期调控的重点也变为以刺激总需求、调整供需结构为主，房地产调控也一度成了逆周期对冲工具箱的主要抓手。近年来，随着外部环境越发严峻复杂，决策层开出了宏观调控新药方：跨周期调控思维。从遏制经济过热到刺激总需求，从逆周期到跨周期。简而言之，改革开放以来的 40 多年，我国经济经历了增速爬坡、见顶、下滑，宏观调控思路也随着经济发展阶段的不断变化更为灵活、前瞻、成熟，这也是我们了解中国宏观经济的大背景（见图 1-1）。

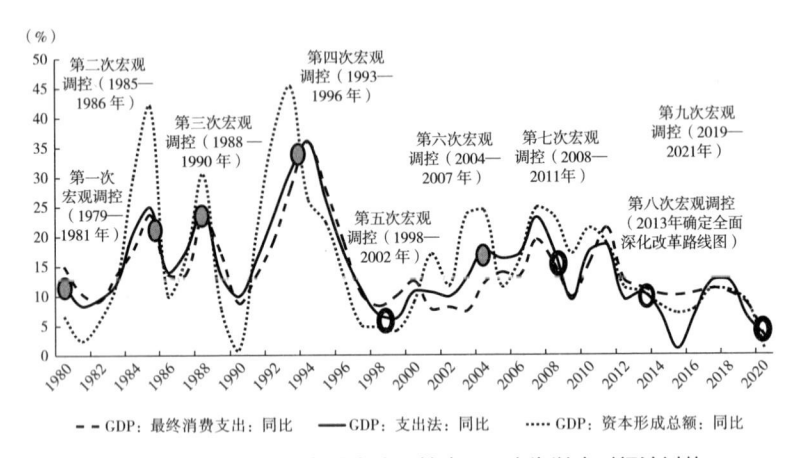

图 1-1 1980—2010 年的七次调控中，五次为以应对经济过热为主要内容的紧缩性调控

注：灰底圆圈为紧缩性调控；图中支出法及其分项，按照当年价格计算。
数据来源：Wind。

（一）改革开放初期：人口增长、市场化红利、技术进步

我们首先将目光聚焦到 1980—2000 年，中国改革开放后至加入 WTO 之前的这 20 年。这一时期，中国经济百废待兴，逐步从

计划经济体制向市场经济体制转变，包括农村土地、城市住房、税收、外汇、物价等领域都开展了一系列改革。人民的各种物质和文化需求快速释放，而市场供需关系尚未稳定，因此也出现了通货膨胀和局部的经济过热问题，从而引发了多次以抑制经济过热为目的的紧缩性调控，GDP增速大起大落。不过整体而言，中国经济在这一时期依然保持了快速增长，如同一匹初入跑道的骏马，虽然跑得磕磕绊绊，但后续爆发的潜力无穷，潜在产出水平和潜在经济增速依然处于抬升的过程中。

如果从资本、技术、人口三个角度来分解，这一时期中国经济增长的动能主要来自生产效率提升和人口规模持续扩张。

第一，生产效率提升。一方面，价格、外汇、土地等领域的改革从浅水区逐步向深水区迈进，市场化机制的红利持续释放。当然，改革的过程也并不是一蹴而就的，而是经过了反复的试错。以价格改革为例，从计划价格体制过渡到市场价格体制一共经历了两次闯关，包括1988年的首次闯关和1992年的二次闯关。另一方面，我国制造业除了自主性的技术研发之外，也积极地吸收了外企外资、留学生的海外先进经验。荷兰格罗宁根大学估算，1980—2010年，中国全要素生产率（TFP）从0.52提升至0.94，而美国同期则是从0.79提升至0.98。

第二，人口规模持续扩张，且人口结构年轻化。随着1950—1970年的"婴儿潮"一代集中成年，总人口中的青壮年劳动力（25~49岁）占比快速提升，并在21世纪前10年维持在40%左右的峰值水平上。青壮年劳动力群体的快速涌现，不仅降低了供给端的用工成本，也释放了大量的住房、消费需求。

参考中国人民银行的测算数据，1978—2001年的全要素生产率和劳动力对经济增速的贡献超过了60%，来自资本的贡献不足40%。而在近10年，资本的贡献则普遍超过60%（见表1-1）。

表 1-1　中国人民银行工作论文：经济增速的三要素拆分

时间	实际GDP增速(%)	拉动经济增长（百分点）				贡献率（%）			
^	^	固定资本投入	劳动力数量	劳动力质量	TFP	固定资本投入	劳动力数量	劳动力质量	TFP
1978—1990	9.3	3.5	1.6	1.1	3.0	37.6	17.2	11.8	32.4
1991—2001	10.3	3.9	1.2	1.1	4.1	37.9	11.7	10.7	39.7
2002—2007	11.3	4.8	0.6	0.8	5.1	42.5	5.3	7.1	45.1
2008—2012	9.4	5.4	0.2	0.7	3.1	57.4	2.1	7.4	33.1
2013	7.8	5.3	0.1	0.5	1.9	67.9	1.3	6.4	24.4
2014	7.4	4.7	0.1	0.5	2.1	63.5	1.4	6.8	28.4
2015	7.0	4.5	0.0	0.5	2.0	64.3	0.0	7.1	28.6
2016	6.8	4.4	0.0	0.5	1.9	64.7	0.0	7.4	27.9
2017	6.9	4.2	0.1	0.5	2.1	60.9	1.4	7.2	30.4
2018	6.7	3.9	0.0	0.4	2.4	58.2	0.0	6.0	35.8
2019	6.0	3.8	−0.1	0.4	1.9	63.3	−1.7	6.7	31.7
2020	2.3	3.7	−0.1	0.5	−1.8	160.9	−4.3	21.7	−78.1
2013—2020	6.4	4.3	0.0	0.5	1.6	67.2	0.0	7.8	25.0
1978—2020	9.3	4.1	1.0	0.8	3.4	44.1	10.8	8.6	36.6

数据来源：中国人民银行。

这一时期，是中国经济发生巨变的时期，方方面面的改革也为多年后中国经济发展的脉络留下了伏笔。1998年7月3日，国务院发布《关于进一步深化城镇住房制度改革加快住房建设的通知》，标志着我国住房供给体制全面从福利分房转向以市场化机制为主的多层次住房供给体制。但是彼时，房地产整体销售的规模并不大，2000年全国商品房销售额只占全国名义GDP的4%，而在2016年后这一比例则稳定在了15%以上。房地产对于宏观经济"牵一发而动全身"的巅峰时刻，要到2010年之后才到来（见图1-2）。

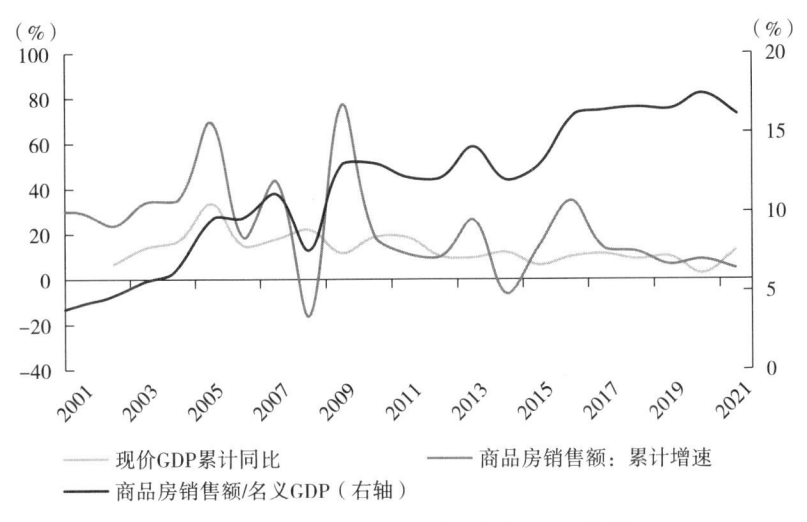

图 1-2 房地产销售额占全国名义 GDP 比重

数据来源：Wind。

（二）加入 WTO 后 10 年：全球化东风、经济过热与次贷危机

2001 年，中国正式加入 WTO，开启了深度参与全球产业链分工的时代。这一时期恰逢全球总需求快速扩张，全球商品贸易总额在 2000—2008 年增长了 1.5 倍，年均增速高达 12%。此时，恰逢中国人口红利涌现，随着"80 后"婴儿潮一代集中成年，青壮年劳动力占全国人口比重维持在 40% 以上的峰值水平，中国开始承接来自亚洲四小龙等地区的劳动密集型产业链。乘着此轮总需求扩张和全球产业链分工的东风，中国充分享受了出口带来的增长红利，并开启了一轮长达 10 年的设备更新周期——普遍也被看作一轮朱格拉周期。快速增长的制造业投资成为拉动固定资产投资的主要动能，其在固定资产投资中的占比也从 2003 年的 25% 提升至 2012 年的 34%，而同期基建和房地产占比之和则从 58% 下滑至 47%。

在这一时期，潜在经济增速继续上行，经济指标几度出现过热的势头，"中国经济是否过热"也引发了学界和社会的广泛讨论。2003年GDP实际同比增速上行至10%，此后几年拾级而上，在2007年增速达到了14%。为了防止经济过热和通货膨胀，2004年展开了一轮预防经济过热的"未雨绸缪式"宏观调控。2004年2月4日，国务院召开严格控制部分行业过度投资电视电话会议，制止钢铁、电解铝、水泥行业盲目投资和低水平扩张。2004年的中央经济工作会议决定，2005年将实施稳健的财政政策，而此前积极的财政政策已经实施了7年之久。2007年，"稳健的货币政策"调整为"从紧的货币政策"，中国人民银行年内执行了六次加息。在2004—2007年，我国宏观调控政策呈现出"适度从紧，有保有压，未雨绸缪"的特征。在政策引导和内外需同步扩张的背景下，GDP增速继续上行，直到2008年次贷危机在全球爆发。

从2007年第四季度到2008年上半年，全球经济增速已经出现放缓迹象。2008年第三季度和第四季度，海外经济增速加速下滑，第四季度美国、欧元区、日本等主要经济体普遍进入经济衰退期，GDP增速出现负增长。由于海外需求快速下滑，中国的出口和PPI（生产价格指数）增速也在2008年下半年快速下滑，从而引发了我国的宏观政策大幅转向。

2008年第四季度，决策层果断地启动了逆周期对冲政策，考虑到外需已经受到较大冲击，本轮逆周期政策以促进内需为主要抓手，一是基建，二是地产。2008年11月5日，国务院常务会议部署了扩大内需、促进经济增长的十项措施，包括建设保障性安居工程，加快农村基础设施建设，加快铁路、公路和机场等重大基础设施建设。以上工程到2010年底投资总额约为4万亿元，所以也被广泛称为"4万亿计划"。2008年12月17日，国务院常务会议研究部署促进房地产市场健康发展的政策措施，12月20日国务院办公厅正式印发《关于促进房地产市场健康发展的若干意见》(也称"国十三条"),放宽二套自住房贷款限制,减免住房转让环节营业税,满足房地产企业合理融资需求。货币政策也同步启动,2008年9—12月,中国人民银行执行了五次降息,1~3年中长期贷款基准利率相对2007年底共计下调了216个bp(基点)至5.4%,并且从10月开始连续三次降准。

配合着货币宽松,我国推出的一揽子逆周期对冲政策快速见效。2009年,由于海外总需求快速回落,出口同比增速从2007年的26%回落到-16%。由于外需疲弱,制造业投资增速从35%回落到27%。而基建、房地产增速则稳定恢复,有效地对冲了经济下滑的压力。尤其是基建增速,从2007年的16%快速回升至2009年的42%,也使得中国成为全球少数从次贷危机中快速恢复的主要经济体之一。

(三)次贷危机以来:潜在经济增速达峰,经济进入新常态

在一揽子对冲计划的拉动下,中国经济在2010年前后初步走出了次贷危机的冲击。但是,经济很快面临潜在经济增速达峰的问题。首先,次贷危机后海外经济增速放缓,总需求整体疲弱。事实上,除了美国和中国,次贷危机之后主要经济体的人均GDP增长基本停滞(见图1-3)。其次,我国全要素生产率在21世纪初逐步接近发达经济体水平,技术进步的速度边际放缓。最后,随着我国新出生人口数量在20世纪最后10年快速下滑,2010年前后劳动力规模增速开始放缓,对经济的贡献逐步减弱。根据中国人民银行的测算,劳动力数量增长对于经济的贡献在2012年后接近于0,在2019年之后甚至构成了负向拖累。

在多种因素的影响下,2010年,中国GDP增速达到10.64%,

此后便逐级下滑，经济进入了由高速增长向中速增长转变的"新常态"。由于海外经济增长动能疲弱，全球总需求扩张速度放缓，因此经济增长对于内需，尤其是投资的依赖显著增强。2010年之后，随着城镇化建设持续推进，房地产销售占经济的比重逐步上行，房地产投资也成了经济逆周期调控最重要的抓手之一。

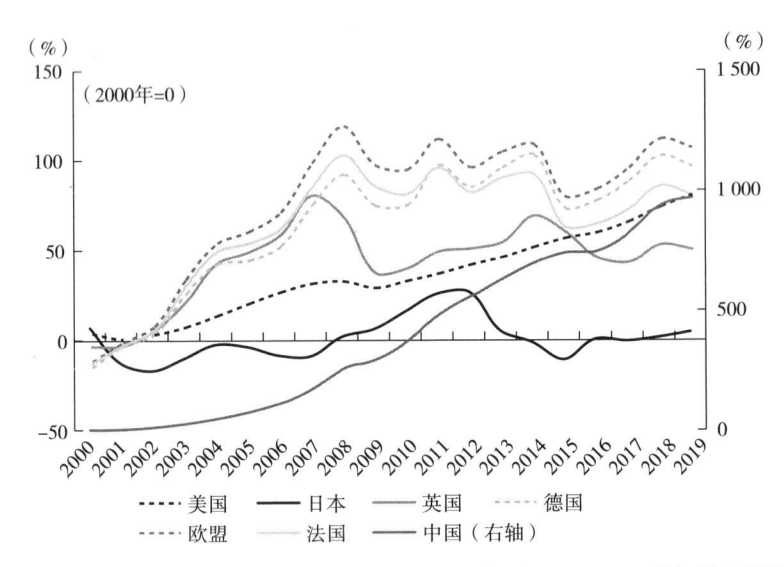

图1-3 次贷危机后，除了美国和中国，主要经济体的人均GDP增长基本停滞

数据来源：Wind。

二、潜在经济增速下滑阶段，跨周期与逆周期有机结合

（一）供给侧结构性改革开启，消化过剩产能

2010年以来，我国GDP增速便开始趋势性下滑，经济增长也进入了"新常态"。2014年5月9日至10日，习近平总书记在河南考察工作时首次提出"新常态"重要论断。11月9日习近平总

书记在亚太经合组织工商领导人峰会开幕式上的演讲中,首次系统阐述了新常态的三个特点:一是增速落入中高速区间,二是经济结构出现明显变化,三是增长动力和机制发生改变。进入新常态以来,宏观调控也随之出现两个显著特征:一是主动开启供给侧改革,压降过剩产能;二是房地产投资出现了2~3年的小周期,也成了逆周期对冲经济压力的重要抓手。

供给侧结构性改革开启。在过去长达30年的经济扩张期中,各地区出现大量同质性产业结构,形成了结构性的产能过剩。然而,考虑到潜在经济增速已经触顶回落,以需求扩张来吸收过剩产能的空间就变小了。因此,需要主动开启供给侧去产能,挤出过剩产能,以降低过剩产能对于土地、资本、劳动力等生产要素的占用,提高整个经济系统的生产和分配效率。从2013年11月党的十八届三中全会规划了全面深化改革的路线图之后,2014年国企改革启动,2015年11月中央财经领导小组第十一次会议上,习近平总书记首次提出"供给侧结构性改革",正式拉开了新一轮改革的大幕,2016年"三去一降一补"五大任务持续推进,2017年以棚改货币化安置化解房地产库存,2019年4月中央政治局会议提出推进金融供给侧改革。从2013年以来,改革进程可谓紧锣密鼓、节奏紧凑(见图1-4)。

| 2013年11月
党的十八届三中全会规划了全面深化改革路线图 | 2014年
全面深化改革"元年",全面深化国资国企改革 | 2015年
经济面临下行压力,7月中央政治局会议提出稳健的货币政策要松紧适度,中国人民银行5次降息、5次降准 | 2016年
供给侧改革,开启"三去一降一补",去产能、去库存、去杠杆、降成本、补短板 | 2017年
深入推进"三去一降一补",重点解决三、四线城市房地产库存过多问题,控制总杠杆率,把降低企业杠杆率作为重中之重 |

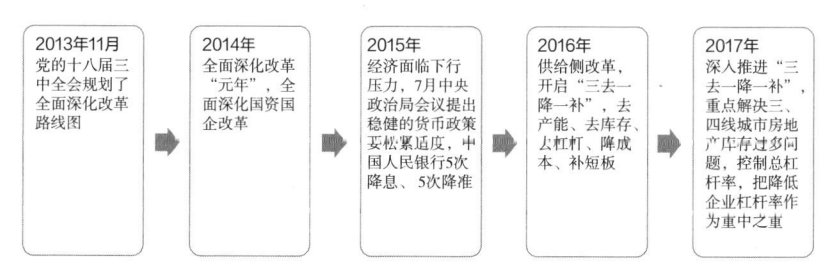

图1-4 2013年以来的改革路线图

资料来源:中国新闻网,中国政府网。

从结果来看,"去产能、去库存、去杠杆"改革卓有成效,在2018年已经取得了阶段性成果。去产能方面,2016年全国钢铁行业压减粗钢产能6 500万吨以上,煤炭行业化解产能2.9亿吨以上。从结果来看,全国工业产能利用率从2016年第一季度的72.9%提升至2017年第四季度的78%。去库存方面,2017年和2018年的棚改货币化在改善了居民住房需求的同时,也出清了三、四线城市的住房库存。去杠杆方面,2016—2018年,非金融企业杠杆率下滑,地方政府的杠杆率也没有进一步增长。

如何理解棚改货币化去商品房库存?过去,棚户区改造普遍是通过实物安置的方式,拆旧房、盖新房,其中并不涉及买卖。2017年5月,国务院常务会议提出了"三年棚改攻坚计划",2018—2020年,我国将再改造各类棚户区1 500万套,并要求在商品住房库存量大、市场房源充足的市县,进一步提高货币化安置比例。棚改货币化,是指直接通过货币化安置补偿,棚户区拆除后向居民补偿货币,而后居民持现金在商品房市场购房、解决住房需求。对于财政吃紧的地方政府,国家开发银行通过提供抵押补充贷款(PSL)向地方政府提供流动性。相比于原来的实物安置,货币化安置拉动了房地产销售,化解了部分地区已有的房地产库存,并且进一步拉动开发商购买地方政府手中的土地。地方政府拿回土地出让款后,在偿还国家开发银行的贷款之余,还可以补充地方财政资金。据第一财经报道,2014年全国棚改货币化安置比例仅为9%,2016年、2017年则分别提升至48.5%、60%。通过棚改,全国房地产库存从2016年持续下滑,一直到2018年降至低位。

但是,棚改货币化安置也带来了三、四线城市需求集中释放,客观上助推了房价快速上涨。一方面,棚户区改造下居民购房需求集中释放,加大了房价短期快速上涨的压力,进一步形成了"越涨越买"的循环;另一方面,开发商手中的商品房库存出清后继续购买土地，地价相对上涨，也提高了房价未来上涨的预期。2018年第二、第三季度，二、三线城市房价，尤其是二手房价格环比开始快速回升。2018年10月，国务院常务会议要求各地因地制宜调整棚改货币化政策，商品住房库存不足、房价上涨压力大的市县要尽快取消货币化安置优惠政策。此后，全国棚改开工规模持续回落，房地产去库存的任务也基本完成。

2018年随着"三去一降一补"中的去产能、去库存、去杠杆取得了阶段性成果，降成本、补短板则成了此后开始重点发力的领域。在降成本方面，首先是降税费负担，2019年全年安排减税降费2.36万亿元，2020年全年我国新增减税降费超过2.5万亿元；其次则体现在融资成本方面，除直接降低政策利率之外，中国人民银行还推动了利率市场化改革中的重要一环——贷款市场报价利率（LPR）改革，进一步打通了政策利率向实体经济的传导机制。2019年8月，中国人民银行决定改革完善LPR形成机制，要求银行贷款利率与LPR挂钩，新发放的贷款主要参考LPR定价，各银行不得以任何形式设定贷款利率的隐性下限。LPR改革在极大程度上解决了货币利率向信贷利率传导不畅的问题，降低了实体经济的综合融资成本。

在补短板方面，任务则更为复杂。我国所面临的短板，一部分是产业发展和科技水平的局限带来的，比如芯片产业、发动机制造等；另一部分则是在前期经济快速增长的过程中，分配制度存在缺陷，一些产品长期被利益集团垄断导致供给不足，尤其是服务业中的公共服务业，比如医疗、教育、养老等。因此，补短板的任务更为艰巨和复杂，许多问题要在发展中解决。但如果说"三去一降一补"中的前四项都是减法，补短板则是加法，在内需不足的大背景下，补短板更能起到对冲经济下行压力、提高全社会生产效率的双重效果。近年来，基础设施建设、交通物流、医疗、教育等民生工程，以及制造业强链补链一直是宏观政策发力的重点。

随着经济的发展，供给侧结构性改革也被赋予了新的意义。2021年底的中央经济工作会议强调，深化供给侧结构性改革，重在畅通国内大循环，重在突破供给约束堵点，重在打通生产、分配、流通、消费各环节。近年来全球局势复杂多变，保护主义、单边主义上升，新冠肺炎疫情更是加速了国际格局和国际关系的大裂变。在此背景下，畅通国内大循环，形成强大的国内市场，不仅有利于进一步挖掘内需潜力，稳定经济增速以对抗外部不确定性，而且有助于国内与国际市场更好联通，吸引海外中高端要素资源向内汇聚。

从2018年中美经贸摩擦以来，决策层就多次强调要形成强大国内市场，提升国内市场运行效率，对内促进内循环，对外加强联通开放。从2018年中央经济工作会议提出"促进形成强大国内市场"之后，2019年中央经济工作会议提出"要发挥消费的基础作用和投资的关键作用"，2020年和2021年的中央经济工作会议从制度安排和改革的角度提出，要进一步打通国内大循环，突破供给约束堵点。近年来相关政策也在持续推进，包括各领域持续推进的深化"放管服"改革，2021年提出的商贸物流高质量发展专项行动计划，以及2022年初提出的推进要素市场化配置综合改革试点等。2021年12月17日，习近平总书记主持召开中央全面深化改革委员会第二十三次会议时强调，构建新发展格局，迫切需要加快建设高效规范、公平竞争、充分开放的全国统一大市场，建立全国统一的市场制度规则，促进商品要素资源在更大范围内畅通流动。

（二）房地产调控面面观：三轮小周期与逆周期对冲

2010—2020年，宏观经济调控出现的第二个大特征，即房地产成为逆周期调控的重要手段之一，房地产行业也在调控政策下出现了稳定的小周期，并且成为影响宏观经济周期的重要组成部分。

我们首先要回顾一下，房地产行业是如何拉动经济增长的。在工业化和城镇化发展的前期，政府需要初始启动资金，建设包括交通运输、能源、医院等一系列基础设施。而具有抵押属性的土地，就是金融系统里天然的抵押物。地方政府通过公开市场出让土地，开发商竞得土地之后，可将土地作为抵押物进一步获得银行贷款进行建设，在商品房预售制度下，开发商还可以提前获得居民购房款，进一步"加杠杆"。对于地方政府而言，土地出让款补充了财政收入，并且可以用于建设基础设施、支付工资，提高城镇整体的服务水平，进一步加速城镇化。快速发展的城镇也会进一步吸引周边居民来此求学、就业和消费，并进一步释放住房需求。简而言之，以土地为中心的生产活动和货币派生，对拉动经济增长起到了重要作用。

2010年潜在经济增速触顶回落，房地产投资登上宏观调控的主舞台。自1998年房改后，房地产行业在经济中的重要性逐步提升。但这段时间，全球总需求快速扩张，我国经济依赖外向型出口加工，工业增加值对经济的贡献依然远高于建筑及房地产业和服务业（见图1-5）。次贷危机后，一方面，全球总需求回落，工业增加值占经济的比重逐步回落；另一方面，随着我国经济发展水平和城镇化率的提升，建筑及房地产业和服务业占经济的比重逐步提高。2016年房地产销售占GDP的比重提升至16%左右，而在2008年这一比例仅为7.85%。这10年间，房地产行业成为宏观经济调控最重要的手段之一，并且出现了明显的3年小周期，其对经济的影响也达到了"牵一发而动全身"的效果。

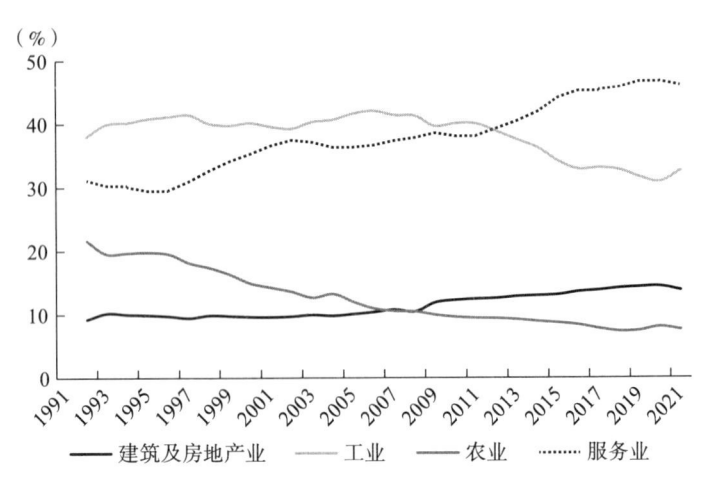

图1-5 建筑及房地产业、工业、农业、服务业增加值占GDP比重

数据来源：Wind。

房地产调控政策主要包括对于销售端的限购、限贷、限售、调整购房利率，以及对于供给端的商品房预售标准、开发商土地成交款缴纳、土地拍卖规则调整等方面。观察2008—2018年，当经济存在下行压力的时候，普遍也是房地产行业景气度的低点，为对冲经济下滑压力，往往会有放松限购、下调购房利率等扩张性政策出台；而房地产行业景气度快速上行的时候，普遍也是经济情况较好的时期，往往会有限购、限贷等紧缩性政策出台。在"因城施策"的调控思路落地之前，调控政策经常会出现全国"一刀切"的情况，这也使2008—2018年全国出现了三轮明显的房地产小周期，每轮周期长度约为3年（见图1-6）。

第一轮小周期：2008年底到2011年底。次贷危机于2007年在美国率先爆发，之后在全球蔓延，进一步冲击了我国的出口。2008年10月中国人民银行下调购房首付比例，12月"国十三条"出台，放宽二套房贷款限制，并且加大对开发商的信贷支持。叠加一揽子财政刺激和宽松的货币环境，房地产和基建投资在2009

年率先修复,也支撑中国挺过了次贷危机的冲击。2009年下半年,商品房销售增速和房价增速快速上行,行情在年底演化到极致,12月70个大中城市新建住宅价格单月同比增速达到了9.1%(同比增速也受到2008年底低基数的影响),环比增速也达到了1.9%。为了防止房价过快上涨,2010年4月国务院发布《关于坚决遏制部分城市房价过快上涨的通知》(也称"新国十条"),实行更为严格的差别化住房信贷政策,上调首套房首付比例至三成;2011年1月,国务院再度推出八条房地产市场调控措施(也称"新国八条"),继续上调购房首付比例和贷款利率。调控措施出台后,效果立竿见影,房价环比增速迅速回落,2011年全国商品房销售面积的同比增速从2010年的10.1%回落至4.9%,2011年第四季度至2012年初单月增速更是出现了负增长。

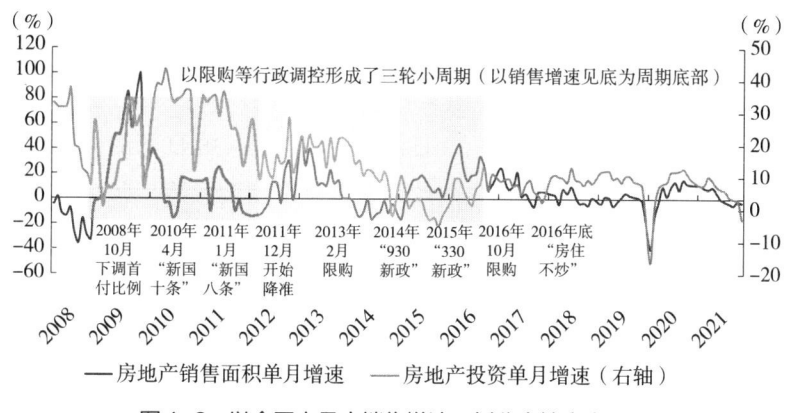

图1-6 以全国商品房销售增速,划分房地产小周期

数据来源:Wind。

第二轮小周期:2012年初到2014年底。2012年初,随着房地产销售持续回落,房地产投资在2012年初快速下行。而在前期财政政策边际效应逐步减弱后,潜在经济增速回落和外需不振的压力此时也在进一步显现,GDP增速从2011年第四季度的8.8%回落

至2012年第二季度的7.7%。为对冲经济压力，2011年底至2012年，中国人民银行开启了新一轮货币宽松周期，房地产销售也应声回暖。彼时我国还处于高速城镇化进程中，居民住房需求旺盛，一、二线城市和三、四线低能级城市的房价在2012年下半年同步快速上升。为遏制新一轮房价快速上涨，2013年2月国务院办公厅发布《关于继续做好房地产市场调控工作的通知》（也称"国五条"），要求各地及时采取限购和差别化住房信贷等措施。此后，北上广深等一、二线城市集中出台了限购政策，并对二手房交易征收差额20%个税。在政策的影响下，房地产销售增速从2013年2月再次回落，在2014年第一季度，全国房地产销售增速出现负增长。

第三轮小周期：2014年底到2018年。随着2014年底美联储开始退出QE（量化宽松），美联储紧缩性的货币政策引发了全球范围的经济低迷。为对冲经济下滑的压力，同时在美联储正式进入加息周期之前争取更大的政策自主性，中国人民银行从2014年底至2015年初开启新一轮货币宽松，房地产行政调控也出现了小幅放松，分别在2014年9月30日及2015年3月30日下调贷款利率和二套房首付比例，各地也陆续跟进调整了限购政策。调控政策放松后，全国商品房销售面积单月增速从2015年5月开始快速上行，房价也随之上涨，而且体现出与2012年不同的规律——一线城市房价同比增速在2015年下半年便开始快速上行，二线城市和三、四线城市分别在2016年上半年和下半年跟进。从房价上涨的峰值来看，一线、二线、三线城市房价上涨幅度依次降低。这也说明随着城镇化和人口增速的放缓，全国不同能级城市的房价开始出现较大分化。二、三线城市房价上涨在此轮周期中出现了"跟随现象"，在受到景气度更高的城市带动之后，房价才开始启动上涨（见图1-7）。

随着房价快速上涨的势头从一线城市逐步扩散到二、三线城市，2016年国庆节多个城市集中出台升级了限购、限贷、限售、限价等政策，此后全国房地产销售增速、房价和房地产开发投资增速持续回落。从2016年国庆节之后，以限购、限贷、限售为核心的调控政策长期持续执行，同时各地还会随时根据情况"因城施策"、加码调控。然而，2016年以来的6年时间内，一方面是调控长期执行，另一方面是房价依然持续上涨，在2018年甚至出现了一、二线城市摇号抢房，开发商拍出天价地王的现象。如果说三、四线城市房价在2018年上涨是受到棚改货币化安置的客观影响，那么一、二线城市房价继续快速上涨的缘由，我们需要从另一个角度深究。

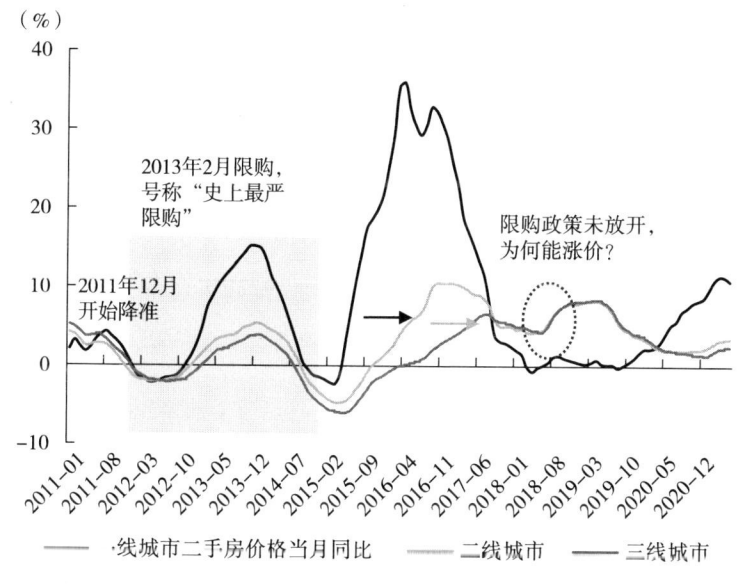

图1-7 两次房地产放松中，房价的表现却有不同

数据来源：Wind。

2016年国庆节限购令之后，商品房销售额增速回落至历史低位，从2016—2020年保持年化10%的增速。但是，新房销售市场

的集中度却持续提升，销售规模前十的房地产开发商的市场占有率[1]从2016年的19%提升至2020年的28%。头部房地产开发商的市场占有率持续提升，一方面是因为在地价高企的背景下，大型开发商在土地竞拍上存在更大的优势；另一方面在于彼时房地产和金融行业普遍"迷信"销售排行榜单，大型开发商能够在融资规模和成本上获得更大的优势，从而进一步扩张规模。而在经济增速整体回落、实体经济利润率承压的背景下，房地产开发的稳定利润回报和庞大的资金需求，吸引了金融机构、实体企业、居民等各方的视线，各类资金以"表外"[2]的方式借道进入房地产开发，违规为房地产企业提供融资。

2016年以来，虽然销售端的行政调整未曾放松，并且还在持续收紧，但开发商表外融资的规模快速扩张，"规模竞备赛"下开发商对热点地块竞争的程度进一步提升，出现了"面粉贵过面包"的情况，进一步抬升了居民对于未来房价的预期。然而在各地的"限价令"下，新房预售价格反而受到管制，从而出现了新房和二手房价格"倒挂"、居民摇号抢新房的现象。

金融机构违规介入房地产开发，不仅推高了房价，也放大了金

---

[1] 为保持口径统一，计算市场占有率时我们参考了克而瑞公布的全口径销售榜单数据。然而，随着地价上涨，大型开发商联合拿地现象在2016年后越发普遍，因此2016年后的市场占有率的增长存在被高估的现象。但是毋庸置疑，龙头开发商抢占销售开发榜单、无序扩充表外融资的势头比中小企业更为严重。

[2] "表外"对标"表内"，"表内"指代"财务报表"，表外融资则指开发商与融资方在体外以股权合作的形式成立开发公司，开发公司项目不出现在开发商的财务报表中。双方表面为股权合作，实际是金融机构提供融资并要求稳定回报，开发商进行实际开发并承担风险，这一模式也被称为"明股实债"。

融系统性风险。一旦房价出现波动，风险便会沿着融资链条进一步放大。因此，监管层开始着力清理房地产融资乱象。2018年，中国人民银行、中国银保监会、中国证监会、国家外汇管理局联合发布《关于规范金融机构资产管理业务的指导意见》（也称"资管新规"），要求对资管产品进行穿透式监管。2020年中国人民银行启动"三道红线"监管，将房企参股未并表住宅地产项目、明股实债融资、供应链资产证券化产品均纳入监管，对房地产融资基本实现了全方位监管，要求杠杆率较高的房企尽快压降杠杆。2021年初银行房地产贷款集中度管理制度正式施行，限制银行信贷资金过度流入房地产市场。至此，从居民端信贷到开发商表外融资，再到银行端表内信贷投放，监管层在融资端层层加码，"打补丁式"逐步实现了对于房地产融资的全方位监管。

调控政策持续生效，以及监管层对融资渠道"打补丁式"的监管，使房地产行业在2016年至今的6年内没有出现大起大落的周期性波动。2016年底召开的中央经济工作会议正式提出"房住不炒"，此后房地产行业调控更为注重"因城施策"和"以稳为主"，注重精准化调控，避免行业出现大起大落，在房价出现上行势头的时候（例如2021年年中），会及时升级调控政策；而在行业景气度回落的时候（例如2022年年中），则会适度放开调控政策，稳定市场。

同时，房地产行业的供给侧改革也在加速推进，以长效机制稳定房地产市场各方的预期，平衡长期供需。2021年，自然资源部在22个重点城市试行住宅用地供应"两集中、三批次"，一年内不超过二次集中组织土地出让活动。由于土地竞拍时需要缴纳保证金，在土地"两集中"的供应模式下，开发商以有限的资金只能参与一部分土地竞拍，从而避免了在土地出让时开发商均扎堆竞拍、推高土地溢价率的情况。土地供给端的变革，也使地价难以出现大幅上行的趋势。

在融资端、土地端调控层层加码的背景下,房地产两三年一次的大周期波动渐渐被抹平。在宏观调控的政策工具箱中,也逐步将房地产调控的角色淡化,而转向了灵活、前瞻的跨周期宏观调控。

(三)从逆周期调控到跨周期调节,经济调控更灵活、前瞻

随着经济进入新常态,我国宏观调控也面临新的挑战。一方面,潜在经济增速持续回落,总需求不足的问题越发凸显;另一方面,近年来国际环境越发复杂,全球化遭遇逆流,新冠肺炎疫情、地缘政治多次冲击全球供应链,从而加剧了我国宏观政策逆周期调控的复杂性。跨周期设计思路应运而生,2020年7月30日召开的中央政治局会议,首次提出要完善宏观调控跨周期设计和调节。这一设计的初衷在于,既立足于对冲短期经济波动,又着眼于中长期的政策传导效应,为中长期留出合理的政策空间和余地。跨周期宏观调控的设计,更体现"未雨绸缪"的特性,以动态的眼光看待经济调控,为下一阶段的调控预留空间,并且前瞻性地对经济形势做出判断。

我们对新冠肺炎疫情暴发以来的调控政策做复盘,进一步分析跨周期调节的思路。2020年第一季度受疫情冲击后,我国立刻启动了财政扩张和货币宽松政策,上调赤字率并下调货币政策利率。2月、3月、4月连续三次的中央政治局会议,就统筹做好疫情防控和经济发展做出一系列部署。2020年6月,国内疫情基本得到控制,企业逐步复产复工,彼时虽然经济还没有恢复到潜在产出水平,但货币政策已经开始回归常态,M_2(广义货币供应量)增速见顶回落。此后,由于海外供应链受到疫情影响,我国开始填补海外受疫情冲击而产生的供应缺口,出口拉动工业生产快速恢复。在

这一背景下，2021年上半年财政政策发力姿态整体放缓，一方面防止经济出现过热，另一方面防止进一步推升大宗商品价格。

2021年第三季度，疫情在多地出现多点散发，叠加极端天气、多地限产限电等因素的影响，经济开始显现下行压力。2021年7月30日召开的中央政治局会议部署，要做好宏观政策跨周期调节，统筹做好2021年和2022年宏观政策的衔接，保持经济运行在合理区间。逆周期政策再次发力，财政部多次督促专项债加快投放，为对冲2022年经济压力做好准备，中国人民银行在2021年12月连续降准和下调政策利率。2021年12月的中央政治局会议提出，要着力稳定宏观经济大盘，之后召开的中央经济工作会议提出，经济面临"需求收缩、供给冲击、预期转弱"三重压力，并提出"跨周期和逆周期宏观调控政策要有机结合"，以稳定宏观经济大盘和社会大局。"有机结合"意味着，既要重启逆周期调控，对冲经济下行，又不能过度消耗政策空间，要为中长期的经济增长保留空间。

2022年以来，新一轮逆周期对冲便开始发力见效。财政政策方面，一是增支减收，全国两会安排新增2万亿元财政支出，同比增速8.4%，高出经济增速目标2.9个百分点，并安排退税减税约2.5万亿元，进一步助企纾困；二是加快基建投资尽快落地，包括项目审批流程放松，专项债发行加快，加强重大项目用能、土地等要素保障。此外，货币政策也积极配合，1月安排下调中期借贷便利（MLF）利率10bp、4月安排降准25bp，为市场提供适宜的流动性环境。

从上述分析也可以看出，中央政治局会议、中央经济工作会议、国务院常务会议等的表态和措辞，对于判断经济调控的风向至关重要。一般来说，每年4月、7月、10月和12月的中央政治局会议，会提出对下个季度经济工作的指引，中央政治局会议文稿出现的每个字眼，都值得反复推敲和理解。如果有特殊情况，如

2020年受新冠肺炎疫情冲击，当年2月、3月和4月的中央政治局会议均对经济工作做了具体部署。每年12月的中央经济工作会议，则会对下一年的经济工作做出基本方向性指示。此外，每周召开的国务院常务会议和每半年召开一次的国务院全体会议，则会对经济工作做进一步的具体部署（见表1-2）。

表1-2　2021年召开的几次中央政治局会议及中央经济工作会议内容

	2021年4月中央政治局会议	2021年7月中央政治局会议	2021年12月中央经济工作会议
宏观基调	稳中求进，宏观政策连续性、稳定性、可持续性，不急转弯	稳中求进，政策连续、稳定、可持续，统筹做好今明两年衔接	稳字当头，稳中求进，继续做好"六稳""六保"
去杠杆	未提及	做好宏观政策跨周期调节，增强宏观政策自主性	跨周期和逆周期宏观调控政策要有机结合，坚决遏制新增地方政府隐性债务
货币政策	稳健，流动性合理充裕，强化对实体经济、重点领域、薄弱环节的支持	稳健，流动性合理充裕，助力中小企业和困难行业持续恢复	稳健，灵活适度，保持流动性合理充裕；引导金融机构加大对实体经济的支持，促进中小微企业融资增量、扩面、降价
财政政策	积极，落实落细，兜牢基层"三保"底线，发挥对优化经济结构的撬动作用	积极，提升政策效能，兜牢基层"三保"底线	积极，提升效能，更加注重精准、可持续；要保证财政支出强度，加快支出进度；实施新的减税降费政策
供给侧结构性改革	双循环，凝神聚力深化供给侧结构性改革，有序推进碳达峰、碳中和	深化供给侧结构性改革；尽快出台碳达峰方案；纠正运动式"减碳"，先立后破，坚决遏制"两高"项目盲目发展	深化供给侧结构性改革；实现碳达峰、碳中和不可能毕其功于一役，传统能源退出要建立在新能源安全可靠的替代基础上

资料来源：中国政府网。

回顾改革开放以来的40多年，我们的经济调控变得更为灵活、前瞻，调控思路从逆周期逐步向跨周期演绎。在经济发展的前期，由于潜在经济增速持续上行，宏观经济调控服务于防止经济过热，以收缩性政策为主。而在潜在经济增速达峰后，为了提振总需求，房地产调控成了逆周期调控工具箱中的重要工具，也引发了规律性的房地产周期。2016年后，在"房住不炒"的总纲领下，房地产周期逐步被抹平，淡出逆周期调控的舞台；面对更趋于严峻复杂的国际形势，决策层开出了跨周期调节的新药方。所谓跨周期调节，淡化了过往"见招拆招"的调控模式，而是通过对经济的前瞻预判，提前做出应对，并且在中长期的视角下，为未来的不可控因素留下对冲空间。

第二章

经济预测框架:通过支出法和生产法核算 GDP

宏观经济分析师是如何观测经济的？日常工作中，宏观分析师会关注高频的宏观数据、中期的政策脉络、长期的发展趋势。其中，高频的宏观数据最能揭示经济短期的形势变化，也往往可以对资本市场产生立竿见影的影响。我们日常观测的高频宏观数据，可以根据领域分为经济数据、通胀数据、财政数据、金融数据、景气度指标数据、工业企业经营数据等。数据的范围，可以划分为国内和国外，国外主要以美国、欧洲、日本和韩国作为研究对象；也可以划分为宏观数据、中观产业链数据和微观上市公司研究等。简而言之，宏观经济的观测角度是多种多样的，从不同角度观察得到的结论可能是一致的，也可能存在分歧。宏观研究者需要将各方面得到的数据、现象汇总，最终从纷繁的数据中得到对于经济分析和预判的最大公约数。

宏观研究的数据如此纷繁复杂，然而 GDP 可以说是研判经济运行情况最有效、最直观的指标。从 GDP 角度观察，新冠肺炎疫情暴发以来中国经济经历了恢复、冲顶而后回落的趋势。2020 年 2 月新冠肺炎疫情暴发后，第一季度 GDP 增速回落至 −6.9%。而随着逆周期对冲政策启动，第二、第三季度 GDP 增速已经回升至

3.1%、4.8%，第四季度 GDP 增速进一步上行至 6.4%，基本接近了潜在经济增速水平。进入 2021 年，经济同比增速因为基数出现了较大的波动，我们观察 GDP 的角度，便更依赖两年平均增速（以 2019 年为基数）。2021 年四个季度 GDP 的两年平均增速分别为 4.9%、5.5%、4.9% 和 5.2%，这意味着经济增速前高后低，下半年经济已经出现了较大的下滑压力。

2021 年底的中央经济工作会议，对 2022 年面临的经济压力给出了精准的概括：需求收缩、供给冲击、预期转弱。需求收缩来自两个方面：一是疫情散发限制了居民外出消费和出行；二是房地产销售持续回落，拖累了房地产上下游的消费。供给冲击则是因为全球供应链尚未从疫情中缓解，包括汽车芯片断供、全球海运堵塞等限制了企业的生产，而全球大宗商品供需不均衡造成大宗商品价格高企，又造成了输入型通胀，挤压了中下游企业的盈利空间。预期转弱则体现在两个方面：一是疫情反复扰动下，企业扩产信心和动能不足；二是经济承压下，居民保持了较高的储蓄倾向，消费倾向较弱。

季度及年度 GDP 数据，虽然无法完全兼顾经济的方方面面，但依然是观测宏观经济"冷暖"的最有效数据。而中国国家统计局每月公布的经济数据，则是对季度经济的前瞻指引。因此，本章我们简要介绍这些经济数据的核算统计，并且介绍我们 GDP 预测框架的主要思路。

一、GDP 数据是怎么统计出来的？

GDP 是观测宏观经济最直接、最有效的指标。我国 GDP 的核算体系也在不断变革与进步，在中华人民共和国成立之初，中国国民经济核算的核心指标参考了苏联物质产品平衡表体系（MPS）的国民收入；改革开放之后，我国开始逐步建立起 GDP 核算体系。现今国家统计局采用的 GDP 核算方法，基本上在 2000 年前后定型，在 2008 年前后正式与国际接轨。在 2008 年之后，随着经济新业态的出现和产业结构的变化，GDP 统计方法也在不断进步（见表 2-1）。

表 2-1　中国 GDP 统计方法变革历程

时间	改革	意义
中华人民共和国成立初期到改革开放初期	中国国民经济核算的核心指标是产生于苏联的物质产品平衡表体系的国民收入	主要涉及物质产品生产，不能反映非物质服务生产活动成果
1989 年	基于国民收入使用法开始试算支出法 GDP	1985—1992 年是 GDP 核算建立的初期阶段。这个阶段，形成了国民收入和 GDP 并列的局面，但国民收入仍是国民经济核算的核心指标，而 GDP 是附属指标
1990 年	《国民收入、国民生产总值统计主要指标解释》制定了支出法 GDP 核算方法	
1992 年 12 月	《国内生产总值、国民收入指标解释及测算方案》首次建立起独立的、比较系统的 GDP 测算方案	
1993 年	GDP 取代国民收入成为中国国民经济核算的核心指标	GDP 的核算方法也由国民收入间接推算的方法，改为直接利用原始资料核算的方法
1994 年	《中国统计年鉴》不再公布国民收入数据，仅公布 GNP（国民生产总值）和 GDP 数据	—
1999 年	世界银行认为中国的 GDP 核算已经与国际接轨，此后不再对中国官方 GDP 数据进行调整，其出版物公布中国 GDP 数据时，直接利用中国官方数据进行计算	中国 GDP 核算方法和核算数据的国际可比性大幅度提高，也越来越得到国际认可

续表

时间	改革	意义
2004年	第一次全国经济普查采用了2002年发布的《国民经济行业分类》（GB/T 4754-2002），GDP核算的第四级分类包括94个行业	对不同性质的单位都设计了相应活动增加值的核算方法，改变了以往小规模企业、个体经营户等没有直接调查资料，利用相关资料推算的办法，同时，改进了生产核算方法与使用核算方法的衔接
2008年	将知识产权产品的自给性生产，特别是自给性研究与开发活动纳入生产范围	中国国民经济核算的GDP定义，与2008年SNA（国民账户体系）国际标准衔接一致
2015年第三季度	国家统计局正式建立了分季GDP核算制度	—
2017年6月	中央全面深化改革领导小组第三十六次会议通过了《地区生产总值统一核算改革方案》，计划于2019年第四次全国经济普查之后正式开展地区GDP统一核算工作	地区与国家GDP数据的差距问题有望得到根本性解决

资料来源：《统计研究》和《经济研究》。

GDP统计方法主要有三种——支出法、收入法和生产法，三种方法通过投入产出表钩稽在一起。在我国现行的GDP统计方法下，GDP最终核算结果主要依赖收入法和生产法，支出法所占的权重并不高。这一点，与以支出法为主、以收入法和生产法为辅的美国GDP核算恰恰相反。统计数据的采集是通过"企业一套表联网直报统计"进行的，规模以上企业（一般指年主营业务收入达到500万元以上的企业）联网直接上报数据，再由国家统计局统筹核算。

通过支出法、收入法、生产法核算得到的GDP，抑或是年度和季度GDP，经济普查和非经济普查年份的GDP，看似是针对一个系统、一个数据的统计，但在实际统计工作中，由于可得的基础数据不同，每一套GDP数据核算的过程都是分开的、独立的。接下来，我们以非经济普查年份的年度 GDP 核算作为案例，具体说明 GDP 的核算方法。

以生产法和收入法作为基础的年度 GDP 核算（见图 2-1）。第一步，国家统计局会根据生产法和收入法，测算出九大行业（农林牧渔业，工业，建筑业，批发和零售业，交通运输、仓储和邮政业，住宿和餐饮业，信息传输、软件和信息技术服务业，金融业，房地产业）的增加值，具体参考数据包括国家统计局系统的统计调查资料、相关部门统计资料、会计决算资料以及行政记录等。[1]第二步，综合九大行业数据，得出名义 GDP（也称变价、现价 GDP）。第三步，国家统计局再通过相应的价格指数剔除价格的变化，得出实际 GDP（也称不变价 GDP）。

以支出法测算年度 GDP，区别在于支出法是通过资本形成、最终消费和净出口这"三驾马车"来拆分的，而非通过九大行业。比如，最终消费分为居民消费和政府消费，居民消费又进一步拆分为化妆品、家政服务、交通和通信、医疗保健等（见图 2-2）。上述数据不仅会参考限额以上企业的填报数据，也会参考行业协会统计数据，以及居民医保支出、政府支出等数据。从这点也可以看出，支出法计算的精度和可靠度不及收入法。因此，在最终的 GDP 汇算中，国家统计局更依赖生产法和收入法。

在名义 GDP 到实际 GDP 的核算中，由于两种方法涉及的数据颗粒度不同，对应的价格指数也不同。比如生产法主要依赖九大行业的价格指数，而支出法则依赖 CPI（消费者物价指数）、PPI 和进出口价格指数（生产法和收入法推算实际 GDP 的方法还有一种物量外推法，通过基期的不变价增加值，用物量指数外推得到当期的

---

[1] 许宪春.准确理解中国现行国内生产总值核算[J].统计研究，2019，36（5）：3-15.

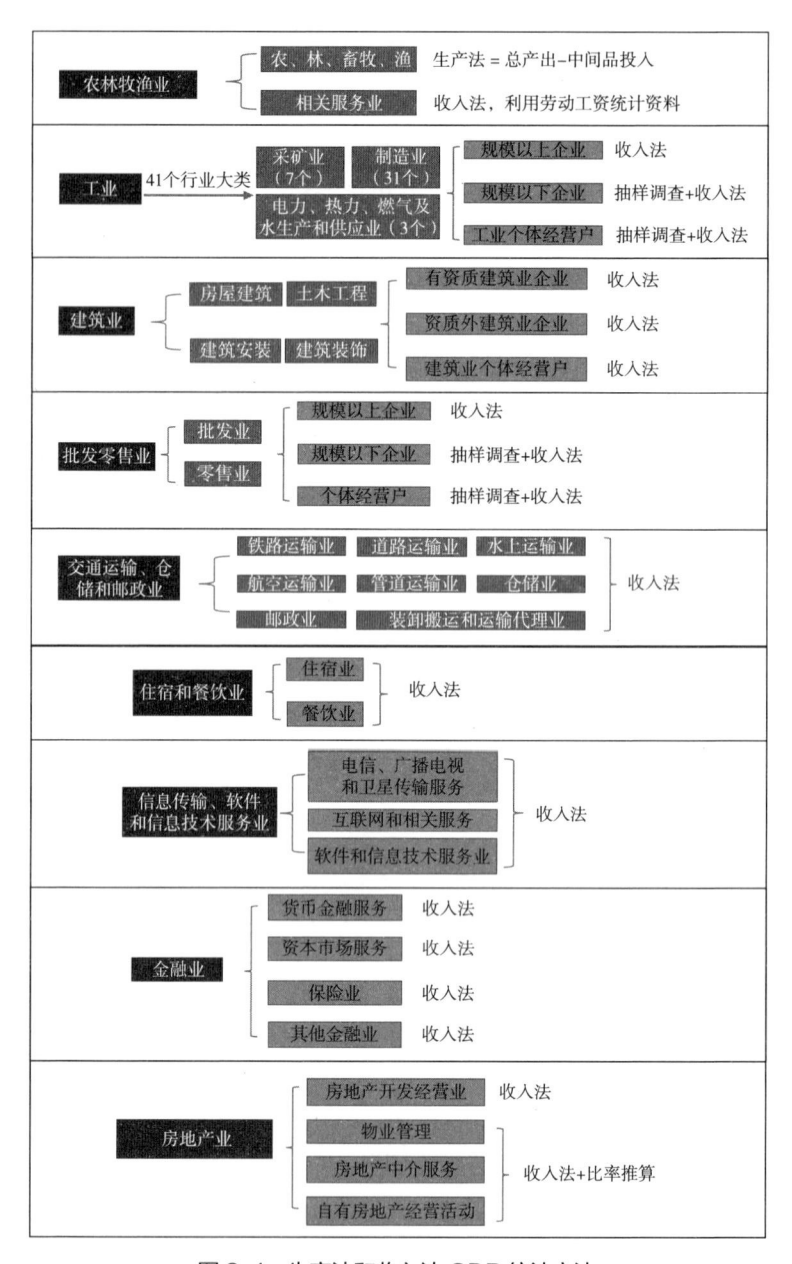

```
农林牧渔业 ┬─ 农、林、畜牧、渔      生产法 = 总产出 - 中间品投入
          └─ 相关服务业          收入法，利用劳动工资统计资料

工业 41个行业大类 ┬─ 采矿业(7个)  制造业(31个) ┬─ 规模以上企业    收入法
                 │                             ├─ 规模以下企业    抽样调查+收入法
                 └─ 电力、热力、燃气及          ├─ 工业个体经营户  抽样调查+收入法
                    水生产和供应业(3个)

建筑业 ┬─ 房屋建筑  土木工程  ┬─ 有资质建筑业企业  收入法
       └─ 建筑安装  建筑装饰  ├─ 资质外建筑业企业  收入法
                              └─ 建筑业个体经营户  收入法

批发零售业 ┬─ 批发业 ┬─ 规模以上企业  收入法
           └─ 零售业 ├─ 规模以下企业  抽样调查+收入法
                     └─ 个体经营户    抽样调查+收入法

交通运输、仓储和邮政业 ┬─ 铁路运输业  道路运输业  水上运输业  ┐
                       ├─ 航空运输业  管道运输业  仓储业       ├ 收入法
                       └─ 邮政业     装卸搬运和运输代理业      ┘

住宿和餐饮业 ┬─ 住宿业  ┐ 收入法
             └─ 餐饮业  ┘

信息传输、软件 ┬─ 电信、广播电视和卫星传输服务 ┐
和信息技术服务业 ├─ 互联网和相关服务              ├ 收入法
                 └─ 软件和信息技术服务业          ┘

金融业 ┬─ 货币金融服务  收入法
       ├─ 资本市场服务  收入法
       ├─ 保险业        收入法
       └─ 其他金融业    收入法

房地产业 ┬─ 房地产开发经营业  收入法
         ├─ 物业管理           ┐
         ├─ 房地产中介服务     ├ 收入法+比率推算
         └─ 自有房地产经营活动 ┘
```

图 2-1 生产法和收入法 GDP 统计方法

资料来源：《统计研究》《经济研究》和国家统计局。

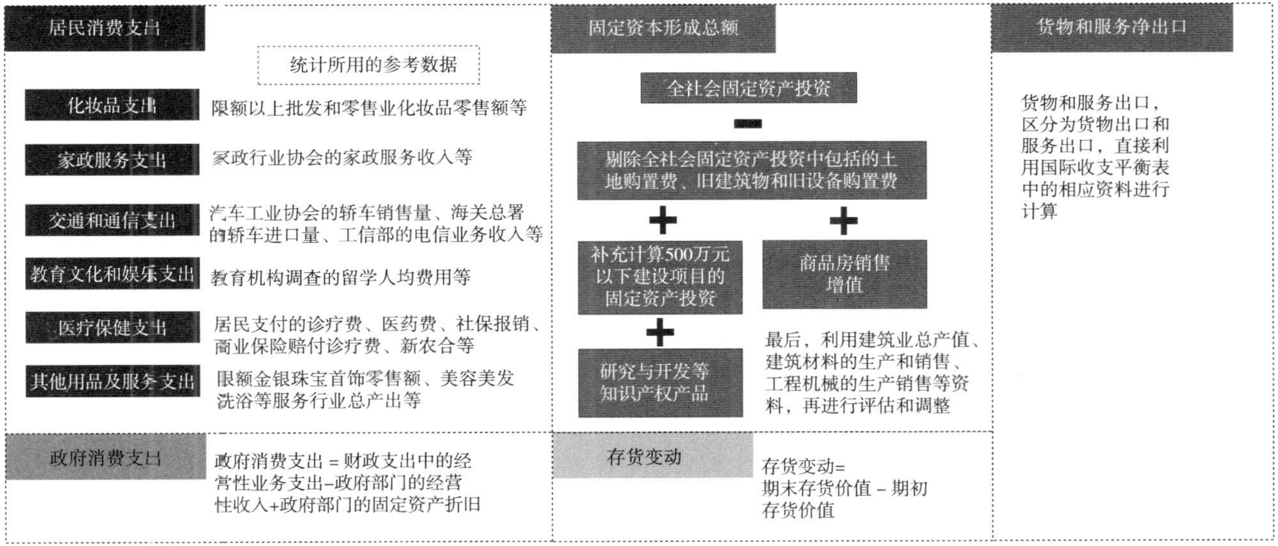

图 2-2 支出法 GDP 统计方法

居民消费支出

统计所用的参考数据：
- 化妆品支出：限额以上批发和零售业化妆品零售额等
- 家政服务支出：家政行业协会的家政服务收入等
- 交通和通信支出：汽车工业协会的轿车销量、海关总署的轿车进口量、工信部的电信业务收入等
- 教育文化和娱乐支出：教育机构调查的留学人均费用等
- 医疗保健支出：居民支付的诊疗费、医药费、社保报销、商业保险赔付诊疗费、新农合等
- 其他用品及服务支出：限额金银珠宝首饰零售额、美容美发沐浴等服务业的总产出等

政府消费支出

政府消费支出 = 财政支出中的经营性业务支出 - 政府部门的经营性收入 + 政府部门的固定资产折旧

固定资本形成总额

全社会固定资产投资
- 剔除全社会固定资产投资中包括的土地购置费、旧建筑物和旧设备购置费
- 补计算500万元以下建设项目的固定资产投资
- 研究与开发等知识产权产品
+ 商品房销售增值

最后，利用建筑业总产值、建筑材料的生产和销售、工程机械的生产和销售等资料，再进行评估和调整

存货变动

存货变动 = 期末存货价值 - 期初存货价值

货物和服务净出口

货物和服务出口，区分为货物出口和服务出口，直接利用国际收支平衡表中的相应资料进行计算

数据来源：《统计研究》《经济研究》和国家统计局。

不变价增加值，加总得到实际 GDP，使用该方法的行业较少，因此不做详细讨论）。因此，既然实际 GDP 是根据价格指数核算出来的，那么价格指数的基期轮换同样也会影响实际 GDP 的计算。举例来说，2021 年的价格指数是以 2020 年为基期重新核算的，意味着计算 2020 年实际 GDP 时使用的是 2015 年的价格单位，而计算 2021 年实际 GDP 时则使用了 2020 年的价格单位。如果简单地以国家统计局公布的 GDP 绝对值来计算 GDP 增速，则会出现异常值。

GDP 核算也分为初步核算和最终核实。从 2015 年第三季度开始，我国季度 GDP 核算改为分季核算方式，即分别核算第一季度、第二季度、第三季度和第四季度的 GDP 数据，再将各季度的 GDP 数据相加得到年度 GDP 初步核算数，年度 GDP 初步核算在次年 1 月 20 日之前完成。而年度 GDP 最终核实一般在隔年 1 月之前完成，并且对季度数据进行常规修订。在经济普查年份，也会涉及对历史数据的调整。年度 GDP 最终核实能够利用更加全面、可靠的基础资料，这些资料包括国家统计局专业统计年报资料、部门年度财务统计资料、财政决算资料等，一般来说，与初步核算相比，最终核实结果会有所变化。

二、如何通过支出法预测 GDP 增速？

（一）GDP 支出法分解：消费、投资和净出口

支出法 GDP，是通过计算一定时期内整个社会购买最终产品的总支出，再减去产品和劳务进口的差额。中美支出法的分类略有不同（见图 2-3），中国国家统计局将最终产品支出划分为资本形成（包括固定资本形成和存货变动）、最终消费（包括政府消费和私人消费）、净出口（包括货物和服务净出口）三个方面，也被

称为"三驾马车"。美国统计局则将最终产品支出归类为个人消费、个人国内投资、政府购买（包括政府投资和政府消费）、净出口四个方面。

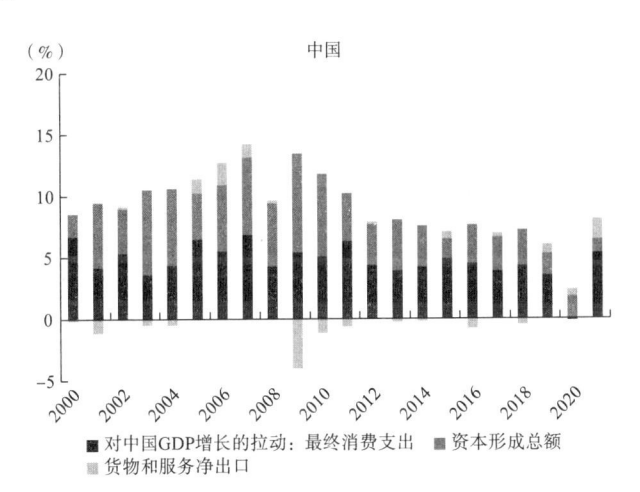

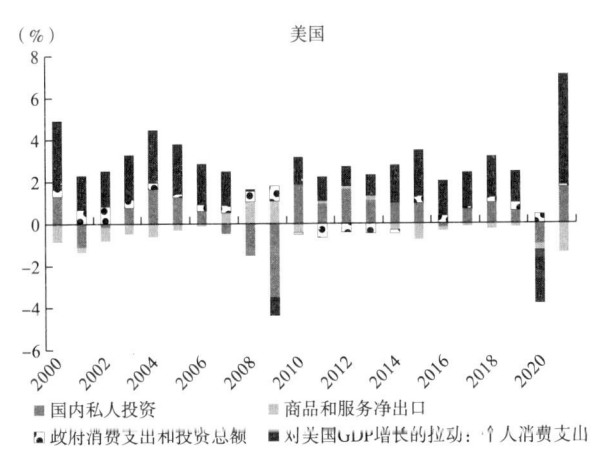

图 2-3 中美两国支出法 GDP 增速贡献项目对比

数据来源：Wind。

支出法角度的 GDP 增速，等于资本形成、最终消费、货物和服务净出口三个部门的增速乘以其占到 GDP 权重的总和。消费和投资占 GDP 的权重，也被称为消费率、投资率，消费率乘以最终消费的增速，即为消费对 GDP 增长的拉动（见图 2-4）。国家统计局也会公布三个部门对于经济增长的贡献率，是指各部门需求的增量与支出法增量之比，各部门贡献率加总等于 100%。

$$GDP 增速 = 最终消费对 GDP 的拉动 + 资本形成对 GDP 的拉动 + 净出口对 GDP 的拉动$$

$$= 最终消费增速 \times \frac{消费}{GDP} + 资本形成增速 \times \frac{投资}{GDP} + 净出口增速 \times \frac{净出口}{GDP}$$

$$GDP 增速 = (最终消费的贡献率 + 资本形成的贡献率 + 净出口的贡献率) \times GDP 增速$$

$$= \frac{\Delta 最终消费}{\Delta GDP} \times GDP 增速 + \frac{\Delta 资本形成}{\Delta GDP} \times GDP 增速 + \frac{\Delta 净出口}{\Delta GDP} \times GDP 增速$$

图 2-4　支出法 GDP 计算原理

为了预测 GDP 增速，先得到三个部门对于 GDP 增长的拉动，再合计加总，是一个比较直接的方法。但是，我们日常能够观测到的宏观经济指标，并非覆盖了经济 100% 的部门。

举例来说，国家统计局月度公布的固定资产投资会形成固定资本形成，固定资本形成叠加存货变动才会形成最终的资本形成并计入 GDP 中，但是月度的存货变动难以观测。同样，月度的社会消费品零售总额仅包括商品消费和餐饮服务消费，但 GDP 核算中的最终消费则包括教育、医疗等服务性消费支出，而且包括农民自产自用的农牧产品。也就是说，我们通过月度数据只能捕捉到"一部分"GDP 的变化，却无法得到月度数据未能覆盖到的"另一部分"GDP 的变化（见表 2-2）。为了得到三个部门对于经济增长的拉动，不可避免地要引入一些假设。这些假设，也会加大经济预测模型的不确定性。为此，我们研究出了一种可以避开引入过多假设的"差分法"。

表2-2 GDP核算数据"三驾马车"与月度数据的差异

GDP核算数据	对应月度数据	异同	备注
固定资本形成	固定资产投资（国家统计局每月中旬公布）	固定资产投资包括土地购置费、旧设备购置费、旧建筑物购置费，固定资本形成总额不包括这些内容。固定资产投资不包括500万元以下项目投资、矿藏勘探、计算机软件等知识产权产品的支出，固定资本形成总额均包括。固定资产投资不包括商品房销售增值，固定资本形成总额则包括	近年来，固定资产投资转化到固定资本形成的效率逐步下降。固定资本形成叠加存货变动，共同构成资本形成。差分法模型，默认资本形成对于GDP的贡献不变
最终消费支出的居民消费	社会消费品零售总额（国家统计局每月中旬公布）	二者都包括绝大多数的商品消费，但最终消费支出的居民消费包括服务性消费支出和农民自产自用的农牧产品，社会消费品零售总额不包括（包括餐饮消费）；社会消费品零售总额包括城乡居民购入的建房用建筑材料和政府消费，最终消费支出中的居民消费不包括	差分法模型，默认最终消费支出中的政府消费对于GDP的贡献不变
货物与服务净出口	货物净出口金额（海关总署每月上旬公布）	二者都包括绝大多数的商品净出口，但海关统计的进出口贸易差额只统计货物贸易，不统计服务贸易，且进口按到岸价格、出口按离岸价格计算；GDP核算中的货物与服务净出口包括货物贸易和服务贸易，按离岸价计算。货物到岸价格和离岸价格之间存在运输费用和保险费用等方面的差别	差分法模型，默认服务净出口对于GDP的贡献不变

资料来源：国家统计局。

（二）经济预测框架：通过简易支出法核算GDP

GDP支出法的三个组成部门为资本形成、最终消费、净出口，三大部门均有一些月度领先指标可供观测，如固定资产投资对应资本形成，社会消费品零售对应最终消费，货物净出口对应净出口，前者与后者高度重叠、趋势一致，但并非完全一致。为了简化预测方法，我们构建了差分法模型，其基本原理在于，假设固定资产投资、社会消费品零售总额与货物净出口是"三驾马车"的主要构成部分和有效领先指标，只测算上述数据变动对于 GDP 增速的边际拉动。该模型的隐藏假设，即假设存货变动、政府消费、服务净出口等月度数据无法观测的部门对于经济的贡献不变，只计算社会消费品零售、固定资产投资、货物出口等月度数据所代表的经济变化。该方法可以避免引入过多的假设，并且及时根据国家统计局月度公布的数据，改变季度经济的预测值（见图 2-5）。

根据历史运行经验来看，除了个别波动超过 10% 的季度，模型计算误差基本控制在 0.3% 的范围内。熟悉了这个原理后，大家都可以构建自己的 GDP 预测模型。预测模型的作用，不在于 GDP 的精度能提到零点几个百分点，而在于当月度数据公布后，我们可以直观看到月度数据给 GDP 带来向上还是向下的冲击。

接下来简要介绍各部门的增速，以及其对于 GDP 增速边际拉动的"影响系数"如何计算。

第一个系数是从月度的固定资产投资向 GDP 传导的系数。从月度的固定资产投资到最终的资本形成，转换的效率大概是 60%。再考虑资本形成占 GDP 的权重，我们最终确定固定资产投资对于 GDP 的转化权重约为 26%。

第二个系数是从月度的社会消费品零售总额向 GDP 传导的系数。由于政府消费和服务没有月度数据，我们在模型中只考虑居民消费的变动。但是，月度的社会消费品零售总额数据包含了政府和居民消费，所以我们要通过一系列计算，对社会消费品零售总额进行剥离：社会消费品零售总额中居民部门实物消费（即商品零售、餐饮服务）比重约为 40%（40% 为经验数据），我们假设居民部门实物消费增速等同于社会消费品零售总额增速。居民实物消费支出占居民最终消费支出比重约为 60%（按照 CPI 中消费品权重测算），居民最终消费支出占最终总消费支出比重约为 70%（参考近年均

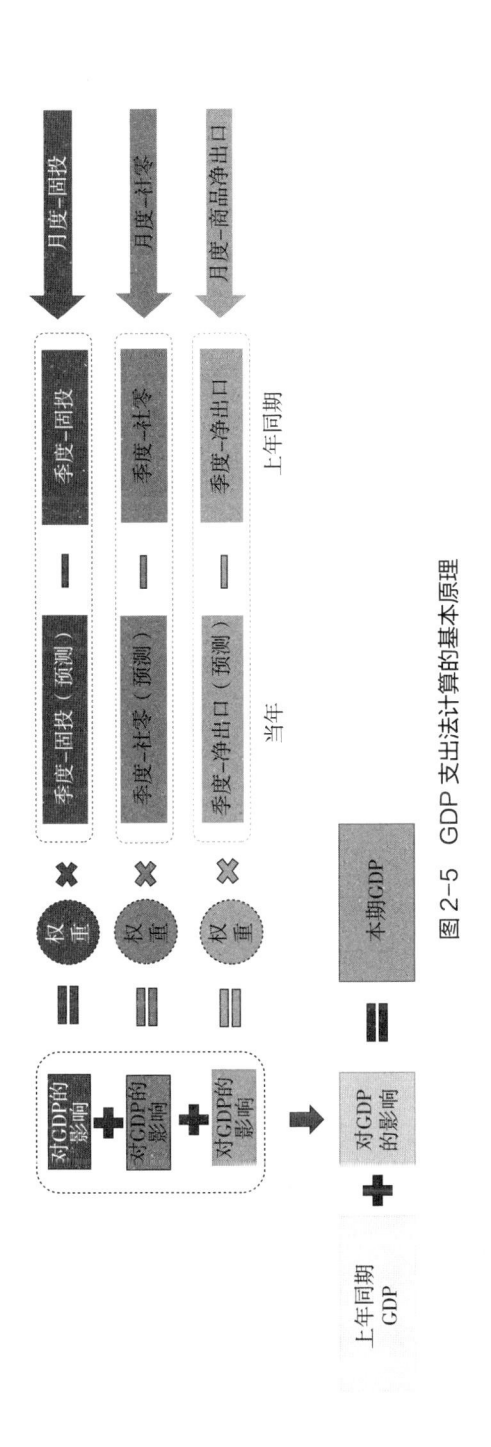

图 2-5 GDP 支出法计算的基本原理

值），最终总消费支出占 GDP 比重为 55%（参考近年均值），最终得到社会消费品零售总额向 GDP 的转化率约为 23.1%。

第三个系数是从月度的商品净出口到 GDP 核算中的货物和服务净出口。贸易差额对于 GDP 增速的影响基于其占 GDP 的权重，从历史数据来看，这个值约为 3%。该权重有时会出现比较大的波动。有时候我们会手动调节一下贸易占比的权重，通过直接调节净出口对 GDP 增速拉动的方式来微调我们的模型。接下来，我们进一步介绍如何观测和预测模型中所涉及的月度经济数据。

（三）固定资产投资：房地产、制造业和基建投资

固定资产投资的定义为"城镇和农村各种登记注册类型的企业、事业、行政单位及城镇个体户进行的计划总投资 500 万元及以上的建设项目投资和房地产开发投资"。国家统计局一般会在次月公布上月的固定资产投资的名义值及增速。观察定义，"500 万元及以上"意味着固定资产投资的统计口径是实时变化的，国家统计局直接公布的累计值不可比。那么如何得到可比口径的统计数据？通常我们会做一个特殊处理，以基期（一般为 2017 年）的绝对值乘以公布的累计同比，滚动向后推算出可比的绝对值。对于基建、制造业和"固定资产投资口径下的房地产投资"[①]，都可以采用相同的处理方式。

固定资产投资有多种拆分口径，比如新建、扩建、改建，也可

[①] "固定资产投资口径下的房地产投资"包括所有的房地产投资，也包括一些没有房地产开发资质的企业。国家统计局每月也会单独公布房地产开发投资的数据，该数据口径只包括有开发资质的企业。因此，固定资产投资范畴里的房地产投资与国家统计局直接公布的房地产投资有细微的不同。

以按照区域和行业做划分。最常见和最有效的划分方法，是拆分为房地产投资、基建投资和制造业投资。截至 2021 年 12 月，制造业投资、基建投资、房地产投资分别占固定资产投资的 30%、25%、24%。占比也并不是一成不变的，2000 年到 2008 年是制造业投资的黄金 10 年，制造业投资的增速高于房地产和基建，制造业投资占固定资产投资的比重也在 2012 年达到了 34% 的高点。但是在近 10 年，随着潜在经济增速的下滑以及海外需求不振，制造业增速占比出现微幅下滑；而基建和房地产占比则保持稳定，逐渐成为逆周期调控的主要抓手。

我们首先观察房地产产业链的相关高频数据。一般而言，一个房地产项目的开发周期为 2~3 年，也有部分超大项目开发周期可以达到 5 年或 10 年。在开发周期中，有几个重要的节点：拿地、新开工、施工和竣工交付。从开发商在二级招拍挂市场中竞得土地到项目新开工，基本需要半年左右，中间需要经历设计规划、取得开工许可。拿到开工许可后即可新开工，从新开工到预售基本需要半年左右的时间。此后开发商在地方政府办理预售登记，取得商品房预售许可证后，即可与购房者签订预售合同，回流销售资金。不过在预售制度下，开发商不能将预售资金计入销售收入和利润，只能计为负债端的预收账款。只有等到项目最终竣工交付，才能转化为销售收入和利润（见图 2-6）。

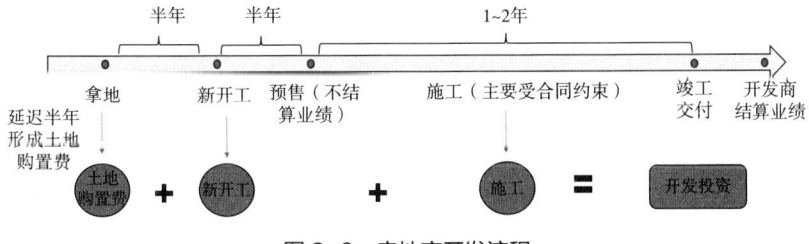

图 2-6　房地产开发流程

来自居民端的销售资金，基本占开发商到位资金来源的一半左右，也是房地产开发行业的天然杠杆。从理论上来说，来自预售环节的预售回流资金只能用于该项目施工，专款专用。但是，在实际操作中（尤其在监管层针对开发商融资行为进行监管之前），房地产开发商为了快速扩充销售规模，会挪用项目上的预售资金偿还土地款或购买新的土地，或者挪用到其他项目，开发商实质上将"专款专用"的销售资金，挪入集团层面的"资金池"运作。尤其在行业快速扩张的时期，开发商会大幅压缩从新开工到预售的期限，以快速回流资金、竞拍土地。而从预售到竣工环节，开发商现金流只出不进，限制开发商的只有合同约束。这也解释了为什么在2016年及2017年销售增速快速回升时，竣工数据会不及预期，一是竣工相对销售存在滞后，二是开发商会优先把预售资金拆借到土地融资，推进竣工的动力相对较低。

上述房地产开发流程中的关键节点数据，如建设过程中的新开工面积、销售面积、竣工面积、施工面积，以及开发商端的到位资金，由开发商自行填报、国家统计局汇总，与社会消费品零售总额、固定资产投资等数据一同由国家统计局在下月中旬公布。根据经验公式拆分，全流程的房地产开发投资大约可以拆分为30%的土地购置费、10%的新开工和60%的施工。这也意味着，房地产投资中以新开工项目的施工为主，这也使房地产投资具有较强的韧性。回顾历史，在房地产紧缩性调控政策出台后，商品房销售基本都是立竿见影的回落，但是房地产投资的反应则相对滞后，其波动幅度也小于房地产销售。

基于对开发商开发流程的理解，哪些因素会影响房地产开发投资？一方面，房地产开发投资受到短期的土地购置、新开工、施工数据的影响，这也是房地产开发投资的主要构成部分。另一方面，近年来随着对房地产开发商的融资监管趋严，开发商当下的资金情况也至关重要。由于房地产后期的施工端是合同约束，所以假如开发商资金约束紧张，自然会放缓施工环节，将资金主要用于预售之前的环节。开发商到位资金可以拆分为居民首付款（占比39%，2021年，下同）、居民抵押贷款（占比16%）、开发贷款（主要来自银行，占比10%）、开发商自筹资金（包括票据融资、债权融资和股权融资等，占比35%）。2021年下半年以来，开发贷款、居民购房款、自筹资金三个方面到位资金的增速均出现快速下行，开发商资金链条持续紧张，叠加行业景气持续回落，使整体房地产开发投资增速快速下滑。

固定资产投资中的第二大部门是基础设施建设投资（简称基建投资）。基建投资有两个口径，国家统计局所公布的月度数据被俗称为狭义基建，其中不包括电力、热力、燃气及水生产和供应业，以及仓储业。而在实际分析中，我们却会在狭义的基础上加上电力、热力、燃气及水生产和供应业（但是会扣除信息传输、软件和信息技术服务业），并将其定义为广义基建。不过，狭义基建已经占据了80%的广义基建投资，二者趋势基本一致（见图2-7）。

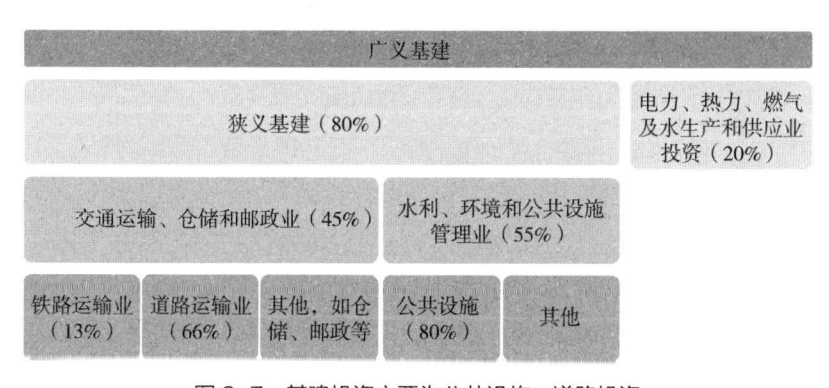

广义基建		
狭义基建（80%）		电力、热力、燃气及水生产和供应业投资（20%）
交通运输、仓储和邮政业（45%）	水利、环境和公共设施管理业（55%）	
铁路运输业（13%） 道路运输业（66%） 其他，如仓储、邮政等	公共设施（80%） 其他	

图2-7 基建投资主要为公共设施、道路投资

数据来源：Wind。

基建投资主要是政府主导，政府投资意愿和财政资金均会影响基建投资。2017年以来，基建投资增速中枢出现系统性回落，一方面是因为政府投资意愿不强，另一方面则是因为地方隐性债务和财政资金使用的监管增加。过去在经济快速增长的过程中，部分地区为了追求高经济增速，投资形式较为粗放，基建投资也在2010—2017年维持了20%左右的增速。为提高财政资金利用效率，2017年7月召开的第五次全国金融工作会议提出，各级地方党委和政府要树立正确政绩观，严控地方政府债务增量，终身问责，倒查责任。此后，多个省市启动了债务终身问责制，约束地方政府过度和无效投资，积极稳妥化解累积的地方政府债务风险。2017年之后，基建投资增速中枢开始逐步回落，新冠肺炎疫情发生后基建投资成为扩大内需的主要抓手，监管层继续加强针对财政资金和地方债务的监管，这也限制了基建投资增速整体反弹的高度（见图2-8）。

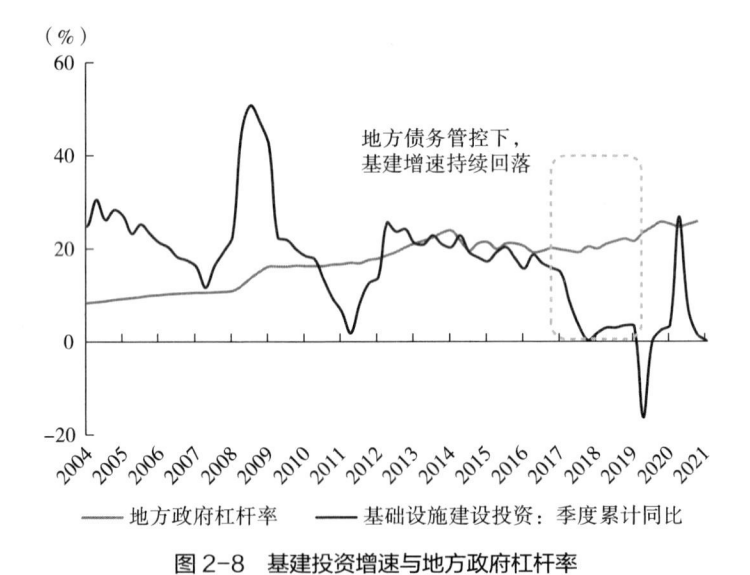

图2-8 基建投资增速与地方政府杠杆率

数据来源：Wind。

固定资产投资中的第三个重要组成部分是制造业投资。制造业投资可以进一步拆分为 30 个左右的细分行业，包括上游的金属冶炼制造、中游的通用设备制造和下游的家具纺织、食品饮料、电子设备等。每月国家统计局公布上月实体经济和制造业投资总额时，也会一并公布十几个细分行业的投资增速，剩余行业会在每月下旬公布。制造业投资代表了实体经济的扩张意愿，对于经济的冷热反应也最为敏感。制造业普遍是中小企业，产能的扩张更依赖实际需求、盈利、库存等情况。因此，在对制造业投资的分析和预测中，需求端指标（如商品房销售、出口交货值）、盈利端指标（工业企业利润）、库存（工业企业产成品库存）、产能利用率等，均是制造业投资的有效领先指标（见图 2-9）。

中美经贸摩擦加速了我国自主可控和产业升级的步伐，2018 年以来我国高技术产业链始终维持较高的增速，在新冠肺炎疫情暴发后也维持快速的增长。疫情对于全球产业链造成了较大的扰动，中国高技术品类出口表现较好，与居家办公相关的电脑、液晶显示屏、冰箱、电视等品类的出口增速维持高位，推动机械和机电产品链条持续修复。在双重因素支撑下，高技术制造业成为拉动制造业投资回升的主要动能。低技术制造业链条则复苏较慢，一方面是相关出口链条表现较弱；另一方面是相关行业主要为中小企业，盈利受到上游原材料价格上涨的挤压，因此企业扩产动能较弱。直到 2021 年下半年，国内消费复苏、叠加上下游通胀剪刀差缩窄，低技术制造业链条才出现了一定的恢复迹象。

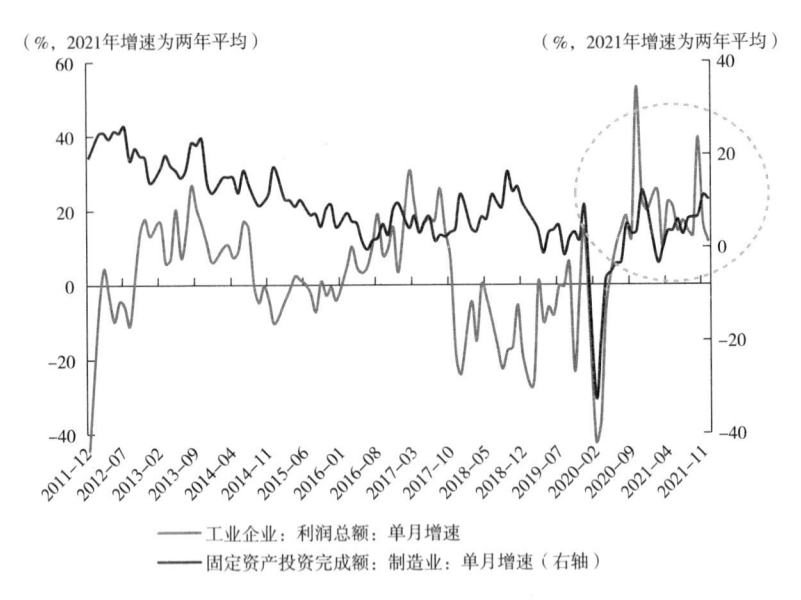

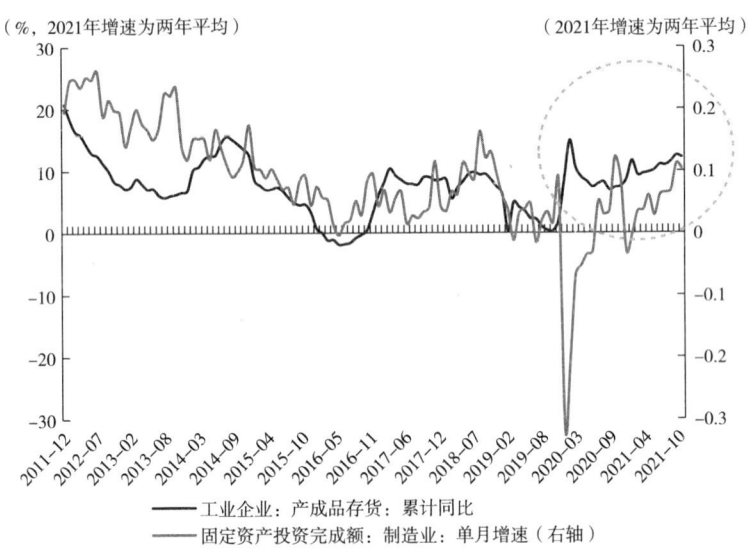

图 2-9 工业企业利润和库存均是制造业投资的有效领先指标

数据来源：Wind。

（四）社会消费品零售与进出口数据

除投资外，支出法 GDP 的其余"两驾马车"是消费与净出口。每月中旬，国家统计局会公布上月实体经济数据，其中包括社会消费品零售和 15 个左右的行业限额以上单位商品零售数据；在每月下旬，国家统计局则会更新剩下十余个行业的限额以上单位商品零售数据。在进出口数据方面，海关总署则会在每月上旬公布上月进出口和部分重点商品的进出口金额。每月下旬，海关总署会更新其余细分行业的进出口金额。

月度社会消费品零售总额是观察消费趋势的最有效指标。按照国家统计局的定义，社会消费品零售总额"指企业（单位、个体户）通过交易直接出售给个人、社会集团非生产、非经营用的实物商品金额，以及提供餐饮服务所取得的收入金额"。根据定义可以得知，社会消费品零售总额只包括实物商品消费和餐饮服务消费，不包括教育、医疗等其他服务性消费支出以及虚拟消费支出，且部分消费行为在 GDP 核算时会被计为投资。每月月中，国家统计局公布社会消费品零售总额数据时，也会公布若干个消费品类，包括食品、服装、化妆品、家用电器等品类的限额以上企业零售总额。对于月度的社会消费品零售总额数据预测，我们会关注几类高频指标，包括当月的服务业 PMI（采购经理指数）、重点城市地铁出行量、中国汽车工业协会公布的汽车销量数据等。

构成支出法 GDP 的最后一个部门，则是进出口。如果只研究中国对外出口，可以参考海关总署每个月公布的重点产品出口金额。但是，如果想在全球范围内计算某个品类的出口份额，则需找到全球各国使用的统一分类标准。目前针对国际贸易存在多种分类口径，包括 SITC、HS、BEC、SNA[①]等，我们推荐使用 HS 分类。一方面，我国海关总署会以 HS 编码为分类，公布对各国的出口；另一方面，中美第一阶段协议中涉及的自美采购产品、中美互相加征的关税清单及关税排除清单，都会使用 HS 编码来公布具体的商品。HS 编码使用 2 位码、4 位码、6 位码将商品逐步分类，比如从 01 章活动物，到 97 章艺术品及收藏品、98 章特殊交易品及未分类商品，一共包含了 98 个 2 位码分类。从 2 位码向下又可以分 4 位码，以 85 号机电设备为例，可以进一步分为 8501 发动机、8502 发电机组……HS 编码最终可以拆分到 10 位码，对应各行业中的各类细分商品。

HS 编码分类的优势在于，我们可以具体观察每个品类在主要贸易对手国的份额变化。以新冠肺炎疫情暴发后中国对美国的出口来看，各种品类在每一阶段享受的份额优势各不相同。2020 年以来，全球产业链面临多次较大规模的疫情反复冲击，分别是 2020 年初、2020 年下半年、2021 年第三季度的德尔塔病毒和 2021 年底的奥密克戎病毒。在每一轮疫情冲击下，我国在美国进口的份额均会出现抬升；在疫情的影响逐步消退后，中国的份额便出现小幅下滑（见图 2-10），而高技术品类和防疫物资的份额优势始终较强，低技术品类份额优势较弱。

第一阶段是 2020 年初至 2020 年 11 月，全球生产在疫情冲击下陷入停滞。中国占美国总进口份额在 2020 年第一季度大幅回落，随后在第二季度回升至 20% 左右，远高于 2019 年底 17% 的水平。第三季度随着各国放松疫情管控，中国份额起初出现小幅下滑，但很快因为欧美的疫情再次快速蔓延而再次上行、维持高位。这一阶段，

---

① SITC 表示国际贸易标准分类，HS 表示商品名称及编码协调制度，BEC 表示按广泛经济类别分类，SNA 表示国民账户体系。

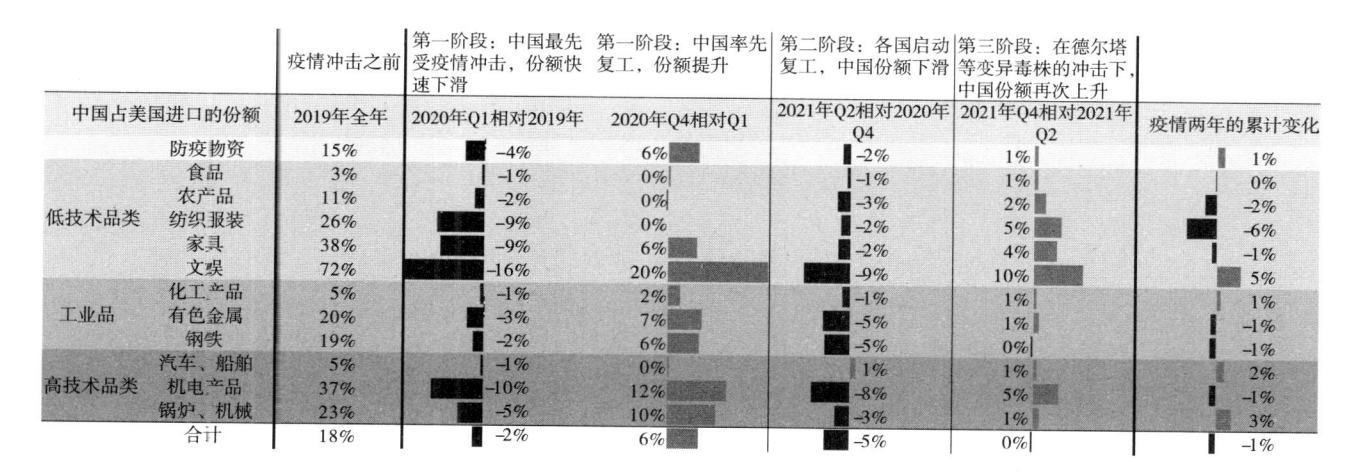

中国占美国进口份额	疫情冲击之前 2019年全年	第一阶段：中国最先受疫情冲击，份额快速下滑 2020年Q1相对2019年	第一阶段：中国率先复工，份额提升 2020年Q4相对Q1	第二阶段：各国启动复工，中国份额下滑 2021年Q2相对2020年Q4	第三阶段：在德尔塔等变异毒株的冲击下，中国份额再次上升 2021年Q4相对2021年Q2	疫情两年的累计变化
防疫物资	15%	−4%	6%	−2%	1%	1%
食品	3%	−1%	0%	−1%	1%	0%
农产品	11%	−2%	0%	−3%	2%	−2%
低技术品类 纺织服装	26%	−9%	0%	−2%	5%	−6%
家具	38%	−9%	6%	−2%	4%	−1%
文娱	72%	−16%	20%	−9%	10%	5%
化工产品	5%	−1%	2%	−1%	1%	1%
工业品 有色金属	20%	−3%	7%	−5%	1%	−1%
钢铁	19%	−2%	6%	−5%	0%	−1%
汽车、船舶	5%	−1%	0%	1%	1%	2%
高技术品类 机电产品	37%	−10%	12%	−8%	5%	−1%
钢铁机械	23%	−5%	10%	−3%	1%	3%
合计	18%	−2%	6%	−5%	0%	−1%

图 2-10　中国各品类占美国进口份额的变化（按照 HS 编码分类）

注：Q 表示季度。

数据来源：USITC。

中国在各类产品的份额上均大幅上升，包括宅经济（家具、文娱）、工业品（化工、有色）和高技术链条（汽车、船舶，机电产品，锅炉、机械）。此外，由于高技术产业链较长，受疫情冲击更大，我国在高技术品类的份额回升最快，主要替代了日韩和欧洲的份额。

第二阶段是 2020 年 11 月至 2021 年 6 月，随着多国推进新冠疫苗接种和经济重启，中国份额开始下滑。这一阶段，中国在多个品类的份额出现了普遍下滑，包括前期份额有所回升的高技术链条，以及前期份额没有提升的农产品、食品和纺织服装。这说明，中国在这些劳动密集型产业链上的相对优势较弱。一旦东南亚地区的国家复工，我国的份额就会立刻受到挤压。

第三阶段是 2021 年 6 月至 2021 年 12 月，德尔塔和奥密克戎变异毒株冲击多国经济，中国所占份额反弹回升。这轮疫情冲击的背景有所不同，多个发达国家已经开始推进疫苗接种，但东南亚等地区疫苗接种进度相对落后，这也使我国本轮份额的回升主要以低技术产品的订单回流为主，高技术制造业链条的份额仅有小幅提升。

三、生产法视角下，如何建立 GDP 预测体系？

市场在预测 GDP 时通常依赖支出法。由于国家统计局核算 GDP 通常依赖生产法和收入法，基于支出法的预测最终可能使 GDP 存在较大转换偏差。为此，本节从 GDP 核算体系出发，建立了基于生产法视角的 GDP 预测体系。

（一）生产法 GDP 预测体系

生产法 GDP，即从生产角度核算增加值，实质上就是各行业的增加值加总，如第一产业、第二产业、第三产业增加值的加总，或者再细分一点，对目前我国经济部门20个门类行业增加值的加总，或对97个大类行业增加值的加总。考虑到资料的可获得性，继续细分下去会存在一些困难，因此实际操作中仅细分到大类行业（见图2-11）。

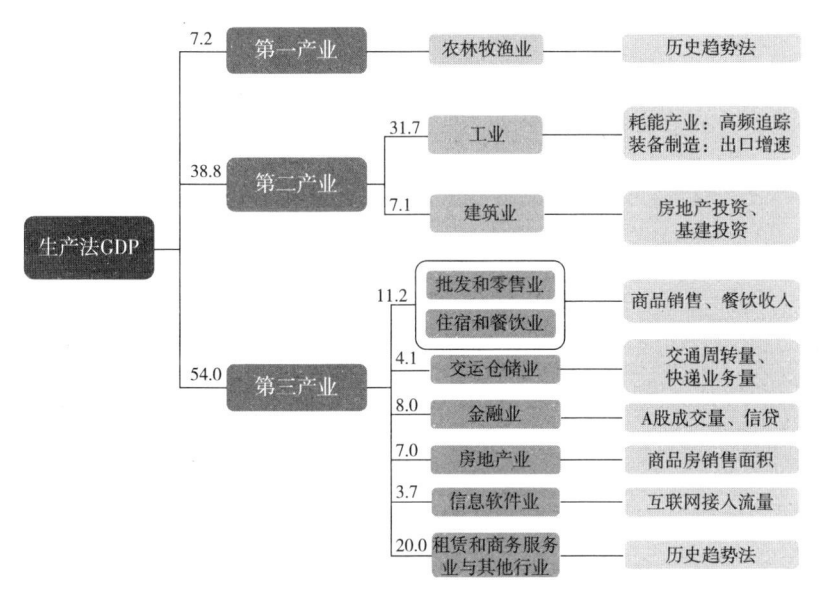

图2-11 生产法视角下的GDP预测体系

资料来源：作者整理。

由于国家统计局在进行季度GDP核算时主要参考11个门类行业，分别为农林牧渔业、工业、建筑业、批发和零售业、住宿和餐饮业、交运仓储业、金融业、房地产业、信息软件业、租赁和商务服务业以及其他行业，因此，进行生产法GDP的预测，就是要对上述11个行业做预测。

根据国家统计局公布的数据，2021年，剔除其他行业的另外10个行业的增加值占比达到GDP的84%以上，且较为稳定，其中工业增加值占比为32%，批发和零售业占比为10%，金融业占比为8%，建筑业占比为7%。

季度GDP核算存在较强的季节性。从第一季度到第四季度，GDP（现价增加值）逐季提升，其中第一产业占比也在逐季提升，第三产业则对应在逐季下调。但是从同比增速的视角看，各季度GDP增速走势则较为稳定。

（二）跟踪和预测第一产业GDP

第一产业在我国GDP中的占比持续下降，且对GDP增速的贡献有限。随着我国经济的发展，第一产业在经济中的占比持续下降，截至2020年，我国第一产业增加值占比已由2000年的14.7%降至7.7%；此外，我国第一产业增加值增速也持续处于低位，对GDP同比增速的贡献越来越小。因此，在生产法视角，对于GDP的预测，第一产业GDP的预测对最终GDP的预测精准度影响不大。

第一产业GDP的预测需要借助农业局公布的农林牧渔业的数据，该产业的数据较为缺乏，进行预测时可依赖的数据量较少，倘若借助有限的数据进行预测，那么误差会很大。通过观察第一产业增加值的同比增速变化，我们发现2019年以前，第一产业的增加值同比增速变化较为稳定，并且考虑到第一产业在GDP中的占比仅为7.7%，那么在此种情况下，第一产业增加值增速对GDP增速的影响十分有限。

基于此，我们可以采用历史趋势法对第一产业GDP增速进行预测。我们分别采用上年同期与过去3年同期的历史均值作为第一产业增加值增速的预测值进行预测。通过回溯测算，2010—2019年，采用上年同期数值的方法对第一产业增加值增速进行预测的误差均值为0.55%，对GDP增速的预测误差均值为0.09%，综合来看，误差在可控范围内。

（三）跟踪和预测工业 GDP

工业增加值在 GDP 中占比最高，对其进行预测非常重要。工业增加值的数据来源较多，预测体系较为成熟。国家统计局月度会公布规模以上工业企业增加值增速数据，是工业增加值最好的预测指标。规模以上工业企业增加值占全部工业增加值的比例在九成以上，是工业的绝对主体，因此，季度层面的工业 GDP 增速预测依赖月度规模以上工业增加值的预测效果。

根据 2018 年投入产出表，我们统计了工业增加值中各细分行业的占比。我们发现，在制造业中，五大高耗能产业（石油核燃料加工、化学原料、非金属制品、黑色冶炼加工、有色冶炼加工）增加值占比合计占到制造业总体的 32.2%，是制造业中重要的组成部分。近年来，装备制造链条的高技术产业产值增速较快，增加值占制造业总体的 12.1%，也逐渐成为制造业增加值中重要的组成部分。因此，对规模以上工业增加值增速进行预测，需要把握好两大产业：一是传统耗能产业，二是装备制造技术链条的高技术制造业。

传统耗能产业增加值的预测可以借助高频数据进行追踪。高耗能产业主要涉及一些传统产业，如汽车、化工、钢铁等多个领域的生产，可以借助高频数据进行追踪。汽车行业主要跟踪的指标是汽车轮胎开工率，化工领域主要涉及 PTA（精对苯二甲酸）产业链上下游的开工率和负荷率，而钢铁产业链的跟踪指标最多，包括生铁生产相关的高炉开工率、粗钢产量、各种钢材产量等。

装备制造业或高技术制造业与出口相关性较强，可以通过出口数据进行拟合预测。根据 2018 年投入产出表，出口依赖型的行业中主要以装备制造业为主，从装备制造业的增速与出口增速的对比来看，二者走势也基本一致。值得注意的是，由于工业增加值同比增速是实际变量，而出口增速是名义变量，因此在预测装备制造业增加值增速时需要考虑对应行业的价格变化，为此我们在模型中纳入了 PPI 行业价格指数。

由于 GDP 是季度层面的数据，因此我们需要把月度层面的数据转换为季度层面的数据。由于工业生产的季节性较强，因此表现在工业增加值数据上也存在较强的季节性，从工业增加值定基指数上，可以明显看出一定的周期性（见图 2-12）。为此我们在把月度工业 GDP 转换为季度工业 GDP 时，不能简单进行月度平均，而是需要进行季度内各月定基指数的加权，以消除季节性影响（见图 2-13）。

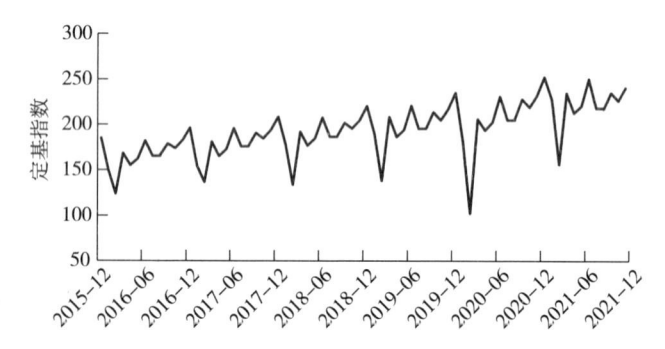

图 2-12　规模以上工业增加值定基指数存在明显季节性

数据来源：Wind（数据更新至 2021 年 12 月）。

图 2-13　月度工业增加值加权增速走势与季度工业 GDP 走势一致

数据来源：Wind（数据更新至 2021 年 12 月）。

（四）跟踪和预测建筑业 GDP

与工业相比，建筑业增加值在 GDP 中的占比并不高，但受政策影响大，增速波动较为剧烈。建筑业 GDP 与房地产投资和基建投资均存在紧密的关系，经常被用作逆周期调控的手段，受政策影响较大，其增速波动较为剧烈，因此准确预测难度较大。但是考虑到建筑业 GDP 占比不高，所以出现一定范围的预测误差对 GDP 的预测影响不大。通常在逆周期调控阶段，建筑业增加值对 GDP 增速的贡献上升。

借助国家统计局月度公布的房地产投资与基建投资数据，我们可以对建筑业 GDP 进行预测。我们在上文提到，建筑业中房屋建筑、建筑装饰、建筑安装属于房地产范畴，而土木建筑则属于基建范畴，因此对建筑业 GDP 的预测本质上建立在对房地产和基建走势预期的基础上。通过使用房地产投资增速、基建投资增速对建筑业 GDP 增速进行回归，结果显示，该模型对建筑业 GDP 增速具有较好的预测效果。据此，我们可以判断未来建筑业 GDP 走势（见图 2-14）。

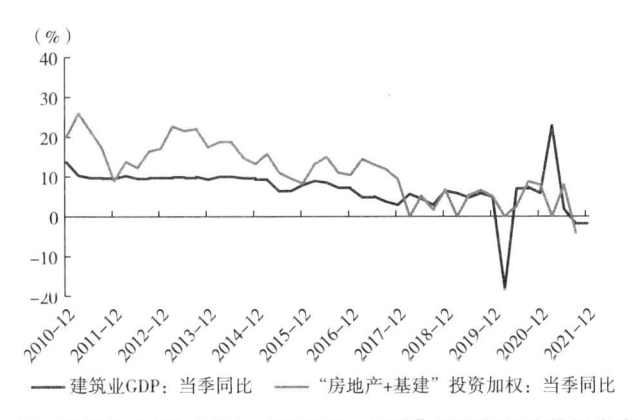

图 2-14　建筑业 GDP 走势与"房地产 + 基建"投资加权走势拟合度较好

注："房地产 + 基建"投资加权的权重根据当季增加值占比进行赋权。
数据来源：Wind（数据更新至 2021 年 12 月）。

（五）跟踪和预测第三产业 GDP

1. 批发和零售业、住宿和餐饮业

我们可以分别使用国家统计局月度公布的社会消费品中的商品零售总额、餐饮收入总额作为批发和零售业 GDP 与住宿和餐饮业 GDP 的拟合指标。由于增加值增速是实际数据，而商品与餐饮销售额是名义变量，因此在预测批发和零售业 GDP 时需要考虑对应消费品行业的价格变化，为此我们在模型中纳入了与终端消费契合度较高的 CPI 行业价格指数。通过使用行业增加值增速对商品零售额增速（餐饮收入额增速）、CPI 进行回归，结果显示，对批发和零售业增加值增速（餐饮业增加值增速）有较好的预测效果（见图 2-15、图 2-16）。

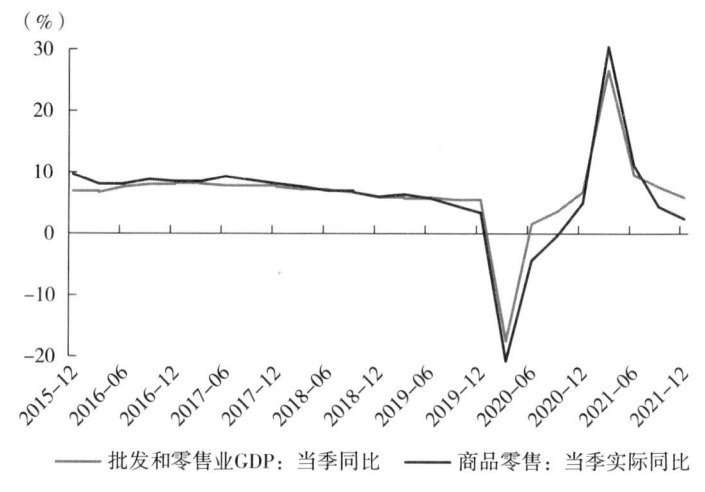

图 2-15　批发和零售业 GDP 走势与商品零售走势契合度较高

注：商品零售当季同比数据根据国家统计局公布的数据推算得到。
数据来源：Wind（数据更新至 2021 年 12 月）。

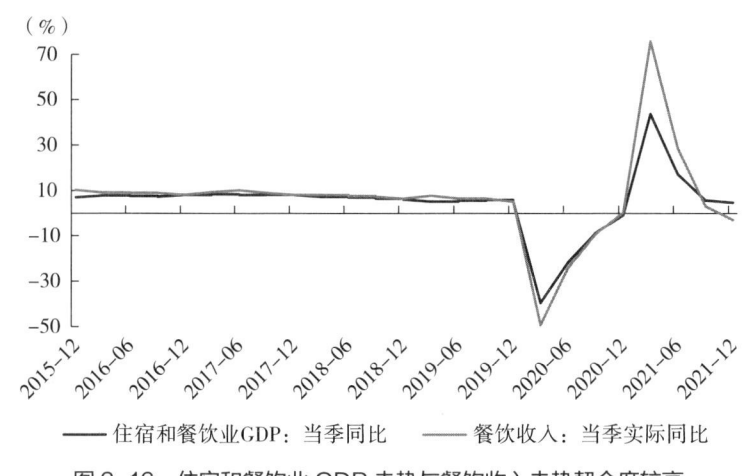

图 2-16　住宿和餐饮业 GDP 走势与餐饮收入走势契合度较高

数据来源：Wind（数据更新至 2021 年 12 月）。

2. 信息软件业

信息软件业，全称为"信息传输、软件和信息技术服务业"，是近年来第三产业中增速最高的行业，虽然在 GDP 中占比不高，但其对 GDP 增长的贡献不可小觑。2015—2020 年，信息软件业增加值在 GDP 中的占比不到 4%，但其增速始终维持在 14%~28%，对 GDP 增速的贡献度由 4% 上升至 2020 年的 11%，成为 GDP 增长的重要来源（见图 2-17）。

工业和信息化部月度公布的互联网接入流量代表了电信企业提供互联网电信服务的变化，可以作为信息软件业 GDP 走势的预测指标。根据历史走势来看，互联网接入流量的走势与信息软件业 GDP 走势较为贴合，用其作为预测指标拟合效果较好。由于互联网接入流量是不变价数据，因此无须进行价格调整，但需要将其月度指标转化为季度指标，才可以对信息软件业 GDP 做更为准确的预测。

图 2-17　互联网接入流量与信息软件业 GDP 走势较为一致

注：当季同比数据根据国家统计局公布的月度数据进行推算。
数据来源：国家统计局（数据更新至 2021 年 9 月）。

3. 房地产业

本部分所指的房地产业 GDP 主要对应销售环节的"房地产业"。由于房地产业的增加值主要发生在销售环节，因此预测房地产业 GDP，最直观的就是参考当期商品房销售的数据。

从历史数据走势来看，商品房销售面积增速与房地产 GDP 增速走势基本一致。因此，我们可以根据商品房销售面积预测房地产 GDP 走势（见图 2-18）。

同样值得注意的是，由于商品房销售面积数据是月度频次，所以需要将其转化为季度频次进行拟合。另外，之所以使用销售面积而不是销售收入，是为了剔除价格的影响，因为增加值增速反映的是剔除价格变化后的增速。

图 2-18 房地产 GDP 增速走势与商品房销售面积走势拟合度更高

注：当季同比数据根据国家统计局公布的月度数据进行推算。
数据来源：Wind（数据更新至 2021 年 12 月）。

4. 交运仓储业

交运仓储业包含两大范畴：一个是交通运输业，主要与交通周转量相关；另一个是仓储邮政业，主要与快递业务总量相关。交通运输部月度公布的水路、公路、铁路、航空等客货周转量数据可作为交通周转量的替代指标，国家邮政局月度公布的业务收入与业务总量数据可作为快递业务量的替代。

根据 2018 年投入产出表，交通运输业占交运仓储业增加值的 85% 以上，仓储邮政业占比不足 15%，细化来看，在交通运输业内部，铁路运输占比为 10.4%，城市道路运输占比为 55.1%，水上运输占比为 5.7%，航空运输占比为 7.3%，其他运输占比为 21.5%，我们按此权重对交通周转量各分项进行加权得到交通周转量数据。

通过使用交通运输业增加值增速对交通周转量、快递业务量进行回归，结果显示，该模型对交运仓储业 GDP 有较好的拟合效果（见图 2-19）。

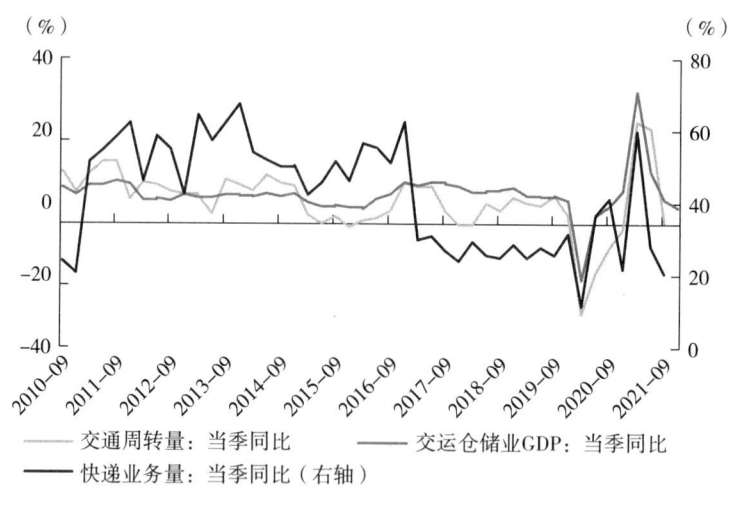

图 2-19 交通周转量、快递业务量与交运仓储业 GDP 走势一致

注：当季同比数据根据国家统计局公布的月度数据进行推算。

数据来源：Wind（数据更新至 2021 年 9 月）。

5. 金融业

在国民经济核算中，金融业被分为货币金融服务、资本市场服务以及保险服务三个细分行业。虽然货币金融服务业是金融业的主体，但从历史数据来看，金融业 GDP 增速走势与 M_2、信贷等数据走势相关性并不强，主要原因是货币金融业务较为稳定，波动较小。保险业增加值变动幅度也较小，其对金融业 GDP 增速的贡献较低。

资本市场服务业虽然在金融业中占比不高，但其波动较大，因此对金融业 GDP 走势的影响较大。历史数据显示，我国股票市场成交量变化与金融业 GDP 走势相关性较强。因此，使用我国 A 股市场成交量波动数据可以较好地预测金融业 GDP 走势。

为此，我们构建了以"人民币贷款：当季同比（X1）""社会融资规模：当季同比（X2）""A 股成交量：当季同比（X3）"为自变量，以"金融业GDP：当季同比（Y）"为因变量的多元回归模型。模型结果显示，"人民币贷款：当季同比""社会融资规模：当季同比"这两个指标的回归系数均不显著，而"A股成交量：当季同比"的回归系数则在1%的水平下显著，说明"A股成交量：当季同比"指标对"金融业GDP：当季同比"具有较好的预测效果。

6.租赁和商务服务业、其他行业

租赁和商务服务业、其他行业在GDP中的占比并不低，但是由于数据短缺，寻找替代指标并不容易。截至2020年底，这二者合计占GDP的18%左右，由于数据短缺，因此难以构建合适的预测方法，我们采用历史趋势法以及类比法对二者走势进行大致预测。

从对GDP增速的贡献来看，2021年第三季度，租赁和商务服务业、其他行业对GDP增速的贡献率分别为3.5%、16.7%，倘若二者的预测误差在1个百分点，那么对GDP增速的影响大约为0.2个百分点。

我们采用历史趋势法，即采用上年同期行业增加值增速作为预测值进行了测算。2020年之前，采用历史趋势法对这两个行业进行预测的误差在2个百分点以内，其中租赁和商务服务业平均预测误差约为2个百分点，而其他行业的预测误差为1.6个百分点，按照二者GDP占比进行加权，合计影响GDP增速约为0.3个百分点。

政策篇

第三章

财政分析框架:从国家账本读懂中国经济

2020年以来，受全球新冠肺炎疫情的影响，各国普遍加大财政刺激力度，赤字率不断上升。IMF（国际货币基金组织）披露，2020年全球平均赤字率从2019年的3.7%上升到9.9%，发达国家上升至10.7%，新兴市场和发展中国家平均为9%左右。2021年，全球财政赤字高达8.6万亿美元，相较2020年减少5%，但仍比2019年增加2.7倍。其中，2021年美国、日本、欧元区、印度的财政赤字率仍然高达15%、9.4%、6.7%、12.7%。

相比之下，新冠肺炎疫情发生后，中国的官方赤字率最高上行至2020年的3.6%，2021年、2022年分别下调至3.2%、2.8%。那么所谓的积极财政发力，究竟如何体现？

在我国，官方赤字率仅指一般公共预算赤字，通过中央政府发行国债、地方政府发行一般债弥补。如果我们将当年一般公共预算的收支差额作为实际发生的财政赤字，那么除了预算赤字外，还包括调入资金和使用结转结余，这笔钱主要来自存量资金的盘活以及上年"超收节支"的财政余粮，是跨年度财政预算平衡的体现。在财政发力的年份，调入资金和使用结转结余的规模都在2万亿元以上，成为扩大财政支出的重要资金来源。以2022年财政预算为例，尽管官方赤字率从上年的 3.2% 下调至 2.8%，对应预算财政赤字为 3.37 万亿元，较上年减少 2 000 亿元，但同时我们注意到，2022 年安排调入资金和使用结转结余提高至 2.33 万亿元，较上年大幅增加 1.16 万亿元。因此，最终 2022 年一般公共预算的实际赤字率达到 4.6%，不仅高于 2.8% 的官方赤字率，也高于 2021 年 3.8% 的实际赤字率。

此外，上述对于财政赤字的讨论，并未包括政府性基金预算。政府性基金预算作为地方财政收支的主体，是影响财政支出强度的重要科目。尤其是随着新增专项债规模的不断扩大，2020 年以来，政府性基金收支差额已经抬升至 1 万亿元以上。以 2022 年财政预算为例，政府性基金预算支出较收入多出 4 万亿元，为历年来最高。4 万亿元差额，包括当年计划发行的 3.65 万亿元专项债收入，以及部分特定国有金融机构和专营机构上缴利润。因此，若将政府性基金预算纳入在内，整体的财政赤字率达到 7.9%，高于 2021 年的 5.2%，仅次于 2020 年的 8.6%。

因此，对于积极财政内涵的理解，不能仅局限于官方赤字率，还要全面评估当年财政的实际可用资金，尤其是在跨周期调节机制下，盘活存量资金成为财政增支的重要途径。

一、详解财政"四本账"

对于财政政策的理解和观察，最佳的切入点就是每年两会后发布的全国财政预算报告。这份报告阐述了财政"四本账"的预算收支结构，直观地展示了"钱从哪里来，流到哪里去"，是了解当年财政政策基调的重要窗口。从收入端，我们能够预判政府对当年经济运行形势的预期、减税降费的力度，并进一步判断出当年政策隐含的 GDP 增速。从支出端，则传达出财政政策的积极程度以及发力方向，根据政府稳增长的意愿强弱，进一步判断当年基建投资增速的中枢。因此，了解财政"四本账"的收支结构，对于理解财政政策关键且必要，我们将其作为财政分析框架的开端。

当前我国采用的财政预算体系建立在2015年新《预算法》的基础上，将"规范政府收支行为，强化预算约束"作为立法宗旨，框定了财政收支的基本原则。一是首次明确提出实行全口径预算，删除预算外资金的全部内容，明确规定"政府的全部收入和支出都应当纳入预算"，并将地方政府债务纳入预算管理。二是强调"各级政府应当建立跨年度预算平衡机制"，实施三年滚动财政规划。三是明确提出国家实行财政转移支付制度，以推进地区间基本公共服务均等化为主要目标。

我国的财政预算体系，由四本预算账目构成，包括一般公共预算、政府性基金预算、国有资本经营预算和社会保险基金预算。账目运作并非相互独立，而是存在钩稽关系。由于一般公共预算支出责任最大，常年收不抵支，需要从政府性基金预算、国有资本经营预算调入资金作为补充。一般而言，在积极财政发力的年份，通过盘活存量资金和闲置资金，调入一般公共预算的规模也会相应加大（见图3-1）。

具体来看，首先是一般公共预算，其规模最大，2021年收入、支出分别为20.25万亿元、24.63万亿元，收支平衡通过3.57万亿元财政赤字、1.17万亿元调入资金及使用结转结余来实现。调入资金及使用结转结余主要来自三个部分：中央和地方的预算稳定调节基金、政府性基金预算、国有资本经营预算的调入资金。

其次是政府性基金预算，2021年支出规模达11.37万亿元。支出资金主要来自土地出让收入和地方政府专项债收入。每年政府性基金收大于支的部分将调入一般公共预算和结转下年支出。

再次是国有资本经营预算，在四本预算中规模最小，2021年收入、支出分别为5 180亿元、2 625亿元，当年收大于支的部分基本全部调入一般公共预算。

最后是社会保险基金预算，相较于其他账本而言，运作相对独立，只进不出，2021年收入、支出分别为9.47万亿元、8.79万亿元。收入主要包括保险费收入和财政补贴收入，财政补贴收入占比为25%。

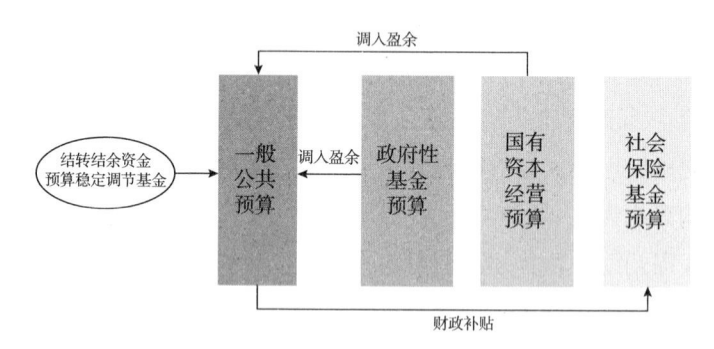

图 3-1 财政四本预算的钩稽关系

资料来源：财政部。

（一）一般公共预算

一般公共预算是对以税收为主体的财政收入，安排用于保障和改善民生、推动经济社会发展、维护国家安全、维持国家机构正常运转方面的收支预算。由于跨年度预算平衡机制的存在，一般公共预算遵循的是收支两条线，这也使支出端存在相对自由的调整空间，不完全跟随收入变化。收入端一般与当年的经济增长水平以及减税降费力度有关，而支出端则是在财政收入的基础上，确定当年需要增加的财政赤字、使用调入资金及结转结余的规模，因此从财政支出的节奏和强度，能够判断出财政稳增长的意愿。

一般公共预算由中央和地方预算组成，直观来看，中央和地方收入与支出责任不匹配，需要通过转移支付的形式进行再平衡。2021年地方一般公共预算收入占比为55%，但地方一般公共财政支出占比却达到86%。针对地方财力不足的问题，中央通过转移支付的方式，平衡地区间财力差距。近年来对地方转移支付规模持续增加，2015年中央对地方转移支付规模为5万亿元，2021年达到8.2万亿元，2022年预算大幅提高至9.8万亿元，已经超过中央本级财政收入规模（见图3-2）。

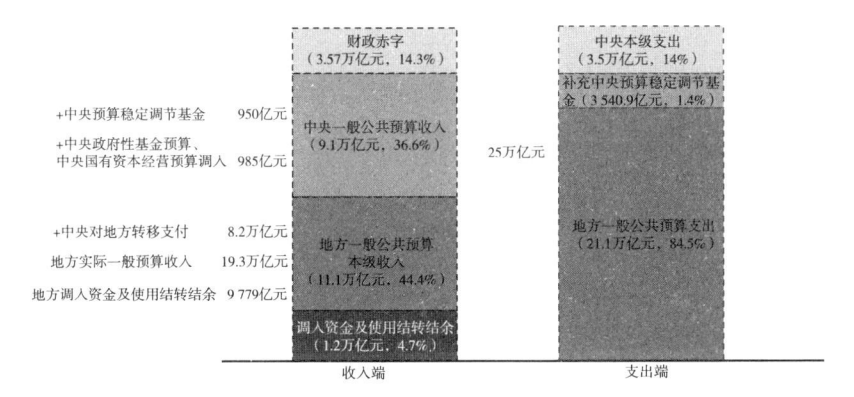

图3-2　2021年全国一般公共预算收支安排

数据来源：财政部。

1. 一般公共预算收入结构

我国一般公共预算收入包括税收收入和非税收入，2021年一般公共预算收入为20.25万亿元，其中税收收入是主要来源，达到17.27万亿元，占比约为85%。

我国税收收入主要分为五大类（所得税类、流转税类、财产税类、行为目的税类、资源税类），共计18类税收。其中，占比最大的五类税种分别是国内增值税（2021年占比为36.8%，下同）、企业所得税（24.3%）、进口货物消费税及增值税（10.0%）、国内消费税（8.0%）、个人所得税（8.1%），占全部税收收入的87.3%。此外，土地和房地产相关税种占比达到12%，包括契税、土地增值税、房产税、城镇土地使用税、耕地占用税，2021年占比分别为4.3%、4.0%、1.9%、1.2%、0.6%。

从中央和地方层面而言，地方收入略高于中央收入，2021年占比为55%。其中，央地共享的税收收入，包括国内增值税、企业所得税、个人所得税、资源税、城建税、印花税等。中央专属税收，包括关税、消费税、车辆购置税、进口环节增值税及消费税等；地方专属税收，主要以土地和房地产相关税收为主，包括房产税、城镇土地使用税、土地增值税、契税、耕地占用税，此外还包括环境保护税、车船税、烟叶税等。

非税收入与税收收入增速具有"跷跷板"效应，在税收收入压力较大的年份，非税收入起到稳定剂的作用，例如2015年、2019年经济下行年份中，非税收入往往增速较高，这主要与非税收入的来源有关。

非税收入是指利用国家权力、政府信誉、国有资源（资产）所有者权益等取得的各项收入。非税收入包括五个部分，分别是国有资源（资产）有偿使用收入、专项收入、行政事业性收费、罚没收入、国有资本经营收入，2020年占比分别为35%、25%、13%、11%、7%。其中，国有资源（资产）有偿使用收入包括国有自然资源、公共资源的有偿使用收入，以及国有资产处置收入；国有资本经营收入来自"特定金融机构和央企"利润上缴，如中烟、中投和五大行、央行；专项收入中，随增值税、消费税附征的教育费附加收入是主要波动来源。

非税收入最初属于预算外资金，2002年开始纳入财政管理体系。2011年，我国全面取消预算外资金，将所有政府性收支纳入预算。我国目前对非税收入实行分类分级管理，各级财政部门是非税收入的主管部门。我国为提高征管效率，加强非税收支管理的规范性，已有多项非税收入划转至税务部门统一征收。2021年6月4日，财政部发布通知，将包括国有土地使用权出让收入等在内的四项政府非税收入划转税务部门征收。征收部门的划转，将解决土地出让收入不能及时、足额征缴等问题，提高地方财政数据的透明度，约束地方政府违规输血城投平台的行为。

相对于税收收入，非税收入可以通过加强征管强度、加大对国有资产处置、加大央企利润上缴等，适度调节收入水平。目前，非税收入调节的方向是，通过地方多渠道盘活国有资源资产带动非税收入增长，涉企收费继续下降，为企业降低负担。

2. 我国主要税种介绍

（1）增值税

增值税征收通常覆盖生产、流通或消费过程中的各个环节，是基于增值额或价差为计税依据的中性税种，理论上包括农业、采矿业、制造业、建筑业、交通业和商务服务业等。增值税是中国最大的税种，2021年国内增值税的收入占全部税收收入的37%。

影响增值税的因素主要有三类：一是经济景气度，包括制造业、服务业等；二是通胀水平，主要受工业品价格的影响；三是减税降费力度，例如营改增、下调增值税税率等。

（2）消费税

消费税是以特定消费品（烟酒油车）为课税对象所征收的一种税，属于流转税的范畴。在对货物普遍征收增值税的基础上，选择部分消费品再征收一道消费税，目的是调节产品结构，引导消费方向，保证国家财政收入。

2014年，我国开始启动消费税改革，对征税范围进行调整。例如，对酒精、小排量摩托车、汽车轮胎、普通化妆品等不再征收消费税，将电池、涂料等高污染产品纳入消费税征收范围。同时，在消费税税率方面，2014年以来，成品油消费税税率接连三次上调；2015年，将卷烟批发环节从价税率由5%提高至11%；2016年，对超豪华小汽车加征10%的消费税等。

目前中国绝大部分消费税采用从价计征的比例税率，征收环节都在生产环节，不仅不利于鼓励生产经营积极性，还容易造成偷税漏税。2019年国务院印发的《实施更大规模减税降费后调整中央与地方收入划分改革推进方案》，明确提出"在征管可控的前提下，将部分在生产（进口）环节征收的现行消费税品目逐步后移至批发或零售环节征收"，目前"先对高档手表、贵重首饰和珠宝玉石等条件成熟的品目实施改革"。消费税占税收收入的8%，如果能逐步划转到地方征收，将进一步充实地方财力。

（3）土地相关税种

契税和土地增值税，是土地和房地产市场相关的两大主要税种。由于征收环节不同，契税与土地出让收入、房地产销售景气度密切相关，土地增值税一般与房地产销售密切相关。

契税的征税对象为在境内发生土地使用权、房屋所有权权属转移的土地和房屋。契税征收环节，一是在房企拿地阶段，按土地成交价的3%~5%，由买地方（开发商）承担，最终计入土地成本；二是在房屋销售阶段，包括新房和二手房，由购房者承担，计税依据是房屋价格，税率为1%~2%。

土地增值税发生在房地产交易环节，针对取得收入的单位，根据转让房地产所取得的增值额和税率征收。房企一般先预征土地增值税，待项目全部竣工、办理结算后进行清算。

3. 一般公共预算支出结构

一般公共预算主要用于综合性支出，包括一般公共服务、国防、公共安全、科学技术、民生相关、基建相关等。其中，民生类支出，包括社会保障和就业、教育、卫生健康，2021年占比分别为13.2%、15.3%、7.8%；基建类支出，包括农林水事务、城乡社区事务、交通运输、节能环保，2021年占比分别为9.0%、7.9%、4.6%、2.2%；债务付息、科学技术占比均在4%左右。

随着我国经济重心的调整，加之需求增长放缓，各地收支平衡压力加大，近年来财政支出结构有所变化，呈现有"保"有"压"特征。一是压减一般性支出，坚持政府过紧日子，腾挪财政资金，用于改善基本民生和支持市场主体发展；二是优先保障民生支出，落实基层三保政策，即保就业、保民生、保市场主体，重点用于就业、教育、社保、卫生健康；三是对基建的支持力度走弱，基建支出占比自2015年28.7%的高点回落至2021年的23.8%。

（二）政府性基金预算

政府性基金预算是专项用于特定公共事业发展的收支预算，遵循"以收定支、专款专用、收支平衡、结余结转下年安排使用"的原则，二本账收大于支是常态，盈余部分对应"调入一般公共预算"和"结转下年支出"。结转资金原则上继续专款专用，但对于结转规模较大的，则调入一般公共预算统筹使用，但结转资金规模一般不超过该项基金当年收入的30%。

政府性基金预算包括中央、地方两个部分，以地方收支为绝对主导。2021年，地方收入、支出分别占政府性基金收入和支出总量的96%、97%。地方政府性基金收入中，土地出让收入是主体，占全部政府性基金收入的八成以上，也是地方政府收入和支出的主体。此外，2016年之后，专项债收支也纳入政府性基金预算管理（见图3-3）。

由于政府性基金预算遵循以收定支的原则，政府性基金预算支出主要受两个方面的影响。

一是土地出让收入安排的相关支出，占政府性基金预算支出的八成以上。2014年国有土地使用权出让收入相关支出中，用于征地拆迁补偿、补助被征地农民、土地开发支出等成本性支出的占比约为80%，用于城市建设、农业农村等非成本性支出的占比约为20%。

二是专项债收入发行规模和使用进度。2020年，新增专项债发行规模由上年的2.15万亿元提高到3.75万亿元，还增加了1万亿元抗疫特别国债，2021年、2022年新增专项债回落至3.65万亿元。专项债主要在交通、能源、农林水利、生态环保、社会事业、市政和产业园区基础设施、保障性安居工程等领域使用。

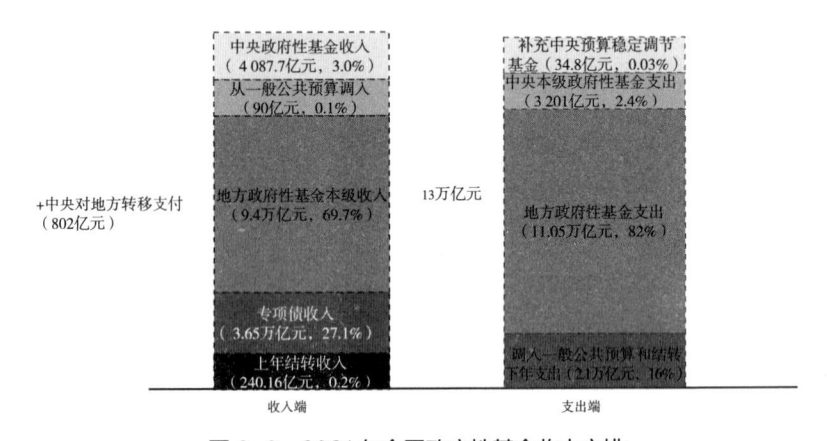

图 3-3 2021年全国政府性基金收支安排

数据来源：财政部。

（三）国有资本经营预算

2008年中央明确提出国有资本经营预算编制，是指对国有资本收益做出支出安排的收支预算。其按照收支平衡的原则编制，不列赤字,并安排资金调入一般公共预算。

国有资本经营预算收入,主要包括国有企业上缴的利润收入、股利股息收入、国有产权转让收入以及清算收入。2020年,利润收入、股利股息收入、国有产权转让收入、清算收入的占比分别为64%、13%、14%、0.4%。

支出端除了用于支持国有经济和产业结构调整、弥补国有企业的改革成本外,补充一般公共预算收入,加大对公共事业的支持,也成为其主要支出方向。国有资本经营预算向一般公共预算调出规模自2016年的493亿元,不断提高至2021年的2 336亿元;占同期国有资本经营预算收入的比重,也自2016年的19%提高到2021年的45%(见图3-4)。

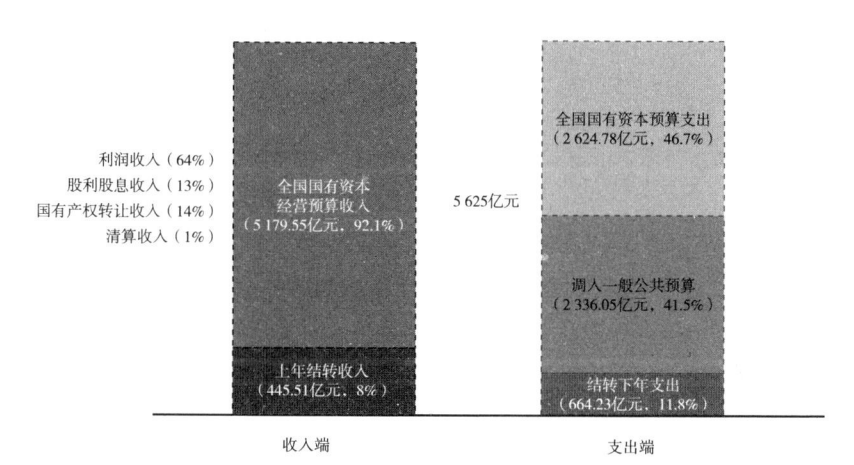

图3-4 2021年全国国有资本经营预算收支安排

数据来源:财政部。

为了促进国有资本更多地用于保障和改善民生,近年来中央企业国有资本收益上缴公共财政的比例逐步提高。2014年财政部明确提出,国有独资企业应上缴利润收取比例提高5个百分点。其中,烟草类央企上缴比例为25%,石油石化、电力、电信等资源型企业为20%，钢铁、运输、电子等一般竞争型企业为15%，军工、转制科研院所、中国邮政集团公司、文化企业等为10%，中储粮、中储棉等政策性企业免缴。党的十八届三中全会提出，计划到2020年，中央企业国有资本上缴比例要提高到30%。从实际运行情况看，2020年，国有企业归母净利润中，上缴国有资本经营预算的比重为21.5%。

（四）社会保险基金预算

社会保险基金预算是专项用于社会保险的收支预算。社保基金支出全部用于养老保险、医疗保险、失业保险、工伤保险、生育保险。收入端来源中，75%来自保险费收入，25%来自一般公共预算的财政补贴。保险费收入中，养老保险费占比最高，其次是基本医疗保险费（见图3-5）。2020年保费收入中，养老保险费、基本医疗保险费占比分别达到58%、40%。

受养老金标准提高、社保扩围、老龄化加剧等多方面因素影响，各地政府养老金收支缺口问题严重，同时财政补贴社保基金的压力也不断增加。2020年社保基金首次出现收支缺口6 219亿元，开始消耗历年来滚存的结余资金。但如果剔除财政补贴，我国社保基金实际缺口在2013年就已经出现。

就目前而言，政策的应对方式主要为，推动国资划转充实社保基金，加快养老保险全国统筹以调节省际矛盾。2017年11月，国务院出台《划转部分国有资本充实社保基金实施方案》，将中央和地方大中型国企、金融机构纳入划转范围，明确划转比例统一为企业国有股权的10%。截至2020年末，符合条件的中央企业和中央金融机构划转工作全面完成，共划转93家中央企业和中央金融机构，涉及国有资本总额1.68万亿元。2018年，我国出台了企业职工基本养老保险基金中央调剂制度,将收支状况较好省份的基金结余按一定比例调剂至缺口省份,确保各地养老金按时足额发放。

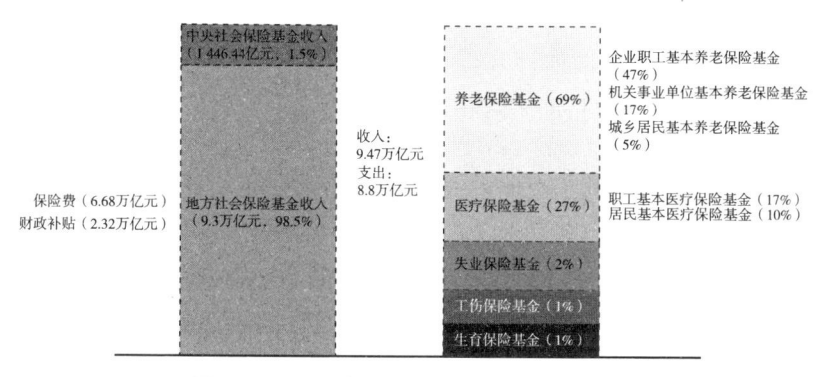

图 3-5　2021 年社会保险基金预算收支安排

数据来源:国家统计局。

二、如何构建广义财政支出指标?

(一)为何中国官方赤字率远低于国际水平?

不论是金融危机,还是新冠肺炎疫情防控期间,各国在应对经济下行压力时,财政政策都承担着提振总需求的任务。对比各国赤字率水平,美国在金融危机和疫情暴发后赤字率一度突破 10%,俄罗斯和巴西在应对外需骤减时,赤字率也分别突破 6% 和 10%,但是中国的赤字率多数在 2%~4% 之间徘徊。对于以投资为主导的中国,为何赤字率可以长期在低位保持平衡?

这是因为,我国的官方赤字率仅指代一般公共预算赤字,并未将政府性基金预算赤字和国有资本经营预算赤字包含在内。尤其是政府性基金预算支出是地方财政的重要收支来源,2021 年支出规模高达 13 万亿元。因此,非常有必要拓宽财政支出的范畴。

（二）广义财政支出的范畴

根据财政预算体系，我们首先将财政支出拓展为"一般公共预算支出"+"全国政府性基金支出"+"国有资本经营预算支出"。但这样的支出定义依旧不够完整，因为我国的现实情况是，很多准政府机构出于拉动经济增长、促进基建投资和推动重点项目的目的，依赖准政府信用，通过各种方式进行投融资。尤其突出的是政策性金融机构和地方融资平台。鉴于此，我们要构建更加广义的财政支出范畴，以囊括更加全面的政府财政支出项目。我们在前述三类支出的基础上，额外补充五类支出，包括城投债、政金债、铁路建设债券、抵押补充贷款、专项建设债券的净融资。

首先，对于城投债而言，由于人大批准的地方政府债券和专项债券并不能满足地方政府的融资需求，城投债便成为地方政府进行基建融资的重要手段，借助地方投融资平台作为发行主体。2020年、2021年城投债净融资额分别为1.9万亿元、2.1万亿元。

其次，政策性金融债是指，国家开发银行、农业发展银行与进出口银行通过国家信用发行金融债券融资，以支持基础设施、基础产业等国家重大项目。在经济下行时期，商业银行受制于顺周期和行为短期化的特性，放贷意愿不强。而开发性金融机构定位于中长期贷款业务，具有较强的逆周期和稳增长的功能。2020年、2021年政金债净融资额分别为2.3万亿元、1.7万亿元。

最后，常见的还有中国铁路建设债券。原铁道部以及现在的中国铁路总公司是发债主体，融资主要用于铁路建设。2011年10月，国务院批准铁路建设债券为政府支持债券，并曾对2011—2013年铁路建设债券的机构投资人给予税收优惠。与城投债、政金债相比，铁路建设债券发行额较小，2020年、2021年铁路建设债券净融资额仅为600亿元、1020亿元。

还有两类支出暂时退出历史舞台。

一是抵押补充贷款。抵押补充贷款是中国人民银行在2014年创设的货币政策新工具，是再贷款的一种方式，主要支持棚户区改造等项目。2019年之后，随着政府开始叫停部分地区的货币化安置，抵押补充贷款投放逐步退出，2020年、2021年抵押补充贷款分别净回笼3 024亿元、4 333亿元。

二是专项建设债券。专项建设债券是指由国家开发银行、农业发展银行向邮储银行定向发行的专项债券，由财政贴息90%，类似于准国债。资金用途定向为专项建设基金，该基金再用于项目资本金投入、股权投资和参与地方投融资公司基金。2015年下半年经济回落势头加快，作为"稳增长"的主要政策工具之一，从2015年8月开始，专项建设基金每月分批投放，到2016年上半年共计发放1.8万亿元，随后投放节奏放缓，2017年下半年逐渐淡出。

这五种收入对应的支出，均是由中央加杠杆或者地方政府加杠杆，将资金投向基建等领域，支持实体经济发展。其中，抵押补充贷款和专项建设债券是中国人民银行货币政策财政化的标志，其中既体现了地方债务率高企的无奈，也有提高资金使用效率的初衷（见图3-6）。

（三）广义财政周期的划分

广义财政支出是观察各类"创新性"政府融资渠道的重要窗口。从广义财政支出的结构来看，狭义财政支出占比在80%~90%之间。2014—2016年，广义财政支出扩张明显，抵押补充贷款、专项建设债券贡献额外增量。此外，城投债、政金债净融资规模相对稳定，是广义财政支出的重要支撑。

我们将广义财政支出明显高于狭义财政支出的阶段定义为扩张

期，广义财政支出明显低于狭义财政支出的阶段定义为收缩期，其他时间定义为平稳期。

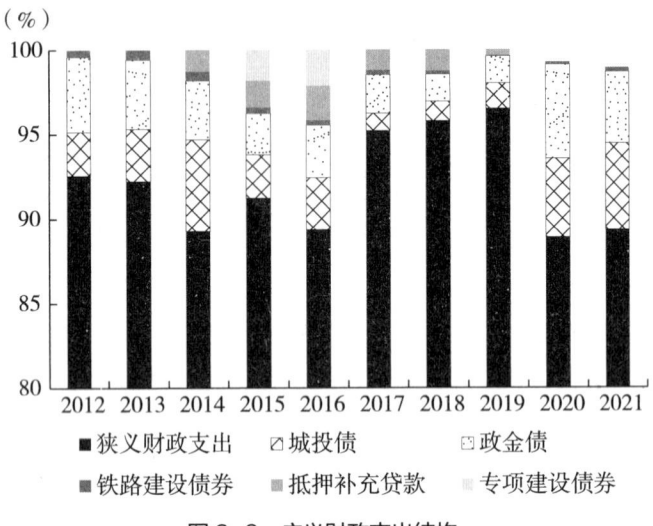

图 3-6　广义财政支出结构

数据来源：财政部。

可以看到，2015年6月—2016年9月，专项建设债券、城投债、政金债净融资额大幅增长，带动广义财政支出大幅扩张，有效推动了2016—2017年经济回暖。进入2017年以后，广义财政支出大幅收缩，与狭义财政支出背离。主要原因是金融去杠杆形势严峻，市场利率显著抬升，不仅影响了城投债的发行，也牵连到了政金债。同时，得益于2016年第四季度国内经济出现企稳态势，作为稳增长利器的专项建设债券也未推出。

2020年3月—2021年10月，新冠肺炎疫情暴发后，我国实施积极的财政政策，但受限于近年来对地方融资渠道的监管趋严，准政府信用扩张幅度已经明显缓和。2020年11月，在隐性债务严监管之下，广义财政进入收缩期（见图3-7）。

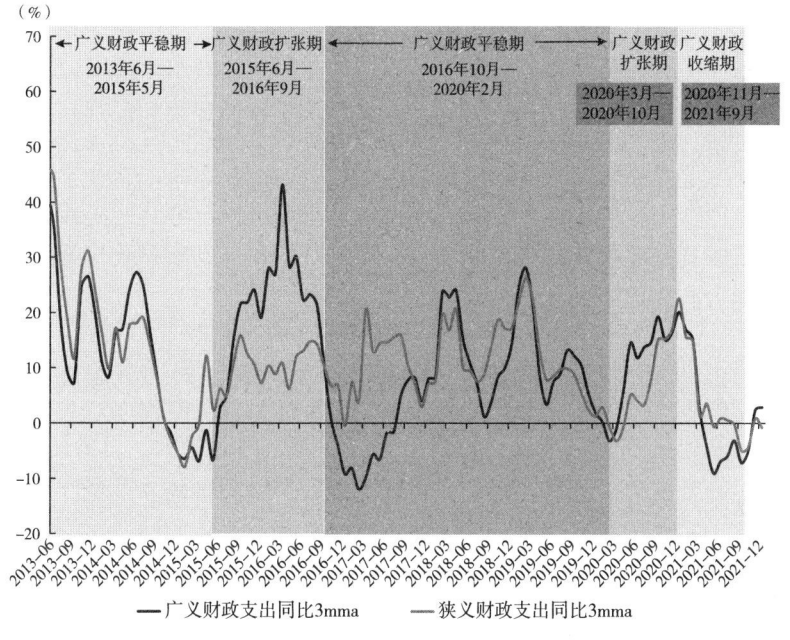

图 3-7 广义财政支出结构

注：3mma 表示 3 个月移动平均值。
数据来源：财政部。

（四）广义财政与基建投资

基建投资是财政政策发挥逆周期调节功能的体现，整体方向取决于政府稳增长的意愿。一般用于对冲周期性需求收缩压力，特别是针对出口和房地产投资下行压力。在 2009 年、2012 年、2015 年的房地产下行周期内，基建投资都起到托底作用。一般而言，中央政治局会议、中央经济工作会议以及财政部工作会议，都会对新一年财政政策总基调和发力方向进行表述，这也是我们用来预判当年稳增长诉求的重要出发点。

在明确财政政策和基建投资基调之后，对于具体基建投资增速的判断，常见的是从资金端入手，这也是广义财政在基建投资领域的具体落实。从前述分析来看，我们构建的广义财政支出中，无一例外都与基建投资挂钩。因此，广义财政是我们观察和预判基建投资的重要窗口。

此外，对基建投资资金来源进行拆解，可以帮助我们更加清楚地了解到基建投资的内在驱动力，从定量的角度判断财政政策的力度和方向如何影响基建投资。

1. 基建投资资金来源拆解

基建投资资金来源，包括预算内资金、国内贷款、自筹资金、外资和其他资金五项，其中，预算内资金、国内贷款、自筹资金为资金来源的主体。近年来，由于隐性债务监管趋严，国内贷款、自筹资金投向基建的比例明显回落，预算内资金对基建的支撑持续抬升。

首先是自筹资金，其对基建投资的影响最大，2020年占比为55%。2012年以来，自筹资金主要包括政府性基金支出、城投债、非标、政府和社会资本合作以及企事业单位自筹资金。伴随着政府性基金支出的扩张，以及城投融资平台的兴起，2012—2015年，自筹资金成为基建投资的有力支撑。但进入2017年之后，我国坚决遏制隐性债务增量，强化财政约束，非标、城投债等自筹资金对基建的支撑明显减弱。

相比之下，专项债资金成为基建投资的重要资金来源。一方面，近年来新增专项债发行规模不断扩大；另一方面，2020年以来新增专项债资金用途发生明显变化，由2017年的土地储备、2018—2019年的棚改逐步转向基建为主。2019年9月的国务院常务会议指出，专项债资金不得用于土地储备和房地产相关领域，此后棚改和土地储备对基建的分流作用明显消退，2020年专项债投向基建的比重为64%，2021年则为50%。

其次是国内贷款，2020年占比为13%，主要包括商业银行以及国家开发银行贷款。2009—2010年，在"4万亿计划"的刺激下，国内信贷对基建的支持力度较大，但在2010年，对融资平台公司的融资管理和金融机构的信贷管理力度加强，导致国内贷款在基建资金来源中的占比，由2010年的30%以上回落至2015年的15%左右，2015年以来占比相对稳定。

最后是预算内资金，2020年占比为21%，主要指公共财政支出。相较于另外两类资金，预算内资金支出相对稳定，近年来占比逐步抬升，2020年公共财政支出投向基建的比重达到14%，公共财政支出中与基建相关的分项为节能环保、城乡社区事务、农林水事务、交通运输（见图3-8）。

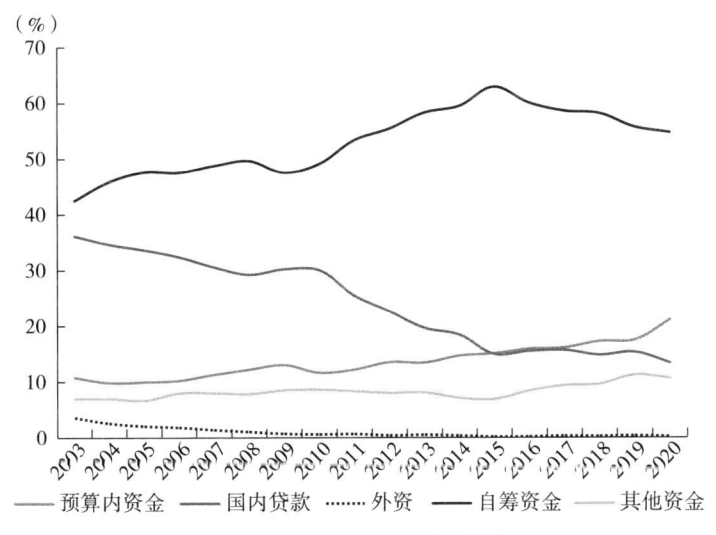

图3-8 基建投资资金来源结构

数据来源：国家统计局。

2. 为何近年来基建投资表现疲弱？

2012—2016年，为对冲经济下行风险，基建投资增速维持高位，年均复合增长18%。然而，进入2018年之后，地方政府隐性债务监管从严，叠加金融去杠杆，基建投资断崖式回落，跌至个位数增速区间。

2018年，隐性债务严监管成为基建投资断崖式回落的主因。2018年4月，资管新规出台，要求拆解影子银行风险，扭转资金空转、脱实向虚的情况；2018年8月，国务院下发《关于防范化解地方政府隐性债务风险的意见》，指导地方政府积极落实化解存量隐性债务；2018年8月，国务院下发《地方政府隐性债务问责办法》，要求官员树立正确的政绩观，严控地方政府债务增量，终身问责，倒查责任。

与此同时，为托底基建投资，政府通过适度增加地方专项债额度，开始放松资本金比例，提高专项债投向基建比例，赋予地方政府合理的举债途径，专项债资金开始成为基建投资的重要资金来源。2017—2018年，专项债发行以土地储备、棚改为主，投向基建比重不足10%；2019年9月，国务院常务会议指出，专项债资金不得用于土地储备和房地产相关领域；2020年以来，专项债投向基建比重提高至50%以上。2019年9月，国务院印发《关于做好地方政府专项债券发行及项目配套融资工作的通知》，提出加大逆周期调节力度，增加有效投资，支持有一定收益但难以商业化合规融资的重大公益性项目，允许将专项债券作为符合条件的重大项目资本金。

2020年，项目储备不足成为约束基建发力的主因。2020年，为应对新冠肺炎疫情冲击，积极财政力度进一步加大，不仅下达1万亿元特别国债，同时将新增专项债额度自上年的2.15万亿元大幅提高至3.75万亿元。但由于地方项目储备不足，加之回报率偏低，项目收益难以覆盖融资成本，专项债资金闲置（2020年，大约1万亿元专项债资金结转至下年使用）、资金使用效率低下、投向不合理（用于经常性支出、购买理财产品）等问题普遍存在，投资需求难以转化为有效需求。

2021年下半年城投融资收紧，进一步压低基建投资。2021年，由于上半年稳增长压力不大、提前批额度下达较晚、专项债项目监管趋严等，专项债发行较慢。针对专项债存在重发行、轻管理的问题，2021年6月，财政部印发《地方政府专项债券项目资金绩效管理办法》，对专项债券项目资金绩效实行全生命周期管理，这无疑加大了项目挖掘难度，加之工业品价格上涨，使收益与融资自求平衡更难实现。

尽管2021年7月30日的中央政治局会议表态提升稳增长诉求，但并未等来下半年财政发力，专项债资金依然没有用完。2021年12月，国家发改委表示"今年专项债券的较大比例是在下半年发行的，其中相当一部分将在明年一季度使用"。2021年7月，银保监会出台《银行保险机构进一步做好地方政府隐性债务风险防范化解工作的指导意见》，要求银行保险机构对承担地方政府隐性债务的融资平台，不得新提供流贷或流贷性质的融资。城投融资进一步收紧，导致项目配套资金减少，是制约下半年基建发力的关键点。

进入2022年，"稳增长"紧迫性进一步提升，政策全面提速，扭转基建投资持续低迷现状。2022年1月10日，国务院常务会议部署加快推进《中华人民共和国国民经济和社会发展第十四个五年规划和2035年远景目标纲要》和"十四五"专项规划确定的重大项目，扩大有效投资。相较于以往，表态更积极、要求更紧迫，提出专项债要"抓紧发行"，投资项目要"加快推进"，预算投资倾向"尽快开工"项目，留存资金要"尽快落实"，"指导新开工项目投资下降的地方加强工作"，压实各地责任。

三、新发展模式下,土地财政何去何从?

土地财政是近 20 年来中国特有的发展模式,是中国城市化和工业化发展的财政基础,是推动中国经济快速腾飞的关键,也是地方政府发展经济的主抓手。20 世纪 80 年代后期,由于依靠农业部门为工业化提供积累的模式难以为继,深圳、厦门等经济特区开始效仿香港,尝试通过出让城市土地使用权,为基础设施融资,自此开创了一条以土地为信用基础,积累城市化原始资本的独特道路。

(一)中国土地财政的本质、成因及影响

所谓土地财政,是指政府从土地上获得的财力资源。在现实情况中,包括狭义和广义两种口径。

从狭义角度而言,土地财政是指土地财政收入,既包括土地使用权转让收入,也包括与土地使用和开发有关的各种税收收入。其中,土地税收收入,一类是直接和土地相关的税收,包括土地增值税、城镇土地使用税、耕地占用税、契税和房产税,收入全部归属于地方政府,2021 年这四类税收达 2.08 亿元,占地方一般公共预算收入的 18.7%;另一类是与房地产开发和建筑企业相关的税收,包括中央和地方共享的增值税与企业所得税,其中增值税五成归属于地方政府,所得税四成归属于地方政府,约占地方公共预算收入的 9%。

土地转让虽然能带来收入,但地方政府同时也要负担相关支出,包括征地拆迁补偿和"七通一平"[①]等基础性土地开发支出,

[①] "七通一平"是指基本建设中前期工作的道路通、给水通、电通、排水通、热力通、电信通、燃气通及土地平整等的基础建设。

土地净收益仅为土地出让收入的20%。可见，地方政府并非只依靠卖地赚钱，而是在土地开发之后吸引各类工商业经济活动，并以土地作为杠杆，积累城市建设资金，土地财政的本质是融资而非收益。

从广义角度而言，土地财政还包括利用土地的抵押品属性衍生出的土地金融。即将土地注入地方融资平台，通过土地抵押贷款的方式撬动资金，进而为城市建设融资。"注入土地—土地抵押—城市建设—土地升值—土地出让—还债"的模式，成为地方政府通过融资平台进行基建投资的常见运营模式。随着2008年"4万亿计划"的红利，地方政府融资平台应运而生，随之而来的是各地土地金融的兴起。2015年，国土资源部公布84个重点城市的土地抵押贷款额达到11.33万亿元，占同期全国银行贷款的12%，是全国土地出让收入的3.6倍。

可见，土地财政不仅是地方财政资金的重要来源，也是地方进行城市化建设的原始资本。那么为何中国能够走出一条以土地财政为基础的城市化发展道路？这与中国的土地制度、财政体制以及地方政府行为密切相关。

首先，中国实行的土地公有制以及土地出让制度，奠定了土地财政的制度基础。1982年《中华人民共和国宪法》规定，城市的土地属于国家所有；农村和城市郊区的土地，除由法律规定属于国家所有的以外，属于集体所有；宅基地和自留地、自留山，也属于集体所有。1990年，国务院出台《中华人民共和国城镇国有土地使用权出让和转让暂行条例》，提出"国家按照所有权与使用权分离的原则，实行城镇国有土地使用权出让、转让制度"，奠定政府主导土地一级市场的基础。

住房制度改革、农村集体用地的征地制度，以及招拍挂制度，确立了城市政府对土地建设的垄断权力，城市土地价值也开始凸显。1998年，我国进行住房制度改革，单位停止福利分房，逐步实行住房分配货币化，商品房和房地产时代的大幕拉开。1997—2002年，城镇住宅新开工面积年均增速为26%，5年增长了近4倍。1998年修订的《中华人民共和国土地管理法》规定，农村集体用地转建设用地，必须征收为国有土地，这也赋予地方政府通过大量征收农民土地，转为城市用地，再进行有偿转让的权力。2001年，为治理土地开发中的腐败和混乱，国务院提出"大力推行招标拍卖"，2002年，国土资源部明确四类经营用地采用招拍挂制度，自此土地财政进入快车道。

其次，1994年我国进行分税制改革，地方财政压力骤增，倒逼地方政府寻求土地财政的发展之路。分税制改革，尽管保留地方独享的国有土地转让的决定权和收益，但中央政府拿走增值税收入的75%以及所得税收入的60%，导致地方政府可支配财政资源减少。同时，分税制改革前，企业除缴税外，还要通过行政收费、集资、赞助等方式向地方政府缴纳费用，这部分预算外收入在分税制改革后明显减少。2002年，中央提出"科学发展观"，核心是"以人为本"，以改善民生作为出发点和落脚点，因此，预算内财政支出从以往重点支持生产建设转向重点支持公共服务和民生。尽管中央通过转移支付和税收返还，缓解地方收支平衡压力，但只能用于填补预算内收支缺口，而发展经济仍需要额外筹措资金，这也倒逼地方政府开始另谋出路。

最后，地方政府对土地财政的高度依赖，背后与官员考核机制密切相关。发展经济是地方政府的核心要务，也是地方官员的主要政绩，出于考核和晋升的需要，地方官员在有限的任期内，如果要快速提升经济增长，只能加大投资力度。因此，在上任前两年内，基础设施投资、工业投资以及财政支出都会快速提高，这也是推动中国工业化和城市化快速建设的原始驱动力。工业化建设中，地方政府供应大量工业用地，用于招商引资、发展制造业，这对于地方增加税收收入、创造就业、发展规模经济都至关重要。因此，在各地横向竞争的环境下，工业用地价格难以抬高；而在城市化建设中，随着大量新增城镇人口的涌入，地方通过控制商住用地供给，依托土地财政和土地金融，从不断攀升的地价中获得大量城市建设资金。

（二）"以地谋发展"的模式难以为继

尽管土地财政为中国快速发展工业化与城市化积累了大量原始资本，并且毫无疑问，土地财政是近年来中国实现发展奇迹的重要支撑，但近年来不断缩小的征地规模表明，利用土地财政进行创收的空间将被进一步压缩，而其背后带来的高房价、资金脱实向虚、债务风险等一连串问题，在经济增速放缓的背景下，正逐渐浮出水面，给中国经济带来了巨大的隐患。现有的土地财政模式难以为继。

1. 土地财政是中国过早去工业化的原因之一

土地财政早期是围绕"低价出让工业用地、高价出让商业用地"的区别定价策略展开的。分税制改革后，地方政府为开拓税收收入，采取压低工业用地价格的方式，吸引工业投资，以促进当地的工业增长。但自2007年起，国家对地方政府低价协议出让工业用地的行为进行严格限制，并出台一系列政策完善落实工业用地招拍挂出让制度。受此影响，工业用地价格有所上涨，加上2010年"刘易斯拐点"的出现，劳动力成本也开始上升，土地和劳动力成本的双重抬升，降低了企业利润率，这也导致地方政府发展工业的积极性降低。

相比增速放缓和投资回报周期长的工业，第三产业尤其是房地产业蓬勃发展，为地方政府创造 GDP 和增加财政收入提供了新的渠道。在"五年一任"的任期限制下，地方政府行为更加短视，对房地产业的依赖增强，既希望能够通过土地出让收入扩大预算外收入，又希望房地产业带动地区经济、扩大税基、增加税收收入。因此，地方政府的倾向性发展偏好导致产业结构扭曲，对工业产生"挤出效应"。2013 年以来，制造业增加值增速逐年回落，且持续低于整体经济增速。我国制造业增加值占 GDP 的比重从 2011 年 32% 的高点，持续回落至 2020 年末的 26%。相较于发达国家而言，我国产业链仍处于中低端水平，近年来工业增加值比重回落速度过快，存在过早"去工业化"风险。

2. 土地财政是推升政府债务风险的源泉

我们在前文提到，土地财政的本质是融资而非收益。1994 年分税制改革后，虽然地方财力吃紧，但事权并未减少，仍然承担大量的城市建设任务。因此，地方政府开始借助其在土地一级市场的垄断地位，将未来的土地收益资本化，以抵押贷款的方式，积累了大量债务。

我国早期预算法规定，地方政府不得举债，不得直接向银行贷款。2009 年，中央政府出台"4 万亿元经济刺激计划"，其中 2.82 万亿元交由地方完成。在地方财力不足、融资受限的背景下，地方融资平台应运而生，成为地方政府融资的重要工具，这也导致地方政府隐性债务迅速膨胀。

所谓地方融资平台，是指由各级政府出资设立，通过划拨土地、股权、规费、债券、税费返还等资产，组建一个资产和现金流均可达到融资标准的地方国有企业或企业集团。地方融资平台实际上由政府控制，融资平台的负责人大多是地方政府官员，因此具有政府性特征和半官方性质，是我国特有的经济现象。

地方融资平台的融资形式主要有三类，包括银行贷款、城投债、信托融资等资本市场融资。其中，银行贷款的占比最高，也是地方政府债务的主体。2013年12月30日，审计署发布的《全国政府性债务审计结果》显示，2013年上半年，地方政府性债务资金总额达108 859.17亿元，其中银行贷款55 252.45亿元，占50.76%。其次是城投债和信托融资。2012年，地方政府因融资平台限制和土地财政吃紧而催生大量融资需求，城投债和信托融资则迅速成为地方政府融资的另外两条重要渠道。

其中，银行贷款以储备土地抵押的形式获得，并依赖未来土地增值收益还贷。同时，土地资产及其收益也是融资平台发行城投债的重要担保。因此，无论是银行贷款，还是债券、信托等资本市场融资，其潜在抵押物主要都是政府的土地，未来一旦地价出现较大下行压力，累积的债务就会成为沉重的负担，可能压垮融资平台甚至地方政府。

尤其是随着城市化的不断推进，基础设施和城市建设投资的经济效益也在减弱，项目收益难以覆盖成本的问题愈加增多。但地方官员在有限的任期内，依旧偏重投资驱动的经济增长模式，过度借债大搞项目。尤其是2016年以前，官员升迁或调任就无须再对任内的负债负责，新官通常不理旧账，继续加大投资，导致政府债务风险不断加大。

3. 土地财政加重了区域间发展不平衡，削弱了经济增长动能

由于地区间要素禀赋差异较大，依托地价的土地财政运行模式，加重了区域间发展不平衡的问题。地方财源高度依赖土地价值，同时依赖房地产和房价。房价、地价、财政、基建的关系密不可分，由此经济增长、地方财政、银行、房地产之间就形成了"一

荣俱荣，一损俱损"的复杂关系。

20世纪90年代后，由于出口快速增长，制造业向沿海省份集聚，以降低出口货运成本。产业集聚带来的优势，使地区间经济发展水平和财力差距扩大。在要素资源禀赋较高的东部地区，较高的经济发展水平和低价出让工业用地的策略成功吸引了工业投资和人口流入，并且产生了强大的溢出效应，带动了服务业的发展，同时也加剧了商住用地供不应求的现象，推动地价、房价上涨，地方政府也可获得更高的财政收入。而中西部地区由于要素禀赋条件相对落后，在早期的工业化发展中处于劣势，承接了较多由东部地区迁移的高耗能高污染企业，工业产出效率较低，因此经济发展水平和财政收入与东部地区差异较大。

在区域发展不平衡的背景下，由于建设用地指标不能跨省流转，土地资源配置效率不高，开始削弱经济增长动能。尽管珠三角和长三角的经济发展突飞猛进，人口大量涌入，但没有足够的建设用地指标，工业和人口容量都遭遇了人为的限制，用地指标和土地供给反而向中西部地区倾斜，中西部有大量闲置甚至荒废的产业园区。土地流向和人口、工业发展流向背道而驰，导致地区间房价差异加大。

因此，2020年中共中央、国务院发布的《关于构建更加完善的要素市场化配置体制机制的意见》中，最先提到的就是"推进土地要素市场化配置"，要"探索建立全国性的建设用地、补充耕地指标跨区域交易机制"，以提高土地资源在全国范围内的配置效率。

4. 土地财政模式下，城市化重心落在"土地"，忽略以人为本的发展思路

地方政府在进行城市化建设的同时，并没有足够的动力为城市新移民提供公共服务和城市福利，从而造成户籍人口城市化显著滞

后于土地城市化。1980年，我国城镇常住人口占总人口比重不足两成，2020年提升至64%，而同期城镇户籍人口只占总人口的45%，比常住人口占比低了19个百分点。也就是说，有超过2亿人虽然常住城镇，但却没有当地户口，不能完全享受到应有的公共服务。

换句话说，以土地为中心的城市化忽视了城市化的真正核心。地价靠房价拉动，而房价则由居民买单，抵押贷款也要由购房者的收入偿还。因此，土地的资本化实质是居民个人收入的资本化。支撑房价和地价的，是人的收入，那么城市化本该服务于人。这种以地为中心的城市化发展，不仅不利于提高劳动力生产效率，而且会导致社会阶层固化，使地区间、群体间贫富差距进一步拉大。

党的十八大之后，我国发展思路开始转变为以人为主，加快推进户籍制度改革，逐步实现城乡基本公共服务均等化。"十三五"期间，我国全面实行居住证制度；"十四五"期间，政府开始探索以经常居住地登记户口制度。国务院提出，到2022年逐步消除城市落户限制，到2035年基本建立城乡有序流动的人口迁移制度。

（三）土地财政的转型之路

从前述分析来看，土地财政虽然是中国经济增长的引擎，是城市化启动阶段的重要工具，但也引发了债务风险加大、贫富差距扩大以及资源配置效率不高等问题。近年来抛弃土地财政的观点不绝于耳，但从我国的现实情况看，短期内难以寻找到合适的替代方案，更可行的方案是以改革的方式，逐步化解土地财政的桎梏。待城市化进入稳定时期，土地财政才可能逐步退出历史舞台。

我国并非唯一使用土地财政的国家。美国从建国至1862年的近百年间，联邦政府也曾推行土地财政。当时为了建立联邦财政强权的需求，联邦政府将新拓展地区的绝大多数土地收归国有，通过出售公共土地，筹集政府收入。1820年7月—1842年9月，联邦政府土地拍卖收入共计9 535万美元，占联邦政府总收入的11%。美国联邦出售土地的收入，主要用于偿还独立战争期间产生的政府债务、购买新领土、奖励战争参战人员、财政盈余分配给州政府、有限支持州公共基础设施。

1862年后，美国出台《宅地法》，推行公共土地私有化，允许任何未曾与美国联邦政府交战、年满21岁或是户主的公民申请获得160英亩[①]土地用于耕种。随着公共土地私有化的推进，美国取消联邦土地收入，开始征收地方财产税，即收入由联邦政府转入州政府，土地财政顺利切换至税收财政。

而在中国，若想要彻底放弃土地财政，完全使用税收收入代替土地财政，并不现实。尤其是中国的城市化进程仍有较大的发展空间，土地财政仍然是提供资本积累的重要途径，短期内土地财政难以彻底退出，但相应的制度改革已在逐步推进。

1. 加快土地要素流转，提高资源配置效率

在工业化和城市化初期，传统农业生产率低，只要把农地变成工商业用地，农业变成工商业，效率就会大大提升。但随着工业化的发展，市场竞争越来越激烈，技术要求越来越高，先进企业不仅需要土地，还需要产业集聚、研发投入、技术升级、物流和金融配套等，很多地方并不具备这些条件，拥有大量建设用地指标也是徒然。

因此，2020年，在要素改革顶层设计文件《关于构建更加完善的要素市场化配置体制机制的意见》中，首先提到的就是"推进土地要素市场化配置"。要求不仅要在省、市、县内部打破城乡建

---

① 1英亩≈4 047平方米。

设用地之间的市场壁垒,建设一个统一的市场,盘活存量建设用地,而且要"探索建立全国性的建设用地、补充耕地指标跨区域交易机制",以提高土地资源在全国范围内的配置效率。

2022年1月6日,《要素市场化配置综合改革试点总体方案》出台,要求"进一步提高土地要素配置效率",提出探索赋予试点地区更大土地配置自主权,优化产业用地供应方式,推动城镇低效用地腾退出清。

2. 完善租购并举住房制度,将投资和消费市场分割

由于我国住房供给以商品房为主导,加上部分地区土地供应不足、人口持续流入,房屋供需矛盾凸显,房价存在持续上涨预期,削弱了住房的居住属性。第七次全国人口普查数据显示,2020年,我国流动人口为3.76亿人,占城镇人口的41.6%,人口高流动性特征突出。流动人口聚焦较多的经济发达地区,高房价和高租金成为常态,中低收入者面临买不起房和租不起房的问题。

在此背景下,2021年12月,中央经济工作会议表示,要坚持租购并举,加快发展长租房市场,推进保障性住房建设,因城施策促进房地产业良性循环和健康发展。

保障性租赁住房的推出,正是政府稳房价、稳地价、稳预期的重要实践。一方面,通过扩大政策保障范围、培育租赁市场等方式,扩大中小户型的住房供给,抑制租金上涨。另一方面,针对无房的中低收入群体提供保障房,能够有效平滑购房需求,缓解城市住房供需矛盾,控制过快上涨的房价,也有助于稳定市场预期。

进一步而言,保障性住房作为住房供应体系的重要补充,不仅能够解决城市新青年的住房困难问题,还将推动保障房和商品房"双轨"并行,成为促进房地产良性循环、构建租购并举新发展模式的关键。

3. 遏制和化解地方隐性债务，防范金融风险

2013年起，我国开始打破地方官员考核与GDP挂钩的机制。2018年，推出地方官员终身问责制，从源头遏制地方政府隐性债务。2013年，中央组织部发布《关于改进地方党政领导班子和领导干部政绩考核工作的通知》，特别强调："地方各级党委政府不能简单以地区生产总值及增长率排名评定下一级领导班子和领导干部的政绩和考核等次。"2018年，国务院下发《地方政府隐性债务问责办法》，要求官员树立正确的政绩观，严控地方政府债务增量，终身问责，倒查责任。2019年，中共中央办公厅印发《党政领导干部考核工作条例》，明确在考核地方党委和政府领导班子的工作实绩时，要"看全面工作，看推动本地区经济建设、政治建设、文化建设、社会建设、生态文明建设，解决发展不平衡不充分问题，满足人民日益增长的美好生活需要的情况和实际成效"。

2017年起，我国着手治理影子银行，后续资管新规落地、城投发债分档管理以及《银行保险机构进一步做好地方政府隐性债务风险防范化解工作的指导意见》的出台，都在阻断城投平台的融资渠道。我国从2017年集中整治影子银行，2018年4月，资管新规出台，给予3年过渡期，要求拆解影子银行风险，扭转资金空转、脱实向虚情况。截至2021年6月，影子银行规模较历史峰值压降20万亿元。2021年初，交易所和中国银行间市场交易商协会参照财政部对地方政府债务风险等级的划分，对债务风险大的地方城投发债加以约束：对于红色档暂停发放批文，黄色档只能借新还旧，绿色档用途不受限制等。2021年7月，银保监会出台了《银行保险机构进一步做好地方政府隐性债务风险防范化解工作的指导意见》，要求银行保险机构对承担地方政府隐性债务的融资平台，不得新提供流贷或流贷性质的融资。

2015年起，我国开始通过债务置换，偿还部分政府隐性债务。

债务置换，是指地方政府发行置换债或再融资债，替换一部分融资平台公司的银行贷款和城投债。债务置换后，利率从置换前的10%左右下降至3.5%左右，大大减少了利息支出，缓解了偿付压力。同时，与融资平台贷款和城投债相比，政府债券的期限较长，能够降低期限错配和流动性风险。

2014年10月，财政部出台《地方政府存量债务纳入预算管理清理甄别办法》，开启债务置换之路。国务院提出，准备用3年左右的时间置换14.34万亿元地方政府存量债务。2015年，我国开始发行置换债，用于置换地方政府通过融资平台等方式取得的尚未清偿的债务。2015—2018年，我国累计发行12.2万亿元置换债，基本完成了2014年末的存量债务置换工作。

2019年起，我国进入新一轮隐性债务化解阶段。

2019年以来，随着部分区县逐步纳入隐性债务风险化解试点，允许地方发行置换债或再融资债用于偿还部分隐性置换债务，新一轮债务置换浮出水面。本轮隐性债务化解规模大约为12.8万亿元，预计多数地区将在2023—2028年完成隐性债务化解工作。2018年8月下旬，审计署全面开展了地方政府隐性债务审计工作，提出隐性债务的甄别认定期限为截至2018年8月底。根据中国社会科学院披露的政府杠杆率倒算，扣除中央和地方政府显性债务，预计截至2018年8月底，隐性债务存量为12.8万亿元。

2019年，第一轮隐性债务试点工作启动，至少有36个地区纳入建制区县隐性化解试点，涉及贵州、湖南、辽宁、内蒙古、云南、甘肃6个省（自治区）。2019年6月起，这6个省份陆续发行1995亿元置换债券，用于置换或偿还存量债务。2020年12月，第二轮隐性债务试点工作开启，从建制县扩容至市区级，超过100多个建制区县纳入试点范围。2021年10月，广东、上海陆续提出开展"全域无隐性债务"试点工作，为全国开展隐性债务"清零"

积累经验。

隐性债务风险化解试点的目的在于，获取中央财政资金支持，通过发行置换债或再融资债，将隐性债务显性化。再融资债额度的获取，并不会计入当地建制县的额度，在化解隐性债务的同时，也控制了当地的法定债务率。纳入隐性债务试点的建制区县，普遍存在债务率高、到期时间集中、资金成本高、缺乏化债资金等问题。各地试点县区争取到财政部置换债券资金后，优先用于置换高风险、高利息债务。

针对隐性债务，财政部明确提到六大化债方式。一是安排年度预算资金、超收收入、盘活财政存量结余资金等偿还；二是出让部分政府股权以及经营性国有资产权益偿还；三是由企事业单位利用项目结转资金、经营收入偿还；四是将部分具有稳定现金流的隐性债务合规转化为企业经营性债务；五是由企事业单位协商金融机构，通过借新还旧、展期等方式偿还；六是采取破产重整或清算方式化解。

其中，中央财政支持在这轮隐性债务化解中起到重要作用，包括2019年的置换债，以及2020年末以来的再融资债。2019年置换债发行近2 000亿元，作为建制县化解隐性债务的试点资金，用于置换存量债务。2020年12月—2021年7月，第一轮化解隐性债务的再融资债发行完毕，共发行6 095亿元特殊再融资债。2021年8月起，开始下达第二轮再融资债。

然而，在地方政府债务限额的约束下，再融资债发行规模存在天花板。由于再融资债属于法定债务，若将其用于偿还隐性债务，会带来法定债务的增加，当期地方政府债务余额也会相应调升。受限于地方政府债务余额不得超过地方政府债务限额，这意味着未来再融资债发行的空间等同于地方政府债务剩余限额，以及地方政府债务到期后释放的额度。

预计"十四五"期间，再融资债化解隐性债务的空间为3.37万亿~5.37万亿元，占隐性债务化解任务的26%~42%。目前来看，2020年地方政府债务余额为25.43万亿元，地方政府限额为28.81万亿元，剩余限额为3.37万亿元。考虑到每年地方政府债务限额的增量等价于当年新增一般债和专项债额度，而到期地方政府债务中约有86%的部分采用借新还旧的方式叙作。2021—2025年，每年平均到期的地方政府债务为2.9万亿元，假设其中86%的部分进行叙作，14%的部分归还本金，每年大约会释放4 000亿元的地方政府债务额度。那么"十四五"期间，再融资债化解隐性债务的空间为3.37万亿~5.37万亿元，占隐性债务化解任务的26%~42%，这也意味着，单纯依靠债务置换，难以完成隐性债务的化解工作。

"十四五"期间化债工作挑战不小。一是从地方政府法定债务限额来看，财政资金用于化解隐性债务的空间有限。据前述测算，采用再融资债化解存量债务，在最乐观的情况下，能够化解近40%的隐性债务，但预计这部分资金更多向财政薄弱的西部和东北地区倾斜，而且需要中央持续加强化债额度的再分配。除此之外，财政资金用于偿债的方式包括盘活存量资金、采用土地出让收入偿还，但在各地财政收支平衡愈加困难、政府法定债务到期高峰到来的背景下，腾挪的空间有限。二是国有资产处置属于一次性收入，持久性较弱，考虑到地方财政可持续性，在债务风险相对可控的情况下，不宜过度使用，要为未来预留政策空间。三是通过金融机构对债务进行展期降息，以时间换空间，降低付息压力，只是一种权宜之计。

4. 推动融资平台转型是化解隐性债务的最终方向

从前述分析来看，目前各地通过财政资金、国有资产处置以及展期降息等方式，都难以完全消除隐性债务。平台市场化转型是消化存量债务的最终途径。

融资平台转型，主要通过剥离政府融资职能，注入优质经营性资产，增强融资平台公司"造血"功能，将融资平台的定位由"建设城市"向"经营城市"转变，通过高效的产业经营反哺政府性投资项目建设。具体而言，首先，对政府融资平台公司前期债务进行分类处置，消除政府隐性担保，通过处置政府投资项目、转让国企部分股权等方式，筹集资金用于增加平台注册资本或新建项目资本金。其次，将年度预算资金、国资经营收入、特许经营权、收费权、优质国企股权等作为经营性资产注入平台。

目前融资平台市场化转型主要针对两类平台。一是具有政府融资职能以及公益性项目建设运营职能的融资平台公司，剥离其政府融资功能，推动转型为公益类国有企业。二是以市场运营为主体的平台公司，在妥善处置存量债务的基础上，转型为商业类国有企业。

2019年以来，各地融资平台转型存在加速迹象。山东、湖南、重庆、安徽陆续推动当地政府融资平台转型。2021年，陕西、甘肃相继发布相关文件，要求加快融资平台整合升级。甘肃省要求各市力争在2024年之前，打造一个总资产300亿元以上的综合性国有资产运营集团公司；陕西省要求每个市打造一个总资产500亿元以上的综合性国有资本运营集团等。

四、财政政策如何推动高质量发展？

（一）传统产业：鼓励化解过剩产能，引导转型升级

自2008年国际金融危机发生之后，中国实行了一揽子刺激政策。但由于投资过度、产能过大与内需不足等，最终出现产能过剩

等问题。同时，由于地方政府政策存在"示范效应"，民间投资容易盲目过度跟进，从而导致出现产业同构化、重复建设等现象，更加放大了行业投资膨胀和产能过剩的程度。2015年之后，我国经济进入"新常态"，调整经济结构、提升经济增长质量等任务被提上日程。2015年底，习近平总书记提出供给侧结构性改革，将去产能作为五大经济任务之首，其中钢铁、煤炭行业是去产能的重中之重。

国家陆续出台了各种政策文件，鼓励化解过剩产能，财政政策在其中发挥了重要的支持作用。具体而言，包括控制传统项目投资、推行技术改造、实施减费退税、财政资金奖补、奖励闲置土地等多种方式。

2006年3月，国务院颁布了《关于加快推进产能过剩行业结构调整的通知》，提出切实防止固定资产投资反弹、严格控制新上项目、淘汰落后产能、推进技术改造、促进兼并重组。2010年5月，国务院出台《关于进一步加大工作力度确保实现"十一五"节能减排目标的通知》，向各地下达18个行业淘汰落后产能的任务，同时文件指出，要取消406个税号商品的出口退税，主要涉及钢材、有色金属等高耗能产品；当年内不再审批、核准、备案"两高"和产能过剩行业扩大产能项目；中央安排预算内投资333亿元、中央财政资金500亿元，重点支持节能环保能力建设。

2016年5月，财政部提出，中央财政设立工业企业结构调整专项奖补资金1 000亿元，专项奖补资金执行期限暂定至2020年。对地方和中央企业化解钢铁、煤炭等行业过剩产能工作给予奖补。截至2018年3月，中央财政累计拨付专项奖补资金529亿元，有力地支持了钢铁、煤炭行业化解过剩产能的工作。

2017年4月，国务院再次印发通知，浙江、福建、江西、广东、山西、山东、河南、重庆、陕西因超额完成化解钢铁、煤炭过剩产能目标任务量，工作成效总体较好，受到了资金、土地指标奖励的激励措施。闲置土地较少的市，奖励用地计划指标5 000亩，每个县奖励1 000亩；对工作完成情况较好的省、市分别给予不低于2 000万元、1 000万元的奖励。

截至2018年，我国钢铁、煤炭行业的产能问题已经得到了部分解决。2016—2018年我国已经完成了压减1.4亿吨粗钢产能的任务，我国煤炭能源产量占比从2015年的78.2%下降至2018年的69.7%，煤炭在能源消费总量中的占比从2015年的68.1%下降至2018年的59.0%。

"十三五"期间，在供给侧结构性改革的推动下，技术改造投资成为新一轮政策方向，着力提升供给质量，政府通过企业贴息、财政补贴、税收优惠等形式鼓励企业加大技术改造投资。

《中国制造2025》中指出，"明确支持战略性重大项目和高端装备实施技术改造的政策方向，稳定中央技术改造引导资金规模，通过贴息等方式，建立支持企业技术改造的长效机制"，不仅要"加快机械、航空、船舶、汽车、轻工、纺织、食品、电子等行业生产设备的智能化改造"，而且要"全面推进钢铁、有色、化工、建材、轻工、印染等传统制造业绿色改造"。

2017年起，制造业企业技术改造投入明显加大，成为带动制造业投资增长的重要力量。2017年，制造业技术改造投资增速达到16%，较上年提高4.5个百分点，比全部制造业投资高11.2个百分点，占制造业投资比重的48.5%。2018年制造业技术改造投资增速为14.9%，高出制造业投资增速5.4个百分点。2019年，工业技术改造投资增长9.8%，仍然高于全部工业投资5.5个百分点。

进入"十四五"后，制造强国的重要性进一步提升，技术改造投资成为推动制造业高质量发展的重要抓手。其中，高端化、智能化、绿色化，是制造业新一轮技术改造的重点方向。电子信息、机械、汽车、船舶、民用航空与航天、钢铁、有色金属、建材、石化与化工、生物医药、轻工、纺织12个行业被列入国家重点技术改造领域。

2021年,地方陆续出台支持新一轮工业企业技术改造政策措施,引导企业实施新一轮大规模技术改造。以湖北省为例,2020年12月出台《支持新一轮企业技术改造若干政策》,明确提出各类政策支持,涉及设备购置补贴、技术改造奖励、加大财政资金支持、设立技术改造投资基金,全方位支持制造业技术改造。其中,支持技术改造项目的省级财政专项提升到15亿元,单个项目按照设备购置额的8%给予补助,最高额度可达千万元。

2021年上半年,全国技术改造投资明显加快。例如,广东对20个战略性产业集群加快技术改造和产业升级,带动全省工业投资同比增长24.5%,6年来首次反超固定资产投资增速;江西工业技术改造投资增长44%,比上年同期提高了25个百分点;山西工业技术改造投资增长11.3%,增幅比上年加快14.6个百分点,高于工业投资增速6个百分点,占全省工业投资比重的30%。

(二)先进制造业:降本减负、扩大有效投资

先进制造业已经成为全球制造业竞争最为激烈的领域。西方发达国家纷纷将发展先进制造业上升到国家战略高度。例如,美国国家科学技术委员会发布了《先进制造业国家战略计划》,巩固美国在制造业领域的优势地位;德国联邦政府出台了《高科技战略2025》,旨在促进人工智能、新能源、环保等领域的科研和创新;日本也出台了未来能源开拓战略,提出要建成世界第一的新能源环保型国家。

反观我国制造业发展,同样经历着转型与调整的重要时刻。改革开放以来,我国制造业持续快速发展,建成了门类齐全、独立完

整的产业体系，有力推动了工业化和现代化进程。然而，与世界先进水平相比，我国制造业仍然大而不强，在自主创新能力、资源利用效率、信息化程度、质量效益等方面差距明显。美国及其他工业发达国家若引领新一轮产业革命，将使其扩大制造业优势。因此，为使我国制造业不落入"前有围堵、后有追兵"的局面，加快先进制造业发展，促进工业转型升级，已经成为我国制造业进一步发展的必然选择。

近年来，我国通过一系列减税降费措施，持续支持先进制造业发展。2014年开始，我国开始实行结构性减税和普遍性降费的试点政策，支持小微企业发展和创业创新。到2016年，政府明确提出全面实施营改增，确保所有行业税负只减不增，当年营改增减税总规模接近6 000亿元。2019年，我国实施了更大规模的减税降费，由16%的税率降至13%，全年减轻企业税收和社保缴费负担超过2.3万亿元，占GDP比重超过2%，其中制造业及其相关环节占比近70%。"十三五"期间，我国累计减税降费超过7.6万亿元。

2021年，我国明显加大对制造业和科技创新的支持力度，将制造业企业研发费用加计扣除的比例提高到100%，2021年新增减税降费超1万亿元。2022年我国计划实施更大力度的减税降费，预计全年退税减税约2.5万亿元，包括对小规模纳税人阶段性免征增值税；对小微企业年应纳税所得额100万元至300万元部分，再减半征收企业所得税；优先安排小微企业，对小微企业的存量留抵税额于6月底前一次性全部退还，增量留抵税额足额退还；重点支持制造业，全面解决制造业、科研和技术服务、生态环保、电力燃气、交通运输等行业的留抵退税问题。

除减税降费外，政府引导基金也是为先进制造业提供资金支持的重要渠道。政府引导基金又称创业引导基金，是指由政府出资吸引社会资本成立母基金，以股权或债权等方式投资于风险投资机构或风险投资基金，扶持创业投资企业的设立与发展，鼓励其投资于战略新兴产业（见图3-9）。

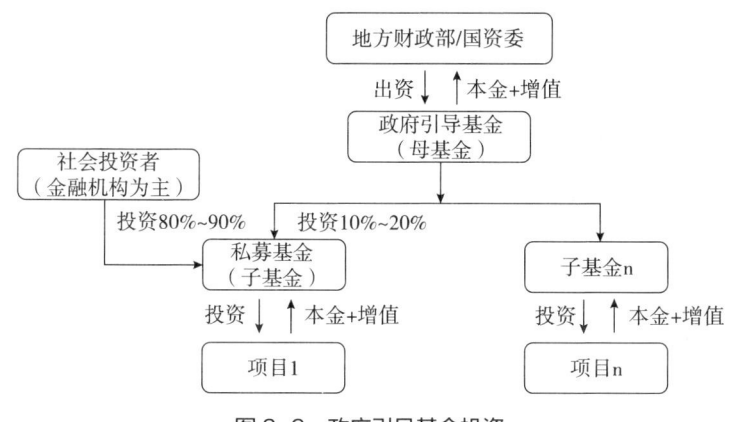

图3-9 政府引导基金投资

数据来源：财政部。

2002年，为吸引社会资金投资于中关村科技园区的高新技术企业，我国开创性地将政府财政资金采用股权的方式进行使用，成立了全国第一家政府引导基金——中关村创业投资引导资金。2007年之前，创业投资引导基金还处在萌芽状态，发展较慢。但在2007年7月，财政部、科技部印发了《科技型中小企业创业投资引导基金管理暂行办法》，为政府引导基金的支持对象、投资过程、监管制度做了详细的规范，同时为创业投资机构提供最高500万元的风险补助。

自此，政府引导基金开始进入快速发展期，从中央到地方都开始或筹划设立创业投资引导基金。截至2021年末，全国共设立1 437只政府引导基金，基金规模达2.47万亿元。国家使用政府产业引导基金将风险投资与地方政府财政资金进行嫁接，借助市场的力量推动高新技术行业发展，推动了资本向高新技术产业的流入，为先进制造业的快速发展提供了关键助力。

随着全球性的能源短缺、环境污染、气候变暖等问题日益严重，推进能源革命，发展可再生能源，加快新能源推广应用已经成为世界的重大战略选择。因此，国家在为先进制造业发展保驾护航的同时，也对其中的各个行业进行了相应的政策扶持，其中最为重点的就是新能源汽车领域与光伏领域。

1. 新能源汽车领域

早在2009年，我国就开始扶持新能源汽车产业，通过发放各类购车补助、免征车辆购置税等方式，鼓励新能源汽车消费。

2009年1月，我国决定在全国试点城市购置节能与新能源汽车给予5万~60万元不等的一次性补助。2013年9月，对纯电动、混动乘用车及客车分别采用3.5万~6万元以及25万~50万元的补贴。2015年4月，财政部明确提出，在2016—2020年，对不同种类的新能源汽车给予2.5万~60万元不等的购车补贴，同时对燃料电池汽车外其他车型补助标准适当退坡，其中2017—2018年补助标准在2016年的基础上下降20%，2019—2020年补助标准在2016年的基础上下降40%。进入2021年，新能源汽车普及率得到一定提升，购车补贴也开始缓慢退坡。2021年、2022年补贴标准分别在上一年的基础上退坡10%、20%，且原则上每年补贴规模上限约为200万辆。

2012年1月，财政部等四部门联合发出通知，对节约能源的车船，减半征收车船税；对使用新能源的车船，免征车船税。2014年9月1日—2022年12月31日，对购置的新能源汽车免征车辆购置税，进一步加快了新能源汽车的推广应用，促进了汽车产业转型升级。

2016年，为完善汽车应用环境，国家对新能源汽车充电设施进行了财政补贴。2016年1月，对京津冀、长三角、珠三角地区等大气污染治理重点区域安排充电设施奖励资金，对符合国家标准的加氢站，每个站给予 400 万元的资金奖励。

2. 光伏领域

早在 1995 年，国家发布《中国新能源和可再生能源发展纲要（1996—2010）》，提出发展风能、太阳能等新能源的目标，这也是我国第一个关于扶持光伏产业发展的政策文本。2002 年，国家计委启动了"送电下乡"工程，大规模采用太阳能光伏发电技术解决农村地区供电问题，使我国太阳能光伏产业经历了较为稳定的拓展阶段。

2004 年后，欧洲国家加大了对光伏发电装机的补贴力度，带动了光伏产业发展，也开启了光伏企业的上市潮和全球化。2007 年，我国围绕光伏组件制造的企业多达 200 家，到 2008 年，就增加到了近 400 家，通过上市融资、扩大规模，产能快速扩张。但 2008 年国际金融危机爆发后，资金链断裂、国外光伏需求锐减，直接导致很多处在低端的光伏产能淘汰出局。

为扶持光伏行业的发展，2009 年起，在企业端、用户端，国家对光伏行业给予各类资金补贴，推动光伏行业快速发展。

2009 年，我国启动了金太阳示范工程，共涉及 270 万千瓦装机量，加快了国内光伏发电的产业化和规模化发展。其中，江苏、山东、湖南、浙江、河南、广东、上海等光伏产业基础好的地区，项目规模达到 160 万千瓦，占总规模的近 60%；分布在龙头组件生产企业和大型投资开发企业的规模达到 150 万千瓦，占总规模的 55%。

从 2011 年开始，我国政府持续加大对光伏应用的扶持力度。2011 年，中央政府开始分阶段对光伏行业进行"标杆电价"补贴，要求电网按照固定价格 1.15 元/度全额购买光伏电量。2012 年，中央财政共拨付相关资金130亿元，支持启动光伏发电国内应用，总规模达到5 200兆瓦。2013年8月，国家发改委出台的《关于发挥价格杠杆作用促进光伏产业健康发展的通知》明确提出，电价补贴标准为每千瓦时0.42元（含税）。

考虑到技术的不断进步推动着度电成本下降，有效弥补了补贴减少带来的影响，光伏行业已经从需要扶持的起步阶段迈向独立运作的成熟阶段，我国光伏发电新增装机量连续多年位居世界第一，政府对光伏的扶持也从财政补贴向政策支持转变。

仅最近10年，光伏系统的价格就下降75%以上，上网电价下降60%以上，成为成本下降最快的电源类型，各地光伏项目的发电成本已经基本与火电相当。因此，财政补贴力度也在逐年下降，2012年以来，三类资源区光伏标杆上网电价8年来共下调6次，降幅达六成，户用光伏补贴由2013年的0.42元/千瓦时降到2020年的0.08元/千瓦时。

2021年，在碳达峰、碳中和决策部署下，各地开始大力推进分布式光伏发电，并给予新建光伏项目财政补贴。同时，2021年发放了1 000亿元专项贷款，用于支持光伏发电、海上风电等项目，助力构建清洁低碳、安全高效的能源体系。

第四章

货币分析框架：政策路径的观测与预判

2020年新冠肺炎疫情发生后，国内正常的生产经营活动受到巨大冲击，宏观经济数据明显下行，金融市场显著调整。但随后仅仅在几个月内，当经济数据仍未修复到疫情之前的水平时，金融市场便修复到了疫情之前的水平，2020年全年的社会融资增速更是达到了13.3%，远超疫情前2019年10.7%的水平。如何理解其中的逻辑，尤其是货币政策又在其中扮演着怎样的角色呢？

一般而言，我们可以通过现金流贴现模型对所有金融资产进行定价。通俗来讲，我们可以假设有一个封闭的系统，在这个系统中只有一个单位的资产与一个单位的货币，那么这一个单位的资产的价格就是一个单位的货币，而若在资产没有增加的情况下，向这个封闭的系统中再注入一个单位的货币，那么这一个单位的资产便具有了两个单位的货币的价格。

如果我们把整个现实世界理解为这个封闭的系统，中央银行便可以通过货币政策来调控这个系统中货币量的多少。当然，中央银行在向实体经济投放流动性的过程中，本身也会起到刺激信贷进而改善并带动经济增长的作用。企业盈利的改善，本身也会进一步助推风险资产价格的上行。因此，我们看到，当中国人民银行在

2020年上半年将政策利率和存款准备金率分别下调30bp和100bp后，国内股票指数快速反弹，并于7月突破疫情前的高点。同时，作为经济增长前瞻指标的社会融资增速也大幅上行，明显超出疫情前的水平。

那么，中国人民银行是如何制定货币政策的，又为什么会在疫情防控期间实施较为宽松的货币政策呢？本章将从两个视角来解析政策制定的前因后果。第一是站在央行的角度，设身处地从政策制定者的角度，审视制定货币政策时的多方权衡取舍，从而更好地帮助我们理解货币政策的前因后果。第二是站在市场参与者的角度，分析如何更好地跟踪、预判货币政策路径，以及货币政策对金融市场的影响。

一、宏观与市场研究为什么要讨论货币政策？

货币政策一般主要是指，中央银行为实现其特定的经济目标，而采用的各种控制和调节货币供应量和信用量的方针、政策与措施的总称，是一类重要的金融及经济政策。货币政策的实质是国家根据不同时期的经济发展情况，对货币供应量和信用扩张速度采取的偏紧、偏松或适度等不同的政策趋向；同时，也会运用各种工具调节货币供应量，影响市场利率，通过市场利率的变化来影响投资和消费倾向，进而影响总需求和宏观经济运行。

在正式讨论货币政策之前，我们首先提出一个问题：研究宏观为什么要研究中央银行的各项政策，尤其是货币政策，这些政策又是如何影响我们所处的金融市场的？在全球金融市场重镇华尔街，流传着这样一条历久弥新的黄金法则：永远不要跟美联储作对！实际上，这个黄金法则放到任何一个具有独立中央银行的国家都是成立的，那就是：永远不要跟中央银行作对。为什么呢？

首先，我们试图从宏观经济层面对货币政策的作用机制做探讨。实际上，自从货币理论创立以来，经济学界对货币的作用，尤其是关于其如何影响实体经济的探讨与争论就从来没有停止过。

古典学派和新古典学派的经济学家都认为，货币是纯粹的交换媒介，货币供给量的变化只影响一般价格水平，不影响实际产出水平，因而货币是中性的。古典学派主要依据"两分法"，将经济整体分为"实物"和"货币"两个方面。实物的价格取决于具体商品的供求关系，而一般物价水平和货币的购买力则取决于货币的供求关系，两者之间没有内在的有机联系，货币只不过是覆盖在实物之上的一层面纱，对经济并不发生任何实际影响。

以维克塞尔和凯恩斯为首的经济学家则认为，货币是影响经济的重要因素，并且如果善加利用，会更有利于经济发展。维克塞尔认为，当货币数量增加，货币利率低于自然利率时，企业家由于有利可图，就会扩大投资、增加产出。随着收入增加、支出增加和物价上涨，积累性的经济扩张过程就出现了，反之亦然。而只有当货币利率等于自然利率时，才能使投资、生产、收入和物价等不再变动，于是经济达到均衡状态。因此，维克塞尔认为，政府有必要采取一定的货币政策，以使货币利率与自然利率相一致，从而消除货币对经济的不利影响。

凯恩斯则进一步发展了维克塞尔的理论，认为失业和萧条的根本原因在于有效需求不足。有效需求是社会的消费需求与投资需求之和。由于消费倾向通常小于1，所以造成了社会收入与社会消费之间的差额，这个差额必须由增加投资来弥补。而投资则取决于资本边际效率和利率。随着投资的增加，资本边际效率逐渐递减，当它减小到与利率相等时，投资也就停止了。因此，为了使投资能继续增加，就必须降低利率，而利率取决于货币的供求关系。随着货币量的增加，利率下降，从而刺激投资，并通过投资乘数作用而成倍地扩大就业和增加收入，经济也就走向繁荣。

其次，回到我们所在的金融市场来讨论一下这个问题。相信大家对资产估值和定价中的现金流贴现模型都非常熟悉。从理论上来讲，我们可以通过现金流贴现模型对所有金融资产进行定价。那现在的问题是，通过现金流贴现模型，我们定出来的这个"价"的含义是什么呢？通过对现金流贴现模型的深入思考，我们可以知道，这个"价"更多是在表征这个资产本身所具有的绝对价值。但是在现实世界中，这个绝对价值是通过货币予以标记的，而中央银行又是基础货币的提供者，并可以通过货币政策约束货币创造的过程。

通俗来讲，我们可以假设有一个封闭的系统，在这个系统中只有一个单位的资产与一个单位的货币，那么这一个单位的资产的价格就是一个单位的货币，而若在资产没有增加的情况下，向这个封闭的系统中再注入一个单位的货币，那么这一个单位的资产便具有了两个单位的货币的价格。

当然，中央银行在向实体经济投放流动性的过程中，本身也会起到刺激信贷进而改善并带动经济增长预期的作用。企业盈利的改善，本身也会进一步助推风险资产价格的上行。这便是中央银行所制定的政策影响资产价格的两个主要途径。

上面我们更多是在理论层面讨论中央银行政策对金融市场的影响，现在我们用具体的数据再来验证一下前面的逻辑推演。表4-1与表4-2向大家展现了2000年以来历次降息、降准后，国内权益性资产与债权性资产价格的变化。通过这两张表，我们可以清晰地看到，在大多数情况下，降息或者降准后，债券收益率是呈现下行走势的，也就是说，债权性资产的价格呈现上行走势。

但权益性资产价格的变化则没有那么明显，这主要源于两个方面：一是货币政策对利率的传导相对更加顺畅；二是货币政策宽松，往往是在经济增速处于明显下行期，或者在面临较大下行压力

表4-1 历次降息后国内资产走势

降息公告日期	降息幅度（bp）	上证指数涨跌幅（%）				10年期国债中债估值收益率变动（bp）			
		T+1	T+10	T+20	T+30	T+1	T+10	T+20	T+30
2002-02-20	27	1.57	8.87	10.82	8.50	-0.64	-7.83	-16.38	-24.68
2008-10-08	27	-0.84	-9.39	-15.85	-3.57	-19.99	-15.77	-28.23	-26.14
2008-10-29	27	2.55	8.10	10.35	20.89	0.09	-17.25	3.40	-5.64
2008-11-26	108	1.05	9.55	-1.80	0.37	-19.70	-9.04	-39.89	-43.18
2008-12-22	27	-4.55	-3.21	-0.14	13.74	-5.03	-4.81	36.05	55.77
2012-06-07	25	-0.51	-1.41	-3.03	-5.43	-6.50	2.50	-7.91	-9.41
2012-07-05	25	1.01	-0.75	-4.10	-4.05	-2.33	-3.33	-3.32	2.74
2014-11-21	25	1.85	18.13	25.00	34.77	-17.47	12.45	5.92	-2.63
2015-03-01	25	0.78	1.89	11.50	24.51	2.81	12.77	20.76	30.82
2015-05-10	25	3.04	10.74	19.43	6.48	0.49	4.57	21.11	21.22
2015-06-27	25	-3.34	-7.51	-2.91	-10.70	-0.50	-11.95	-14.78	-15.27
2015-08-25	25	-1.27	7.86	5.99	12.58	-2.87	-10.99	-12.23	-35.13
2015-10-23	25	0.50	5.20	6.39	3.30	-2.00	8.50	8.51	-1.46
2016-02-19	25	2.35	0.49	3.33	5.23	1.75	7.01	-0.22	1.71
2019-11-05	5	-0.43	-1.92	-3.57	1.03	1.01	-7.11	-7.08	-3.21
2020-02-17	10	0.05	-0.43	-6.51	-7.92	-2.64	-15.00	-21.70	-27.86
2020-04-15	20	0.31	0.40	2.29	3.71	-1.79	-2.01	15.34	17.46
均值		0.24	2.74	3.36	6.08	-4.43	-3.37	-2.39	-3.82

注：T表示交易当日。
数据来源：Wind。

表4-2 历次降准后国内资产走势

降准公告日期	降准幅度（bp）	上证指数涨跌幅（%）			10年期国债中债估值收益率变动（bp）		
		T+1	T+10	T+20	T+30	T+1	T+10	T+20	T+30
2008-10-08	50	-0.84	-9.39	-15.85	-3.57	-19.99	-15.77	-28.23	-26.14
2008-11-26	100	1.05	9.55	-1.80	0.37	-19.70	-9.04	-39.89	-43.18
2008-12-22	50	-4.55	-3.21	-0.14	13.74	-5.03	-4.81	36.05	55.77
2011-11-30	50	2.29	-4.50	-7.00	-3.81	-10.86	-12.84	-14.88	-20.71
2012-02-18	50	0.27	4.39	2.02	-4.00	-2.45	2.55	1.22	-3.17
2012-05-12	50	-0.60	-2.56	-4.74	-7.13	-4.46	-18.88	-18.06	-12.30
2015-02-04	50	-1.18	1.72	3.68	15.33	-5.71	-12.16	3.33	3.44
2015-04-19	100	-1.64	4.51	-0.09	12.63	-10.73	-18.23	-15.18	7.77
2015-08-25	50	-1.27	7.86	5.99	12.58	-2.87	-10.99	-12.23	-35.13
2015-10-23	50	0.50	5.20	6.39	3.30	-2.00	8.50	8.51	-1.46
2016-02-29	50	1.68	6.38	10.04	12.49	0.25	0.02	1.63	5.98
2018-04-17	100	0.80	1.11	2.85	0.94	-14.99	1.53	5.64	-5.36
2018-06-24	50	-1.05	-4.93	-2.09	-5.17	1.99	-3.45	-4.69	-10.37
2018-10-07	100	-3.72	-9.60	-5.13	-5.04	0.52	-4.45	-6.42	-25.88
2019-01-04	100	0.72	3.23	4.11	11.51	-0.06	-6.03	-4.81	-3.17
2019-09-06	50	0.84	-0.75	0.28	-0.65	0.77	8.32	13.91	20.23
2020-01-01	50	1.15	1.31	-6.02	-0.65	1.20	-4.68	-29.25	-25.89
均值		-0.27	0.61	-0.44	3.11	-5.60	-6.12	-6.08	-7.03

数据来源：Wind。

的过程中推出的，若货币宽松操作无法对冲盈利走弱的预期，权益性资产价格也是难以有较好表现的。

相较而言，一些重要阶段的市场走势可以更好地验证货币政策对于权益性资产价格的影响。通过复盘 2020 年新冠肺炎疫情暴发初期全球金融市场的走势，可以发现，面对新冠肺炎疫情的冲击，无论是我国的股票市场，还是美国的股票市场，均大幅下行，其间主要股指跌幅均超过 20 个百分点。但与此同时，我们可以看到，在我国及美国相继大幅降息之后，主要股指均呈现大幅反弹，甚至在经济尚未恢复到疫情前的水平之时，主要股指均大幅超出疫情前的水平，对应股指的估值水平更是触及历史较高水平。

可以说，研究货币政策对股市的影响，其现实意义丝毫不逊色于研究公司基本面对股价的影响。相信之前对货币政策不是很了解的朋友，现在对研究货币政策的重要性有了大概的了解。那么，我们接下来就正式开始对货币政策的讨论。

二、决策者视角下货币政策的权衡取舍

本节我们主要是站在中央银行的视角，设身处地地从政策制定者的视角来审视制定货币政策时的多方权衡取舍，从而更好地帮助我们理解货币政策的前因后果。

（一）我国央行政策目标的演进与权衡取舍

想要搞清楚货币政策的内涵，以及其从哪里来又会走向何方的问题，首先，我们要尝试理解货币政策的制定者，也就是各国的中央银行为什么要制定并实施货币政策。

稍微有一些经济学基础的读者朋友就会知道，中央银行并不是

普通的商业银行，它实际上是一个政府机构，处于一个国家货币和金融体系的核心，在经济政策制定中发挥着重要的作用。在过去很长的一段时间内，由各种各样的机构代行中央银行的职能，比如，在美联储独立之前，由美国财政部代为制定货币政策；在日本银行独立之前，由日本大藏省代为制定货币政策；在1995年《中华人民共和国中国人民银行法》颁布之前，中国财政部对货币政策的主导性非常明显。但是现在几乎每个国家都建立了相对独立的中央银行，如美联储、日本银行、中国人民银行等。那么中央银行的职能是什么呢？只有深刻地理解了中央银行的职能，我们才能较为顺畅地理解不同货币政策被制定出来的目的。

实际上，目前全球各国的中央银行的职能或者说最终目标并不统一，主要可以分为三类：第一类是单一目标制，也就是通货膨胀目标制，典型的中央银行有日本银行与欧洲中央银行；第二类是通胀与就业双目标制，典型的中央银行有美联储；第三类是多目标制，我们国家的中国人民银行就是其中的典型代表。

中国人民银行是在一级目标基础上的双目标制，所谓一级目标也就是法律赋予中国人民银行的目标，其优先级要高于其他目标。通过1995年颁布的《中华人民共和国中国人民银行法》，我们可以看到，其赋予中国人民银行的职责中有这样一段表述，"货币政策目标是保持货币币值的稳定，并以此促进经济增长"。也就是说，稳定通胀与促进经济增长是中国人民银行最重要的目标，也是一切决策的基本出发点。

但是，2016年6月，中国人民银行时任行长周小川在国际货币基金组织发表关于"中国央行的目标、功能与做法"的演讲时指出，中国央行采取的多目标制，既包含价格稳定、促进经济增长、促进就业、保持国际收支大体平衡四大年度目标，也包含金融改革和开放、发展金融市场这两个动态目标。也就是说，在实际的政策制定过程中，中国人民银行除了要考虑稳定通胀与促进经济增长两个基本点之外，还需要综合考虑多种因素，这实际上与我们现实的感受较为一致。

我们知道，根据丁伯根法则，政策工具的数量或控制变量数至少要等于目标变量的数量，而且这些政策工具必须是相互独立的。因此，面对多目标制的中国人民银行，首要任务便是扩充政策工具，在政策工具难以继续扩充的情况下，便要明确多目标制下的目标层级。我们在这里，综合多方面因素，为大家总结出了四个基本规律，供大家参考。

第一，在多目标制背景下，实践和法律基础都显示，稳定通胀与促进经济增长这两个基本面目标是首要目标，层级也更为优先。

第二，在基本目标中，实践逻辑类似于美联储，在通胀和就业目标中平衡，但具体落地有所差别：美国是目标制策略，例如平均通胀目标制；中国更多是匹配策略，例如相机抉择以及与什么相匹配的表述。由于一般增长和就业是同向关系，冲突相对较小。

第三，考虑到通胀和就业关系的不稳定性，其失衡后又将面临二次目标选择，因此，在大滞胀等历史经验以及货币主义等理论推演中，通胀往往被优先选择。但在此次新冠肺炎疫情中，我们发现各国央行对通胀的容忍度均有所提高，对促进经济增长及就业的重视度在不断提高。

第四，对央行来讲，首要目标是币值稳定，但政府层面的首要目标是"增长－就业"。这就形成了天然"鹰"派的央行和天然"鸽"派的政府。如果中央银行独立，那么央行可以优先取舍；如果不独立，那么主导决策权的决策层的目标将处于优先级。

我们在这里补充一段中国人民银行的历史知识，帮助大家理解央行独立性的重要性。

中国人民银行成立于1948年，但在1948—1984年，由于我国的计划经济体制，中国人民银行实际上既承担了中央银行的职能，又承担了商业银行的职能。在1984年之后，为适应市场化金融机构发展的诉求，中国人民银行中的商业银行职能独立了出去，成立了中国工商银行，至此，中国人民银行基本形成了专注于行使中央银行职权的基本制度框架。

但是在1984—1995年，尽管中国人民银行已经开始独立发挥中央银行的职能，但其独立性仍然很低。在这段时期内，中国人民银行经常性地需要增发货币来填补财政赤字，因此造成了货币币值和通货膨胀失控。可以说，这段时期内的货币政策，从属于财政部制定的财政政策，自由调控的空间很小。

而以1995年《中华人民共和国中国人民银行法》的颁布为标志，中国的货币政策运行进入了一个新的阶段。这部法律规定了财政赤字不得向中国人民银行透支。货币政策也就终于卸下了财政政策施加的一个重担，可以较为自由地追求自己的最终目标。

在1995年前后的两个阶段中，货币政策运行的状态可以说是迥异的。在1995年之前，货币币值和通货膨胀时常失控。而在后一个阶段里，除个别时期外，例如2009年的"4万亿元经济刺激计划"时期，货币和通货膨胀基本实现了平稳增长。这种明显的差异就来自财政主导向货币主导的转变。

总体而言，面对多目标制的中国人民银行，首要任务便是扩充政策工具，在政策工具难以继续扩充的情况下，便要明确多目标制下的目标层级。通过对理论与实践的讨论，我们认识到，在这个机制中，稳定通胀与促进经济增长这两个基本目标仍然是首要的，在基本目标得到满足或部分满足后，再考虑其他目标。当内部的通胀与增长发生大级别背离时，如果背离具有趋势性，我们估计中国人民银行会以达成通胀目标优先；如果背离是结构性的，由于决策层级目标不同，目标上会倾向于稳增长和保就业。

基于以上讨论，我们可以理解 2020 年新冠肺炎疫情发生后，中国人民银行制定货币政策时所面临的约束与抉择。在疫情发生后，中国人民银行迅速采取了降准、降息等一系列措施，以刺激国内需求，稳定金融市场，促进经济平稳恢复。而在疫情明显好转后的 2020 年 5 月，货币政策开始边际转向，回收疫情期间投放的过于充裕的流动性。

但是在 2021 年 4 月 30 日的中央政治局会议后，我们撰写了一篇题为《不疾不徐，轻踩油门，乘势而上》的文章。在文章中，我们率先提出了货币政策大概率会转向边际放松，与当时市场上大多数宏观及固收研究团队提出的货币政策将进一步转向紧缩的观点截然相反。随后，我们确实看到，10 年期国债收益率持续下行最高达 35bp，甚至在 7 月 9 日，中国人民银行推出了全面降准的政策。但与此同时，我们会发现，第二季度 GDP 平减指数累计同比已经触及 3.8%，当季同比触及 4.8%，PPI 同比增速触及 9.0% 后便一直维持高位震荡。面对高企的通胀，以及持续处于复苏通道中的经济增长，中国人民银行为什么没有像市场所预期的那样，转向偏紧缩的货币政策，反而打破了 2020 年 5 月以来较为平稳的货币环境，开始转向边际微松呢？接下来，我们将根据货币政策的两个一级目标，也就是经济增长和通胀这两个主要约束条件，来试图理解中国人民银行的政策决策。

首先，经济增长方面，我们可以看到，在总量层面，就绝对增速而言，第二季度实际 GDP 的两年复合平均同比增速仅有 5.5%，小幅低于中国人民银行工作论文中测算出的 5.7% 的潜在产出增速水平，也就是说，经济增速尚未完全得到修复。就相对增速而言，我们可以看到，第一、第二季度实际 GDP 的两年复合平均增速分别为 5.0%、5.5%，与 2020 年第四季度 6.5% 的同比增速相比，已经有所回落。在结构层面，从生产法角度来看，主要的支撑项来自第一产业与第二产业，以服务业为代表的第三产业的恢复速度则相对较为缓慢。从支出法角度来看，主要支撑项来自出口和投资增速的快速修复，而以社会消费品零售总额为代表的消费恢复则较为缓慢，尤其是社会消费品零售总额中以餐饮收入为代表的服务业消费恢复情况较差。展望来看有以下三个方面的原因。

一是出口是2020年以来总量修复的主要支撑因素，但我们可以看到，2021年出口的两年复合同比增速在总体上延续回落趋势，这主要源于中国出口份额占全球贸易份额的持续回落。以美国为例，2020年中国对美国的出口享受了份额上升和需求回升的双重推动，2020年11月以来中国所占份额持续下滑，对美国的出口上行主要来源于美国总需求的回升。2021年5月，中国在美国总进口的份额已经降至17%，低于2019年18%的水平。在全球贸易中份额回归常态，意味着我国出口的后续支撑将逐渐由份额的提升切换至全球总需求的提升。展望来看，在新冠肺炎疫情发生后，欧美发达国家需求端率先恢复，后续进一步带动全球总需求快速扩张的动能相对有限。但随着疫情的进一步趋缓，欧美供给端仍有很大程度的改善空间，这将对我国的出口份额形成进一步挤压。在2020年高基数的背景下，我国出口增速将面临一定的下行压力。

二是房地产投资增速承压，制造业与基建投资延续弱复苏。一方面，在"三道红线"、防范信贷资金违规流入房地产行业等持续高压政策下，房地产企业的各项融资受阻，叠加房地产销售增速放缓，预计后续房地产投资增速大概率将延续下行走势。另一方面，2021年以来，无论是广义基建投资，还是狭义基建投资，均一直处于相对疲弱的状态。这在一定程度上源于上半年的经济托底压力不大，以及地方政府债券的滞后发行。随着第三季度地方政府债券发行提速，预计基建将具备较强的支撑，但考虑到政策层面对于专项债项目的监管趋严，并且地方政府存量债务到期压力明显增大，约束地方财力扩张空间，基建投资增速的反弹也会在一定程度上受到限制。

三是消费延续弱复苏，服务性消费的复苏是一个较为缓慢的过程。受疫情冲击，社会消费品零售总额复苏疲弱。细分来看，社会消费品零售总额中表征商品消费的商品零售恢复较快，而表征服务性消费的餐饮收入则恢复较慢，并且与疫情前相比缺口较大。向前看，我们认为消费仍将呈现弱复苏态势，而消费的复苏主要受到两个方面的制约：一是突如其来的疫情显著提升了居民的储蓄意愿，收入信心及消费意愿的恢复将是一个相对缓慢的过程；二是服务性消费的制约不仅在需求端，供给端也同样受到冲击，疫情冲击下，许多提供服务性消费的小微企业永久性地退出了市场。

其次，通胀方面有如下几种表现。

一是由于下游消费品需求恢复疲弱，工业品通胀向下游消费品通胀的传导较为缓慢。可以看到，2021年以来PPI同比增速大幅上行的同时，CPI同比增速一直处于较低位置。

二是PPI同比增速的大幅上行，主要受到定价权在海外的原油价格同比增速大幅上行等因素的带动，国内动力煤、螺纹钢等工业品价格涨幅则主要来自碳达峰、碳中和带来的供给收缩预期，国内需求带动的通胀则较为有限。向前看，我们注意到原油等大宗商品价格已经呈现见顶回落态势，国家粮食和物资储备局也在加大储备铝、铜和锌等物资的投放力度，进而推动PPI同比增速逐渐回落。

三是通胀预期也并不强，中国人民银行未来物价预期指数总体处于较低水平，表明城镇居民对于通胀的感受不强。也就是说，工业品通胀主要源于外部因素与供给收缩，下半年预计将会逐渐趋于回落，并不具备长期通胀的基础。

简单来讲，我国2021年第二季度经济增速在尚未恢复至疫情前水平以及潜在产出水平之时，便已经开始呈现趋缓迹象，并且在第四季度可能面临着更大的回落压力。而与此同时，所谓通胀高企，仅仅表现在工业品领域，向消费品的传导并不顺畅，且持续性大概率有限。在这种情况下，我们的基本面情况是否更符合第二种情况？也就是说，通胀与经济增长的背离是结构性的，是暂时的，货币政策的主要约束在经济增长上，而不是所谓的通胀高企。

至此，我们就讨论完了关于货币政策的第一个问题，那就是帮助大家理解我国货币政策的第一步——弄清楚中国人民银行为什么要这么做。任何对于货币政策的分析与路径推测，都必须基于对货币政策面临的约束条件的认识。这种分析政策问题的思路不仅仅对分析我国的货币政策有效。事实上，分析我国所有的政策都可以借鉴这种分析思路。

（二）我国央行有哪些实现政策目标的工具？

我们进入关于货币政策的第二个问题，为了履行职责以及实现政策目标，中国人民银行都有哪些工具可以使用呢？我们从两个方面回答这个问题，一是中介目标，二是政策工具。

货币政策的最终目标能否实现，并不仅仅取决于货币政策。比如，通货膨胀就会受到货币政策之外的其他因素的影响。20世纪70年代的石油危机曾导致石油价格大幅上涨，明显推升了当时西方国家的通胀水平。而经济能否平稳增长，就更加取决于很多因素了。因此，不能说货币政策能决定与最终目标相关的经济指标，而只能说货币政策能够影响这些指标。

货币政策对最终目标指标的影响是间接的，而不是直接的。也就是说，中国人民银行并不能通过自己的政策直接决定最终目标指标的取值，而只能通过一些有较强决定力的指标来间接发挥其影响力。这些指标与最终目标的经济指标有一定的相关性，又在很大程度上能够为货币政策所决定，因此，能够帮助中国人民银行影响最终目标的经济指标，也就是我们所说的中介指标。

基于以上设定货币政策中介目标的考量，我们发现中介目标自身会具备一定的特性，而这些特性也会影响我们后面对于中介目标演变的讨论。因此，大家不妨仔细思考一下。首先，中介目标本身必须与货币政策最终目标具有比较强的相关性。也就是说，中介目标的变化能够影响最终目标的变化，这样，中国人民银行才能通过调控中介目标来实现最终目标。其次，中介目标必须是中国人民银行相对可控的指标。最后，中介目标应该是可以被比较精确统计的指标。如果都不能统计清楚，那就更谈不上调控了。

中国人民银行的中介目标主要可以分为两类：一类是数量型中介目标，另一类是价格型中介目标。总体来讲，目前处于从数量型中介目标向价格型中介目标演进的进程之中。下面我们先来认识一下数量型中介目标。

事实上，数量型中介目标的宏观逻辑相对容易理解，主要基于费雪方程式，也就是 $MV = PQ$ [①]，假设 V 保持不变，那么 M 的变化可以近似为 P 的变化与 Q 的变化之和。也就是说，货币供应量的变化，理论上应该近似等于通胀的变动与产出的变动之和，也就是名义 GDP。那么，当我们设定了产出目标和通胀目标后，就可以对应计算出货币供应量的目标。

有了这个理论基础之后，中国人民银行便设定了各个口径的货币供应量作为货币政策的中介调控目标，如 M_2、M_1（狭义货币供应量）、M_0（流通中现金）等，以及信贷总量指标，如信贷与社会融资等。

---

① $MV = PQ$ 中，M 表示货币量，V 表示货币流通速度，P 表示价格水平，Q 表示交易的商品总量。

历史上来看，M_1 与我国的经济增长和通货膨胀水平都有极好的相关性。按照我国的统计口径，狭义货币 M_1 包含流通中现金和企业活期存款。其中，企业活期存款是大头，差不多占到 M_1 的 90% 左右。但由于企业活期存款的多寡主要由企业在其活期账户和定期账户间的存款配置行为决定，所以中国人民银行对 M_1 的掌控力相对比较低。因此，尽管 M_1 是与经济增长和通货膨胀相关性更强的指标，但它并不是一个较优的货币政策中介目标的备选者。从 2007 年开始，我国就不再每年公布 M_1 的增速目标了。

在我国，更为常用的货币政策中介目标是 M_2 同比增速。广义货币 M_2 包含流通中现金和所有企业居民存款。由于存款是由贷款派生的，这样一来，中国人民银行就可以通过对银行贷款行为的调控来影响 M_2 同比增速。因此，对中国人民银行来说，M_2 是比 M_1 更为可控的货币供应量指标。于是，尽管 M_2 同比增速与经济增长及通货膨胀的相关性弱于 M_1 同比增速，但其反而是我国比较重要的货币政策中介目标。

我国政府每年都会公布 M_2 增速目标，以此作为当年货币政策操作的一个重要指引。例如，在 2022 年的《政府工作报告》中，李克强总理指出，"保持货币供应量和社会融资规模增速与名义经济增速基本匹配"，随后中国人民银行在货币政策委员会第一季度例会中对此也予以了重申。

但是数量型中介目标在实践过程中也遇到了一些问题。其中最严重的问题是，由于它强烈依赖于货币数量方程关系的稳定性，因此在此基础上，也就更依赖于对货币量的定义和测算。但随着金融市场和金融产品越来越复杂，M_2 的可测性、可控性以及与实体经济的相关性都在下降，因此，中国人民银行在《2017 年第四季度中国货币政策执行报告》中指出，"在完善货币数量统计的同时，可更多关注利率等价格型指标，逐步推动从数量型调控为主向价格型调控为主转型"。接下来我们就介绍一下价格型中介目标。

相较于数量型中介目标，价格型中介目标的宏观逻辑相对要难理解一些，其中典型的代表就是泰勒规则。简单来讲，就是利率和通胀、就业目标能换算出一个对应关系。在这个方程组的基础之上，可以通过设定通胀、就业目标得出合意的利率水平。因此，中国人民银行也设定了一系列市场利率作为价格型中介工具，例如银行间市场回购利率、国债到期收益率等。

为了调控这些市场利率，中国人民银行逐渐构筑了利率走廊和政策利率曲线。其中利率走廊主要是，通过公开市场操作利率来将银行间市场利率约束在一定的范围之内。其中，银行间市场利率反映了我国商业银行等主要金融机构的资金状况。目前，中国人民银行主要通过每日进行公开市场操作，每月月中进行MLF操作来引导银行间市场利率的中枢。

当然，价格型中介目标也并非完全没有弊病。由于价格型中介目标强烈依赖于菲利普斯曲线和泰勒规则的稳定性，所以政策利率向市场利率传导的通畅性就显得至关重要，这也是为什么近年来中国人民银行一直在强调要加强利率传导的有效性与及时性。

因为价格型调控的核心在于利率传导，而我国的利率尚在市场化的进程之中，与已经实现高度市场化的美国等发达金融市场仍存在一定差距。因此，我国的价格型调控也有别于拥有发达金融市场的国家。

我们可以看到，美国价格型调控采取了完全利率走廊模式，也就是说，设置一个联邦基金利率目标区间，银行间市场利率在这个目标区间内震荡，如果市场缺钱，美联储可以利率目标区间的上限无限量向市场供应资金，如果市场的流动性过于充裕，美联储就可以利率目标区间的下限无限量回购市场的资金，从而确保市场利率一直处于政策利率目标区间之内，进而从短端市场利率向长端市场利率传导。

但由于我国政策利率向短端利率的传导路径，以及短端利率向长端利率的传导路径均存在不通畅的问题，所以目前我国主要采取通过利率走廊约束银行间短端利率，以及构建政策利率曲线约束市场利率曲线的模式。

中国人民银行虽然对货币政策中介目标具有一定的掌控力，但并不能精确地控制。另外，不少中介目标的统计也存在时滞、频率不高等问题。因此，中国人民银行在设置了可以调控的中介目标之后，为了更好地调控这些中介目标，进而又创设了各式各样可以直接精确调控的货币政策工具。

我们知道，货币创造有两个环节，一是基础货币的创造，二是广义货币的派生。中国人民银行是基础货币的创造者，自然对基础货币的数量和价格具有很强的掌控力。因此，绝大多数货币政策工具都是调控基础货币的政策工具。

对于整个金融体系来说，超额存款准备金最为重要。因为超额存款准备金是商业银行相互之间的支付工具，没有超额存款准备金，商业银行就无法对外开展业务。也就是说，超额存款准备金的多寡决定了金融市场中可用的"钱"的多少，也决定了金融市场中的交易活跃程度。因此，超额存款准备金是货币政策工具要直接调整的对象之一。

事实上，商业银行的存款准备金以两种形式存放于中国人民银行，一部分是法定存款准备金，法定存款准备金的数量主要通过法定存款准备金率来约束，它是中国人民银行所规定的，即商业银行必须存放在中国人民银行的法定存款准备金与商业银行吸收存款数量的比率。除去法定存款准备金的部分，就是超额存款准备金。因此，中国人民银行实际上可以通过改变法定存款准备金率，来调节商业银行体系的超额存款准备金水平，这样就是通常所说的升准或者降准。

中国人民银行除了可以通过调整法定存款准备金与超额存款准备金之间的分配来调整超额存款准备金之外，也可以在不改变法定存款准备金率的情况下，通过再贴现、再贷款、正回购、逆回购、MLF 的投放与回笼等方式来调节商业银行体系的超额存款准备金水平。

这里我们重点介绍一下公开市场操作中的正回购、逆回购以及 MLF。目前 7 天期逆回购操作利率与 1 年期 MLF 操作利率，除了可以通过调节商业银行体系的超额存款准备金水平来对中介目标进行数量型调控之外，还可以作用于价格型中介目标。主要原因在于，7 天期逆回购操作利率目前是同期限银行间质押式回购利率的中枢，而 1 年期 MLF 操作利率则是同期限优质商业银行大额存单利率的中枢，同时 1 年期 MLF 操作利率还是贷款市场报价利率的定价基础。

7 天期逆回购操作利率与 1 年期 MLF 操作利率的改变，也是现在意义上的加息或者降息，因此公开市场操作不仅可以作用于数量型调控，也可以作用于价格型调控，其重要性越来越高，对金融市场的影响也越来越广泛。

前面我们主要对中国人民银行的最终目标、中介目标和货币政策工具进行了探讨，实际上，中国人民银行为了实现其职能，不仅会通过货币政策来达成其职责，还会通过宏观审慎政策来对金融风险以及部分结构性的目标进行调节（见图 4-1）。

由于货币政策主要从总量层面对一些全局性问题进行调节，而长期以来货币政策调控所忽视的系统性金融风险问题又日益显著，宏观审慎政策便应运而生。2021 年 12 月 31 日，中国人民银行正式发布了《宏观审慎政策指引（试行）》，推动形成统筹协调的系统性金融风险防范化解体系，促进金融体系健康发展。

《宏观审慎政策指引（试行）》从我国实际出发，明确了建立健全我国宏观审慎政策框架的要素。主要包括以下几点：一是界定了宏观审慎政策相关概念，包括宏观审慎政策框架、系统性金融风险、宏观审慎管理工作机制等；二是阐述了宏观审慎政策框架的主要内容，包括宏观审慎政策目标、系统性金融风险评估、宏观审慎政策工具、传导机制和治理机制等；三是提出了实施好宏观审慎政策所需的支持保障和政策协调要求。

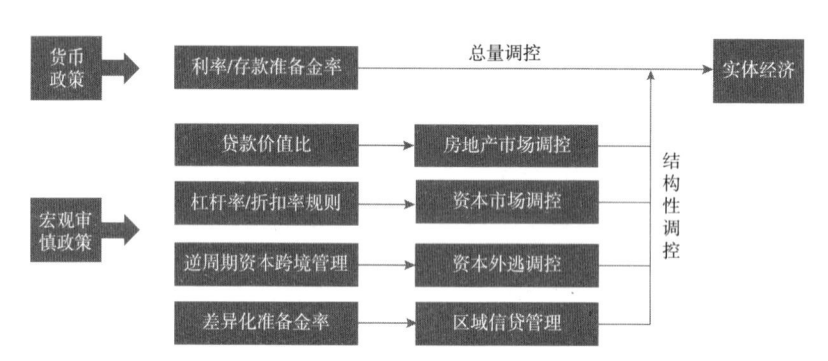

图 4-1 宏观审慎政策弥补宏观货币调控"结构性缺失"的作用机制

三、投资者视角下货币政策的观测与预判

本章第二部分，我们主要是站在中国人民银行的视角，设身处地地从政策制定者的视角来审视制定货币政策时的多方权衡取舍。本部分，我们则主要以市场参与者的视角来分析如何更好地跟踪和预判货币政策的路径，以及货币政策对金融市场的影响路径。

（一）观测政策目标的代理变量

我们先来思考一个问题：如果我们要分析甚至预判货币政策，

最重要的因素是什么？前面我们提到，货币政策制定是以中国人民银行的最终目标为导向的，也就是说，中国人民银行制定货币政策的出发点就是完成其最终目标。那我们是不是可以通过观察现实经济情况与最终目标的偏差来预判货币政策的取向呢？

在这一思路的指引下，我们首先要解决的问题就是，如何观测中国人民银行的最终目标？为此，我们要找出与中国人民银行最相近的最终目标的代理观测变量。

第一，物价稳定的目标代理变量。通过对中国人民银行过往政策表态的整理，我们可以看到，通胀目标代理变量的演化方向是非常明确的。

在 2000 年初，中国人民银行主要关注 CPI 指标，但随着经济结构的转变，CPI 反映实体通胀的灵敏度有所降低，在此背景下，PPI 的主导作用逐渐加强。然而，随着经济逐渐转型为以内需、消费为主导，PPI 的主导作用也在减弱，核心 CPI 的主导作用日渐增强，因此通胀目标选择挂钩的还是经济结构。目前而言，中国人民银行选择了加总的通胀指标，随着结构型通胀的消失，这个指标跟随 PPI 变动，而未来随着经济转型结束，预计核心 CPI 会逐步成为主要的代理变量。

与此同时，由于货币政策的滞后性，也由于通胀有自我强化的效果，政策越来越关注通胀预期，而这一指标，比较敏感的是债市的通胀预期，比较能够反映趋势的是中国人民银行的调查通胀预期。另外，我们可以观察到，近几年，政策层面对于将资产价格，尤其是商品房价格变动纳入通胀核算的信号正在增强。

第二，经济增长与就业的目标代理变量。从国务院的角度来讲，稳增长的目标在于稳就业，在这个环节要明确增长目标和就业指标及阈值。而这个阈值指标一般在每年年初两会的《政府工作报告》中提及，例如，2021 年的《政府工作报告》提出，"今年发展主要预期目标是：国内生产总值增长 6% 以上；城镇新增就业 1 100 万人以上，城镇调查失业率 5.5% 左右"。如果在实际运行中，相关经济指标持续低于目标值，我们便可以预见到货币政策将有所作为。而从中国人民银行的角度来讲，稳增长可以通过 GDP、社会融资等指标来观测，稳就业则可以通过调查失业率来观测。

第三，金融稳定等目标的代理变量。目前，中国人民银行为了防范系统性金融风险，紧盯的指标主要是宏观杠杆率。例如，在 2021 年的《政府工作报告》及《2021 年第四季度中国货币政策执行报告》中，均提及要"保持宏观杠杆率基本稳定"。那如何保持宏观杠杆率基本稳定呢？一般而言，货币供应量和社会融资规模增速与债务增速走势一致，货币政策实现了保持货币供应量和社会融资规模增速同名义经济增速基本匹配的中介目标，就能保持宏观杠杆率的基本稳定。因此，我们可以看到，对于防范系统性金融风险来说，一个很重要的调控方向，实际上也是通过控制货币供应与社会融资规模来实现的。

由于其他货币政策目标的相关指标相对单一且容易确定，在此我们就不再赘述。

通过将中国人民银行最终目标的主要目标代理变量放在一起，我们便可以得到一个观测货币政策倾向的仪表盘（见表 4-3）。

通过这个仪表盘，我们可以看到，2020 年新冠肺炎疫情暴发期间，也就是 2020 年 2—4 月，中国人民银行的货币政策趋向是较为宽松的。而自 5 月开始，多数代理变量开始变化，伴随而来的是货币政策的正常化。但我们发现，自 2021 年以来，主要目标代理变量再次变化，这也是我们自 2021 年 4 月 30 日中央政治局会议以来，坚持判断货币政策将趋向于边际微松的重要依据。

当然这个货币政策仪表盘目前尚不完善，后续我们还会根据各个目标代理变量在货币政策反映函数中的重要性予以赋权，并进而

表 4-3 货币政策仪表盘

单位：%

		2021-06	2021-05	2021-04	2021-03	2021-02	2021-01	2020-12	2020-11	2020-10	2020-09	2020-08	2020-07	2020-06	2020-05	2020-04	2020-03	2020-02	2020-01	2019-12
经济增长	实际GDP同比 当季同比	5.5	—	—	5.0	—	—	6.5	—	—	4.9	—	—	3.2	—	—	-6.8	—	—	5.8
	工业增加值 当月同比	6.5	6.6	6.8	6.2	6.3	9.5	7.3	7.0	6.9	6.9	5.6	4.8	4.8	4.4	3.9	-1.1	-25.9	-4.3	6.9
	出口 当月同比	15.1	11.1	16.8	10.3	23.0	10.0	18.1	20.5	10.9	9.4	9.1	6.8	0.2	-3.5	3.0	-6.9	-40.6	-2.9	8.1
	进口 当月同比	18.8	12.4	10.7	16.8	12.5	5.4	7.0	4.3	4.7	13.3	-1.7	-0.8	3.2	-16.4	-14.4	-1.4	7.6	-12.7	16.7
	固定资产投资 当月同比	-12.8	-10.0	-5.8	-5.7	0.4	—	8.9	-28.8	-5.9	-4.8	-4.1	-4.4	1.1	0.9	-2.2	-10.9	-25.7	—	-32.6
	制造业投资 当月同比	6.0	3.7	3.4	-0.3	-3.0	—	10.2	12.5	3.7	3.0	5.0	-3.1	-3.5	-5.3	-6.7	-20.6	-31.5	—	9.2
	房地产投资 当月同比	7.2	9.0	10.3	7.7	7.6	—	9.3	10.9	12.7	12.0	11.8	11.7	8.5	8.1	7.0	1.1	-16.3	—	7.4
	广义基建投资 当月同比	3.9	3.4	3.8	5.8	-0.7	—	4.3	5.9	7.3	4.8	7.0	7.7	8.3	10.9	4.8	-8.0	-26.9	—	2.0
	狭义基建投资 当月同比	2.6	2.8	2.4	5.6	-2.4	—	-0.1	3.5	4.4	3.2	4.0	7.9	6.8	8.3	2.3	-11.1	-30.3	—	1.9
	社零 当月同比	4.9	4.5	4.3	6.3	3.1	—	4.6	5.0	4.3	3.3	0.5	-1.1	-1.8	-2.8	-7.5	-15.8	-20.5	—	8.0
	社零-商品零售 当月同比	5.3	4.9	4.8	6.9	3.8	—	5.2	5.8	4.8	4.1	1.5	0.2	-0.2	-0.8	-4.6	-12.0	-17.6	—	7.9
	社零-餐饮收入 当月同比	1.0	1.3	0.4	1.0	-2.0	—	0.4	-0.6	0.8	-2.9	-7.0	-11.0	-15.2	-18.9	-31.1	-46.8	-43.1	—	9.1
就业	城镇调查失业率 当月值	5.0	5.0	5.1	5.3	5.5	5.4	5.2	5.2	5.3	5.4	5.6	5.7	5.7	5.9	6.0	5.9	6.2	5.3	5.2
	31个大城市城镇 当月值	5.2	5.2	5.2	5.3	5.5	—	5.1	5.2	5.3	5.5	5.7	5.8	5.8	5.9	5.8	5.7	5.7	5.2	5.2
通胀	CPI 当月值	1.1	1.3	0.9	0.4	-0.2	-0.3	0.2	-0.5	0.5	1.7	2.4	2.7	2.5	2.4	3.3	4.3	5.2	5.4	4.5
	核心CPI 当月值	0.9	0.9	0.7	0.3	0.0	-0.3	0.4	0.5	0.5	0.5	0.5	0.5	0.9	1.1	1.1	1.2	1.0	1.5	1.4
	PPI 当月值	8.8	9.0	6.8	4.4	1.7	0.3	-0.4	-1.5	-2.1	-2.1	-2.0	-2.4	-3.0	-3.7	-3.1	-1.5	-0.4	0.1	-0.5
内外平衡	美元兑人民币 平均汇率	6.4	6.4	6.5	6.5	6.5	6.5	6.5	6.6	6.7	6.8	6.9	7.0	7.1	7.1	7.1	7.0	7.0	6.9	7.0
信贷	社会融资规模 存量同比	11.0	11.0	11.7	12.3	13.3	13.0	13.3	13.6	13.7	13.5	13.3	12.9	12.8	12.5	12.0	11.5	10.7	10.7	10.7
	M₂ 当月同比	8.6	8.3	8.1	9.4	10.1	9.4	10.1	10.7	10.5	10.9	10.4	10.7	11.1	11.1	11.1	10.1	8.8	8.4	8.7
金融稳定	百城住宅价格指数 当月环比	0.4	0.3	0.2	0.2	0.2	0.4	0.3	0.3	0.4	0.2	0.5	0.4	0.5	0.3	0.3	0.1	0.2	0.3	0.4
	上证综合指数 当月均值	3575.9	3508.9	3453.5	3443.0	3576.9	3566.4	3399.7	3345.5	3301.7	3288.9	3374.2	3288.8	2940.7	2867.1	2814.1	2852.1	2927.5	3078.7	2962.1

数据来源：Wind。

形成货币政策指数与货币政策仪表盘相结合的形式，来辅助判断货币政策取向。

（二）货币政策演进的观测工具

我们已经通过对货币政策各个最终目标观测代理变量的推导分析，借助经济基本面及金融市场数据构建出了一个观测、分析，甚至是预判货币政策路径的货币政策观测工具。但这终究是我们自己的判断，而不是政府或者中国人民银行的真实意思表达。因此，下一步，我们便要通过官方的政策表态对我们的判断进行证实或者纠正。那么，如何观测、跟踪货币政策的政策表态呢？我们这里列举了五个最为重要的途径。

一是中央经济工作会议。中央经济工作会议一般于每年12月中旬召开，是我们党判断当前经济形势和定调第二年宏观经济政策最权威的风向标，同时也是每年级别最高的经济工作会议。在会后的新闻通稿中，一般会对当年的货币政策做出评述，并大致确定下一年度货币政策的总基调。

二是《政府工作报告》。《政府工作报告》一般于每年3月的两会期间予以发布，如果没有特殊事件发生，它对货币政策的定调基本上会延续上一年度中央经济工作会议的基调。但同时，它也会增加一些当年度的重要经济目标，例如经济增长目标、就业目标、通胀目标以及货币信贷供应目标等，以便帮助我们更好地把握与判断货币政策的松紧程度。

三是中央政治局会议。中央政治局会议一般每个月都会召开，但一般只有4月、7月、10月、12月召开的会议会蕴含决定经济政策方向的关键信息，也就是每个季度一次。其中，7月下旬的年中政治局会议还承担着承上启下的重要职能，其重要性仅次于为次年定调的12月政治局会议。中央政治局会议的重要性在于，它会根据每个季度我国所处的海外环境以及国内形势的变化，对宏观经济政策的方向进行细微的调整，以起到预调微调的作用。

四是货币政策执行报告。一般来说，每年5月、8月、11月及次年2月会发布上一季度的货币政策执行报告，以此来回顾货币政策执行情况，展望未来一个季度的货币政策环境及基调。多数情况下，货币政策执行报告对当季度货币政策的定调不会偏离当季度中央政治局会议的定调，但会在细节上予以丰富。虽然方向性的指引意义要弱于中央政治局会议，但每期执行报告中的专栏一般会对当下或者远期的一些重要经济问题展开讨论，非常值得大家关注与学习。

五是国务院常务会议，在一些特殊情况下，也会涉及关于货币政策的表述，在这里就不具体展开了。

下面，我们再来介绍一个与金融风险相关的货币政策观测工具——宏观杠杆率，这也是近年来对货币政策具有重要约束的一个指标。宏观杠杆率是衡量风险的综合性指标，高杠杆率是金融脆弱性的根源。国家金融与发展实验室曾经撰文指出，以债务增速反映的新增债务流量会显著刺激经济增长，但这种刺激作用是短期的，也就是说，以宏观杠杆率反映的债务累积会抑制未来的经济增长。

我国宏观杠杆率的第一次大幅上行，实际上是源于2008年国际金融危机。2008年国际金融危机爆发后，我国宏观杠杆率从2008年底的139%，攀升了100个百分点，到2015年的239%，进入了快速加杠杆阶段。在金融危机的冲击之下，加杠杆使我国经济率先复苏，但同时也带来了产能过剩、僵尸企业、融资平台债务积累及影子银行扩张等一系列问题。换言之，快速加杠杆短期效应显著，但从动态来看，所积累的风险直至今日仍未完全化解。

在此背景下，2015年12月中央经济工作会议提出要"降杠杆"，这也就开启了我国强制性去杠杆的进程。并且，自此之后，中央层面每年的政策定调，均会提及降低或者稳定宏观杠杆率。实际上，2016—2019年，我国的宏观杠杆率也确实处于稳中有降的趋势之中。

直到2020年，新冠肺炎疫情的到来打破了这个局面。2020年1—10月，由于国内及海外先后受到新冠肺炎疫情的冲击，我国2020年第一季度GDP实际增长率快速下探至-6.8%。在这种背景下，2020年《政府工作报告》首次删除了"保持宏观杠杆率基本稳定"的表述，并要求"引导广义货币供应量和社会融资规模增速明显高于去年"。在此期间，逆周期调控政策推动非金融企业部门杠杆率迅速飙升，回到了2016年去杠杆之前的水平之上，而政府部门杠杆率也明显上升，整体宏观杠杆率上行明显。

但自2020年11月以来，由于我国经济增长逐渐从疫情的冲击之中恢复过来，因此，中央经济工作会议、国务院以及中国人民银行密集发声，重提"保持宏观杠杆率基本稳定"，"十四五"规划甚至要求"保持宏观杠杆率以稳为主、稳中有降"。也就是说，疫情过后，保持宏观杠杆率基本稳定已再次成为货币政策的重要约束条件之一。

那么接下来，我们来具体探讨一下宏观杠杆率，并看看它是如何对货币政策形成约束的。

目前主要有两个现存的宏观杠杆率指标，一个是国际清算银行（BIS）测算的中国非金融部门杠杆率，另一个是中国社会科学院国家资产负债表研究中心（CNBS）测算的实体经济部门杠杆率。两者均采用非金融企业部门、政府部门、居民部门的债务余额与国内生产总值之比来衡量宏观杠杆率，并以季度为节点进行更新。

通过对比BIS与CNBS测算的宏观杠杆率，我们可以看到，虽然两者对宏观杠杆率的定义是一致的，但是具体的测算数值仍存在差异。这主要源于两者在测算各部门债务存量时的差异。BIS的测算口径中，政府债务与非金融企业部门债务均包含了政府融资平台债务，因此存在一定的重复纳入，这在一定程度上高估了宏观杠杆率。CNBS的测算口径中，则在政府部门债务中剔除了一部分与非金融企业部门债务重合的政府融资平台债务，虽然并没有完全剔除，但数据的参考意义要明显强于BIS口径的宏观杠杆率。

虽然BIS口径的杠杆率对国内实体部门杠杆率的测算有所高估，但仍然存在着无法被CNBS口径的杠杆率完全取代的差异化价值。那就是，CNBS仅对中国宏观杠杆率进行了测算，而BIS则对全球45个主要经济体都进行了测算。因此，在仅考虑国内杠杆率及进行各部门结构拆分时，使用CNBS的杠杆率数据相对更加精确；但在进行国际比较时，BIS的数据更具有可比意义。

无论是CNBS口径，还是BIS口径，现有的宏观杠杆率均以季度为频率发布。即便是发布较为及时的CNBS口径的宏观杠杆率，也要在季末2个月之后更新。如果要借助宏观杠杆率寻觅货币政策的前瞻线索，那么数据的时效性则难以满足金融市场的跟踪需求。

鉴于现存宏观杠杆率指标时效性不足的遗憾，我们以中国社会科学院版本的统计口径为基础，尝试通过更加高频的数据构建月度测算体系。通过数据口径的分拆比对，我们选取了图表中所标示的指标作为各部门债务余额及名义GDP的估算指标。

我们通过月度宏观杠杆率测算体系，对实体经济部门及各部门杠杆率进行了测算，并与中国社会科学院季度公布的测算值进行了比对。可以看到，实体经济部门杠杆率月度测算值与季度真实值的误差均在2个百分点以内。其中，政府部门和居民部门杠杆率与真实值的误差基本在0~0.2个百分点之间，误差主要来自非金融企业部门杠杆率的测算，大概在0~2个百分点之间。也就是说，月度高频观测值可以较好地反映宏观杠杆率的高频变化。

我们在构筑月度宏观杠杆率指标的过程中，实际上可以得出一个非常有趣并且有用的推论。

通过构建宏观杠杆率高频观测时用到的近似统计口径，可以注意到，实体部门债务余额与社会融资存量的差距基本可以体现为，社会融资存量相较实体部门债务余额多统计了非金融企业境内股票融资，而少统计了政府外债。实际上，通过社会融资存量与实体部门债务余额绝对值的直接对比，我们可以得出同样的结论。2017年之前社会融资存量与实体经济部门债务余额相差较大，主要是由于当时的国债尚未纳入社会融资的统计口径之中。也就是说，社会融资存量实际上可以作为实体部门债务余额的代理变量。

现在大家再来思考一下政策层面一直以来所强调的"保持宏观杠杆率基本稳定"。既然宏观杠杆率要保持以稳为主、稳中有降，那么我们可以得出一个确定性的结论，即杠杆率分子端的增速一定不能大于分母端的增速，也就是说，实体部门债务存量增速理论上应该小于等于名义 GDP 的增速，而社会融资存量实际上又可以作为实体部门债务余额的代理变量。

我们可以得出这样一个推论，即社会融资存量增速理论上应该不大于名义 GDP 增速，这样才能有效控制宏观杠杆率的继续上行。这也就是近年来政策层面所一直强调的"货币供应与社会融资规模增速要与名义 GDP 增速基本匹配"的理论渊源。

实际上，正如我们第一部分所讲的，如果大家仅观察中国人民银行在做什么，就很难较为准确地预判中国人民银行接下来想要做什么。只有当我们搞清楚了中国人民银行为什么要这么做的时候，我们才有了预判政策路径的底气。这就是为什么我们要在第一部分耗费大量的时间，探讨中国人民银行到底想做什么以及面临怎样的约束。

四、货币信用周期视角下的宏观流动性

(一) 货币供给层次与信用传导

在货币政策数量型调控中介目标下,我国货币供应量统计最常用的口径包括流通中现金 M_0,以及在 M_0 的基础上添加了企业活期存款的 M_1,以及在 M_1 的基础上又添加了企业定期存款和居民储蓄存款的 M_2。可以看到,从 M_0 到 M_2,口径越来越大,但其流动性却越来越弱。

在政策表态中,经常与 M_2 或者货币供应量一起出现的另一个指标是社会融资规模,它表示的是在一定时期内实体经济从金融体系获得的全部资金总额,是一个增量概念。其中,目前存量社会融资的主要构成部分还是人民币贷款,占比大概有 60%,这也就是为什么我们国家以间接融资为主,而直接融资仍有很大的发展空间。

这里大家需要格外注意的是,融资的主体是非金融实体经济,这也就是为什么社会融资口径下的新增人民币贷款总是与信贷收支表口径下的新增人民币贷款不一致。因为信贷收支表口径下的新增人民币贷款,除了包含社会融资口径下的新增人民币贷款外,还要包含非银机构贷款,而非银机构是金融机构,不是非金融实体经济。

那么 M_2 与社会融资又有什么关联与差异呢?为什么它们总是一起出现?实际上,M_2 与社会融资可以近似看作一枚硬币的两面,M_2 可以视作央行投放经过信贷体系扩张后的货币创造指标,社会融资和信贷可以视作"货币"转化成需求后的"信用"指标。因此,可以将 M_2 视作货币角度的实体镜像,将社会融资和信贷视作实体需求的货币指标。这也就是说,从某种层面来讲,M_2 表征着

货币的供给，社会融资表征着货币的需求，那么社会融资增速与M_2增速差距的扩大便会牵引利率上行。

（二）货币信用周期视角下的宏观流动性

在货币信用周期视角下，可以根据货币和信用的松紧程度，将宏观流动性划分为四个阶段。宏观流动性主要关注总体层面的流动性水平，如果我们用银行间质押式回购利率（R007）来表征货币松紧程度，用社会融资规模存量同比增速来表征信用松紧程度，则可以将宏观流动性划分为紧货币紧信用、宽货币紧信用、宽货币宽信用和紧货币宽信用四个货币信用周期阶段。

其中，一般来说，紧货币紧信用和宽货币宽信用是政策的目标状态，而宽货币紧信用和紧货币宽信用是货币和信用周期存在时滞而导致的中间状态，宽货币紧信用可以看作紧货币紧信用状态下，货币由紧转松而信用延续收紧惯性所导致的过渡状态，紧货币宽信用亦然。

宽信用阶段股指多呈现上行态势，其他阶段股指和股指市盈率的变化没有明显特征。根据上述对宏观流动性不同阶段的划分，我们通过 Wind（万得资讯）全 A（除金融、石油石化）指数和动态市盈率估值，对 2010 年以来 A 股市场在不同宏观流动性阶段的表现进行了复盘。可以发现，宽信用阶段股指多呈现上行态势，其他阶段股指和股指市盈率的变化没有明显特征。主要原因在于，宽信用阶段国内企业的盈利多会有不错的表现，进而提振股市表现；紧货币阶段股市市盈率估值会受政策收紧预期影响，但并不显著。

紧货币阶段国债收益率多呈现上行态势，宽货币阶段国债收益率多呈现下行态势。根据上述对宏观流动性不同阶段的划分，我们通过 10 年期国债到期收益率，对 2010 年以来的债券市场在不同宏观流动性阶段的表现进行了复盘。可以发现，紧货币阶段国债收益率多呈现上行态势，而宽货币阶段国债收益率多呈现下行态势。主要原因在于，宽货币阶段对应着稳健略偏宽松的货币政策环境，债券收益率下行动力较为充足；宽信用阶段对应着经济增速呈现改善态势，进而对债券收益率形成压制。

五、我国的汇率体系与汇率分析

我们可以看到，《中华人民共和国中国人民银行法》赋予货币政策的目标之一是"保持货币币值的稳定"。如何理解"保持货币币值的稳定"呢？保持币值稳定实际上具有两层含义：对内保持物价稳定，对外保持人民币汇率在合理均衡水平上基本稳定。那么为什么是"保持人民币汇率在合理均衡水平上基本稳定"，而不是升值呢？

主要原因在于，在短期内，人民币汇率无论是升值还是贬值，均会带来较为明显的负面影响。例如，如果人民币汇率短期内快速升值，就会导致以美元计价的出口商品价格上行，从而削弱我国外贸商品的价格竞争力，对出口产生明显的拖累；而如果人民币汇率短期内快速贬值，则会导致以美元计价的进口商品中，国内企业需要支付更多的人民币，从而带来一定的成本压力及输入型通胀。因此，人民币汇率需要与经济的发展水平相适应，在合理均衡的水平上保持基本稳定。

（一）关于汇率决定机制的讨论

汇率是两国货币之间兑换的比率，即一个国家的货币对另一种货币的价值。经济学的许多理论都对汇率的决定因素进行了探究，认为货币相对购买力、利率变动、国际收支状况等都对汇率有影响。而综合学术理论与市场实际情况，国际收支状况、社会预期、政策因素是影响汇率的三大因素。

在分析汇率时，除了参考国际收支总差额等影响外汇市场供求的传统基础指标外，还需结合政策逻辑和市场逻辑。如考虑国内政策，我国实行的是有管理的浮动汇率制度，央行会在必要阶段利用讲话声明、改变外汇存款准备金、增减美元额度、启用逆周期因子等方式从主观和客观上改变外汇市场情况。此外，还可以考虑市场预期、美国相关经济与政策情况等因素。

1. 汇率的购买力平价理论

购买力平价理论认为，任何一单位通货都应该能在所有国家买到等量物品。该理论以"一价定律"为基础，认为一种物品在所有地方的价格都应该相同，否则就会存在套利空间，投机者们会进行套利，直到两个地方的价格相同为止。购买力平价理论强调，两种货币之间的名义汇率取决于两个国家的物价水平。物价反映了每个国家的货币供给和需求，当国家增加货币供给使物价上升时，该国货币就会相对于其他货币贬值。该理论进一步可分为两类，绝对购买力平价考察某一时点的汇率水平，相对购买力强调汇率在一段时间中的变动。

购买力平价理论描述了一种长期决定汇率的因素。该理论将物价水平与汇率结合起来，比较合理地解释了长期汇率变动的原因。目前，购买力平价汇率常用于比较不同国家之间的生活水平，根据购买力平价相关指标，中国的生产总值自 2017 年起已超过美国，但家庭消费量远低于美国。购买力平价理论在实践中并不总能成立，主要有两个方面的原因：一方面，许多物品是不容易进行贸易的，例如服务等；另一方面，即使是可贸易物品，在不同国家生产时也不能完全替代。

2. 汇率的利率平价理论

利率平价理论主要由凯恩斯、艾因齐格等人提出，该理论认为两个国家利率的差额等于远期兑换率及现货兑换率之间的差额。远期差价是由两国利率差异决定的，两国间相同时期的利率只要有差距存在，投资者即可利用套汇或套利等方式赚取价差，两国货币间的汇率将因为此种套利行为而产生波动，直到套利的空间消失为止。故高利率国货币在期汇市场上必定贴水，低利率国货币在期汇市场上必定升水。

利率平价理论可分为无抛补利率平价和抛补利率平价。这两种理论的不同之处在于对投资者的风险偏好所做的假定上，无抛补利率平价认为投资者是中性的，即只关心投资收益，投资者追逐利润的本性会确保市场达到均衡。而利率平价理论则考察了国际资本流动对汇率的影响，提出资本跨国界流动的因素主要有利差的相对变化、汇率状况导致的本币预期贬值率的变化、利率和汇率之间的联动关系等。但该理论仍然存在一些缺陷，比如假设过于理想化，无法在现实中实现等。

3. 国际收支状况理论

国际收支说认为，国际收支是影响外汇供求的基础，外汇供求决定人民币即期汇率。国际收支是指一个国家在一定时期内由对外经济往来、对外债权债务清算而引起的所有货币收支。国际收支主要分为经常项目、资本和金融项目。国际收支总差额在 2014 年之前保持顺差，在 2014 年之后一度转为逆差，目前保持顺差；经常项目是国际收支的基础组成部分，目前总体保持较高的顺差，其顺差是国际收支顺差的重要来源；2020 年第二季度以来，资本和金融项目保持逆差，2021年第一季度经常项目顺差达到695亿美元。

国际收支总差额与即期汇率同向变动。国际收支顺差，说明该国出口或资本流入大于进口或资本输出，国际市场对该国货币的需求量大于该国货币的供应量，引起该国货币币值上升；反之，币值下降。2015年6月以来，国际收支与人民币即期汇率总体呈现同向变动的趋势。经常项目差额与即期汇率同向变动。其他条件不变时，经常项目顺差扩大，人民币即期汇率表现较强；经常项目顺差收窄，人民币即期汇率走弱。

（二）人民币汇率制度改革与形成机制

汇率是两种货币之间的兑换比率。根据这种比例的易变性，国际上的汇率制度大致可以分为三类：硬钉住、软钉住和自由浮动。目前只有极少数国家还实行硬钉住。后两种汇率制度下，又根据中间汇率、浮动区间等不同情况分为传统钉住、在水平区间内钉住等情况。

1949年起，我国汇率主要经历了四个阶段、三次大规模汇率改革。1949年中华人民共和国成立后至1980年，我国实行官方单一汇率制，对外开放程度较低，真正的外汇市场几乎不存在。在此期间，人民币汇率频繁调整，1950年3月的人民币汇率为1美元兑42 000元旧人民币，至1952年末又升值到1美元兑26 170元旧人民币。1955年发行新人民币后，美元兑换人民币的比率维持在2.46左右。20世纪70年代，布雷顿森林体系瓦解后，人民币经历了较长时间的升值过程，这个过程直到1980年人民币汇率升至1.53元人民币兑换1美元时才结束。

1981年，人民币汇率制度经历了新中国成立后第一次大规模改革，随后迈入了双轨汇率制（官方汇率和贸易结算汇率过渡至官方汇率和外汇调剂市场汇率）。1981年1月，为了鼓励外贸企业出口创汇，引入了贸易外汇内部结算价，产生贸易内部结算价与官方汇率并存的局面，内部结算的用汇按配额发放，人民币兑美元的贸易结算价固定为1美元兑2.8元人民币。1985年1月，未被纳入外贸体系的企业出口面临的亏损日益严重，因此废除了贸易内部结算汇率（在部分出口行业仍存在），统一使用官方确定的有效汇率。1985年11月，建立在买卖双方一致意向基础上的外汇调剂市场成立，只允许外资公司和四个经济特区的中国企业参与。1988年3月，官方允许保留外汇留成的内地企业也可以到外汇调剂中心买卖外汇。

1994年，人民币汇率制度经历了新中国成立后第二次大规模改革，随后迈入了以市场汇率为基础的、单一的、有管理的人民币浮动汇率制度时代。1993年12月，《关于金融体制改革的决定》提出，改革外汇管理体制，协调外汇政策与货币政策，1994年实现汇率并轨，建立以市场汇率为基础的、单一的、有管理的人民币浮动汇率制度。1994年1月，中国人民银行在以往外汇交易的加权平均值的基础之上，宣布了人民币和美元、港币、日元的参考汇率，同时以参考汇率为基础，规定汇率波动区间。1994—1997年的人民币升值叠加1998年亚洲金融危机，市场对人民币贬值预期加强。1998年国务院承诺维护港币稳定和人民币不贬值，但美元指数持续上升导致人民币汇率升值，加重国内通缩压力。

2005年，人民币汇率制度经历了新中国成立后第三次大规模改革，随后迈入了以市场供求为基础、参考一篮子货币进行调节、有管理的浮动汇率制度时代。自中国加入WTO以来，进出口总额占GDP（即对外贸易依赖度）一直居高不下，至2004年对外贸易依赖度已经高达69.8%，当时我国的经济结构存在严重失衡，国内经济增长方式比较粗放。中国人民银行干预人民币汇率的压力也越来越大，中国人民币升值预期也导致大量热钱的流入。在内外因素的共同作用下，2005 年 7 月 21 日，中国人民银行对人民币汇率管理体制进行了进一步改革。新一轮汇率制度改革的主要内容是，中国将人民币兑美元的汇率一次性升值 2%，人民币汇率不再钉住单一美元，而是实行以市场供求为基础、参考一篮子货币进行调节、有管理的浮动汇率制度，这就是我们所熟知的 "7·21" 汇改。2015 年 8 月 11 日，中国人民银行宣布调整人民币兑美元汇率中间价报价机制，做市商参考上日银行间外汇市场收盘汇率，向中国外汇交易中心（CFETS）提供中间价报价，这一调整使人民币对美元汇率中间价机制进一步市场化，史称 "8·11" 汇改。随后，在 2017 年 2 月，中国人民银行引入逆周期因子，形成 "收盘价 + 一篮子货币汇率变化 + 逆周期因子" 人民币定价机制。目前我国实行的正是以市场供求为基础、参考一篮子货币进行调节、有管理的浮动汇率制度。

所谓 "以市场供求为基础、参考一篮子货币进行调节、有管理的浮动汇率制度"，具体也就是，交易中心于每日银行间外汇市场开盘前，向外汇市场做市商询价，外汇市场做市商参考上日银行间外汇市场收盘汇率，综合考虑外汇供求情况以及国际主要货币汇率变化进行报价，交易中心去掉最高报价和最低报价后，将剩余做市商报价加权平均，从而得到当日人民币对美元汇率中间价，而权重则由交易中心根据报价方在银行间外汇市场的交易量及报价情况等指标综合确定。可以更加形象地表示为，人民币汇率中间价 = 前一交易日收盘价 + 一篮子货币汇率的变动 + 逆周期因子，当日即期汇率（兑美元）波动幅度在中间价上下 2% 以内。

收盘价为对美元收盘价，一篮子货币汇率变化为保持人民币对一篮子货币汇率基本稳定所要求的人民币对美元双边汇率的调整幅度。主要参考 CFETS 篮子，也会参考 BIS 和 SDR（特别提款权）

货币篮子，CFETS 篮子包含 24 种主要货币，其中美元权重最高，为 22.4%。各报价行对不同篮子权重设定有差异。

逆周期因子为调控项，在计算逆周期因子时，先从上一日收盘价较中间价的波幅中剔除篮子货币变动的影响，再通过逆周期系数调整得到逆周期因子。逆周期系数由各报价行根据经济基本面变化、外汇市场顺周期程度等自行设定。

此外，多边汇率也以中美双边汇率为基础，根据三角套汇套算而来，所以目前对人民币汇率影响最大的仍然是美元。只要对美元走势有了较好的把握，一般来说对人民币汇率的判断也就八九不离十了。

美元指数的强弱不仅仅取决于美国自身的经济基本面及货币环境。一方面，我们选取经济合作与发展组织综合领先指标等表征美国经济基本面的指标，与美元指数的走势进行对比，2001 年 1 月—2020 年 12 月，两者的相关性仅有约 30%，即经济基本面指标对美元指数的解释力度较弱。另一方面，我们选取美联储资产负债表总资产增速等表征美国货币环境松紧的指标与美元指数走势进行对比，2013 年 1 月—2021 年 5 月，两者的相关性仅有约 28%，即货币环境松紧指标对美元指数的解释力度同样较弱。

美元指数是综合反映美元在国际外汇市场的汇率情况的指标，用来衡量美元对一篮子货币的汇率变化程度。它通过计算美元和对选定的一篮子货币的综合变化率，来衡量美元的强弱程度。而在对美元指数进行标价的货币中，欧洲货币权重占比达到 77.3%，欧元权重占比达到 57.6%。因此，美元指数实际在很大程度上反映了美元相对欧洲货币的强弱，即美国经济基本面及货币环境相对欧洲的强弱。

美元指数，一方面取决于美欧货币环境的强弱对比。由于欧洲并没有统一的经济金融数据来验证我们的观点，所以我们主要选取欧元区的数据用以与美国数据进行对比。在 2012 年之前（含 2012 年），以美欧 1 年期公债利差为代表的价差概念对美元指数的强弱有着较好的指示意义，而在 2012 年之后，以央行扩表速度差为代表的量差概念对于美元指数的指示意义则明显强于美欧利差。这主要是由于 2012 年后，欧元区实际收益率水平逐渐降至零利率以下，并且量化宽松的实施也使货币量的扩张速度更能反映美欧货币环境的强弱对比。

美元指数，另一方面取决于美欧经济基本面的强弱对比。在经济基本面强弱的对比中，GDP 指标的频率过低，但我们发现，2018 年后美欧制造业景气差对美元指数的指示意义逐渐增强，效果要好于经济合作与发展组织领先指标的解释力。

第五章

利率分析框架：连接实体经济与金融市场

2021年12月中央经济工作会议指出，"我国经济发展面临需求收缩、供给冲击、预期转弱三重压力"，可以说，2022年是我国经济增长面临较大压力的一年，如何"稳增长"成为各界都较为关注的话题。在这样的宏观背景下，我们可以看到，"推动金融机构降低实际贷款利率，综合融资成本实实在在下降"成为各级会议经常提及的政策措施。降低实际贷款利率跟经济增长之间存在着怎样的关系？它又是如何作用于"稳增长"的呢？

从微观上来讲，企业家想要扩大生产规模，首先要筹集资金。扩展到宏观领域，无数个微观主体组成的宏观经济想要高速增长，首先要有足够的资金投入，项目有了配套资金的支持才能落地显效，然后才能拉动经济增长。而利率正是资金的借贷成本，在投资回报率固定的情况下，利率越低，微观主体的借贷意愿愈加强烈，宏观经济表现出来的经济增长愈加蓬勃。

现在我们便可以理解，为什么在经济增速下行压力较大的时候，政策决策者总是希望能够推动金融机构降低实际贷款利率了。实际上，在经济下行压力较大的时候，全社会的资本回报率也是趋于下行的，这个时候如果贷款利率保持稳定，就意味着企业借贷扩大生产所能获得的实际收益被压缩了，而所要承担的风险在经济下行阶段更大了，风险收益比的缩小便会在很大程度上抑制企业的投资扩产意愿。全社会企业投资扩产意愿的萎缩，又会进一步增大经济下行的压力，这两者便会形成一个恶性循环，而降低实际贷款利率便是打破这个恶性循环的关键一招。

实际上，利率在实体经济和金融市场中均承担着重要的作用。本章将会围绕与利率相关的两个重要议题展开：第一个议题主要是从管制利率与市场利率的差异出发，为大家介绍我国的利率市场化进程，以及当前我国的利率体系；第二个议题主要是为大家介绍影响宏观利率走势的主要因素，并简单介绍一下这些因素对利率走势的作用机制，以及日常跟踪观测的方式。

一、利率如何连接实体经济与金融市场？

在讨论利率之前，我们也跟上一章一样，先提出相关问题：宏观研究为什么要研究利率呢？尤其是作为非债券投资者，我们为什么要研究并跟踪利率走势呢？利率走势是如何对金融市场产生影响的呢？

在回答这些问题之前，我们先来给出一个结论：利率是一个中间媒介，一端是实体经济，另一端是金融市场。

首先，我们来分析利率是如何连接实体经济的。从微观上来讲，企业家想要扩大生产规模，首先要筹集资金。扩展到宏观领域，无数个微观主体组成的宏观经济想要高速增长，首先要有足够的资金投入，项目有了配套资金的支持才能落地显效，然后才能拉动经济增长。而利率正是资金的借贷成本，在投资回报率固定的情况下，利率越低，微观主体的借贷意愿愈加强烈，宏观经济表现出来的经济增长愈加蓬勃。

其次，我们来分析利率的另一端——金融市场。对于任何资产的投资者而言，利率走势都是至关重要的，因为无风险利率是所有风险资产定价的锚。我们知道，从本质上来讲，所有风险资产的价格都可以通过现金流折现模型来对它的价值进行估算。然而，由于这个模型需要大量未来的难以确定的数据，因此很难将其应用到具体的资产价格的确定中。但是这并不妨碍我们利用它来理解资产价格的本质影响因素。

在这里，我们以股票价格作为示例。我们知道，根据现金流贴现模型，一家上市公司的价格应该等于其未来所能产生的现金流的现值，据此我们可以推导出图 5-1 上方的这个公式。对于上方的这个公式，我们两侧同时除以这家上市公司的总股数，并用 P 来表示股票价格，用 E 来表示当期归母净利润，便可以得到我们较为熟悉的指标——P/E，也就是市盈率估值的决定公式。

$$V_0 = \sum_{t=1}^{\infty} \frac{D_t}{(1+r)^t} = \sum_{t=1}^{\infty} \frac{D_0(1+g)^t}{(1+r)^t} = \frac{D_0(1+g)}{r_f + r_p - g}$$

现金流折现模型：P代表资产价格，E代表当期盈利水平，r_f代表无风险利率，r_p代表风险溢价率，g代表盈利增速预期

$$P = \frac{E}{r_f + r_p - g}, \quad \frac{P}{E} = \frac{1}{r_f + r_p - g}$$

图 5-1 戈登股利增长模型

通过这个拆解，我们可以得到两个结论。第一个结论是，一家公司的股票价格可以由当前的盈利水平和估值水平这两个因素决定。第二个结论是，估值水平可以由无风险收益率、风险溢价率和盈利增速预期决定。说得再通俗一点就是，一家上市公司的股票价格主要取决于四个因素：一是当期盈利水平，二是盈利增速预期，

三是无风险收益率,四是风险溢价率。而这里的无风险收益率,就是我们今天要分析的主角。

在我们国家,一般用10年期国债到期收益率来表示无风险收益率。为了验证我们刚刚的理论推导,我们用10年期国债到期收益率和上海证券交易所所有股票的平均市盈率进行一个检验。可以看到,上海证券交易所所有股票的平均市盈率和10年期国债到期收益率基本呈现负相关关系(见图5-2)。

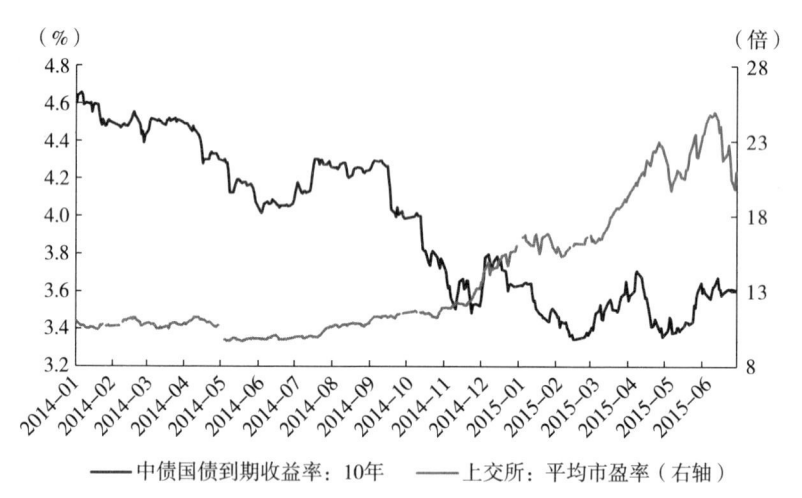

图5-2 上海证券交易所平均市盈率与10年期国债收益率总体呈现负相关关系
数据来源:Wind。

这个时候,有的朋友可能就要问,既然市盈率与利率走势具有这么好的负相关关系,那么是不是只要在利率高点买入股票指数,然后坐等利率下行就可以实现财务自由了呢?我记得2018年中美经贸摩擦正剧烈的时候,市场上一直流传着一句顺口溜,叫作"一顿分析猛如虎,涨跌全看特朗普"。如果你要有这个想法,那我只能说,最后的结果很有可能是"一顿分析猛如虎,打脸打到肿如猪"。

实际上，细心的读者朋友可能已经发现，在图 5-2 中，我们仅仅向大家展示了 2014—2015 年市盈率与利率走势的关系，那为什么我没有向大家展示全貌呢？实际上，这就是我们很多初入市场的读者朋友经常会掉入的一个陷阱。

如果我们看一下这两个指标自有数据以来的全貌，就会发现大多数时候都是呈现显著的正相关关系。大家再来仔细地看一下我们刚刚对于权益市场估值的推导，就会发现实际上决定估值水平的因素有三个：无风险收益率、风险溢价率和盈利增速预期。无风险收益率仅仅是估值的决定因素之一，并且在大多数年份，盈利增速预期对估值水平的影响要更大一些。同时，如果观察得更仔细一些，就会发现 2011 年是一个分水岭。2011 年之前，由于盈利增速总体呈现高波动的特性，在盈利增速高速增长的阶段，风险溢价率也会快速下行，因此，即便无风险收益率快速上行，也难以降低权益市场的估值水平。我们可以看到，在这个阶段，估值水平更多跟随盈利增速的变动而变动。但在 2011 年之后，我们发现，伴随着我国经济发展逐渐进入新常态，无论是盈利增速的绝对水平，还是波动幅度，均有了明显的下行。那么，在盈利增速较为平滑的阶段，无风险收益率的主导作用便逐渐开始显现出来，这也就是我们可以看到的，2011—2015 年我国权益市场的估值水平与利率走势整体呈现负相关关系，而因为供给侧改革，2016—2019 年估值水平再度由盈利增速所主导（见图 5-3）。

其实，刚刚我们主要从国内金融市场的角度分析了国内权益市场与利率走势的关系。但是，我们可以注意到，2018 年以后，我国金融市场开放的步伐日益加快，国内金融资产价格与全球金融资产价格的联动性也明显加强。如果站在全球金融市场的角度，我们就会发现，美元是全球金融资产的标价货币，因此，从某种程度上来讲，美债收益率才是全球风险资产定价过程中的无风险收益率，才是全球风险资产定价的锚。全部 A 股股票的流通市值加权市盈率基本与美债收益率在趋势上呈现较为严格的负相关关系。并且，美债收益率对国内权益市场的影响，要远高于中债收益率。

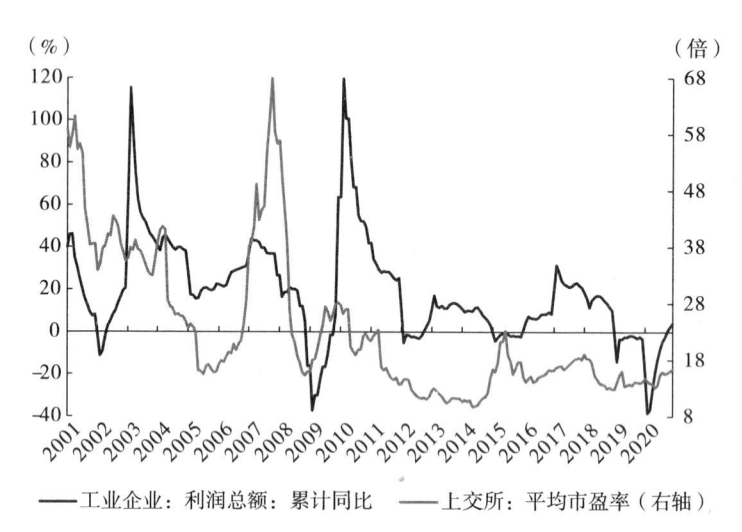

图 5-3　多数年份还是盈利增速对市盈率的影响更为显著

数据来源：Wind。

二、利率市场化与利率体系演进

想要搞清楚利率的决定机制，首先我们要对利率体系有一个大概的了解。本部分我们主要从管制利率与市场利率的差异出发，为大家介绍一下我国的利率市场化进程，以及当前我国的利率体系。

（一）管制利率与市场利率

从行政干预层面来讲，利率政策主要可以分为两类，一类是管制利率，另一类是市场利率。管制利率是典型的非市场化利率，在这种利率体系下，政府会实施一种明显低于市场利率的固定利率，或者对各类利率采取特定的上限或者下限予以管控。我国在1996年之前实行完全管制利率，1996年放开银行间同业拆借利率，标志着我国开始迈向利率市场化。与管制利率相对应的是市场利率，也就是金融机构的存贷款利率都由市场供求水平决定，政府不设置上限和下限。目前美国、欧洲等主要发达经济体施行的都是市场化利率政策。

为什么我们国家早期要实行管制利率呢？

这其实与我国早期的经济发展水平有着密不可分的关系。在新中国成立之初，要在一个以小农经济为主的经济体中推行赶超战略、发展重工业，就需要各种形式的政府扶持。大家想一下，重工业基本都是重资本行业，无论是在初创阶段，还是在扩大生产阶段，都需要大量的资金投入。如果这个时候，资金的借贷成本过高，企业又难以创造出足够的利润覆盖掉这些借贷成本，那重工业还怎么发展呢？因此，也就是在这种经济发展环境下，为了促进工业企业发展，同时也可以压缩财政赤字，政府当时选择通过管制利率的形式来降低利率水平。

改革开放之后，国有企业仍然在我国经济中占据很大的份额。大家要知道，国有企业不完全是一个市场化的主体，还承担着推行国家发展战略、维护就业市场稳定等一些政策性重任。在国有企业内部的经营机制中，也存在着计划经济时代留下来的惯性。在这种背景下，如果像美国一样执行市场化利率，按照泰勒规则，让名义利率的变化幅度高于通货膨胀率的变化幅度，我们国家的经济是无法承受的。在1995年《中华人民共和国中国人民银行法》颁布之前，财政主导货币政策，那个时候的通货膨胀率很高。按照泰勒规则，在高通货膨胀时期，名义利率就会大幅攀升至较高的水平，这会让很多负债水平较高的国有企业破产，从而引发一系列社会问题。因此，为了避免这些问题，我国改革开放之后，就继续延续了管制利率的政策。

此外，实行管制利率也是为了保护尚在襁褓之中的金融体系。大家都知道，我们直到现在都是以间接融资为主的融资市场，这就导致商业银行的稳定事关我国整体金融体系的稳定性。如果在我国商业银行发展的初期，中国人民银行就放开对存贷款利率的管制，让商业银行自由设定自己的利率，来抢夺存款客户和贷款客户，大家想想会发生什么？

答案是很明显的，银行体系的价格战，就像前段时间刚结束的快递行业价格战一样，极兔快递的"8毛送全国"可以说是直接把快递行业的利润打到负值。如果商业银行都通过争相提高存款利率来争抢存款、争相降低贷款利率来抢夺贷款客户，那么结果只能是商业银行的存贷款息差收入减少，进而使核心资本水平大幅下降，从而加剧金融体系的不稳定性。因此，为了防止这种情况的发生，中国人民银行便设定了存贷款基准利率来保护商业银行系统的息差收入。

可以说，管制利率在我国经济发展的初期，为重工业的崛起和金融体系的稳定做出了非常大的贡献。但是，随着我国经济基础逐渐夯实，市场经济逐渐走向活跃，管制利率的弊端也逐渐显现出来。

首先，在管制利率下价格机制会被严重扭曲。行政方式导致资金价格被压低，一方面，这使金融体系吸收国内储蓄的能力被削弱，造成信贷供给不足；另一方面，过低的利率又会刺激企业对信贷的过度需求，造成信贷需求远远大于信贷供给的局面。

这里举个例子。在2012年初期，支付宝的余额宝规模迅速膨胀，为什么当时余额宝会那么火呢？如果把储蓄存在银行活期账户里，年利率只有0.35%，而当时余额宝的年化收益率大概在6%以上，这么巨大的差距，自然推动老百姓迅速将储蓄转入余额宝。

其次，在管制利率下银行会定向将资金以较低的利率借给具有一定垄断背景的国企，这一方面导致金融机构无法寻求更高的收益，另一方面弱化了管理信贷风险的意识。同时，在这种情况下，容易形成资金分配的固化，弱势的中小企业很难获得资金，被排除在金融体系之外。也就是说，信贷资源不能有效地流动到真正需要它的地方，这就造成了信贷资源的严重浪费。

既然管制利率已经不再能与我国的经济发展阶段相适应了，那么利率市场化便被提上日程。利率市场化主要是说，政府要逐步放松和取消对利率的直接管制，由市场资金供求双方自主确定利率水平，从而达到市场优化资金配置的目的。

（二）利率市场化的进程

利率市场化改革的总体思路是先放开货币市场利率和债券市场利率，再逐步推进存贷款利率市场化。存贷款利率市场化按照"先外币、后本币；先贷款、后存款；先长期、大额，后短期、小额"的顺序推进。

我国的利率市场化改革，始于放开货币市场利率和债券市场利率。1993年党的十四届三中全会提出了利率市场化改革的设想，2007年上海银行间同业拆放利率正式运行。2015年11月，中国人民银行使用常备借贷便利（SLF）利率作为利率走廊上限。至此，中国人民银行构建了以常备借贷便利利率为上限、超额准备金利率为下限的广义利率走廊，以此引导银行间市场利率。目前我国货币市场利率和债券市场利率已经基本实现了市场化定价。所谓利率走廊，是指央行通过向商业银行等金融机构提供存贷款便利机制而形成的一个利率操作区间。操作方法是，央行向商业银行提供一个贷款便利工具（利率上限）和一个存款便利工具（利率下限），将货币市场的利率控制在以目标利率为中枢的范围内，利率上限、下限之间就形成了一条"走廊"。

随后，我国遵循"先贷款、后存款"的顺序，自1996年5月起率先进行贷款利率市场化。1996年5月，我国允许流动资金贷款利率在贷款基准利率的基础上上浮10%，随后一步步放宽浮动上限，2004年基本取消浮动上限。2013年LPR正式发行。2019年8月改革后，LPR报价以MLF为基础，定价更加市场化。自此，我国贷款利率的市场化便基本完成。

所谓LPR，是指商业银行对其最优质客户执行的贷款利率，其他贷款利率可在此基础上加点形成。我国LPR机制于2013年10月25日正式运行，主要目的是配合贷款利率取消这一政策，为贷款市场利率提供参考。2019年8月改革后，LPR报价以MLF为基础，定价更加市场化。每月20日9时前，LPR报价行根据本行对最优质客户的贷款利率，以公开市场操作利率（主要指MLF）加点形成的方式，向全国银行间同业拆借中心报价。全国银行间同业拆借中心去掉最高报价和最低报价后，按算术平均的方式计算出LPR。

我国存款利率市场化进程是从2004年10月开启的。2004年10月，我国放开存款利率下限，之后进一步降息、放松上浮限制，到2015年10月正式取消金融机构存款利率浮动上限，基本放开存款利率管制。2021年6月，我国进一步优化存款利率自律上限的确定方式，将原有存款基准利率一定倍数形式的存款利率自律上限改为在存款基准利率基础上加上一定基点确定。也就是说，增加了存款利率自律上限的灵活性，使其在实际操作中更加贴合市场需求。

那么利率市场化最终想要形成一个怎样的利率形成机制呢？我们说，在理想状态下，市场化利率的形成机制大概可以分为四个层次（见图5–4）。

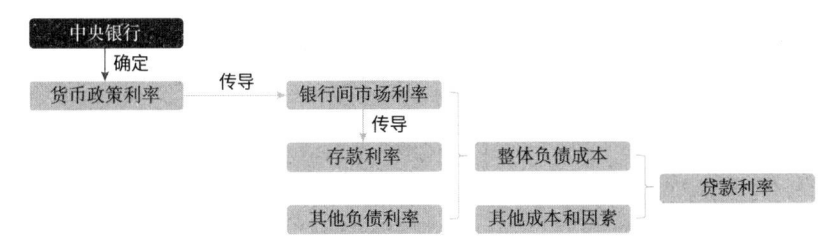

图 5-4 在理想的情况下，利率市场化应当达成的传导机制

第一个层次，是制定政策利率，央行会通过再贷款、再贴现等方式，向货币市场投放基础货币，这是基础货币的最初来源。央行会选择其中一个或几个重要的广义再贷款品种作为参考，它的利率也是最为重要的政策利率，是未来环境中的基准利率或利率走廊上限。

第二个层次，是从政策利率向银行间市场利率传导。央行通过广义再贷款投放基础货币后，其利率会影响货币市场上的利率。人们也会选择一些重要的货币市场利率品种作为重要参考，而这些利率，可能成为银行开展各种业务制定利率时的参考。

第三个层次，是从银行间市场利率向银行存款利率传导。其中关键的一步，即货币市场利率再影响存款利率，从而使两套利率具有很好的相关性。对一家银行来说，通过吸收存款，或在货币市场上吸收同业负债，均能获取基础货币，然后在各自名义利率的基础上，加上各自的业务费用和其他费用，便能形成两种负债的实际成本。

第四个层次，是从银行负债利率向贷款利率传导。当同业负债利率、存款利率都下行后，银行整体负债成本也将下行，于是银行的内部资金转移定价（FTP）也会随之下行。在其他变量不变的情况下，银行便可以更低的利率投放贷款。

（三）我国当前的利率体系

经过利率市场化改革，我国目前的利率体系基本形成了两大类利率：一类是政策利率，主要包括准备金利率、再贴现利率、公开市场操作利率、央票利率和存贷款基准利率等；另一类是市场利率，主要包括货币市场利率、债券市场利率、存贷款利率与非标债权利率等（见图5-5）。当然这两类利率并不是相互独立的，而是相互影响的，只不过就目前而言，还是政策利率对市场利率的影响更大一些。

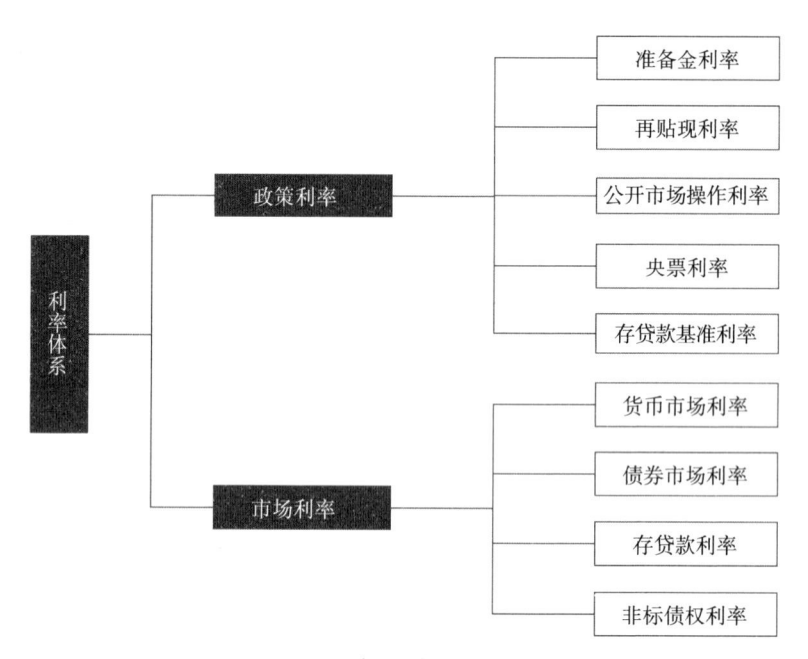

图5-5 我国目前的利率体系

首先，我们来简单介绍一下政策利率。就目前的政策利率体系来看，其实大家只需要了解两个政策利率就好，一个是准备金利率，另一个是公开市场操作利率。这里要注意的是准备金利率，尤其是刚开始接触宏观的朋友，经常会混淆准备金率和准备金利率。

准备金率一般是指法定存款准备金率，它是一个比率，法定存款准备金是金融机构按照其存款的一定比例向中央银行缴存的存款，这个比例通常是由中央银行决定的，被称为法定存款准备金率。如果中央银行提高存款准备金率，金融机构就要增加向中央银行缴存的存款准备金，减少贷款的发放，全社会货币供应量就会相应下降，反之亦然。因此，存款准备金率是一种强有力的货币政策工具。

按照规定，法定存款准备金缴存到中国人民银行后，中国人民银行应该向商业银行给付利息，目前的法定存款准备金利率为1.62%。商业银行在中国人民银行的存款扣除法定存款准备金后剩余的部分称为超额存款准备金，当前中国人民银行给商业银行的超额存款准备金利率为0.35%。

那为什么说超额存款准备金利率这么重要呢？因为它是目前利率走廊的显性下限。大家想一下，如果商业银行有一笔闲置资金，既可以选择借出去，也可以选择存在中国人民银行，这会得出一个什么结论？我们是不是能够得出，借出去的利率一定不会低于中国人民银行给的利率。因此，超额存款准备金利率就构成了市场化利率的一个下限。

另一个比较重要的政策利率就是公开市场操作利率，这里的公开市场操作利率主要包括逆回购利率、正回购利率与中期借贷便利操作利率。因为公开市场操作的回购利率是货币市场利率的一个定价锚，而中期借贷便利操作利率是1年期同业存单和10年期国债到期收益率的一个定价锚。

接下来，我们再来简单了解一下主要的市场利率，这里主要说一下货币市场利率和债券市场利率。

货币市场利率主要包括拆借利率、回购利率和1年期以内的标准化债权资产收益率。其中拆借利率和回购利率有些相似，均表示金融机构之间进行的短期资金融通行为,不同的是同业拆借是纯粹以金融机构的信用为担保进行的资金融通行为,而回购则不仅依赖于金融机构的信用,而且要有符合资金融出方要求的债权进行抵押或者质押,是以此为基础进行的资金融通行为。

在拆借利率中,相对来说比较重要的就是上海银行间同业拆放利率,目前上海银行间同业拆放利率是由18家商业银行,于每个交易日的上午进行报价,然后剔除最高价和最低价之后取算术平均值得到的一个利率。这个利率之所以重要,是因为它是目前同业存单、利率互换等资产重要的定价参考利率。

另一个比较重要的货币市场利率就是回购利率,回购利率主要包括银行间市场回购利率、上海证券交易所质押式国债回购利率、深圳证券交易所质押式国债回购利率以及回购定盘利率。这里比较重要的是银行间市场回购利率。

我们先来简单说一下什么是银行间市场回购利率。银行间市场回购利率,就是指银行间市场的参与机构以自身信用、用以抵押或者质押的债券为担保,进行短期资金融通所形成的利率,这里的短期一般指1天或者7天。

在银行间市场回购利率中最为重要的是R007和DR007。这里的R007指的是7天期银行间质押式回购加权利率,DR007指的是7天期银行间存款类机构质押式回购加权利率。

要想准确理解这两个利率的区别,首先我们要知道银行间市场的参与机构并非只有商业银行,而是所有符合准入标准的存款类机构和非银行金融机构都可以到这个市场进行资金融通。R007指的就是所有银行间市场当天进行的7天期资金融通行为的加权平均利率,而DR007指的就是银行间市场所有存款类机构当天进行的7天期资金融通行为的加权平均利率,也就是说DR007的样本范围要小于R007,同时,由于存款类机构的信用一般要好于同等级别的非银行金融机构，因此 DR007 无论是在绝对水平上，还是在波动性上，均要小于 R007。

三、利率走势的观测与分析

前面主要简单介绍了我国的基本利率体系，接下来将就利率的定价逻辑和走势分析进行重点展开。目前，我国的市场利率主要包括货币市场利率、债券市场利率、存贷款利率与非标债权利率。其中，货币市场利率、债券市场利率与存贷款利率较为重要。前面我们在讨论利率市场化的过程中，已经介绍了货币市场利率、存贷款利率的形成机制。现在，我们来详细分析一下债券市场利率的形成机制，由于国债到期收益率一般作为无风险利率的基准，因此这一部分也是对各类资产定价的基础。利率定价的传导逻辑如图 5-6 所示。

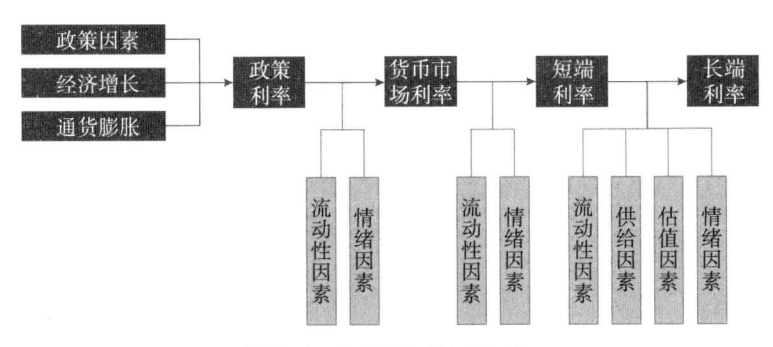

图 5-6　利率定价的传导逻辑

（一）政策利率向市场利率的传导

如果我们把债券市场利率按照期限的长短分为短期利率和长期利率，那么我们首先要问的一个问题是，短期利率是如何形成的？

实际上，无论是长期利率还是短期利率，其形成过程都是非常复杂的，既有一定的科学决策成分，也有一定的艺术感觉成分。但是从分析思路上来讲，我们还是能够找出它的主要矛盾的，那就是资金利率。怎么来理解呢？

大家想这样一个问题，如果有一笔闲置资金，我决定将其借出去赚点利息，一开始我的风险偏好比较低，决定先借出去 7 天看看，商定的 7 天期借出利率为 2.2%。借了几次之后，我觉得每 7 天操作一次实在是太麻烦了，索性直接借出去一年，从某种程度上来讲，这类似于买了一年期利率债。那么这时候问题就来了，我该收多少利息呢？

转念一想，一年大概有 52 周，如果未来 7 天期的年化利率一直维持在 2.2%，那每 7 天循环借出去一次，一年下来的利率就是 2.2%。但如果未来一年，上半年的 7 天期利率的年化价格为 2.2%，下半年 7 天期利率的年化价格为 2.4%，那一年下来的利率就是 2.3%。

因此，按照这个思路，我直接借出去一年的利率应该定为当前 7 天期的年化利率，以及对未来一年 7 天期的年化利率预期的加权平均价格。我们实际上可以这样理解，短期利率价格就是对未来相应时间段内资金价格预期的一个加权，也就是说，货币市场资金利率是短期利率的定价锚。

那么现在问题来了，资金利率的价格是如何确定的呢？

我们说，资金价格的形成主要受到两股力量的作用：一股是资金的实际供需情况，这也是资金价格决定的最本质的影响因素；另一股是政策通过利率走廊对资金价格的引导和约束，更多地体现了中国人民银行的意志。

我们先来看一下第一股力量，资金的实际供需情况。资金的实际供需情况，实际上也就是银行间市场负债端的流动性水平，这里大家要注意，我们在分析资金利率的时候，提到的是负债端的流动性水平，在后面，我们还会再次提到流动性，只不过那时候就是资产端的流动性水平了。

怎么观测银行间负债端的流动性水平呢？这实际上有两个角度：一个是以前用得比较多的，量的角度；另一个是现在中国人民银行一直在引导市场关注的，价的角度。

如何从量的角度观察负债端的流动性水平？由于在银行间市场中，或者说在资金市场中，银行体系是最主要的资金融出方，因此在很长的一段时间内，负债端流动性分析的核心就是银行的超额存款准备金变动。

但是近年来，随着中国人民银行对准备金管理方式的革新，准备金已经不是货币市场分析需要考虑的唯一因素了，监管导向等因素变得越来越重要。但是作为分析的起点，分析银行体系的准备金变动仍然有助于我们梳理好影响资金价格的主要因素。

学过中央银行学或者商业银行学的朋友都知道，商业银行的钱，除了以现金形式存放在各个分支行，以备储户提取的部分外，剩余的资金全部存放在中央银行。而存放在中央银行的这部分资金，又可以分成两类，一类是商业银行没有实际支配权的法定存款准备金，另一类是商业银行可以自由支配的超额存款准备金。因此，整个商业银行体系的超额存款准备金越多，就意味着资金市场的供给越多，其实也在一定程度上意味着资金市场的需求越少，资金价格便会趋于下行，反之亦然。也就是说，超额存款准备金的多寡决定了金融市场中可用的"钱"的多少，决定了金融市场中的交易活跃程度。从某种程度上来讲，我们可以通过分析超储的变动来大概判断资金价格的边际变化。

影响超额存款准备金变动的因素主要有五个，接下来，我们将分别简单介绍。

第一个影响因素是外汇占款。

对于外汇占款,我们可以理解为,商业银行用手里的外汇去换取中国人民银行手中的人民币,在中国人民银行账面上所形成的占款。这也就意味着,外汇占款增加得越多,商业银行从中国人民银行手中获取的人民币越多,商业银行体系的超储也就越多。

2012年之前,由于巨大的贸易顺差,在"外汇占款增长到基础货币被动投放"的传导逻辑下,外汇占款分析对超储的影响可以说是非常大的。但是2012年之后,随着贸易顺差逐渐缩小,外汇流入逐渐放缓,基础货币的被动增加压力就减弱了,外汇占款的重要性也就随之有所下降了。2014年之后,随着汇率逐渐放松管制,人民币贬值趋势建立,资本流动导致人民币被动投放压力进一步减弱。在这种情况下,资本流出开始取代资本流入再次成为资金面需要重点关注的因素。

第二个影响因素是公开市场净投放。

在我国现行的资金利率调控框架下,公开市场操作和法定存款准备金调控,是目前中国人民银行管理货币市场流动性最关键的政策工具。由于公开市场操作相对于准备金来说变动期限更短,而且价格、数量、时间都可以进行调整,因此往往被认为是货币市场的微调工具;而准备金率和准备金利率可以微调的选项相对较少,并且对市场的冲击相对较大,经常被认为是具有重要信号意义的调控工具。

中国人民银行在不同时期对准备金和公开市场操作的侧重程度有明显的不同。例如,2005—2006年,中国人民银行更多通过公开市场操作进行资金回笼,而2011年中国人民银行则更加依赖于法定存款准备金率的上调来回笼流动性,公开市场操作反而是净投放资金的。

近年来,由于人民币贬值压力较大,包括新闻媒体往往也会对准备金的调整给予过度的渲染，中国人民银行出于谨慎考虑等原因，明显减少了准备金调整的操作，并进一步将公开市场操作作为主要的资金市场调节工具。

除了传统的以正回购和逆回购为主的公开市场操作以外，近年来，中国人民银行在利率走廊的框架下，开发了几种新型公开市场操作工具，包括紧急借贷便利、中期借贷便利、短期流动性调节工具等。

第三个影响因素是财政存款。

财政存款是中央政府和地方政府存放在中国人民银行的存款，财政存款的增加意味着，有一部分资金要从商业银行的超额存款准备金中划拨到财政部在中国人民银行开立的专门财政账户中，从而使资金不再能被商业银行自由支配。因此，财政存款的增加意味着商业银行体系中超额存款准备金的减少。

我们可以看到，财政存款的变动具有很强的季节性，一般季度初财政存款都会增加，季度末财政存款都会减少，年末财政一般会集中投放。因此，在财政存款减少月，货币市场流动性会获得一个重要支撑因素，而在财政存款增加月，货币市场流动性会面临负面冲击。当然，现在中国人民银行在决定公开市场操作的数量时，也会对财政存款的增减变动予以考虑，从而减少资金市场价格的波动。

另外，我们这里再补充一个公开市场操作工具——国库现金定存。之所以放到这里来讲，是因为它是一个与财政存款相反的过程。财政存款是将资金从财政系统的商业银行账户中，转移至财政系统在中国人民银行开立的特定账户中；而国库现金定存，则是将财政系统在中国人民银行特定账户中的资金，以存款招标的方式转移至商业银行体系中。

第四个影响因素是流通中现金。

M_0由流通中现金和商业银行库存现金构成,由于二者波动基本同步,所以一般主要通过观察M_0的变动来观察流通中现金的变动。流通中现金的增加本质上是通过超储向中国人民银行换取现金,因此是对商业银行体系超储水平的消耗。

流通中现金同样具有很强的季节性,一般大的节日居民取现需求较大,例如春节、国庆节等,尤其是春节取现需求较为强烈,此时,M_0增加,流动性收紧,春节后又回流回来。1月大多由于春节因素,社会上流通中现金数量大幅增加。2月和3月由于春节时间的不同,平均来看都有较大幅度的回流,其余月份M_0的波动不大,但在一些重大节日前一周左右,M_0是分析资金市场流动性不可忽视的重要影响因素。

第五个影响因素是法定存款准备金。

我们都知道,商业银行的存款准备金以两种形式存放于中国人民银行。一部分是法定存款准备金,法定存款准备金的数量主要通过法定存款准备金率来约束,它是中国人民银行所规定的,商业银行必须存放在中国人民银行的法定存款准备金与商业银行吸收存款数量之间的比率。除去法定存款准备金的部分,剩下的就是超额存款准备金。因此,中国人民银行实际上可以通过改变法定存款准备金率,来调节商业银行体系的超额存款准备金水平,这就是通常所说的升准或者降准。

法定存款准备金率一般被认为是较为强有力的货币政策工具,可以通过改变货币乘数来影响金融体系的资金供需关系。法定存款准备金对收益率曲线的影响通常是比较大的,不仅是资金利率,短端利率和长端利率往往也会因为对货币政策预期的变动而变动。中国人民银行降准往往会使收益率大幅下行,反过来也是同样的道理。

通过对以上五个因素的跟踪和分析,我们基本每个月都可以大概计算出当前商业银行体系的超额存款准备金水平,在频率上要高于中国人民银行每个季度公布的超储率。

前面我们主要是从量的角度分析如何观察银行间市场负债端的流动性水平，而中国人民银行在2022年的货币政策执行报告中频繁提及，不应过度关注量的分析，而应从价的角度来认识银行间市场的流动性。例如，中国人民银行在《2021年第一季度中国货币政策执行报告》中，专门拿出一个专栏《央行精准开展公开市场操作》来引导市场投资者从价的角度认识银行间市场的流动性。中国人民银行在专栏中指出："观察公开市场操作的重点在价不在量。……市场在观察央行公开市场操作时，应重点关注公开市场操作利率、中期借贷便利利率等政策利率，以及市场基准利率在一段时间内的运行情况，而不应过度关注央行操作数量，避免对货币政策取向产生过分解读。年初货币市场利率曾一度短暂上行，主因是市场宽松预期下短期流动性需求增加较多，相比其他发展中国家，目前我国货币市场利率的波动性并不高。同时，市场利率适度波动也是市场机制发挥作用、市场定价功能正常的体现。"

在从价的角度观测银行间市场负债端流动性的时候，我们也有两个可以参考的角度，一个是公开市场操作价格及资金价格，另一个是资金价格的波动水平。

实际上，除了资金供需因素会对资金利率产生影响以外，政策因素也会对资金利率产生较大影响。

近年来，随着利率市场化的发展，中国人民银行逐渐提高了利率走廊对市场利率的影响。所谓利率走廊，就是指通过市场化的手段，将目标市场利率限制在一定区间内，从而稳定商业银行预期，避免预期利率飙升而出现囤积流动性的倾向，以达到稳定利率的作用。

货币市场利率便是利率走廊的主要约束对象。我国目前形成以常备借贷便利利率为上限、以超额存款准备金利率为下限的利率走廊机制。但是在实际操作中，由于两个方面的技术问题，利率走廊暂时还不是市场关注的焦点。

一方面，类似于美国货币市场在金融危机中的情况，银行体系天然对紧急借贷便利有抵触心理，担心一旦申请紧急借贷便利，便可能引起央行和市场的关注，从而变成自身经营不善的信号。部分商业银行宁愿处于阶段性、流动性紧张状态，也不愿意申请紧急借贷便利。因此，紧急借贷便利目前并不能成为一个十分有效的利率顶部。

另一方面，我国的超额存款准备金利率远远低于货币市场利率。虽然超额存款准备金利率确实是一个有效的利率底部，但银行往往不愿意接受过低的超额存款准备金利率，这使得这个利率底部的实际意义并不大。

因此，在实际操作过程中，中国人民银行正回购、逆回购等传统公开市场操作利率，以及中期借贷便利等创新工具的操作利率仍是货币市场的核心定价基础。

经过上面的探讨，我们知道了资金利率是短期利率定价的锚，而资金利率的主要影响因素是政策因素和流动性因素。在这里，我们举一个债券市场中比较重要的例子，来帮助大家理解政策因素和流动性因素对于利率走势的重要性。

我们可以观察发生在2013年的钱荒事件。2013年的时候，整体7天期资金利率大概为4%，但是由于银行间市场流动性极度紧张，6月20日附近的7天期资金利率飙升到了12%的水平。在资金价格大幅飙升的背景下，短期利率大幅飙升，当时的1年期国债到期收益率甚至超过了10年期国债到期收益率。我们可以看到，当时的1年期国债到期收益率与10年期国债到期收益率实际上是倒挂的。这就是展示负债端流动性对利率走势影响的一个较为极端的例子。

（二）长端利率的定价与分析

前面我们主要分析了短债的定价逻辑，那么长债又是怎样定价的呢？

实际上，与短债定价的推导方式有点类似，我们可以将持有长债理解为通过滚动持有短债的方式予以实现，那么在这个逻辑下，长债收益率就应该等于短债收益率。但是由于滚动持有短债，存在到期再投资的问题，所以用来构建长债的集合中，就包含了预期的未来短债收益率，也就是说，长债收益率应该等于当下短债收益率和预期的未来一系列短债收益率的均值。

前面我们提到过短债利率的变动主要取决于资金利率的变动，而资金利率的变动则主要受到政策利率的约束。因此，我们实际上可以得出，长债收益率的变动主要取决于预期政策利率的变动。

我们知道，政策利率是由中国人民银行制定的，而货币政策的两个主要目标便是控制通货膨胀和保持经济增长。因此，我们可以清晰地看到，政策利率的变动主要取决于经济增速和通货膨胀率。

首先，我们来看一下经济增长对长期利率的影响。这一点在直观上也是比较容易理解的，因为利率本质上取决于实体经济的回报率。市场预期经济下行，预期回报率减弱会导致企业降低融资需求，利率将获得下行的动力。反之，当市场预期经济增速上行，预期回报率提高时，企业增加融资需求，利率将获得上行的动力。从历史经验看，经济强弱和利率变动有着较强的方向性联系。例如，PMI 数据和工业增加值同比增速都和 10 年期国债收益率有较强的相关性。

其次，我们来看一下通货膨胀率对长期利率的影响。预期通货膨胀率是决定利率的另一个基本面因素，相比于经济实际增速而言，通货膨胀率对名义利率的影响更大。根据费雪公式，预期通货膨胀率决定名义利率，在实际利率不变时，预期通货膨胀率越高，名义利率就越高。在实际应用中，CPI和PPI是市场最为关注的两个物价指标。从历史经验来看，通货膨胀率指标与利率变动的确也具有非常强的方向性关系。我们可以看到，高通胀时期，债券的收益率以上行为主；低通胀时期，债券的收益率则以下行为主。但就整体而言，在低通胀时期，债券收益率与通胀的相关性不如高通胀时期。

通过前面的分析，我们基本清楚了影响长期利率和短期利率走势的主要因素，但是在这些主要影响因素之外，还有其他一些没有那么重要的因素，也会对利率走势产生扰动，我们将这些扰动因素统称为期限偏好。

在期限偏好中，最为重要的影响因素便是资产的流动性。身处金融市场，无论是投资还是研究，流动性都是我们难以避免的话题。那么，当我们谈及流动性的时候，我们在说什么呢？或者说，什么是流动性？

首先，从本质上来划分，流动性可以分为资产端的流动性与负债端的流动性。

所谓资产端的流动性，主要是指股票、债券、房产等资产本身的流动性，一般而言是指以当下市场价格快速交易或者变现的能力。其中，由于现金的变现能力最强，不打任何折扣，因此构成了一般等价物。资产端的流动性主要关注四点：一是资产变现的价格是否合理，即变现价格偏离变现前市场公允价格的程度；二是资产变现的速度是否够快；三是短时间内资产能够变现的数量；四是变现过程中产生的中间费用的多寡。所谓负债端的流动性，主要是指资产所处交易环境的资金充裕度，取决于资金量与资产数量的对比。比如"手头紧""流动性紧张"等，都是指可支配资金不足，可用于配比资产的负债端不足，这种是负债端的流动性。因为资产端的流动性，不仅取决于资产类别的属性，更取决于具体资产本身的资质，所以资产端的流动性异质性较强，本文主要探讨更具普适性的负债端的流动性。

负债端的流动性又可以进一步分为宏观流动性和微观流动性。其中，宏观流动性对应的资产环境最为广阔，比如全球的宏观流动性、我国的宏观流动性，主要的跟踪指标有市场较为关注的社会融资增速、信贷增速和货币供应增速等。而微观流动性，又称为市场流动性，则是在一个更为具体的资产交易市场中的流动性，比如债券市场的流动性、权益市场的流动性等。市场上的流动性来源渠道，主要是"中央银行—商业银行—非银机构"所构筑的银行间市场，这个体系的资金风险偏好较小。流动性是有风险偏好的，债券作为低风险或无风险资产，对应了最广义的流动性。权益市场面临的流动性问题很像"海水与口渴"的关系，市场上的流动性可能很汹涌，但并不见得能为"权益"所饮用，需要转化成有风险偏好的资金，例如 M_1。"水"要跟风险偏好挂钩，所以往往形成经济增速上行，央行收缩资金投放，但由于风险偏好上升，股市的流动性反而持续改善。大家想一下，是长期债券的流动性好，还是短期债券的流动性好？因为在大多数情况下，市场投资者对短期内的市场更有把握，另外，短期债券距离到期日也更近，所以短期债券资产的流动性一般要好于长期债券。因此，短期资产一般也就具有一定的流动性溢价。

除了债券本身的流动性因素之外，债券的供需因素也会对债券价格产生影响。但相比于基本面因素、政策面因素和负债端的流动性因素，债券供需情况对利率的走向起不到决定性的作用，更多是一种扰动性的因素。

在实际操作中，一般在短期分析中更加侧重供给端的变化，而在中长期的分析中，才会同时分析供需两端的变化。这主要是因为，短期内债券需求与市场利率水平息息相关，需求的高弹性使供需平衡分析的稳定性很差，难以通过供需分析市场走势，主要关注是否有异常供给冲击，例如地方债集中发行、特别国债巨额冲击等。而在中长期层面上，债券供需受市场影响相对较弱，可以将供需分析作为利率走势分析的主要部分。

2007年、2015年以及2020年都是利率债供应量大幅增长的年份，其中，2007年和2020年是因为特别国债的发行，2015年是因为地方政府债券的天量发行。如果从微观时间窗口来观察，每次供给激增的信息都会对市场产生冲击，导致利率出现反复波动，也就是说，从微观市场感受来说，每次供给激增的信息，确实都对当时的市场心态构成了显著冲击。但如果从宏观的视角来观察，我们会发现，利率债的净融资规模与利率走势并无明显的正相关性。

期限溢价的另一个影响因素便是估值因素。从资产间比价的角度来理解，股票与债券的性价比如何衡量？

我们可以这样来理解，在稳定分红的情况下，股息率高往往意味着股价偏低，当股息率超过债券收益率时，意味着持有股票获得的股息已经超过了持有债券所获得的利息，而持有已经处于低位的股票相当于还持有股票价格回归的期权。那这个时候，为什么还要持有债券，而不去持有股票呢？这时，就会有一部分投资者将资金从债券资产转移至股票资产，而债券资产的大幅抛售就导致了债券资产的下跌。

期限溢价还有一个影响因素就是情绪因素。一般来讲，我们主要通过银行间市场加杠杆的程度来衡量债券市场情绪的火热程度，而衡量银行间市场杠杆水平，则有两个比较好的指标。一个指标是银行间市场杠杆率，这个指标可以通过中债估值中心公布的月度数据计算，更新的频率较低。另一个指标是银行间市场的隔夜质押式回购占质押式回购总成交量的比例，这个指标更新的频率较高，可以作为日度跟踪指标，但缺陷是波动率较高。因此，我们一般采用5日移动均值，以对银行间市场杠杆水平进行高频刻画。大家可以这样理解，在一个市场中，加杠杆的水平越高，就表征着投资者的预期越积极，进而对资产的需求也就越高，也就会对资产价格形成向上拉动的作用。

实体篇

第六章

投入产出表框架：产业联结与产业链变迁

改革开放 40 多年来，在不同周期、不同政策的催生下，中国的产业结构或主动或被动地完成了扩张和调整。最终结果是，中国形成了一条其他国家难以比拟的产业链，这条产业链具备三个特点——大、长且相对完整，在这条产业链上的很多环节与部分，中国都变成了全球第一。

回顾历史，我国产业结构的扩张与调整是一个有深厚积累且不断提高附加值的过程：从最初的能源、基础原材料到工业中间品、化工，再往上走是消费品与工业品，然后是高附加值的产品、工业品，再到近来大力发展以娱乐、金融、软件为代表的附加值最高的服务业。

投入产出表是了解产业链结构的重要工具。通过拆分投入产出表，对我国产业链变迁进行细致分析，从而自下而上地对经济增长命脉进行把握。向下，投入产出表刻画中观行业，可以解析行业层面的逻辑关联；向上，投入产出表连接宏观总量，能够体现实体经济的总量特征。从投入的角度，可以了解劳动、折旧、税收和盈余等行业属性；从使用的角度，可以分析消费、投资和进出口等需求特点。

在投入产出表的基础上，通过特定的运算，我们可以得到各行业要素在产业间的传导逻辑，进而对实体经济进行产业链的划分。通过对同一实体经济不同时期的投入产出表的对比，可以反映出实体经济的产业变迁，从而帮助我们更好地理解经济变迁。总之，投入产出表像一本工具书，帮助我们由内而外、自下而上地了解经济增长脉搏。

一、走近投入产出表

投入产出表是什么？投入产出表也称部门联系平衡表，以产品部门（行业）分类为基础，用于反映国民经济各部门的投入来源与产出去向，以及部门之间相互提供或消耗产品的联系和平衡关系。投入产出表是了解产业链结构的重要工具。通过拆分投入产出表，对我国产业链变迁进行细致分析，从而自下而上地对经济增长命脉进行把握。

（一）投入产出表的构成

投入产出表的构成解决了一个行业的产品"从哪儿来"、"到哪儿去"和"其他行业间有何联系"三个问题。在结构上，投入产出表由供给表、使用表和产品部门表组成，前两个部分的表格分别反映了宏观总量层面的经济投入（需求）与产出（供给）结构，第三部分的产品部门表则反映了中观层面的经济各部门之间相互依赖的投入及产出关系（见图6-1）。

投入产出表在宏观研究中具有重要意义。一方面在宏观层面展示了投资、消费、出口三驾马车组成的产出结构，以及劳动、税收、折旧、盈余四个要素组成的投入结构对经济的影响；另一方面在中观层面展示了国民经济各个行业之间错综复杂的产出消耗关系。而投入产出表作为联系宏观总量与中观行业的桥梁，为行业之间产品消耗关系的量化与系数测算提供了可能。

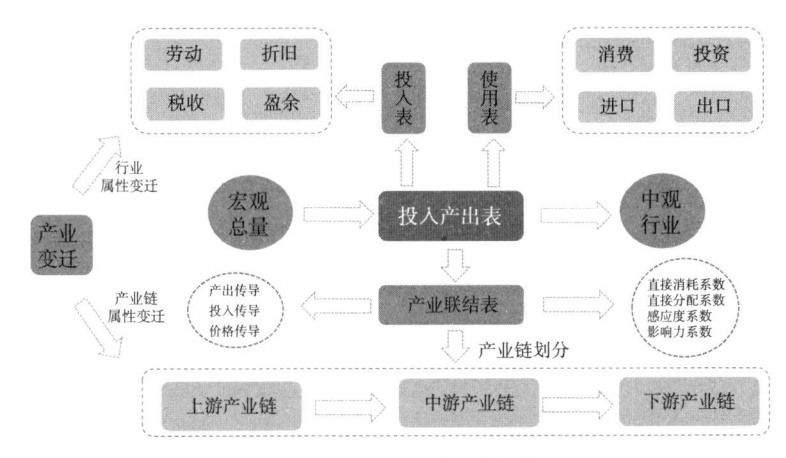

图6-1 投入产出表分析框架

资料来源：作者整理。

投入产出表也是GDP核算的重要依据。衡量GDP有三种方法，投入产出表是GDP收入法和支出法的来源，也可以通过汇总各行业增加值来进行生产法的核算。

支出法核算GDP，就是从产品的使用出发，把一年内购买的支出加总而计算出的该年内生产的最终产品的市场价值。在现实中，物品与劳务的最后使用，主要是居民消费、企业投资、政府购买和出口。因此，支出法核算GDP就是核算一个国家或地区一定时期内居民消费、企业投资、政府购买和净出口这些方面支出的总和，在投入产出表中，支出法GDP可以通过计算总产出减去中间使用，或者最终使用减去进口得到。

收入法核算GDP，就是从收入的角度，把生产要素在生产中得到的各种收入相加起来计算的GDP，即把劳动得到的工资、土地所有者得到的地租、资本得到的利息以及企业家才能得到的利润相加来计算 GDP，在投入产出表中，收入法 GDP 可以通过计算总投入减去中间投入得到。

生产法核算 GDP，是指按提供物质产品与劳务的各个部门的产值来计算 GDP。运用这种方法进行计算时，各生产部门要把使用的中间产品的产值扣除，只计算所增加的价值。商业和服务等部门也按增值法计算，在投入产出表中，生产法 GDP 可以通过计算各行业的增加值加总得到。

GDP 的三种计算方法利用投入产出表来分析，其结果从逻辑上是明显相等的。

投入产出表何时公布？我国对投入产出表的统计始于 1987 年 3 月，国务院办公厅发出《关于进行全国投入产出调查的通知》，规定我国每五年（逢二、逢七年份）进行一次全国投入产出调查和编表工作。由于编制时间的跨度长达五年，不利于数据的实时分析，所以在编制投入产出表之后的第三年（逢五、逢零年份），还会基于原表资料编制一次投入产出延长表，延长表在原表的基础上合并了行业。到目前为止，最新的表是 2020 年 10 月发布的 2018 年投入产出表，这也是我国首次发布连续两年的投入产出表。

投入产出表从哪儿下载？我国的投入产出表发布在国家统计局网站上。从 2017 年起，我国的投入产出表分为竞争型投入产出表和非竞争型投入产出表。这是因为，根据对进口商品的处理方法的不同，投入产出模型可以分为竞争型投入产出模型和非竞争型投入产出模型。在竞争型投入产出模型中，各生产部门消耗的中间投入部分，没有区分哪些是本国生产的、哪些是进口的，假定两者可以完全替代，只在最终需求象限中有一个进口列向量。因此，此类投入产出模型无法反映各生产部门与进口商品之间的联系。非竞争型投入产出模型的中间投入，则分为国内生产的中间投入和进口商品中间投入两大部分，反映了两者的不完全替代性。

(二) 拆分投入产出表

投入产出表由供给表、使用表和产品部门表组成，前两个部分的表格分别反映了宏观总量层面的经济投入（需求）与产出（供给）结构，第三部分的产品部门表则反映了中观层面的经济各部门之间相互依赖、相互形成的投入及产出关系。表 6-1 展示了一个简易形式的投入产出表示例。

表 6-1 简化三部门投入产出表示例

		中间需求				最终需求				总计
		农业部门	工业部门	其他部门	合计	消费	资本形成	净出口	合计	
中间投入	农业部门	第一象限 （产品部门联动表）				第二象限 （使用表）				
	工业部门									
	其他部门									
	合计									
最初投入	固定资产折旧	第三象限 （供给表）				第四象限				
	从业人员报酬									
	生产税净额									
	营业盈余									
	合计									
总投入										

资料来源：作者整理。

投入产出表主要显示的是实物的投入与产出。

第一象限为中间投入，即消耗部分，纵向分析就是中间投入角度，横向分析就是中间使用角度（X_{ij}）；

第二象限为最终使用（Y），包括消费（C）、投资（I）、进出口（EX、IM）等；

第三象限是增加值，是指为了生产出最终使用产品，其生产过程产生的增加值部分，包括固定资产折旧（D）、从业人员报酬（V）、生产税净额（T）和营业盈余（M）。

投入产出表横向和纵向都存在着基本平衡关系。

横向看，中间使用＋最终使用＝总产出，该方程表示某部门生产的产品一部分作为中间产品用于其他部门的进一步生产，另一部分作为最终产品满足消费需求、资本形成需求以及出口需求，反映了各部门产品的使用情况。

纵向看，中间投入＋增加值＝总投入，该方程表示一个部门生产所需的投入包括来自各部门的中间产品和其他支撑生产活动的最初投入。

在表6-2的示例中，横向看，农业部门的总产出为1 600亿元，总产出中有800亿元的产出属于中间需求，它们作为中间品投入各个部门的生产过程中，而这800亿元中间需求中有300亿元的产品投入农业部门，400亿元的产品投入工业部门，100亿元的产品投入其他部门；总产出中剩余的800亿元产品成为最终需求，其中有500亿元的产品用于消费，200亿元的产品用于资本形成，剩余100亿元的产品净出口到国外（表中净出口为出口减去进口）。

纵向看，工业部门的总投入是2 800亿元，生产过程中消耗的中间投入为1 800亿元，其中消耗农业部门产品400亿元，工业部门产品1 000亿元，其他部门产品400亿元；工业部门生产消耗的最初投入为1 000亿元，包括固定资产折旧120亿元，从业人员报酬350亿元，生产税净额330亿元，营业盈余200亿元。

表 6-2 简化三部门投入产出表举例数据

单位：亿元

		中间需求				最终需求				总计
		农业部门	工业部门	其他部门	合计	消费	资本形成	净出口	合计	
中间投入	农业部门	300	400	100	800	500	200	100	800	1 600
	工业部门	300	1 000	350	1 650	600	400	150	1 150	2 800
	其他部门	200	400	200	800	500	400	100	1 000	1 800
	合计	800	1 800	650	3 250	1 600	1 000	350	2 950	6 200
最初投入	固定资产折旧	80	120	120	320	—	—	—	—	—
	从业人员报酬	450	350	380	1 180	—	—	—	—	—
	生产税净额	170	330	300	800	—	—	—	—	—
	营业盈余	100	200	350	650	—	—	—	—	—
	合计	800	1 000	1 150	2 950	—	—	—	—	—
总投入		1 600	2 800	1 800	6 200	—	—	—	—	—

数据来源：作者整理。

（三）如何刻画产业联结关系？

投入产出表的一大特色就是可以清晰展示不同产业部门之间相互依赖的关系，通过不同产业之间的投入产出依赖，我们可以测算不同产业之间的产业联结系数，进而方便勾勒出产业之间的联动关系。这些产业联动计算是围绕"产业部门联系表"进行的，基于投入产出表的产业联动计算是环环相扣、逻辑嵌套的。

通过产业联动计算，在产出端可以实现从直接分配系数延伸到完全感应系数，再到感应度系数，最终得到产业感应度。在投入端可以实现从直接消耗系数扩展到完全需要系数，再到影响力系数，最后得到产业影响力。通过这些产业联结系数的测算，我们可以清晰地了解各个产业在整个经济结构中所处的位置。

1. 产业联动系数——感应系数（谁需要使用我）

直接分配系数（直接感应系数）是计算产业联动关系重要的系数之一，是站在横向角度衍生出来的系数，反映的是产业之间的产品使用关系，即"谁需要使用我"。例如，工业部门生产 10 个单位的产品，其中有 1 个单位供给农业部门，那么相当于工业部门 10% 的产品被分配到了农业部门。因此，直接分配系数的计算方法是，i 部门的产品被 j 部门用作中间产品的数量占 i 部门产品总量的比重，代表部门产出分配的直接关联（见图 6-2）。

原始投入产出表

	农业部门	工业部门	其他部门	总产出
农业部门	300	400	100	1 600
工业部门	300	1 000	350	2 800
其他部门	200	400	200	1 800
总投入	1 600	2 800	1 800	6 200

$$h_{ij} = \frac{x_{ij}}{x_i}$$

直接感应系数 H

	农业部门	工业部门	其他部门
农业部门	0.19	0.25	0.06
工业部门	0.11	0.36	0.13
其他部门	0.11	0.22	0.11

$$\widetilde{G} = (I - H)^{-1}$$

完全感应系数 G

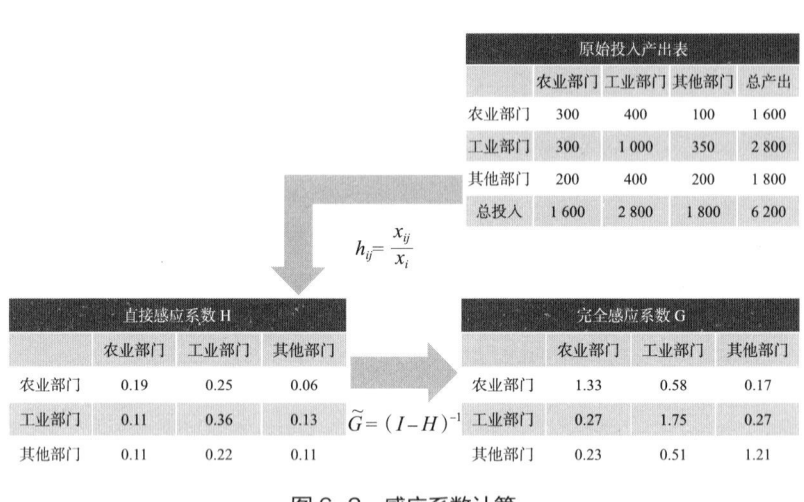

	农业部门	工业部门	其他部门
农业部门	1.33	0.58	0.17
工业部门	0.27	1.75	0.27
其他部门	0.23	0.51	1.21

图 6-2 感应系数计算

数据来源：作者计算。

直接感应系数仅考虑产出分配的直接关联，完全感应系数则是综合考虑了直接关联与间接关联。完全感应系数的计算方法是，部门 i 每增加 1 个单位产出，推动部门 j 总产出的增加量，包含直接影响和间接影响，代表了部门产出分配的直接关联和间接关联。图 6-2 的示例中，农业部门对工业部门的完全感应系数是 0.58，意味着工业部门增加 1 个单位产出，引起的农业部门总产出增加量为 0.58，包括了直接影响和间接影响。

2. 产业联动系数——需要系数（我需要消耗谁）

直接消耗系数（直接需要系数）则是站在纵向角度衍生出来的系数，反映的是产业之间的产品投入关系，即"我需要消耗谁"。例如，工业部门生产需要消耗 10 个单位的产品，其中有 1 个单位来自农业部门。因此，直接消耗系数是部门 j 每生产 1 个单位产品需要消耗部门 i 多少单位的产品，体现部门投入消耗的直接需要（见图 6-3）。

原始投入产出表

	农业部门	工业部门	其他部门	总产出
农业部门	300	400	100	1 600
工业部门	300	1 000	350	2 800
其他部门	200	400	200	1 800
总投入	1 600	2 800	1 800	6 200

$$a_{ij} = \frac{x_{ij}}{x_j}$$

直接消耗系数 A

	农业部门	工业部门	其他部门
农业部门	0.19	0.14	0.06
工业部门	0.19	0.36	0.19
其他部门	0.13	0.14	0.11

$$\widetilde{B} = (I - A)^{-1}$$

完全需要系数 B

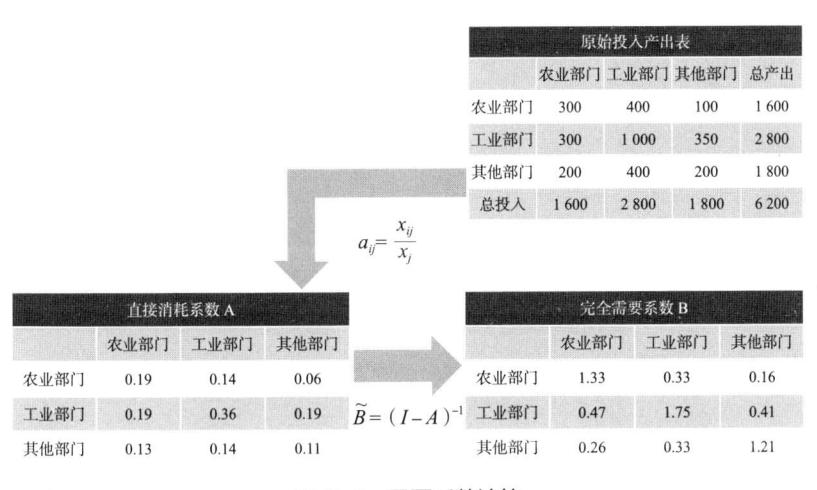

	农业部门	工业部门	其他部门
农业部门	1.33	0.33	0.16
工业部门	0.47	1.75	0.41
其他部门	0.26	0.33	1.21

图 6-3　需要系数计算

数据来源：作者计算。

直接需要系数仅考虑产出分配的直接关联，完全需要系数则综合考虑了直接关联与间接关联。完全需要系数的计算方法是，部门 j 每生产 1 个单位产品对部门 i 的完全需要量，包含直接需要量和间接需要量，反映了生产单位最终产品对各部门总产出的完全（直接和间接）需要量，是投入产出分析的核心矩阵。图 6-3 的示例中，农业部门对工业部门的完全需要系数是 0.47，意味着每生产 1 个单位的农业产品需要完全消耗 0.47 个单位的工业部门产出，同样包括了直接需求和间接传导需求。

3.产业联动系数——产业感应度系数

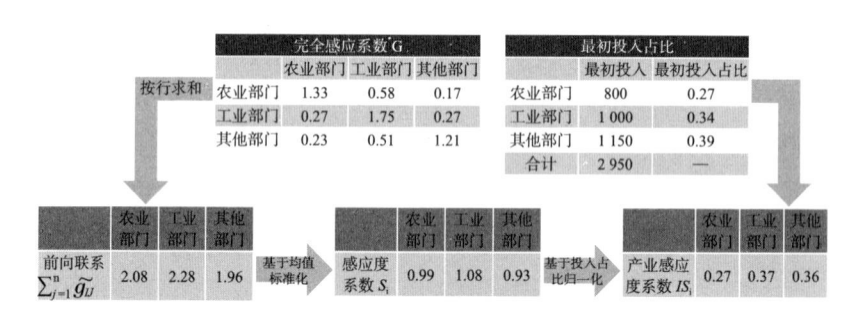

与感应度系数不同，产业感应度系数是在计算公式中加入各产业最初投入占比，并将其作为权重进一步计算加权后的感应度系数，反映产业整体对国民经济的推动作用。产业感应度系数综合考虑了产值比重因素和单位产值对国民经济的贡献能力，可以更为全面地反映产业在国民经济中的地位与作用。

在图 6-4 的示例中，农业部门对国民经济的推动作用在三个行业中排第二位，但是从产业感应度系数来看，农业部门对国民经济的推动作用排第三位，这是因为农业部门的产值占比相对其他行业较低，虽然农业部门单位产值对国民经济的贡献高于其他部门，但考虑到整个行业比重，这种影响有所削弱。

	完全感应系数 G				最初投入占比	
	农业部门	工业部门	其他部门		最初投入	最初投入占比
按行求和				农业部门	800	0.27
农业部门	1.33	0.58	0.17	工业部门	1 000	0.34
工业部门	0.27	1.75	0.27	其他部门	1 150	0.39
其他部门	0.23	0.51	1.21	合计	2 950	—

	农业部门	工业部门	其他部门			农业部门	工业部门	其他部门			农业部门	工业部门	其他部门
前向联系 $\sum_{j=1}^{n}\tilde{g}_{ij}$	2.08	2.28	1.96	基于均值标准化	感应度系数 S_i	0.99	1.08	0.93	基于投入占比归一化	产业感应度系数 IS_i	0.27	0.37	0.36

图 6-4 产业感应度系数

数据来源：作者计算。

4.产业联动系数——产业影响力系数

影响力系数表示 j 部门增加 1 个单位最终需求对国民经济各部门的需求波及程度。产业影响力系数是将产业最终需求占比引入影响力系数计算公式中得到的，反映了增加单位需求的波及程度。产业影响力系数比传统方法计算的影响力系数更全面地反映了一个行业在国民经济中的地位和作用。

在图 6-5 的示例中，从影响力系数来看，其他部门的影响力系数为 0.88，是三个部门中最低的，说明其单位最终产品对国民经济的拉动作用低于国民经济平均水平，但如果从产业影响力系数来看，其值为 0.30，超过了农业部门，说明考虑到部门产值占比，其他部门对国民经济的拉动作用有提升。

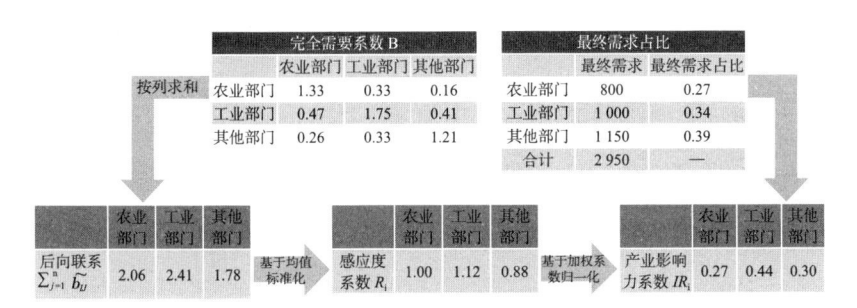

图 6-5 产业影响力系数

数据来源：作者计算。

二、如何构建产业链全景图？

上文通过对产业联动系数进行介绍，帮助我们了解了如何勾勒不同产业之间的投入产出关系。本节我们以国家统计局在 2020 年 10 月发布的 2018 年投入产出表为基础，通过计算细分行业之间的产业联动系数，构建我国经济结构的产业链全景图。

由于国家统计局公布的投入产出表是 153 个细分行业部门产业联结表，我们构建的产业链是基于一级行业的，所以需要进行转换，具体步骤为：第一，在国家统计局公布的 2018 年投入产出表中的 153 个部门与 56 个一级行业部门之间建立映射关系；第二，将部门间投入产出表合并成一级行业投入产出表；第三，基于一级行业投入产出表计算各类系数，并按从大到小的顺序排序，计算各行业的特定系数排序值。

（一）划分上下游产业链

产业链的划分方式有多种，我们可以根据产业所处的上下游位置划分出整个经济结构的上游产业链、中游产业链以及下游产业链。那么，产业链划分的依据是什么？

一方面，我们可以直接根据每个产业的感应度系数与影响力系数进行划分。我们在上文提到，感应度系数反映了某行业增加单位产出对各部门产出的推动程度，其值越大，则该行业对国民经济的推动作用越大；影响力系数反映了某行业部门增加单位最终需求对国民经济各部门的拉动作用，其值越大，则该行业的拉动作用越大。

因此，若某行业感应度系数较大，影响力系数较小，则其为上游行业；若某行业感应度系数较小，影响力系数较大，则其为下游行业；若某行业感应度系数和影响力系数都较大，则其为中游行业；若某行业感应度系数和影响力系数都较小，则其生产既不依赖其他部门投入，也不依赖其他部门需求，产出主要用于最终需求，不适用于简单划分上下游行业。

基于 2018 年投入产出表，我们测算后发现，以煤炭加工和石油加工，以及电力、燃气及水生产和供应为代表的行业感应度系数排名靠前，影响力系数排名靠后，是非常典型的上游行业；以纺织服装、汽车制造、家具为代表的行业感应度系数排名靠后，影响力系数排名靠前，是非常典型的下游行业；以有色加工、化学原料、化学纤维为代表的行业感应度系数和影响力系数均排名靠前，对上有较强的拉动作用，对下有较强的推动作用，是非常典型的中游行业。

另一方面，我们可以根据每个产业的产业感应度与产业影响力进行划分。产业感应度表示在考虑单位投入的情况下，某行业增加单位产出对各部门产出的推动程度，其值越大，越偏上游；产业影响力表示在考虑最终使用的情况下，某行业部门增加单位最终需求对国民经济各部门的拉动作用，其值越大，越偏下游。

基于我们的计算结果，农林牧渔和煤炭加工，以及电力、燃气及水生产和供应属于典型上游行业，房屋建筑、土木工程建筑、家具属于典型下游行业，仪器仪表、电气机械、通用设备属于典型中游行业。

（二）构建产业链全景图

在划分上下游产业链后，我们还可以根据各行业间的直接消耗系数，构建产业链全景图（见图6-6）。

产业全景图由三条主线组成，分别是以石化开采为起点的石化产业链，以煤炭、黑色、有色、非金属采选为起点的黑色有色产业链，以及以农林牧渔为起点的农林牧渔产业链，这三条产业链互有关联，包括了国民经济主要行业部门，并反映了国民经济运行模式。除了这三条产业链之外，还有一条比较特殊的金融地产链。从直接消耗系数角度看，煤炭加工业对煤炭采选业的直接消耗系数是0.386，即煤炭加工业生产1个单位的产品需要消耗0.386个单位的煤炭采选业的产品。

石化产业链以石化开采作为起点行业，从投入产出分析角度来看，上游的石油石化产品作为中间产品投入化学纤维、化学原料制

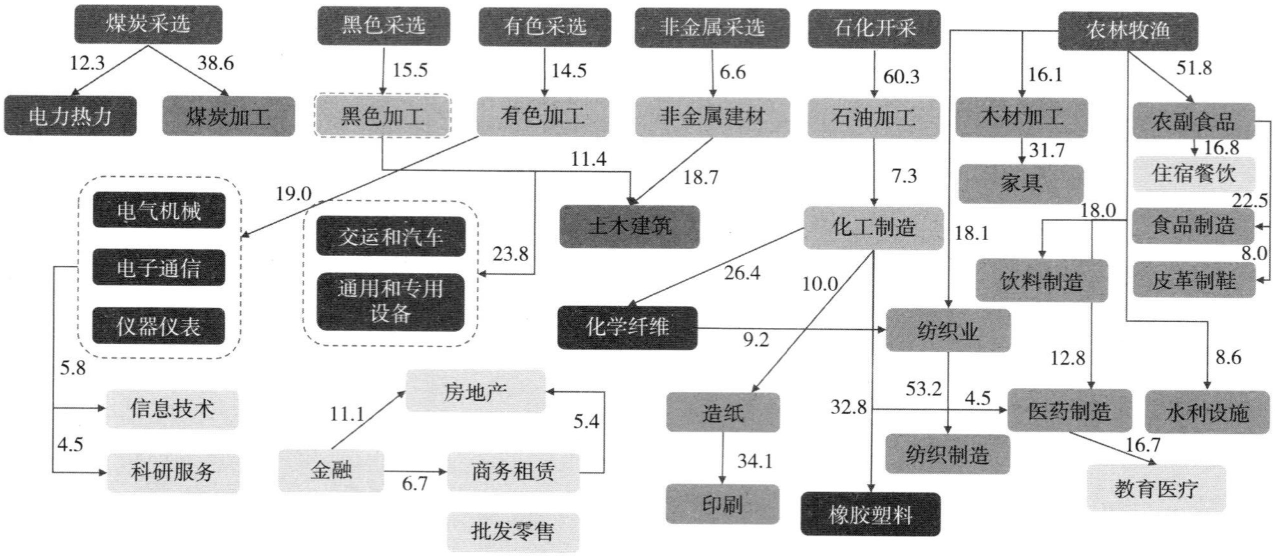

图 6-6 产业链全景图

资料来源：国家统计局。

造等基础化工和橡胶塑料行业；在中游，基础化工的产品进一步作为中间投入品被造纸、印刷、纺织、服装、木材、家具和医药等轻工制造行业消耗。上游行业的产品作为中间产品投向中游行业，中游行业的产品同样作为中间产品投入纺织、医药等下游行业，这样就形成了从上游行业到中游行业再到下游行业的产业链。

黑色有色产业链以煤炭、黑色金属、有色金属采选为起点：从煤炭出发，煤炭的产品作为中间产品投入中游的电力热力、煤炭加工业；从黑色采选、有色采选出发，其产品作为中间产品首先投入黑色加工、有色加工业，加工后的产品进一步投入相关的下游行业，包括电气机械、电子通信、仪器仪表、交运和汽车、通用和专用设备。此外，黑色加工、有色加工业的产品还会作为中间产品直接投入土木建筑业。

（三）价格如何在产业间传导？

通过投入产出表产业之间联动关系的计算，我们可以计算产业间的价格传导能力。假设 i 部门产品的价格变化 Δp_i，将带来 j 部门单位产值的成本变化 $\Delta p_i a_{ij}$，理论情况下 j 部门产品的价格也会变化 $\Delta p_i a_{ij}$，进而国民经济其他部门产品的价格变化为 $\Delta p_i a'_i$。其中 a_i 为直接消耗系数矩阵第 i 行去除 a_{ii} 后的向量，a'_i 为其转置列向量，这是第一轮价格变化效应。

在一轮价格变化效应后，国民经济中其他部门产品的价格也会相应地发生变动，再次产生同理的效应传导下去。最终 i 部门产品的价格变化 Δp_i 给整体价格水平带来的影响就可以用下方公式表达：

$$\Delta p_{j \neq i} = (I - \bar{A}')^{-1} a'_i \Delta p_i$$

其中 $\bar{A}$ 为 A 中除去第 i 行第 i 列后的矩阵。

根据计算，我们就可以得到上游行业对中下游行业的价格影响能力。以化学原料制造业为例，当化学原料产品价格变动 1 个单位时，在理论情况下，橡胶和塑料制品业产品价格会上升 0.43 个单位，化学纤维制造业产品价格会上升 0.39 个单位，造纸及纸制品业产品价格上升 0.17 个单位。在技术不变的情况下，价格波动系数的大小取决于该行业的生产对其他各行业的依赖程度，即在中间消耗中的占比大小。

我们的计算结果显示，化学原料对橡胶和塑料、化学纤维的价格传导能力最高，油气开采价格变化对石油加工、化学原料影响最大，煤炭采选主要影响电力、燃气及水生产和供应业与非金属加工，黑色金属、有色金属采选主要影响黑色金属和有色金属加工、金属制品和电气机械，非金属采选主要影响非金属加工、土木建筑。最后，根据计算结果，我们也制作了产业链价格传导全景图（见图 6-7）。

三、把握产业链变迁

上述产业链系数的计算、产业链全景图的构建都是围绕单张投入产出表进行的。如果我们对比同一经济体不同时期的投入产出表，则实质展示了不同时期产业链的变迁情况，基于此，可以加深我们对经济结构变迁的理解。

（一）投入属性变迁

投入属性是站在投入产出表的纵向进行观测的。从纵向来看，每个产业的总投入均包含两块：一块是中间投入，即其他行业的投

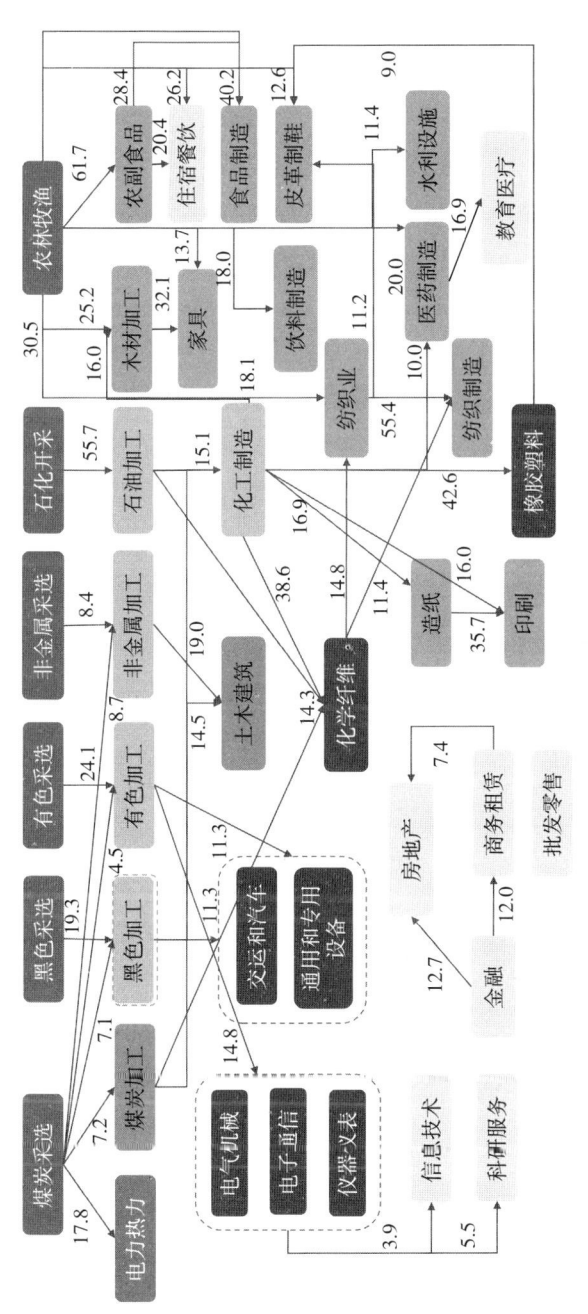

图 6-7 产业链价格传导全景图

资料来源：国家统计局。

入；另一块是增加值的构成，包含税收、劳动者报酬、资产折旧与营业盈余。

通过增加值的构成，我们可以考察某一行业是属于劳动密集型产业、高税收行业、高利润行业，还是资本密集型产业。

基于2018年投入产出表，全行业初始投入结构中占比最大的是劳动者报酬，占到初始投入的50%以上，说明我国经济整体上具有劳动密集型的特点。跨时间维度来看，2002—2018年，劳动者报酬占的比重持续攀升，说明我国居民收入在提高；生产税净额占比持续下降，说明我国减税有实质效果；营业盈余上升企稳，则说明我国企业的盈利能力在不断提升。

1.资本密集型产业变迁

初始投入中，固定资产折旧占比较大的，可以视作资本密集型产业，根据2018年投入产出表，我国资本密集型产业以基建投资为主导，包括电信、交通运输、电力水利供应管理等。

2002—2018年，我国资本密集型产业变化显著。具体来看，基建持续加码，地产则有所收紧，内部分化明显。基建地产涵盖了建造层面（第二产业）的房屋建筑、土木建筑、建筑安装与装修，制造业层面（第二产业）的电力供应，以及服务层面（第三产业）的房地产、交运仓储、水利设施。

2012—2018年，以电力、燃气及水生产和供应，交运仓储，水利环境为代表的基建产业折旧占比提高，资本密集度进一步提升，反映出基建投资的加码；而房地产和钢铁、煤炭产业折旧占比下降，说明我国对房地产和传统资源产业的调控有了成效，供给侧改革去库存有效降低了房地产和钢铁、煤炭产业投资的扩张速度。

2.劳动密集型产业变迁

初始投入中,劳动者报酬占比较大的,可以视作劳动密集型产业,根据 2018 年投入产出表,我国劳动密集型产业以农林牧渔以及社会性服务业为主导,包括农林牧渔、社会保障、社会工作等。

2002—2018 年,我国建筑链用工成本显著上行,居民服务劳动成本也有所上升,而农林牧渔劳动成本有所下行。总体来看,农林牧渔行业劳动成本下行,得益于国家补贴;房地产、土木建筑劳动者报酬占比上升,则对应着我国用工成本的上行。

3.税收密集型产业变迁

初始投入中,生产税净额占比较大的,可以视作高税负行业,根据 2018 年投入产出表,我国高税负行业主要涵盖上游资源类品种以及烟酒制品,包括烟草制品、精炼石油、其他制造等。

2002—2018 年,在环保趋严的情况下,石化能源税负加码,烟草税继续扩大,商贸税负显著下行。近年来,我国税收体系逐步成熟,一方面,对烟草制品税收力度加大,化石能源行业如石化开采、加工及煤炭采选的税收税负加码,取消了汽车行业部分税收优惠;另一方面,商贸服务业税负大幅下降,主要得益于 2016 年开始的增值税改革,营改增显著降低了商贸服务业的税收占比,让利于民。

4.盈利密集型产业变迁

初始投入中,营业盈余占比较大的,可以视作高利润行业,根据 2018 年投入产出表,我国高利润行业主要涵盖房地产、货币金融服务、信息技术服务等。

2002—2018 年,多数传统行业盈利能力下降,高端技术与医药制造行业的盈利则显著上行,表明我国的利润结构向高壁垒行业转移。伴随人口红利消退，经济刺激降温，低端制造业产能过剩叠加经济周期下行影响，2018年我国多数产业盈利能力相较2012年有所下行，但机遇仍然存在。以电气机械为代表的高端制造业和以医药制品为代表的高端消费品业盈利能力上行，说明我国在产业升级过程中，技术含量成为决定企业盈利能力的重要因素。因此，只有建立起高技术壁垒才能占据高利润水平。

（二）产出属性变迁

产出属性是站在投入产出表的横向角度进行观测的。横向来看，每个产业的总产出均包含两块：一块是中间使用，即供其他行业使用；另一块是最终使用，包含消费、资本形成以及净出口。从最终使用的构成，我们可以考察某一行业是属于消费依赖型、投资依赖型还是进出口依赖型。

基于2018年投入产出表，全行业最终使用占比最大的是消费，占到了最终使用的45%左右，投资（资本形成）的占比也接近40%，说明消费和投资对我国经济增长的驱动力较强，但我国的消费占比仍然明显低于发达经济体。

跨时期来看，2002—2018年，消费在最终使用中的占比先降后升，投资（资本形成）在最终使用中的占比上升后企稳，主要是受到金融危机后经济刺激财政扩张的影响，2012年投入产出表反映的投资（资本形成）在最终使用中占比大幅上升，对应着消费占比的下降。而近年来我们大力推动经济结构转型，推动消费成为经济增长的最大动力，参考发达国家的经验，可以预见未来我国消费仍将保持平稳增长，消费对经济增长的拉动作用将不断增强。

1. 消费依赖型产业变迁

从消费依赖型产业来看，社会服务、必选品消费占主导。其中，媒体娱乐、教育行业、社会服务相关行业和金融服务的消费占比最高，说明我国正处于消费升级的转型过程中，发展型和享受型消费不断增加，则说明人们愿意增加对医疗、高端消费品、媒体娱乐等方面的支出，追求更健康、更有品质的生活。

跨时期来看，2012—2018年，我国社会服务业内需稳居高位，必选品消费行业占比快速上升。其中，必选消费品如食品饮料的消费占比上升较快，我国居民对金融服务的需求也显著增加。近年来，我国正处于消费升级的过程中，无论是必选品还是可选品，其消费增长都受到消费升级的影响。居民对教育、卫生服务、金融服务等的需求增长，说明我国居民可支配收入增加，对社会服务的重视程度提升。

2. 投资依赖型产业变迁

从投资依赖型产业来看，建筑、交通运输、机械设备占主导。其中，各类建筑行业投资依赖度最高，其次是交通运输和各类机械行业。近年来我国各类设备制造业快速发展，设备制造业的发展需要投入大量资金，制造业的生产设备也会大量计入资本形成。

跨时期来看，2012—2018年，建筑链、基建链、机械设备对资本投资依赖度较高，且持续处于高位。这些产业均是典型的重资产工业部门，其产品多形成固定资产，并且在最终需求结构中，资本形成占比较高。我国长期以来投资驱动型的发展模式较为突出，重资产行业结构维持在较为稳定的状态。此外，受石油价格、景气周期等因素的影响，石油开采行业的资本形成也大幅上行。

3. 进出口依赖型产业变迁

从出口依赖型产业来看，计算机通信、轻工制造占主导。具体来看，纺织是我国历来的主要出口行业，具有成本低、品类全的特点，因此可以看到从纺织制成品到鞋服都处于出口依赖排行前列。计算机通信和机械设备制造业近年来成为出口支柱行业，我国的工程师红利开始显现。

从进口依赖型产业来看，交通运输、仪器仪表、医疗、计算机占主导。这得益于我国较为完整的产业链，绝大部分行业的产品都能国产，相对于出口依赖度，我国各行业的进口依赖度较低。整体来看，我国对一些高技术密集型的产品比较依赖，例如航空设备、医疗设备、仪器仪表等。

跨时期来看，近年来，我国原材料行业、轻工制造、计算机通信占比较为稳定，化纤出口显著下行。随着我国经济结构转型升级，大部分产业的出口依赖度有所降低，这也从侧面印证了我国内需的稳定。在主要出口产业中，原材料行业出口占比保持在高位水平，轻工制造产业出口依赖度也相对稳定，但化纤行业的出口占比显著下降，中美经贸摩擦的爆发对化纤这一传统出口行业影响巨大。

纵向看进口依赖变迁，资源能源行业更多转向进口，废品废料进口受限，专用设备进口依赖度提高。总体来看，我国资源、能源行业进口依赖度加强，制造业进口依赖度下降。2017年国务院办公厅印发了《禁止洋垃圾入境推进固体废物进口管理制度改革实施方案》，对废品废料进口做出了严格限制，因此，到2018年我国废品废料行业进口大幅下降。

4. 进口依存度变迁

从出口的角度看，国际间的进出口贸易体系日益复杂，我们可以将出口拆分为国内增加值与国外增加值，分别代表出口中来自国内生产的部分，以及为了生产出口产品而需要从国外进口的部分。

在此基础上，出口的进口含量可以用"（出口的国外增加值最终产品+出口的国外增加值中间产品）/总出口"得到。出口的进口含量越高，说明行业加工贸易占比越高，而对外贸的依存度越高，就越容易受到外部冲击的影响。

纵向对比来看，2005—2015年，得益于较完整的产业链布局和产业链补短板措施的推进，我国制造业整体的进口依存度在持续降低，产业链自给能力逐步提高。日本与中国相反，受限于国土面积小资源不足、人口老龄化劳动力不足等问题，日本制造业进口依存度逐步抬升。美国制造业的产业链自给水平相对稳定。

横向对比来看，我国与日本、美国的制造业产业链自给能力仍有一定差距，主要体现在高端制造业尤其是计算机电子领域的中间产品自给能力不足，关键零部件进口依存度高，这将是未来我国制造业升级的方向。

总体来看，我国高端制造业出口的进口含量较高，低端制造业出口的进口含量较低，我国制造业出口的进口含量与制造业技术含量几乎成正比，说明我国在高技术链条上的技术积累尚不成熟，例如芯片、发动机等中间产品的进口依存度较高，产业链自给能力不足。

纵向来看，2005—2015年，我国制造业整体的进口依存度有所降低，中低端制造业的中间投入品自给能力显著提高，高端制造业仍存在一定的技术差距，中间产品进口依存度依然较高。

（三）产业链涟漪效应

当前，实现制造业的高质量发展是维持我国经济增速稳定的重要基础，同时，制造业在当前应对人口老龄化、产业链外移等重要挑战，以及实现共同富裕、碳中和等核心目标的过程中，都将发挥无可替代的核心作用。然而，目前我国制造业占比持续下滑、产业链对外依存度较高，以及中小企业景气度亟待提升等问题，也对制造业的后续发展提出了诸多挑战。

基于上述原因，2021年3月发布的国家"十四五"规划和2021年12月召开的中央经济工作会议，都进一步明确了制造业的核心地位和发展规划，为制造业的未来指明了方向。

我们认为，在保持制造业占GDP比重基本稳定的前提下，进一步发展包括信息、高端制造、新能源等产业在内的战略性新兴产业，将成为推动制造业持续转型升级和促进经济稳定增长的关键。战略性新兴产业的蓬勃发展，将为我国制造业的转型和升级带来新的机遇。

一方面，上述新兴产业的技术水平高，涵盖范围广，有望成为制造业升级的引擎，在实现自身高速发展的同时，带动全产业链共同实现转型和升级。另一方面，以信息技术为核心的数字经济的逐步深化，将推动产业内和产业间的深度融合，并催生新业态的不断产生，由此带来的多元化发展机遇，将持续提升我国制造业的未来发展空间。

产业链涟漪效应将成为战略性新兴产业发展的主要方式。以战略性新兴产业为主导，以产业集群为纽带，带动大中小企业融通发展，这一模式称为涟漪效应。"十四五"规划中明确强调，"深入推进国家战略性新兴产业集群发展工程，健全产业集群组织管理和专业化推进机制，建设创新和公共服务综合体，构建一批各具特色、优势互补、结构合理的战略性新兴产业增长引擎"。

从现有的国家产业集群规划中也可以看出，在强化东部发达地区优势的同时，也兼顾了中西部地区的稳步发展。进一步来看，就不同规模企业的发展规划而言,龙头企业将在产业集群内部充分发挥以点带面、以大带小的纽带作用,同时充分结合地区禀赋和经济发展规律,形成大中小企业融通发展的经济增长新引擎。

此外,"专精特新"和"强链补链"等与中小企业发展高度相关的政策的不断加码,一方面将提升我国产业链的现代化水平和供应链安全性,另一方面也将促进中小企业的技术变革和优化升级,这将为中小企业带来新的发展机遇,并最终实现大中小企业融通发展的现代产业体系建设。

以我国高端制造领域的两家代表性企业——电力巡检机器人领域的亿嘉和、五轴加工中心领域的科德数控——为例,从它们的供应商分布中可见一斑。

从技术水平较高的零部件来看,亿嘉和的前五大零部件供应商涵盖了包括海康威视、江苏电科在内的国内大中小企业,因此,未来我国电力巡检机器人渗透率的逐步提升,有望使更大范围的零部件供应商充分受益。

从钣金件来看,位于大连的科德数控,其主要的钣金件供应商均位于辽宁省内,呈现出国产化和区域化的双重特征,且涉及的供应商规模普遍较小。

因此,我们相信,随着战略性新兴产业的高速发展,其涟漪效应有望推动更大范围的经济增长,无论企业的规模大小,无论是具备高技术水平的领先企业,还是相对传统的加工企业,都有望充分受益于这一全新的发展模式。

如何度量涟漪效应?从具体数据来看,基于投入产出表这一角度,可以更直观地度量战略性新兴产业带来的涟漪效应。通过对投入产出表基本数据的运算,我们可以采用影响力系数这一指标,反映某行业部门增加的最终需求对国民经济各部门的拉动作用,即某行业的影响力系数越大,其对国民经济的拉动效用也就越大。

结合2019—2021年这3年的固定资产投资额累计增速和影响力系数进行分析可以发现，最近3年增速较快的计算机、通信和电子设备，专用设备和仪器仪表等新兴产业具备较强的经济拉动作用，有望接替纺织、汽车等传统产业，成为经济新的增长点。同时，通用设备、电气机械等增速稍缓但拉动效应突出的行业，也有望充分受益于战略性新兴产业的发展政策，重新回到较快增长区间，对制造业投资和经济增长形成有力推动（见图6-8）。

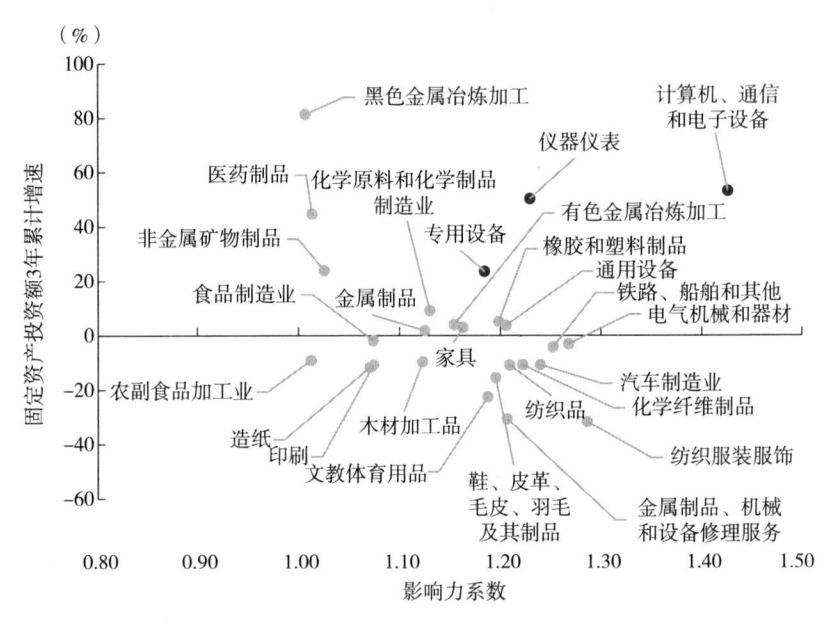

图6-8 信息产业、新能源产业等高增长新兴产业拉动力更强

数据来源：作者计算。

此外，"十四五"规划中重点强调的"建设数字中国"，也将进一步强化数字化在整个制造业中的全面推广，有力推动资源配置效率的不断优化，以及产业内和产业间联动的不断深化，使战略性新兴产业带来的涟漪效应不断加强。

综上所述，战略性新兴产业发展所带来的涟漪效应，有望改变我国制造业发展的底层逻辑，驱动更大范围的产业升级和规模增长，成为我国经济增长的新驱动力。

第七章

通胀分析框架：全方位拆解中国通胀指标

新冠肺炎疫情暴发之后，全球拉开"大放水"的序幕，为高通胀埋下隐患。2021年，受能源成本飙升、需求强劲和供应链紧张等因素影响，欧美等主要发达经济体物价水平急剧攀升，纷纷陷入高通胀。2021年，美国、欧元区、英国CPI年度同比分别达到4.7%、2.6%、2.6%，较2019年分别上升2.9个、1.4个、0.8个百分点。而中国2021年CPI年度同比仅为0.9%，甚至低于2019年、2020年的2.9%、2.5%。为何疫情暴发后海外通胀愈演愈烈，而中国通胀却能保持低位？我们认为，各国通胀走势分化本质上源于供需结构的差异，消费结构的差异则影响通胀的高度。接下来我们以中美通胀为例进行分析。

疫情暴发后美国不仅推出非常规的量化宽松政策，还加大财政刺激力度，采用"直升机撒钱"的方式，直接补贴居民收入，居民消费需求强劲，远高于疫情之前，消费的恢复先于生产。尽管财政刺激，稳定美国经济增长，但副作用也异常显著，成为后续高通胀的主要推手。由于财政补贴降低了失业人群再就业的意愿，劳动参与率下降，因此供应链恢复较慢，劳动力成本被迫抬升，工资上涨直接推高物价水平。

但是，为何全球通胀飙升，中国 CPI 依旧平稳？

从政策角度来看，中国政策相对克制，将复工复产保持在首要位置，以保市场主体的方式保障居民收入，消费恢复的速度相对较慢。而且，由于中国防疫政策较为严格，使消费场景受限，进一步约束了服务业需求。因此，中国的需求恢复弱于生产，不仅降低了劳动力成本上涨的压力，也约束了上游原材料对下游的传导效应，使通胀水平保持在低位。

此外，消费结构的差异也是中美通胀高度分化的原因。美国 CPI 上涨主要受能源、服务业价格驱动。这是因为美国经济结构中，服务业占比高达 77%，受劳动力成本影响较大，工资水平上涨直接推升美国 CPI。同时，由于美国能源供给以石油、天然气为主，占比高达 70%，直接影响居民用电用油成本。而中国 CPI 上涨更容易受猪肉等食品的价格驱动，油价对 CPI 的影响相对较低。这是由于中国食品消费占比仍然偏高，猪周期大幅波动对 CPI 形成较大扰动，而 2021 年正值猪周期下行阶段，猪价下跌明显抑制 CPI 涨幅。同时，在中国能源消费中，煤炭仍占主导地位，2020 年占比为 57%，石油、天然气占比仅为 27%。并且，我国的煤炭自给率达到 95%，加之保供稳价政策推行有效，一定程度上避免了因石油、天然气价格上涨带来的输入型通胀风险。此外，中国居民生活用电价格受政府管控，成品油定价机制也兼顾了消费者利益，这些都降低了能源价格波动对居民生活成本的影响。

一、中国通胀体系的宏微观视角

（一）宏观角度：货币、成本、需求、预期

通胀是实体经济在价格层面的映射，综合了货币、成本、需

求、预期等多种因素（见图 7-1）。

宏观视角	货币	流动性过剩推升通胀预期		调控总需求	
		基础货币、M₁		地产投资	
	成本	原材料成本		劳动力成本	
		内源性：供给侧改革、碳中和、环保限产 输入性：国际大宗商品、汇率、国际物流			
	需求	内生因素		外部冲击	
		投资（地产、基建） 消费（居民收入、消费意愿） 出口（全球经济周期）		疫情、天气	
	预期	房地产、金融资产、大宗商品价格		物价预期指数 长短端利差	
微观视角	工业品	PPI采掘 PPI原材料	资源品：黑色、有色、石油、煤炭		供需催化、流动性
		PPI加工工业 PPI生活资料	设备制造、电气机械、运输设备 食品、衣着、日用品、耐用品		成本传导（原材料、食品）
	消费品	食品	猪肉、鲜菜、鲜果、粮食		供给冲击（猪周期、天气、疫情）
		能源	交通工具用燃料、水电燃料		成本传导（油价）
	服务	核心CPI	教育、医疗、旅游、房租、衣着、日用品、耐用品		居民消费、价格改革、劳动力成本

图 7-1 通胀的宏微观视角

资料来源：国家统计局。

从货币层面来看，当流动性宽松时，一方面会刺激总需求，例如对利率敏感的房地产投资；另一方面会推升通胀预期，受通胀预期影响较大的，主要为房地产、金融资产以及大宗商品等。

从成本端来看，主要关注原材料和劳动力成本。其中，原材料成本，既受内源性因素驱动，也受输入性因素影响。内源性因素包括供给侧改革、碳中和、环保限产等，输入性因素取决于国际大宗商品价格、汇率、国际运价等。在国际大宗商品中，主要关注原油、铜、铁矿石等进口依赖度较高且产业链较长的品种，这三类大宗商品价格主要受中东、南美、澳大利亚等地的供给以及全球经济周期的影响。此外，劳动力成本也会通过影响服务业价格，进而影响通胀水平。

从需求端来看，主要关注宏观经济景气度和外部冲击的影响。宏观经济景气度，包括房地产投资、基建投资、消费、出口等，受国内及全球总需求、宏观政策等因素的影响。外部冲击，则表现为疫情和天气等因素对生产活动造成的扰动。

（二）微观角度：工业品、消费品、服务

从微观层面来看，我国常见的通胀观测指标，主要为 CPI、PPI，涉及工业品、消费品、服务三个领域。其中，工业品价格对应 PPI，从上游采掘到中游原材料，再到下游设备类加工以及生活资料。消费品和服务价格对应的是 CPI，其中食品和能源价格波动较大。食品价格主要受供给端的影响，包括猪周期、天气、疫情等；能源价格体现的是油价波动带来的成本端变动。而除食品和能源之外的核心 CPI，主要受服务类价格驱动，体现的是居民消费、服务业价格改革以及劳动力成本的影响。

需要注意的是，CPI 和 PPI 的调查方法与统计方式差异较大，这直接影响我们利用高频指标预测价格走势的精度。例如，PPI 的调查对象是大型、生产稳定的企业，价格采样每月进行两次，分别是每月 5 日和 20 日，这种统计方式，会导致 PPI 商品价格波动小于我们日常观测的价格表现，并且由于企业存货周期的存在，PPI 统计的价格会略滞后于市场价格，同时每月下旬市场价格波动的影响也没有计入当月的 PPI，这就造成了我们利用高频指标预测 PPI 的误差相对较大。而 CPI 的调查方式是在商场、超市、农贸市场、电商等选定调查网点进行抽样调查，采价较为频繁，例如一些价格波动频繁的、居民日常消费较多的商品，至少每 5 天调查一次，能够及时捕捉当月的价格变化。

二、CPI 的全方位拆解

（一）CPI 的编制方法

CPI 的编制，主要参考居民日常消费结构，通常选取一组消费量较大、最能代表多数人日常消费行为的商品和服务，因此又称为"一篮子"商品和服务。目前 CPI 主要包括八大类：食品烟酒、衣着、居住、生活用品及服务、交通和通信、教育文化和娱乐、医疗保健、其他用品和服务。

CPI 的计算方式，采用链式拉氏公式，同国际准则相一致。链式拉氏法则，是指在选定固定基期之后，固定"一篮子"商品和服务的数量，但价格是可变的。因此 CPI 的波动，反映的是各类商品和服务价格波动与权重的综合影响。

为了使 CPI 能更准确地反映物价的实际变动，我国定期对"固定篮子"进行调整，使"篮子"里的商品和服务更具代表性，使其更接近居民消费结构。我国 CPI 将逢"5"和"0"的年份作为基期，即基期轮换每 5 年一次，在基期年份选取"一篮子"商品和服务，5 年保持不变。

此前我国分别在 2006 年、2011 年、2016 年、2021 年进行基期轮换。调整依据是，上年全国住户收支与生活状况调查中的居民消费支出数据以及有关部门的统计数据。调整方向则遵循消费结构的演变方式，即食品烟酒、衣着、生活用品及服务等商品消费权重调低，而居住、交通和通信、医疗保健等服务型权重相应调高。

由于我国 CPI 权重并未完全公开，每 5 年国家统计局会公布新一轮权重较上一轮基期的变化，并未公布具体值，因此对于 CPI 权重的估测，主要有三种常见方法：一是年鉴法，来自住户收支与生活状况调查数据；二是倒推法，来自国家统计局公布的拉动率/当月变动值；三是回归法，根据历史 CPI 分项数据进行拟合回归，推算出分项权重。

需要注意的是，由于 CPI 采用可变价格编制，因此在一个固定的基期之内，CPI 各分项的实际权重是跟随价格变动的，并且 CPI 环比权重和同比权重具有一定差异性，在使用时也需要甄别。其中，环比权重是指，上月各类商品金额/上月一篮子商品金额；同比权重是指，上年各类商品金额/上年一篮子商品金额。

各国消费结构的差异，使 CPI 对同一类价格的敏感程度不同，最终导致读数上差异较大。以美国为例，美国服务消费支出明显高于中国，美国服务消费占比约为 66%，中国占比约为 45%，主要体现在居住项的差异上，其中，美国居住消费占比为 33%，中国居住消费占比为 22%。商品消费中，美国交通消费支出占比较高，而食品消费支出占比较小，例如美国汽车及新车消费占比 7%，而国内交通工具消费占比不足 4%。

（二）CPI 的三因素分析

对于 CPI 的分析，首先要明确其关键的驱动因子。从权重和波动率的角度来看，食品价格是影响 CPI 走势的关键因素，非食品价格波动相对稳定。

食品价格中，猪肉、鲜菜是主要波动来源，二者主要由供给因素驱动。猪肉供给与生猪产能的周期性波动有关；鲜菜供给与天气有关，具有明显的季节性特征，但由于鲜菜生产周期较短，一般为 2~3 个月，因此不具有持续上涨或下跌的基础。

非食品价格中，油价、服务类价格是主要波动来源，反映居民终端需求、原材料价格变动的影响。油价的影响体现在交通和通信项目下的交通工具用燃料，以及居住项目下的水电燃料上；服务类价格的驱动因子主要体现在医疗保健、教育文化和娱乐方面。

综合来看，CPI 的波动，一方面来自季节性。例如，CPI 食品具有明显的季节性变化，呈现"W"形态，价格高点一般在 2 月、8 月、12 月，与天气和消费的季节性特征有关；CPI 非食品具有一定的季节性特征，与春节期间服务消费涨价、9 月教育费提价等有关。CPI 的波动，另一方面还受到经济周期、生产周期以及地缘政治等因素的影响，主要体现在猪价、油价、核心 CPI 三者的变化上（见图 7-2）。

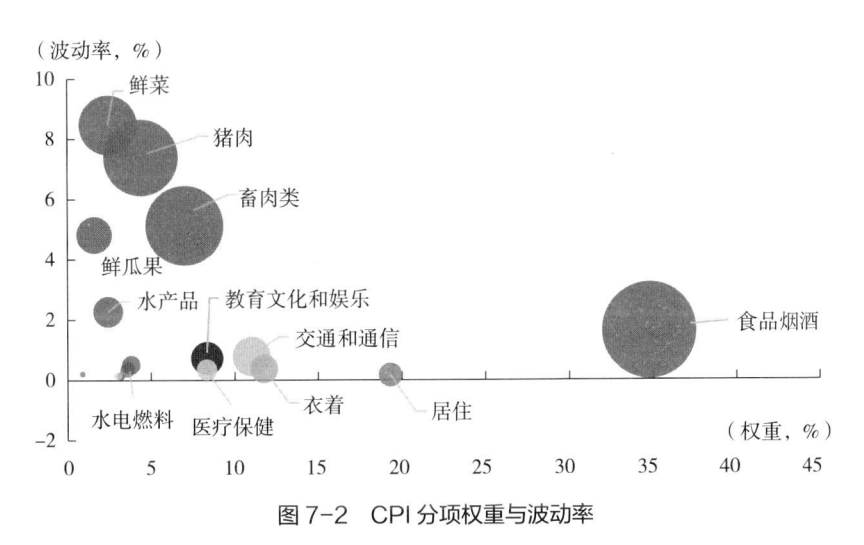

图 7-2 CPI 分项权重与波动率

数据来源：国家统计局。

1. 猪周期的形成与影响

猪周期，一般以 3~4 年为一个完整周期，由生猪养殖周期决定。完整的生猪补栏过程需要 18 个月，即从能繁母猪出生后，需要 8 个月的时间才能进行配种，再经过 4 个月的妊娠期，生产出仔猪，仔猪一般经过 5~6 个月的保育和育肥，最终形成可以交易的商品猪（见图 7-3）。

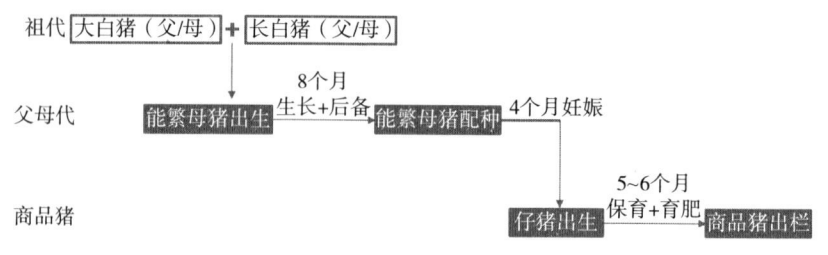

```
祖代   大白猪（父/母） + 长白猪（父/母）
                      ↓
              8个月
              生长+后备        4个月妊娠
父母代      能繁母猪出生 ────→ 能繁母猪配种
                                    ↓
                              5~6个月
                              保育+育肥
商品猪                        仔猪出生 ────→ 商品猪出栏
```

图 7-3　生猪养殖周期

资料来源：作者整理。

在小养殖户占据主导地位的时期，猪周期一般遵循蛛网模型。在养殖亏损时淘汰产能，在养殖盈利时增加产能。本质上由生猪养殖的滞后性与养殖户的补栏和出栏行为共同决定。当前散户养殖占比接近50%，未来一段时间内猪周期仍将继续存在。但从中长期看，随着养殖规模化的推进，生猪期货交易量提升，生猪价格波动性将逐步走低。

从有数据记录以来，自2006年7月起，我国共经历四次猪周期。2006年、2010年、2018年发生大范围疫情，导致生猪产能快速收缩，开启新一轮猪周期；2014年主要受制于环保趋严，产能淘汰导致猪肉供给缓慢退出（见图7-4）。综合来看，供给收缩是形成猪周期的直接原因。一般而言，养殖利润是驱动猪周期的核心变量。当养殖利润跌至0以下时，养殖户开始减少淘汰母猪，避免进一步亏损，但从停止补栏到生猪供给真正减少，仍然需要一段时间，因此猪价还会进一步下跌，带动养殖户进入深度亏损期。而疫情或环保政策属于加速剂，在短时间内影响大量生猪产能，带动猪价快速上涨。

猪价长期走势主要受生猪产能影响。从需求端看，受居民饮食习惯影响，猪肉需求占肉类消费比重长期高于75%，牛、羊、鸡等肉类产品替代性有限。猪肉消费的季节性较为明显，主要受节假日和天气影响，通常秋冬为消费旺季，夏季为消费淡季。从供给端看，我国猪肉进口、储备占消费的比重较低，猪肉供给主要依赖国内产能。2015年后由于环保限产叠加猪瘟影响，国内猪肉产量陷入负增长局面。2020年国内猪肉产量降至4 113万吨，绝对量减少1 700万吨，已经超过全球1 100万吨的贸易体量，导致国内需求被动收缩。由于供需缺口逐步走阔，2015年起我国开始加大进口补充。2020年猪肉进口量创历史新高，占国内总消费的12.7%，2021年我国猪肉进口占比仍然接近11%。

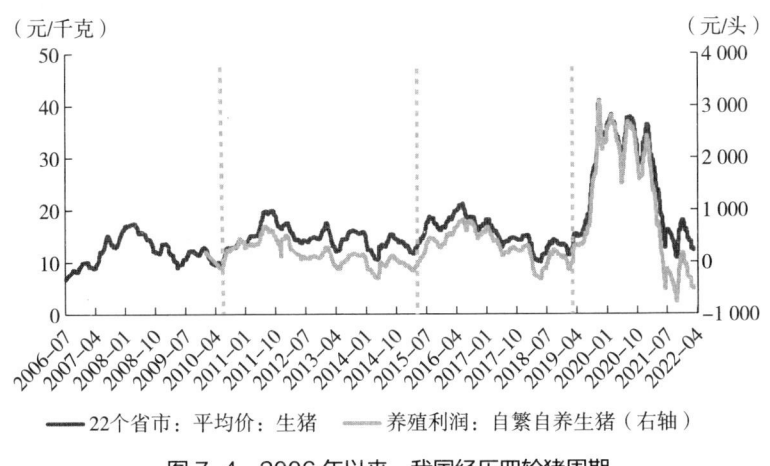

图7-4 2006年以来，我国经历四轮猪周期

数据来源：Wind。

由于猪价受供给驱动，并且生猪补栏到出栏存在周期性规律，因此我们可以从存栏量等指标预判未来猪价走势。出栏量或屠宰量同比为猪价的同步指标，出栏量或屠宰量自底部回升意味着猪价的高位见顶回落。从生猪补栏的角度看，猪价的观察有两个领先指标：一是能繁母猪存栏同比，一般领先猪价同比10个月左右，与能繁母猪补栏周期有关；二是能繁母猪与生猪价差，与能繁母猪存栏量同步性较强，价差变动可用来观测农户补栏意愿，反映养殖利润变动（见图7-5）。

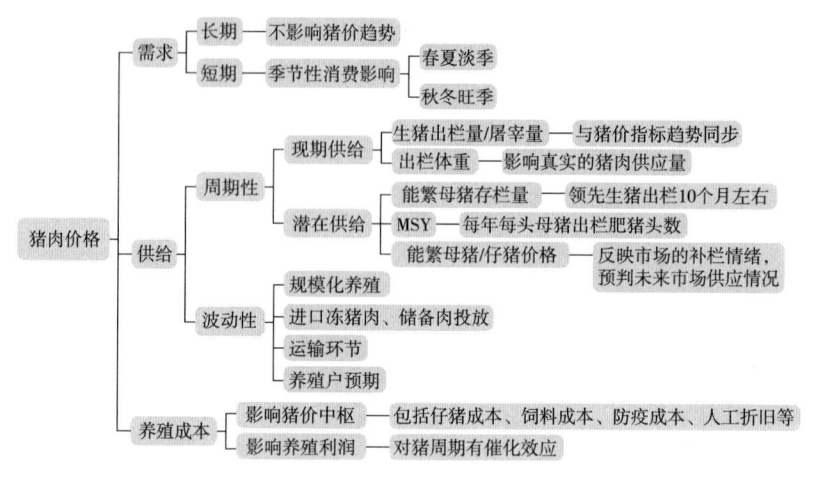

```
猪肉价格 ─┬─ 需求 ─┬─ 长期 ── 不影响猪价趋势
          │        └─ 短期 ── 季节性消费影响 ─┬─ 春夏淡季
          │                                    └─ 秋冬旺季
          ├─ 供给 ─┬─ 周期性 ─┬─ 现期供给 ─┬─ 生猪出栏量/屠宰量 ── 与猪价指标趋势同步
          │        │          │            └─ 出栏体重 ── 影响真实的猪肉供应量
          │        │          └─ 潜在供给 ─┬─ 能繁母猪存栏量 ── 领先生猪出栏10个月左右
          │        │                        ├─ MSY ── 每年每头母猪出栏肥猪头数
          │        │                        └─ 能繁母猪/仔猪价格 ── 反映市场的补栏情绪，
          │        │                                                 预判未来市场供应情况
          │        └─ 波动性 ─┬─ 规模化养殖
          │                    ├─ 进口冻猪肉、储备肉投放
          │                    ├─ 运输环节
          │                    └─ 养殖户预期
          └─ 养殖成本 ─┬─ 影响猪价中枢 ── 包括仔猪成本、饲料成本、防疫成本、人工折旧等
                       └─ 影响养殖利润 ── 对猪周期有催化效应
```

图 7-5　基于供需、成本的猪肉分析框架

资料来源：作者整理。

针对生猪价格的高波动性，国家发改委建立了一套完整的价格调节体系，其中猪粮比价是一个重要的预警指标。2021 年，国家发改委认定的生猪生产盈亏平衡点对应的猪粮比价（生猪价格/玉米价格）约为 7:1；当猪粮比价处在 7:1 ~ 9:1 之间时，国家发改委不进行预警，为市场自发调整留有充足空间；当生猪大范围恐慌性出栏、生猪和猪肉价格大幅下跌时，实施临时储备收储，以有效"托市"；当生猪及猪肉市场供应紧张、价格明显上涨时，投放政府猪肉储备，及时增加市场供应，稳定市场价格。一般而言，国家发改委的收储托市或投放储备的政策，会在短期内影响价格表现，但并不会改变猪价的长期趋势。

2. 油价如何影响 CPI？

非食品中，居住和交通通信是主要波动来源，油价是决定其走势的关键因子。我国对原油进口依赖度超过 70%，因此国际油价对 CPI 的影响，首先是通过国内成品油定价机制影响国内油价，进而影响CPI各个分项。

我国成品油定价机制设定的价格调控区间为40~130美元/桶。国内成品油定价以国际市场原油价格为基准，参考布伦特、迪拜和米纳斯三地原油加权平均价格。其中，汽油和柴油价格，实行政府指导价。汽油、柴油价格根据国际市场原油价格变化，每10个工作日调整一次。当调价幅度低于每吨50元时，不做调整，纳入下次调价时累加或冲抵。当国际市场原油价格低于每桶40美元（含）时，按原油价格每桶40美元、正常加工利润率计算成品油价格；高于每桶40美元低于80美元（含）时，按正常加工利润率计算成品油价格；高于每桶80美元低于130美元时，开始扣减加工利润率，直至按加工零利润计算成品油价格；高于每桶130美元（含）时，采取适当财税政策，保证成品油生产和供应，汽油、柴油价格原则上不提或少提。

国内成品油价格对CPI的影响主要借助油气产品、化工产品传导。油气产品方面，成品油价格变动，直接影响CPI交通工具用燃料分项。同时，我国居民燃气主要包括煤气、液化石油气和天然气三种，油价的变化会直接导致液化石油气的价格发生变化，且能源产品之间存在一定的替代作用，因此油价的波动会导致天然气以及煤气价格发生同向波动，并最终会对CPI水电燃料分项产生直接影响。化工产品方面，由于石油是沥青、石蜡等多种化工产品的原材料，因此油价变化将影响以石油为原料的化工品价格，最终带动日用品、服装、医药等消费品价格的变化（见图7-6）。

总的来看，油价对CPI的影响直接体现在CPI水电燃料以及交通工具用燃料两类分项上，间接影响CPI的消费品价格。根据2018年投入产出表计算，石油和天然气开采价格上涨10%，将最终影响CPI上涨0.27个百分点。在实际运用中，采用CPI居住和交通通信与油价同比进行拟合，可以发现二者与布伦特原油现价滞后一期相关性较大，对应影响系数为 1% 左右。

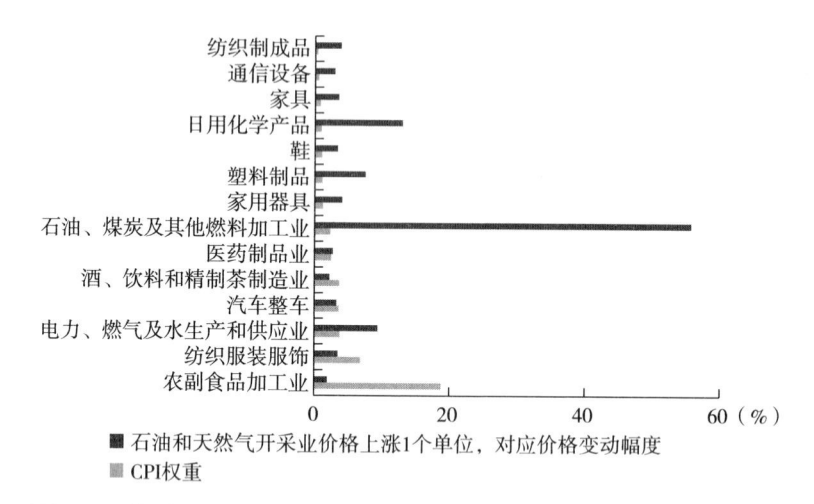

```
纺织制成品
通信设备
家具
日用化学产品
鞋
塑料制品
家用器具
石油、煤炭及其他燃料加工业
医药制品业
酒、饮料和精制茶制造业
汽车整车
电力、燃气及水生产和供应业
纺织服装服饰
农副食品加工业
         0        20        40        60（%）
■ 石油和天然气开采业价格上涨1个单位，对应价格变动幅度
■ CPI权重
```

图 7-6　基于投入产出表测算，石油和天然气价格上涨对 CPI 主要分项的影响
数据来源：国家统计局。

3. 如何判断核心 CPI 走势？

核心 CPI 反映的是市场实际供需情况，体现的是物价的持续变化趋势，也是各国监测通胀的重要指标。各国在计算核心 CPI 时，会剔除价格受季节性影响显著、受政府调控的项目，例如能源、食品、抵押利息支出、地方税等。国内核心 CPI 采用的是剔除能源和食品后的商品与服务类价格。

从长期视角来看，核心 CPI 与成本、需求有关。其中，成本端主要受政策调控、劳动力成本影响，例如服务业价格放开、取消医药加成费等，以及 2010—2011 年劳动力紧缺导致劳动力成本大幅上涨。而需求端，则受居民收入预期、消费意愿和消费结构影响。经济向好，终端需求改善时，核心 CPI 往往呈现上行趋势，但具有一定的滞后性。例如，核心 CPI 一般滞后于未来收入信心指数以及制造业 PMI。

此外，核心 CPI 能否反映真实的通胀水平，还受到权重和核算方式影响。例如，CPI 自有住房折算租金采用住房建筑成本虚拟折旧法，导致 CPI 居住项无法反映市场实际租金价格变动，直接削弱了房价的波动对核心 CPI 的影响。

从短期视角来看，核心 CPI 具有明显的季节性表现，可用于价格预测。教育、旅游、衣着、房租价格都会出现比较明显的季节性调整。例如，每年 9 月开学季，教育费用上涨；每年 1 月或 2 月、4 月、7 月、10 月，旅游价格均会出现上涨；3 月、5 月、9 月开学季或换季时点，衣着价格均出现明显上涨；每年 3 月春节返工、6—8 月毕业季等时间段，房租价格也会明显上涨。

进一步而言，哪些因素决定核心 CPI 走势？根据住户调查数据，可以确定核心 CPI 中的各项权重，结合波动率进行综合分析。从权重来看，教育文化和娱乐、医疗保健、衣着、生活用品及服务、交通工具是前五大权重分项，权重分别为 13.7%、11.2%、6.8%、4.7%、3.6%。从波动率来看，医疗保健、租赁房房租、通信工具、衣着、教育文化和娱乐是前五大波动项（见图 7-7）。

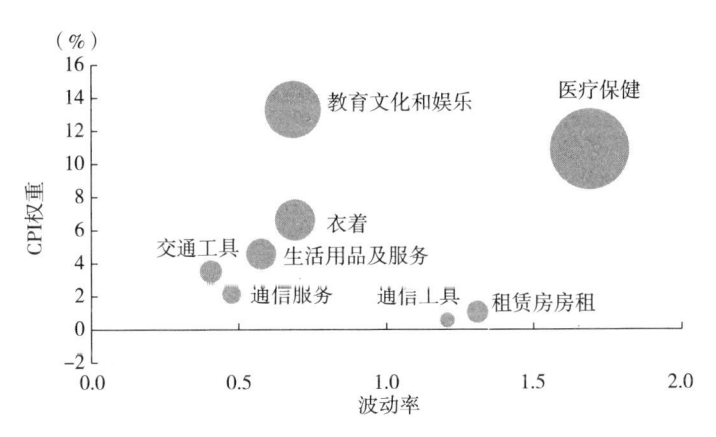

图 7-7 2016—2020 年核心 CPI 分项权重和波动率

数据来源：国家统计局。

综合来看，影响核心 CPI 的核心变量为服务类价格，主要由医疗服务、教育服务价格驱动，而受衣着、家用器具等消费品价格影响较低。这也说明单纯的原材料价格上涨并非带动核心 CPI 上行的主要原因，关键在于居民外出消费意愿和消费能力是否改善，以及劳动力成本的变动。从历史数据来看，核心 CPI 与租赁房房租价格走势一致性较强，二者均受经济景气度、居民收入水平影响，可作为观测核心 CPI 的代理变量。

三、PPI 的全方位拆解

（一）两个维度看 PPI 构成

从二分法的角度看，PPI 由生产资料和生活资料构成。根据历史拟合值来看，二者权重大概为 3∶1。生产资料中，又包括采掘、原材料以及加工，呈现出权重逐步递增、波动逐步递减的规律，原材料和加工工业是主要驱动因子。生活资料中，食品是主要拉动项，但幅度有限。例如，2018 年以来的超级猪周期中，食品类生活资料对 PPI 的拉动率最大达到 0.5%。

从行业法的角度看，PPI 统计范围包括 41 个工业行业大类，207 个工业行业中类，666 个工业行业小类的工业产品。PPI 分项权重，国家统计局按照销售产值来确定，我们可以根据营收占比估算。结合权重和波动率来看，对 PPI 影响较大的是石化链条，其次是黑色金属，再次是有色金属、煤炭、水泥（见图 7-8）。在日常观测时，我们主要以这几类行业为主，重点研究其供需变化。

进一步而言，我们可以将 PPI 行业分为上游采掘、中游原材料、中游设备制造和下游消费。上游采掘方面，煤炭价格、原油开采是主要波动来源；中游原材料方面，是 PPI 的关键驱动项，包括石油、化学、黑色金属、有色金属等；中游设备制造方面，直接映射国内基建、房地产、出口、汽车行业景气度，受上游原材料涨价影响较大；下游消费方面，价格波动性远低于中上游，其中食品类、日用类价格变动居多。

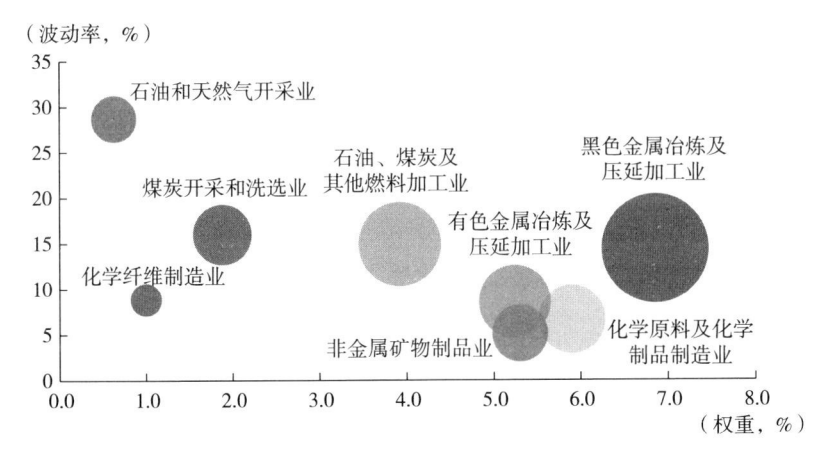

图 7-8　从投入产出表看煤炭、非金属矿、石油的上下游结构

数据来源：国家统计局。

（二）从产业链结构看 PPI 的驱动因子

由于 PPI 行业众多，并且行业间的关联性较强，因此我们需要借助上下游产业链结构，寻找关键的驱动因子，这对我们判断未来的价格走势至关重要。

从投入产出表出发，可以清晰刻画煤炭、水泥、石油、黑色、有色的产业链主要的上下游结构（见图 7-9 和图 7-10）。这些行业对应的下游主要集中在建筑业，包括房地产和基建在内，接下来是中游设备、汽车、家电制造等。影响程度最大、链条最长的是石油产业，对应的下游包括冶钢、交通、化学工业。而煤炭、水泥涉及

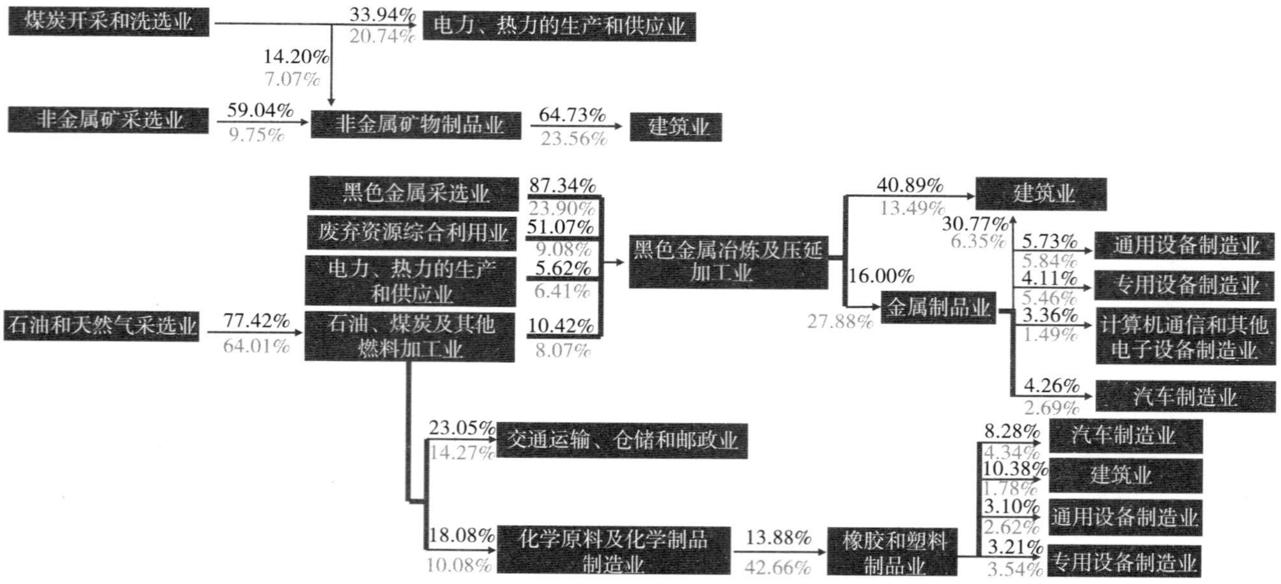

图 7-9 从投入产出表看煤炭、非金属矿、石油的上下游结构

注：(1) 上游行业流入下游的占比用黑色字体表示，下游行业对上游行业的依赖度用灰色字体表示；(2) 建筑业包含房屋建筑，土木工程建筑，建筑安装业，建筑装饰、装修和其他建筑三项。

数据来源：国家统计局。

234　　框架：中国经济、政策路径与金融市场

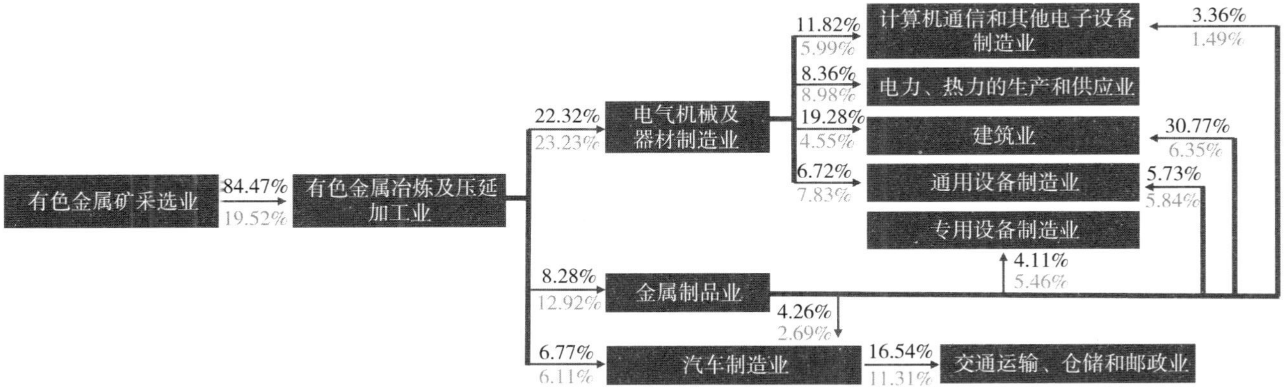

图 7-10 从投入产出看有色金属的上下游结构

注：（1）上游行业流入下游的占比用黑色字体表示，下游行业对上游行业的依赖度用灰色字体表示；（2）建筑业包含房屋建筑、土木工程建筑、建筑安装业、建筑装饰、装修和其他建筑业三项。

数据来源：国家统计局。

的链条相对较短，分别对应电力供应、建筑业施工。有色链条也相对集中，主要涉及电气机械、汽车，用于各类设备生产、建筑等。

根据上下游产业链结构，可以看到七大行业基本决定了PPI走势。一是海外定价的大宗商品，包括原油、铜、铁矿石，主要与资源国供给、全球经济周期、海外流动性有关，反映的是输入型通胀；二是国内定价的大宗商品，包括钢材、水泥、动力煤，主要与国内投资需求有关，多数受房地产、基建等建筑业驱动，部分受家电、汽车、设备等制造业影响（见表7-1）。

表7-1 PPI主要受七大行业驱动

上游行业	代理变量	下游行业	下游行业指标
煤炭开采和洗选业	动力煤	电力、冶金、建材	综合平均价格指数：环渤海动力煤（Q5500K）
石油和天然气开采业	布伦特原油	石油加工	OPEC（石油输出国组织）：一揽子原油价格
非金属矿物业	水泥	房地产、工程、民用	水泥价格指数
石油、煤炭及其他燃料加工业	汽油、柴油	交通运输、化工	英国布伦特原油现货价、中国柴油批发价格指数
化学原料及化学制品制造业	化学品	橡胶、塑料	中国化工产品价格指数（CCPI）
黑色金属冶炼及压延加工业	钢材	螺纹钢（房地产、基建）热卷（机械、建筑、出口、汽车、集装箱、家电）冷轧（镀锌、汽车、电气、家电、机车、航空）	钢材综合价格指数
有色金属冶炼及压延加工业	铜	电力电缆、家电、汽车、建筑	上期有色金属指数

资料来源：国家统计局。

（三）输入型通胀如何影响PPI？

输入型通胀是指由于国外商品或生产要素价格上涨，从而引起国内物价持续上涨的现象。输入型通胀与开放经济有密切的关系，经济开放的程度越大，输入型通胀发生的概率越大。

一般而言，输入型通胀有三种形成机制。

一是贸易机制。在固定汇率的条件下，国外通货膨胀对进出口商品的影响会直接体现在价格而非汇率上。当国外出现通货膨胀时，价格上升，国内出口商对外出口增加，国内商品供给下降，需求上升，导致价格上升，就会出现通货膨胀。若汇率制度为浮动汇率，则国外通货膨胀的影响会直接体现在汇率变化上。

二是成本推动。国外出现通货膨胀，燃油、原材料等生产资料价格上升，国内生产企业成本上升，推动产成品价格上升引发通货膨胀。一般而言，如果本国是国际商品价格的接受者，没有议价能力，同时进口生产资料在国内生产成本中占比较大，那么这类商品会对国内价格构成实质性的成本推动压力，例如原油、天然气、铜、铁矿石等。

三是稳定汇率。当央行将稳定汇率作为重要目标时，如果国外出现通胀，外币相对于本币贬值，为了保持稳定的汇率，央行会增加货币供给，从而导致国内出现通货膨胀。

综合来看，我国当前的输入型通胀主要为成本推动型通胀。一方面，要考虑我们是不是国际商品价格变动的接受者，国外进口原材料的成本是否在国内生产成本中占比高，这是输入型通胀的前提。另一方面，输入型通胀能否实现，还要看下游的厂商和消费者能否顺利提价。

2007年以来，我国曾经历两次典型的输入型通胀。

2007年1月至2008年7月，以CRB（美国商品调查局）指数为代表的国际大宗商品价格涨幅超过50%。布伦特原油现货价格从2007年1月的53美元/桶快速上行至2008年6月的132美元/桶，食品、工业原料CRB现货均持续上涨。这段时间内，海外主要经济体处于景气上行周期，尤其是美国房地产行业蓬勃发展，拉动全球总需求，带动大宗商品价格上行。同期，我国PPI同比也从2007年1月的3.3%走高至2008年8月的10%。

这段时期内的通胀上行，受到了国内外需求的支撑，大宗商品价格上涨，对国内形成一定输入性影响。外需旺盛带动我国出口增速保持在20%以上，国内投融资需求有过热的势头，通胀预期抬升。同时，出口增强，叠加2005年汇率改革后，人民币持续升值，外汇占款大量流入，央行被迫投放基础货币，加速了通胀上行趋势。

2009年10月至2011年7月，全球处在金融危机爆发后的修复阶段，以CRB指数为代表的国际大宗商品价格涨幅超过27%。布伦特原油现货价格从2009年10月的73美元/桶上升至2011年7月的117美元/桶。同期，我国PPI增速也运行在7%左右的高位。随着国内出台"4万亿元经济刺激计划"，在外需和内需的双重叠加下，国内物价水平上升。同时，随着人民币的升值，外汇占款再次流入，央行被动投放基础货币，也助推通胀上行。

现阶段，我国的输入型通胀压力相对可控。一方面，人民币汇率的弹性大大增强，尤其在2021年大宗商品价格上涨的过程中，汇率升值对依赖外部进口的大宗商品价格上涨，事实上起到了对冲作用。另一方面，国内货币总量也控制得当，宽松幅度远小于欧美等发达国家，起到抑制国内通胀的作用。

从国内实际情况来看，输入型通胀对PPI的影响主要集中在原油、铜、铁矿石等大宗商品上，其中，油价是形成输入型通胀的主导因素。石油的产业链波及范围较广，从上游的石油开采、炼焦，到中游的化学工业、橡胶和塑料制品业，再到下游的纺织业、医药制造业等，都会受到原材料成本上涨的影响。在PPI中，与石油、天然气相关度较高的行业占比达到16%。根据2018年投入产出表计算，石油和天然气开采价格上涨10%，将影响PPI上涨0.75个百分点（见图7-11）。

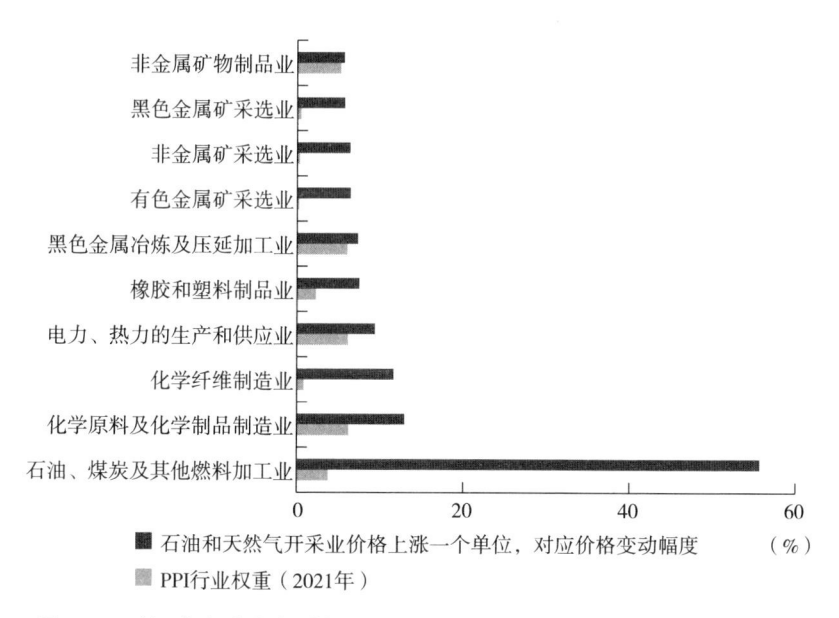

图7-11 基于投入产出表测算，石油和天然气价格上涨对PPI主要分项的影响

数据来源：国家统计局。

四、客观看待PPI向CPI的传导

（一）为何PPI与CPI从共振转向背离？

从理论层面看，PPI对CPI的影响主要借助上下游产业链实现成本传导，集中在三类路径：一是PPI生产资料（石油加工、冶金工业、化学工业）—PPI生活资料（衣着、一般日用品、耐用消费品）—CPI非食品（衣着、日用品、耐用消费品），二是PPI生产资料（石油加工、公用事业）—CPI能源，三是PPI生产资料（石油加工、化学工业）—CPI食品（生产成本，如化肥、农药）。

此外，CPI也会反向传导至PPI。一是通过食品渠道，CPI统计的多是未经深加工的农贸品价格，而PPI统计的是制造业环节的加工品价格，主要通过猪肉、粮食等途径，由CPI向PPI传导；二是通过需求渠道，例如在经济上行阶段，终端需求旺盛，将导致CPI的上涨向上传导至PPI，表现为中间投入品以及劳动力成本的上涨。

在实际应用中，上下游传导关系表现较不稳定，PPI与CPI从共振转向背离。

从历史经验看，在PPI与CPI共振的背景下，均有PPI生产资料与CPI食品同步上涨，例如2003—2004年、2007—2008年、2010—2011年，背后的原因有三点：一是粮食减产、食用及工业需求扩张，带动粮价上涨；二是猪周期与原油波动出现同步性；三是劳动力成本上涨进一步推升PPI与CPI同步上涨。

但2012年之后，PPI生产资料与CPI食品同步上涨的情况消失，表现为猪价、油价和粮食价格的同步性消失，导致PPI生产资料与PPI生活资料背离，直观上弱化了二者的传导关系。

同时，PPI生产资料向PPI生活资料的内部传导受阻，也是上下游传导效应减弱的重要原因。如果对比2010—2011年、2016—2018年两轮通胀周期，可以发现，上下游的价格传导系数出现一定程度的衰减，PPI生产资料向PPI生活资料的内部传导受阻。尽管PPI生活资料与CPI非食品的传导依旧顺畅，但由于PPI生活资料呈现明显低波动性，决定了PPI对CPI的影响系数相对偏低。

我们认为这与经济形势、产业环境以及消费结构的变化有关。一是国内消费、民间投资需求减弱，而下游产业进入壁垒较低，供需结构矛盾，导致下游厂商提价幅度受限。二是产业结构低端化，导致中游去产能进程缓慢，阻碍了上游价格向中下游的传导。三是构成PPI与CPI一篮子商品种类不同，随着中国消费结构的转变，服务类消费品的比重不断上升，工业品比重不断下降，二者交叉比重下降，削弱了PPI向CPI的传导作用。

（二）定量测算原材料价格如何影响CPI

从产业链成本转移的角度看，上游大宗商品价格上涨，主要影响的是燃料、家用器具、交通工具等，对衣着、日用品、食品、药品的影响较小。原油、煤炭、有色、钢铁价格上涨对CPI的影响依次递减。其中，油价对CPI的影响系数最高，多数体现在能源类消费；煤炭价格上涨对CPI的影响类似于原油，但影响系数略低；黑色金属和有色金属价格上涨对CPI的影响系数不及1%，主要影响的是耐用品价格（见表7-2）。

图7-2 基于投入产出表测算，原材料上涨对CPI的影响

CPI消费品分类	权重	对应投入产出表行业	石油天然气开采	煤炭开采和洗选产品	有色金属及其合金	钢压延产品	农产品
食品烟酒	—	—	0.4%	0.3%	0.2%	0.1%	8.4%
食品	18%	农副食品加工业	2.0%	1.5%	0.7%	0.6%	40.2%
烟酒、饮料	3%	酒、饮料和精制茶制造业	2.3%	1.9%	1.2%	1.1%	28.3%
能源	6%	—	1.6%	0.8%	0.1%	0.1%	0.1%
水、电、燃料及其他	4%	电力、燃气及水生产和供应业	9.4%	17.8%	3.0%	2.1%	1.5%
交通工具用燃料	2%	石油、煤炭及其他燃料加工业	55.7%	7.2%	1.1%	2.0%	1.1%
衣着	7%	—	0.2%	0.2%	0.1%	0.0%	1.1%
衣类	5%	纺织服装服饰	3.4%	2.3%	0.7%	0.6%	17.6%
鞋类	1%	鞋	4.0%	2.3%	1.0%	0.9%	10.1%
家用纺织品	0%	纺织制成品	4.3%	2.9%	0.9%	0.9%	16.9%
日用品	2%	—	0.1%	0.1%	0.0%	0.0%	0.2%
家庭日用杂品	1%	塑料制品	9.3%	3.6%	2.1%	1.2%	2.0%
		造纸和纸制品	3.4%	5.0%	1.0%	0.8%	14.1%

续表

CPI 消费品分类	权重	对应投入产出表行业	原材料上涨 1 个单位，对应下游价格变动幅度				
			石油天然气开采	煤炭开采和洗选产品	有色金属及其合金	钢压延产品	农产品
个人护理用品	1%	日用化学产品	4.3%	2.5%	1.1%	0.7%	12.1%
药品	3%	—	0.1%	0.1%	0.0%	0.0%	0.6%
医疗器具及药品	3%	医药制品	2.4%	1.9%	0.7%	0.5%	20.0%
耐用品	6%	—	0.2%	0.1%	0.4%	0.3%	0.2%
家具及室内装饰品	1%	家具	3.1%	2.2%	1.8%	3.4%	13.7%
家用器具	1%	家用器具	3.5%	2.6%	10.0%	5.4%	1.7%
交通工具	4%	汽车整车	2.6%	2.0%	7.3%	6.4%	2.2%
通信工具	1%	通信设备	2.6%	2.0%	7.7%	2.0%	2.2%
		CPI 变动幅度（原材料上涨一个单位）	2.7%	1.6%	0.9%	0.7%	10.6%

数据来源：国家统计局。

对比农产品上涨的影响系数，原材料上涨并非驱动 CPI 上行的主要因素。一方面，受限于居民消费结构，CPI 消费品种类繁杂，除去食品、能源，多数权重在 1% 左右；另一方面，基于上下游产业链的传导关系，在不考虑传导效率的前提下，上游对下游价格的影响本身也存在明显的衰减效应。

需要注意的是，通过投入产出表测算的是理论上的最大价格传导幅度，不考虑下游价格管制问题，以及下游竞争环境激烈、终端需求不佳导致价格传导效率降低等问题。实际情况中，原材料上涨对 CPI 主要影响的是交通工具用燃料，对水电燃料、耐用品等影响有限。一方面，水电燃料存在价格管制；另一方面，汽车、电子设备、家电等耐用消费品领域竞争激烈，加上生产工艺的革新，使原材料对其价格影响较低。

── 中美篇 ──

第八章

美国经济研究框架：维持霸权与全球外溢

2007年8月,次级抵押贷款市场的违约事件造成了金融市场的剧烈震荡,引爆了美国自1930年大萧条以来最严重的金融危机。世界各地的股票市场都出现剧烈震荡,美国股票市场自峰值下跌了50%以上。许多商业银行、投资银行、保险公司都因现金流短缺而陷入破产。美国自2007年12月开始出现经济衰退,到2008年第三季度,经济一度出现失控。经济的衰退于2009年6月结束,这是美国自第二次世界大战以来最为严重的经济衰退。

2020年2月,新冠肺炎疫情在全球暴发,美国新冠肺炎确诊病例数加速上行。为阻止疫情扩散,美国各州采取了不同程度的疫情防控举措,在社会生产活动骤停的影响下,市场悲观情绪显著提升,恐慌情绪和负面预期也持续发酵。2020年3月,美国股市遭遇重挫,先后出现四次熔断,为历史首次;标准普尔500波动率指数(VIX)由2020年2月的20%大幅飙升至3月的80%以上;货币市场利率持续走高,市场流动性压力骤增,LIBOR/OIS(伦敦银行同业拆借利率/隔夜指数掉期)利差迅速扩大至0.6%,为2012年以来最高。在疫情冲击下,美国经济也陷入严重衰退,2020年第二季度美国GDP环比折年率为-32.9%,创下该项数据统计以来最低。另外，疫情对劳动力市场也形成重创，美国在 2020 年 2—4 月，就业人数骤降 2 500 万人。

危机为什么会发生？两次危机的区别在哪里？在两次危机期间，美联储和美国财政部采取了哪些救市行为，来维持美元霸权和美国经济对全球的外溢？

一、两次全球大危机的比较

（一）两次危机起因对比

1. 2007—2009 年金融危机起因

抵押市场上的金融创新、抵押市场上的代理问题以及信用评级过程中的信息不对称问题是 2007—2009 年金融危机出现的主要因素。

金融创新方面，2000 年后，信息技术的进步为次级抵押贷款证券提供了便利，也推动了次级抵押贷款证券爆炸式的增长。金融工程开发复杂的新型金融工具，创造了结构化信用产品，也就是基于标的资产的现金流量，而设计成具有特定风险特征的产品。在这些产品中，以担保债务凭证（CDO）为代表，其产品的设计具有高度复杂性，很难评估证券标的资产现金流量的价值。也就是说，结构化产品的复杂性，降低了金融市场对产品的理解能力，从而恶化了金融体系中的信息不对称现象，加剧了逆向选择和道德风险问题。

代理问题方面，抵押贷款的经纪人希望尽快将贷款以抵押支持证券的形式出售给投资者，所以在发放抵押贷款时，会以抵押贷款卖出的数量为标准获得更多的佣金分成，而不会花费太多时间对借款人进行风险评估。因此，借款人的还款能力，并不是经纪人考虑的首要因素。

信息不对称和信用评级机构方面，信用评级机构基于债券违约的概率来评判债务的质量，这是造成金融市场上信息不对称的另一根源。评级机构就担保债务凭证等复杂金融工具进行评级，并为客户提供投资建议。可以看到，信用评级机构的做法存在利益冲突问题，它们在评级过程中赚取利润。因此，评级机构也就失去了客观评估的动力，导致对债务评估缺乏客观性，进一步促进了复杂金融产品的销售。

随着房地产价格的上升，抵押贷款的发起人和贷款人赚取的利润不断上升，次级抵押贷款的审核和发放标准却越来越低。信用风险较高的贷款人，同样也能申请到大额贷款。抵押贷款相对于房屋价值的比率（LTV）持续上行。借款人最初的贷款抵押率达到80%之后，通常还能进行二次和三次抵押贷款。

但是，房地产价格上升的进程终究会结束，过度脱离其价值的价格也必然会下跌，最终导致房地产市场泡沫破裂。2006年，美国房地产价格上行至峰值之后开始快速下行，金融体系的问题随之暴露。当房产价格下跌到抵押贷款金额之下时，大量购房者选择放弃房产，导致抵押贷款违约率急剧上行，抵押支持证券和担保债券凭证的价值暴跌，持有这些证券的银行和其他金融机构资产缩水、净值减少。

银行和金融机构的资产负债表被大幅削弱之后，被迫开始去杠杆，抛售资产，并开始收缩信贷。银行信贷的减少意味着金融市场的脆弱性增加。

在危机发生之前，银行间市场的短期借贷，主要来自回购协议，该协议指的是以抵押支持证券类的金融资产作为抵押品而产生的短期借款。由于对金融机构资产负债表的不确定性增加，贷款人要求的抵押品金额越来越高。抵押贷款违约率的上升导致抵押支持证券价值下降，估值折扣也不断上行。在危机开始阶段，估值折扣基本接近于零，但最终上升到了接近50%的水平。这导致金融机构以同样的抵押品，只能借到之前一半的资金。为了获取资金，金融机构只能尽快抛售资产，并不得不压低资产的售价，从而进一步导致金融机构资产价值的下降。也就是说，抵押品价值进一步减少，价值折扣继续升高，金融机构陷入抢夺流动性的恶性循环。这与美国1930年大萧条时期出现的银行挤兑的后果类似，导致金融机构大规模去杠杆，贷款和经济活动出现急剧收缩。

股票资产价格与居民住宅价格的急跌，叠加银行体系挤兑所引起的紧急抛售，削弱了企业和家庭的资产负债表。

2. 2020年新冠肺炎疫情对经济的冲击

2008年全球金融危机主要是金融体系内生的风险和不稳定问题，导致过度的金融创新而监管不足，进而对金融体系和实体经济产生冲击。新冠肺炎疫情危机则是完全的外部冲击。因此，我们可以看到，美国经济在疫情初期经历了断崖式下滑，但也因大规模财政刺激和极度宽松的货币政策的推出，而呈现出V字反弹，其失业率也在2022年6月下降到3.6%（美联储所定义的自然失业率为4%~4.5%）。

全球金融危机后，金融机构和家庭部门去杠杆化，货币政策对经济的支持和刺激效果不佳，实体经济和就业修复缓慢。然而，新冠肺炎疫情危机后，美联储重启扩张性的货币政策工具，除降息外，还实行了大规模的资产购买计划，并且推出信用融通机制，针对中小企业提供流动性信用支持，强化对主街群体[①]的援助，比如

---

① 主街（Main Street）群体主要指中小企业、中小型工厂平民阶级，代表一般员工的平民阶级或社会主要群体的利益。华尔街则代表高级管理层与富豪阶级的利益。

美联储推出的主街贷款计划（MSLP）和薪资保护计划（PPP）等，为中小企业群体提供流动性支持，让中小企业有获取资金的渠道。

这与全球金融危机时期，以华尔街为主要纾困对象的做法并不相同。另外，不同于2008年全球金融危机，在这一次新冠肺炎疫情危机下，美国财政部在疫情暴发时对居民发放大规模失业和生活补贴，支撑了居民的日常消费。

可以看到，由于危机的起因不同，美联储与美国财政部所运用的补贴和刺激政策也大不相同，这在下一章会详细描述。

（二）美联储在应对危机时使用的货币政策工具及其效果

美联储货币政策分为常规货币政策和非常规货币政策。在正常情况下，常规货币政策工具（如公开市场操作、贴现贷款和法定准备金率）就足够控制货币供给和利率，并稳定经济了。然而，如果爆发全球金融危机，常规货币政策工具就无法正常发挥作用，主要有两大原因。第一，在大规模金融危机中，金融体系停摆，无法将资本配置到生产用途之中，造成投资支出骤减、经济崩溃。第二，经济遭遇显著负面冲击，会导致零利率下限问题，也就是说，利率已经达到了零利率的下线，中央银行无法进一步调低利率，2008年末就出现了这样的情况。

产生零利率下限的问题，是因为在通常情况下，持有债券资产的收益总会高于持有现金资产的收益，所以名义利率不会为负。出于以上两个原因，美联储需要运用非常规货币政策工具，即利率之外的工具来刺激经济。非常规货币政策工具包括大规模资产购买、对未来货币政策走向的指引、流动性供给。

1. 大规模资产购买

通常情况下，美联储的公开市场操作只包括买入美国国债，特别是短期国债。然而，2008年次贷危机期间，美联储发起了3轮大规模资产购买计划来降低信贷工具利率。

2008年12月—2010年4月，美联储开启QE1（第一轮量化宽松），设立政府发起购买项目（Government Sponsored Entities Purchase Program），基于这个项目，美联储购买了由房利美和房地美担保的总规模达1.25万亿美元的抵押支持证券，使整个金融体系的系统性风险得到控制。另外，QE1还包括购买1 750亿美元的机构债以及3 000亿美元的长期国债。QE1的主要目的是，通过购买国家担保的问题金融资产来重建金融机构信用，并向信贷市场注入流动性，以此控制整个金融体系的系统性风险。美联储希望通过购买证券，刺激抵押支持证券市场，降低住房抵押贷款利率，推动房地产市场回暖。

QE1有效稳定了金融市场，但对经济基本面方面的改善作用并不明显。一方面，美国制造业PMI自2010年3月达到58.1后，连续4个月回落；另一方面，失业率仍然居高不下，与危机前水平（4.5%）相比仍有较大缺口。同时，通胀方面，PCE（个人消费支出平减指数）和核心PCE同比趋势回落，距离美联储2%的通胀目标缺口逐渐增大。

2010年12月—2011年6月，美国经济修复不佳，就业市场恢复缓慢，叠加希腊的债务危机，加剧了美国经济的不确定性。2010年11月，美联储宣布启动QE2（第二轮量化宽松），每月购买750亿美元的长期国债，到2011年6月开始，累计购入6 000亿美元的长期国债。这一大规模资产购买计划的目的是降低长期利率。全球金融危机期间，虽然短期利率达到了零利率的下限，但长期利率并没有达到下限。美联储购买长期国债可以通过降低长期利率，增加投资支出，刺激经济修复。在QE2实施后，美国经济在2011年初表现出较为强劲的复苏势头，通胀预期也开始大幅走高。但由于实施QE的时间较短，美国失业率并未持续下行，经济疲弱的现象也未得到有效改善。

2011年9月—2012年6月，美联储实施扭转操作，美联储每月买入400亿美元6~30年期长期国债，且同时卖出3年期及以下短期国债。扭转操作有效压低了长期利率，从而降低了与长期利率挂钩的贷款利率，这有利于提升风险偏好，推动股票风险资产价格上行，并且能限制美联储资产负债表的扩大幅度。这种同时买入较长期限国债和卖出较短期限国债的做法称为扭转操作。2012年6月，美联储决定继续实行扭转操作直至2012年末，最终导致额外购买、卖出和赎回2670亿美元的长债和短债。

2012年9月—2014年10月，全球经济衰退预期上升，美国失业率仍处于高位，美联储在此背景下，公布了QE3（第三轮量化宽松），每月购买400亿美元抵押支持债券（MBS）和450亿美元长期国债，替代2012年12月底到期的扭转操作。同时，美联储承诺，只要失业率维持在6.5%以上、通胀在未来1~2年不超过美联储2%的长期通胀目标0.5个百分点以上且长期通胀预期持续稳定，超低的政策利率就不会改变。也就是说，只要劳动力市场没有显著改善，购买计划将持续下去。

2012年9月—2013年1月为QE3的开始阶段，美联储实行每月购买400亿美元MBS和450亿美元长期国债；2013年2—12月，尽管美联储在议息会议上维持了原有的购买节奏，但在实际执行过程中，每月的资产购买量小幅大于原计划。2014年1—10月，美联储决定每月逐渐减少资产购买量，最终在2014年10月，美联储宣布结束资产购买计划，标志着美国正式退出QE3。

QE3后，美国GDP增速同比在2013年底出现回升，通胀也维持在2%的水平，显示需求端稳定，同时就业市场转好。到2014年结束QE时，失业率已经大幅回落至5.7%，并且趋势向下。

调整美联储资产负债表的构成，可以从以下途径刺激经济。第一，美联储向信贷市场提供流动性，使该市场可以恢复运转，将资本分配到生产性用途上，从而刺激经济修复。第二，当美联储购买证券时，该证券的需求增加，价格上行，利率下行，因此，即使短期利率已经达到了零利率的下限，资产购买也可以降低特定信贷市场的利率水平。比如，若美联储购买抵押支持证券，就可以降低这类证券的利率，从而大幅拉低住房抵押贷款利率。购买长期国债也可以降低其相对于短期利率的利率水平，而长期利率水平往往与长期投资决策相关，因此，购买长期国债可以降低投资成本。

2. 前瞻性指引

前瞻性指引指的是，美联储承诺在较长时间段内保持联邦基金利率在零水平。通过承诺未来一定时期内短期利率维持在零水平，美联储可以降低市场对未来短期利率的预期值，从而拉动长期利率下降，这种策略称为预期管理，也就是通常所说的前瞻性指引。

美联储自2008年12月联邦公开市场委员会会议以后，开始使用前瞻性指引策略，在那次会议上，美联储宣布将联邦基金利率目标调低至0%~0.25%，并且，"联邦公开市场委员会预计经济的疲软状态可能使联邦基金利率在一定时期内都保持在较低水平上"。在那之后的几年里，美联储在联邦公开市场委员会中持续沿用类似语言，并且在2011年8月的议息会议后，承诺美联储直到2013年中期都将保持联邦基金利率在接近零的水平。在此期间，可以看到，美债收益率大幅下行，一方面是因为经济持续疲弱，另一方面则是因为美联储的前瞻性指引在发挥作用。

在2014年3月的议息会议上，由于失业率已经接近6.5%，联邦公开市场委员会公布了基于失业率和通货膨胀率阈值的前瞻性指引，声明将"综合权衡各方面的信息，包括劳动力市场状况，通货膨胀压力和通货膨胀预期指标"，并评估其将联邦基金利率保持在接近零的承诺。

3. 提供流动性

在2007—2009年金融危机期间，由于常规货币政策工具不足以拯救金融市场，所以美联储通过多种渠道，为市场提供流动性。

（1）扩大贴现窗口

2007年8月，危机爆发的初始阶段，美联储调低了贴现率（美联储发放给银行的贷款利率），贴现率从正常情况下高出联邦基金利率目标100个基点降低到高出50个基点。2008年3月，美联储进一步调低贴现率，贴现率仅高出联邦基金利率目标25个基点。但是，危机期间贴现窗口的作用有限，因为贴现贷款意味着借款银行缺少现金，陷入流动性危机，这会对借款银行未来的借款形成阻碍。

（2）短期资金标售工具

为了鼓励银行借款，2007年12月，美联储设立了短期资金标售工具（TAF），通过竞争性拍卖的方式确定贷款的利率。TAF的应用比贴现窗口更为广泛，主要原因在于，TAF利率不是惩罚性利率，而是通过竞争的方式最终确定的。因此，TAF利率要低于贴现利率，银行更愿意借款。TAF的拍卖规模最初是200亿美元，但随着危机的恶化，这一规模迅速扩张至2010年的1 500亿美元，TAF于2010年3月8日结束。

（3）新的贷款项目

美联储在危机期间，增加了向金融体系提供的流动性，包括向投资银行贷款，向商业票据、抵押支持证券和其他资产支持证券的购买提供贷款。比如,美联储为摩根大通贷款,帮助其收购贝尔斯登;向美国国际集团(AIG)贷款,避免其因现金流不足而倒闭。在2007—2009年金融危机期间,美联储的贷款项目大幅扩张,到2008年末,美联储的资产负债表增加了超过1万亿美元。2008年之后,美联储资产负债表持续扩张,表8-1详细阐述了美联储在危机期间推出的贷款便利。

全球金融危机期间,美联储为了帮助金融体系的各个组成部分恢复流动性,创造性地推出了一系列新的贷款便利。表8-1列举了新的贷款便利及其推出的时间和主要功能。

表8-1 2008年全球金融危机期间美联储的贷款便利

贷款便利	推出时间	功能
短期资金标售工具	2007年12月12日	目的是增加向美联储的借款。TAF向银行发放固定金额的贷款,贷款利率通过竞争性拍卖的方式决定,而非像通常的贴现贷款那样由美联储制定利率
定期证券借贷工具(Term Securities Lending Facility,TSLF)	2008年3月11日	为信贷市场提供足够的用作抵押品的国债。TSLF将国债贷放给一级交易商,期限长于隔夜,抵押品范围较为广泛
互换协定	2008年3月11日	向外国中央银行贷放美元,这些中央银行就可以向本国银行发放美元贷款
向摩根大通发放用于收购贝尔斯登的贷款	2008年3月14日	通过向摩根大通发放无追索权的贷款,买入贝尔斯登300亿美元资产,为摩根大通收购贝尔斯登提供便利
一级交易商信用工具(Primary Dealer Credit Facility,PDCF)	2008年3月16日	向一级交易商(包括投资银行)发放贷款,使这些机构享受与银行贴现窗口借款类似的贷款条件
向AIG提供贷款	2008年9月16日	向AIG发放850亿美元贷款

续表

贷款便利	推出时间	功能
资产支持商业票据货币市场共同基金流动性工具（Asset-Backed Commercial Paper Money Market Mutual Fund Liquidity Facility，AMLF）	2008年9月19日	向一级交易商提供贷款，帮助其购买货币市场共同基金持有的资产支持商业票据，货币市场共同基金通过卖出票据可以满足投资者的偿付请求
商业票据融资工具（Commercial Paper Funding Facility，CPFF）	2008年10月7日	直接从发行人手中买入商业票据
货币市场投资者融资工具（Money Market Investor Funding Facility，MMIFF）	2008年10月21日	向特殊目的机构贷款以帮助其购买类别非常广泛的货币市场共同基金的资产
定期资产支持证券贷款工具（Term Asset-Backed Securities Loan Facility，TALF）	2008年11月25日	以资产支持证券为抵押品，向其发行人提供贷款，目的是促进这些市场正常运转

2020年3月，面对新冠肺炎疫情、美股三次熔断下的流动性危机，鲍威尔领导美联储启动了所有常规和非常规货币政策工具，包括大幅降息100bp至零利率（联邦基金利率目标区间是0%~0.25%，3月3日和3月16日，非联邦公开市场委员会会议期间）；未来几个月至少购买7 000亿美元资产（包括5 000亿美元国债和2 000亿美元MBS）；降低与其他几大央行的美元流动性互换利率，降低美元流动性互换协议25bp，降低OIS利率25bp；降低贴现窗口利率（美联储给主要金融机构的贷款利率）150bp；降低存款机构的准备金要求至零。

总体来看，危机期间的流动性支持从四个层级展开：商业银行，一级交易商、货币市场基金等非银行金融机构，企业及个人，全球各国央行。

第一层级：为商业银行提供的流动性支持工具。

定期贴现措施，美联储对存款机构提供贷款，但在危机期间，美联储将贷款期限延长。

定期拍卖便利，美联储向合格（达到一级信贷要求且财务状况良好）存款机构提供抵押贷款，而抵押贷款的利率则通过拍卖决定。

第二层级：为非银行金融机构提供的流动性支持。

首先，为一级交易商提供的流动性支持工具。

定期证券借贷工具，并不直接进行资金借贷，而是一级交易商以合格的抵押资产作为担保，向纽约联储借入国债，从而可进一步通过售出国债获得现金。抵押资产通常为流动性较差的证券，范围涵盖美国国债、地方政府债和所有投资级证券，期限为28天。

一级交易商信用工具，允许一级交易商通过向美联储提供合格抵押物以获得最长90天期限的贷款，这相当于向一级交易商开放贴现窗口，且利率等于美联储贴现窗口的一级信贷利率。一级交易商信用工具的使用有效缓解了美元流动性紧张，抑制了信用利差的快速上行。

其次，为货币市场基金提供的流动性支持工具。

资产支持商业票据货币市场共同基金流动性工具，间接向货币市场基金中的商业票据资产提供流动性支持。在该工具下，美联储以再贴现率向美国存款机构及银行持股公司提供无追索权的抵押贷款，该贷款用以购买货币市场基金急于出售但缺乏流动性的合格资产支持商业票据，有效缓解了货币市场基金应对赎回的压力。

货币市场投资者融资工具，为短期债务工具的二级市场提供流动性支持，并稳定投资者信心。在该工具下，纽约联储授权5家特殊目的载体（SPV）购买最高6 000亿美元的短期债务工具，包括美元存款凭证、银行票据和商业票据，剩余期限至少为7天，但不超过90天，美联储为SPV购买资产所需资金的90%提供融资。

第三层级：为企业及个人提供流动性支持工具。

传统货币政策对金融系统的流动性注入，更多是让金融机构达到自保的目的，而无法有效向实体经济传导。这种情况下，如果金融体系无法从危机中恢复，信贷投放意愿就会一直维持在较低水平，无法支持实体经济，从而导致信贷市场一直处于紧缩状态。因此，美联储创造了直达实体的货币政策工具，解决机构和实体流动性割裂问题。通过直达实体的创新型货币政策工具，美联储同时为金融体系和实体输血，可更快平抑整个金融市场的波动性。

商业票据融资工具，跳过流动性投放的第二层货币市场基金等投资者，直接从一级市场向企业购买商业票据，实现流动性的投放并缓解企业短期融资压力。在该工具下，纽约联储设立一家名为"CPFF, LLC"的有限责任公司并为其提供融资，"CPFF, LLC"利用这些资金直接从符合条件的发行人手中购买合格的商业票据，包括以美元计价的高评级无抵押或有资产支持的3个月期商业票据。

定期资产支持证券贷款工具，间接为个人和小型企业提供流动性支持。纽约联储向持有AAA级资产证券化（ABS）的机构提供最多2 000亿美元、最长5年的无追索权抵押贷款，其中AAA级ABS的底层资产包括汽车贷款、学生贷款、信用卡贷款、小微企业担保贷款等。

一级市场企业信贷便利（Primary Market Corporate Credit Facility, PMCCF），购买新发行企业债券或提供贷款。美联储成立SPV在一级市场购买企业评级达到BBB-/Baa3的债券或贷款期限在4年以内。

二级市场企业信贷便利（Secondary Market Corporate Credit

Facility，SMCCF），购买未偿还公司债或者公司债 ETF（交易型开放式指数基金）。成立 SPV 在二级市场购买评级在 BBB-/Baa3 及以上的未偿还企业债，或者对应投资级公司债的 ETF。

主街贷款计划（Main Street Lending Facility，MSLF），向拥有至多 1 万名员工或营收不到 25 亿美元的企业提供信贷支持。银行将保留 5% 的份额，将剩下的 95% 出售给 MSLF，后者将购买至多 6 000 亿美元的贷款。主街新增贷款便利和主街扩大贷款便利利率为 SOFR（有担保隔夜融资利率）加 250bp 至 400bp。美国财政部将利用《冠状病毒援助、救济和经济安全法案》的资金为该便利提供 750 亿美元的权益。

薪资保护计划流动性便利（Paycheck Protection Program Liquidity Facility，PPPLF），将信贷提供给发放 PPP 贷款的合格金融机构，并以这些贷款的面值作为抵押 PPP，为小企业提供贷款，使其可以保证工人的工资支付。

设立市政流动性便利（Municipal Liquidity Facility，MLF），将直接从美国各州（包括哥伦比亚特区）、人口至少 200 万的县以及人口至少 100 万的城市购买多达 5 000 亿美元的短期票据，财政部将提供 350 亿美元信贷保护。

4.针对欧洲美元市场，美联储成为全球央行最后贷款人

2020 年 3 月 15 日，美联储协同加拿大银行、英格兰银行、日本银行、欧洲央行、瑞士国家银行宣布，通过美元流动性互换安排增加美元的流动性。

3 月 19 日，美联储与另外 9 家央行建立了美元流动性互换安排，旨在减轻全球美元融资市场的压力。

3 月 31 日，建立国际货币当局美元回购机制，其他货币当局可同美联储订立回购协议，暂时将其持有的美国国库券兑换为美

元。这一机制将与美元流动性互换共同缓解全球美元融资市场的压力。

与美国有长期美元流动性互换安排的央行有5家，包括加拿大银行、英格兰银行、欧洲央行、日本银行、瑞士国家银行。但在新冠肺炎疫情暴发之后，美国增加了与其有流动性互换安排的名单，分别是澳大利亚储备银行、巴西银行、丹麦国家银行、韩国银行、墨西哥银行、新西兰储备银行、挪威银行、新加坡金融管理局、瑞典央行。这个中央银行流动性互换是怎么操作的呢？

美联储向外国央行提供美元，外国央行根据交易时的市场汇率给美联储提供等价的本国货币资金。双方在之后的特定时间，可能是隔夜或最多3个月再换回这些数量的两种货币，使用的汇率也和初始的相同。在这样的互换过程中，汇率波动不会影响到最终还款，因此这些流动性互换不具有汇率或其他市场风险，可以说是无风险贷款。

美联储在实行全球流动性互换时，充当的是世界央行的角色，国际上贷款、债务、银行交易主要是用美元完成的，外国央行需要足够的美元来稳定其金融体系，而美联储是唯一有权印刷美元的机构，美元的特殊地位让美联储能够实行这样的操作。

美联储做的所有事情都是以美国利益至上的。展开与全球中央银行的流动性互换主要是为了改善美国和外国金融市场的流动性状况，缓解海外市场的美元融资压力，进而避免海外银行或公司破产而对美国经济产生不良影响。美国市场上运营着许多全球银行，与它们的央行做互换其实就是在间接把钱借给这些银行，缓解它们的流动性压力，维持对美国家庭和企业的贷款。同时，互换可以降低全球金融危机蔓延的可能性，避免美元过度升值从而伤害到美国的出口。通过这些手段，最终稳定美国国内经济和进出口贸易。

（三）危机后，如何判断美债和美元指数走势？

1.美国国债利率分析框架

在美国政府信用的背书下，美国国债决定了市场的基准利率，并影响货币以及债券市场。从传导机制来看，美债作为连接联邦基金利率以及金融市场资产价格的纽带，构成了美国政府利用可控的基准利率间接影响金融市场的调控机制。此外，由于美国公开市场操作绝大部分是利用国债进行的，因此美国国债也是货币政策传导机制的重要媒介。美国绝大多数固定收益资产的定价，比如公司债和抵押贷款利率，也都是基于美国国债利率进行加点的。因此，分析国债收益率走势的重要性不言而喻。

美债利率分析框架可拆分为宏观层面和供需层面。宏观层面，美债名义利率＝通胀预期＋实际利率。通胀预期的决定因素包括经济基本面、货币政策、财政政策，实际利率的决定因素包括经济基本面、货币政策、财政政策、监管政策、市场情绪。在泰勒规则下，产出缺口和通胀缺口是决定利率走势的两大要素，同时，两者也共同决定债券收益率走势[1]。

供需层面，美债供给方主要为美国财政部，财政部会定期发行短期国库券、中期国债、长期国债、浮动利率票据（FRNs）、通胀保值债券（TIPS）。国债需求方主要由联储及政府账户（Federal

---

[1] 虽然个别情况下，债券收益率与经济基本面发生背离，主要受到流动性和供需等因素的影响。

Reserve and Government accounts[①]）和私人部门组成。联储及政府账户包括美联储和政府类基金，而私人部门则包括存款类机构、储蓄债券、养老保险基金、保险公司、共同基金、州和地方政府、海外和国际投资人、其他（个人、政府支持企业、经纪人和交易商、银行个人信托、企业）等。

（1）宏观层面与美债利率

经济基本面是影响美国国债收益率走势的重要因素之一。国债收益率水平取决于一国经济基本面的情况。国债从本质上说，是以该国经济发展预期为背书所发行的债务。美国GDP增速与美国国债收益率走势基本同步，经济景气数据如PMI数据，与国债收益率的变动具有同步性。在2020年新冠肺炎疫情暴发后，美国第二季度GDP同比大幅下行9.1%，美债利率随之大幅下行。但在宽松的货币政策以及大规模的财政刺激下，美国2020年第三和第四季度GDP跌幅明显收窄，美债收益率也较2020年上半年显著上行。

从经济的需求端来看，由于居民消费支出占美国GDP总量比重接近70%，因此名义GDP走势与美国个人消费支出基本一致，在此背景下，美债利率走势与美国消费增速有一定的关联。虽然疫情暴发后，因政府采取的管控措施，居民消费有较大幅度的下跌，名义个人消费支出在2020年第二季度同比下行达10.2%。但随着管控放松以及财政补贴的发放，美国居民个人消费支出迅速回暖，其同比在2021年第二季度达7.1%。在此期间，美债利率在趋势上基本同向变动。

[①] 2005年之后，government accounts（政府账户）更名为 intragovernmental holdings（政府内部持有）。联储及政府账户包括美联储和政府持有，政府持有包括政府信托基金、周转基金、专项基金等持有的政府账户系列证券（Government Account Series Securities）以及联邦融资银行证券（Federal Financing Bank Securities）。

通胀是影响美债收益率走势的另一个重要因素。总体来说，通胀主要通过消费传导，而居民的收入则是决定消费的主要因素，收入则由就业决定。也就是说，美国需求端的传导逻辑为：就业—工资—消费—通胀。

美国非农就业人数增速与美国人均可支配收入增速在方向上有较强的一致性，在经济复苏期间，劳动力市场向好对收入起到了很强的支撑作用，而人均可支配收入则直接影响消费。2021年出现的扰动因素主要来自政府发放的财政补贴，使居民在就业尚未恢复的情况下，人均可支配收入仍维持较高水平。从历史数据来看，美国居民收入同比与核心CPI之间的关联性较强，尤其与CPI分项中的住宅项关系密切，而住宅项在美国CPI中权重较高（约30%），因此居民收入与CPI之间的传导路径较为通畅。

从通胀的角度，可以引出另一个对美债收益率影响较大的因素，那就是通胀预期。以美国10年期国债收益率为例，它的名义收益率由预期利率和期限溢价组成。其中，预期利率由短期利率和通胀预期决定，期限溢价由通胀风险溢价和实际风险溢价组成。通胀预期加通胀风险溢价就是盈亏平衡通胀率，也就是我们通常所听到的名义收益率与通胀保值债券利率之差，代表长期通胀预期。"短期利率＋实际风险溢价"就是通胀保值债券利率，代表实际利率。实际通胀走高会带动通胀预期走高，这也是为什么10年期盈亏平衡通胀率自2021年初的2%一路飙升至年末的2.6%。

（2）货币政策与美债利率

美联储货币政策决定了美国短期限国债的利率水平，并且引导长端利率走势。美联储货币政策的最终目标是充分就业和价格稳定。当美联储观察到实际GDP增速显著低于（或高于）潜在水平时，美联储会进行宽松（或紧缩）的货币政策，下调（或上调）联邦基金利率目标，引导短端利率下行（或上行）。

美联储货币政策取决于通胀水平和劳动力市场情况。2020年8月，美国联邦公开市场委员会宣布将更新长期目标和货币政策框架。其中，通胀方面，联邦公开市场委员会提出了"长期平均通胀目标制"，将2%的通胀目标上限改成均值，也就是说，美联储将允许通胀在今后较长一段时间内超过2%，以此来补偿自2007—2009年金融危机以来，美国通胀水平长期低于2%的缺口。就业方面，联邦公开市场委员会将就业最大化的定义改成"就业最大化存在的缺口"，将其作为制定政策的依据，而非之前的"偏离最大化就业"，以此来刺激劳动力市场。这也表示，美联储现在更为关注就业不充分的问题。

一般来说，美国联邦基金利率期货可以较好地反映市场对美联储加息/降息的预期，而市场对美联储货币政策取向的预期，也是美债中短期交易博弈的重要因素之一。

另一个判断美联储货币政策方向的指标为美联储议息会议点阵图。美联储议息会议点阵图展示了联邦公开市场委员会对特定年份的年末长期联邦基金利率目标区间中值的预判，通常在每年3月、6月、9月、12月的议息会议上更新。以2021年12月的点阵图为例，其展示了联邦公开市场委员会委员对2021年、2022年、2023年底长期联邦基金利率目标区间中值的判断。具体来说，在对2022年底联邦基金利率目标区间中值的判断上，10位委员认为应当保持在0.875%，即联邦基金利率目标区间为0.75%~1%；2023年底和2024年底联邦基金利率目标区间中值则分别为1.6%和2.1%。一方面，点阵图自身变化可用来判断美联储内部对加息/降息的预期变化。另一方面，通过对比点阵图中联邦公开市场委员会官员对于未来某一时点联邦基金利率的预期值和当前联邦基金利率的实际水平，可以预判在特定时间范围内可能的加息/降息次数，以此来判断美联储货币政策的态度。

最后，美联储在两次危机中推出的大规模资产购买计划（量化宽松）对美债收益率也有较大影响。

如前文所述，美联储在危机期间推出QE，目的就是向市场传递美联储稳定通胀和推动经济恢复的信心，避免市场因经济前景变差而产生对通缩的担忧。2008年11月—2009年4月，美联储实施第一轮QE，结合超低的联邦基金利率，第一轮QE成功地推升了通胀预期，10年期盈亏平衡通胀率从2008年最低点的-0.02%上升到2009年4月的1.3%，并且在2010年回到了危机前水平。这表明市场对美联储稳定通胀和推动经济恢复的信心，同时期美债收益率也触底反弹。

此外，QE通过信号渠道降低短期预期利率，从而降低长期债券收益率。从预期利率的角度看，QE主要通过信号渠道发挥对利率的调节作用。信号渠道的作用机理在于，资产购买有助于证明并强化中央银行对货币宽松政策的承诺，尤其是将在更长一段时间内使短期利率维持在低位的承诺。也就是说，如果央行的资产购买作为一种承诺手段，确保在未来维持较低的短期政策利率，就有可能降低长期债券收益率。美国圣路易斯联邦储备银行行长詹姆斯·布拉德曾说过，量化宽松对宏观经济没有直接影响，但它确实发出了一个可靠的信号，表明了联邦公开市场委员会打算将政策利率维持在接近零的水平多久。也就是说，QE的强大效果是靠预期实现的。达拉斯联邦储备银行前行长理查德·费希尔在2013年联邦公开市场委员会会议上也承认，我们创造的几乎所有货币都是以超额准备金的形式存在的，这根本不是在经济中流通的货币。我们所做的，是提供一个货币性假动作。

最后，QE可以通过对期限溢价的影响，间接作用于美债收益率。期限溢价是持有长期限债券的债权人所要求的额外回报，用以弥补潜在的投入短期限资产的机会成本。一般而言，投资者对持有长期限债券要求额外的期限补偿。那么是什么影响期限溢价呢？期限溢价由通胀风险溢价和实际风险溢价决定。通胀风险溢价简单地说就是，如果投资者担心有通胀风险，那么通胀风险溢价就会升高，反之亦然。因此，QE 在一定程度上稳定了通胀预期，也稳定了通胀风险溢价。如果人们对于未来货币政策不确定或者对经济预期较差，也会推升期限溢价。在第一轮和第二轮 QE 之后，期限溢价大幅度下行，表明 QE 稳定了市场的通胀预期，这也让市场对今后经济的预期有所好转。此外可以看到，2013 年 5 月之后，期限溢价大幅抬升，主要源于伯南克在 5 月对资产购买缩减发表的言论，造成了当时所谓的缩减恐慌，市场对货币政策走向不确定，缩减和加息预期让市场对经济预期变差，造成期限溢价大幅上调。

影响期限溢价的另一个原因在于债券供需结构变化。QE 增加了对长期政府债券的需求，并因此降低了该类债券的期限溢价。可以看到，期限溢价在 QE1、QE2、扭转操作之后均大幅下滑，并且长债收益率下滑的幅度远高于短债收益率。这表明联邦政府在 QE 时期大量购入长期债券，使长期债券需求大增，期限溢价下行，总体收益率下行。

实际风险溢价方面，可以以美国非投资级债券收益率为标准进行衡量。非投资级债券收益率自 2009 年 6 月起就一直处在下行通道，且下行速度高于投资级债券收益率，这就表明，QE 可以有效刺激经济，推升市场的风险偏好，降低违约风险溢价，从而压制风险资产利差。

总体来说，一方面，QE 稳定了市场的通胀预期，让市场对今后经济的预期有所好转，通胀风险溢价下行；另一方面，QE 增加了对长期政府债券的需求，并因此降低了该类债券的期限溢价。最后，QE 可以有效刺激经济，推升市场的风险偏好，降低违约风险溢价，从而压制风险资产利差（见图 8-1）。

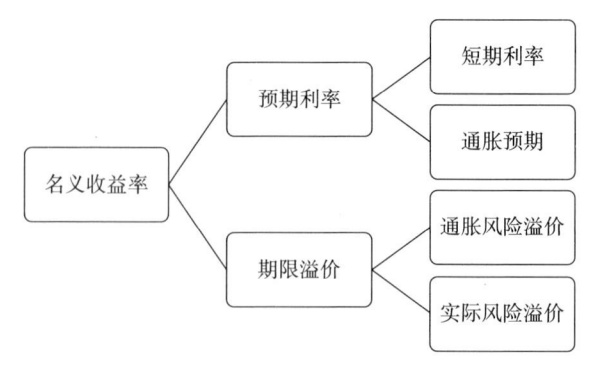

图 8-1 美国国债收益率分析框架

2. 美元指数

美元指数衡量的是美元相对一篮子货币的强弱，在很大程度上反映了美元相对欧洲货币的强弱，即美国经济基本面及货币环境相对欧洲的强弱。

美元指数是综合反映美元在国际外汇市场上汇率情况的指标，用来衡量美元对一篮子货币的汇率变化程度。它通过计算美元对选定的一篮子货币的综合变化率，来衡量美元的强弱程度。而在对美元指数进行标价的货币中，欧洲货币权重占比达到77.3%，欧元权重占比达到57.6%。因此，美元指数实际上在很大程度上反映了美元相对欧洲货币的强弱，即美国经济基本面及货币环境相对欧洲的强弱。

在美国次贷危机后进行QE1与QE2的时候，美元指数明显下降，显示美联储放松货币政策，美国流动性大幅上行，导致美元贬值。但在QE3期间，美元却明显升值，这是因为美联储货币政策只是决定美元汇率的一个因素。在2010年第二季度、2012年中期和2014年第二季度，美元汇率的走势同时受到欧债危机和乌克兰危机影响，因此美元明显升值。

在新冠肺炎疫情刚暴发时，美国量化宽松的幅度远超欧洲，美欧资产规模增长差大幅上行，带动美元指数走弱，但从 2020 年 5 月开始，美欧资产规模增长率见顶回落，欧洲央行大规模的量化宽松也使货币量的扩张速度快于美国，美元指数触底反弹。

（四）货币政策正常化道阻且长：加息和缩表

1. 加息

2015 年 12 月 16 日的联邦公开市场委员会会议后，美联储宣布将联邦基金利率目标区间从 0%~0.25% 提高至 0.25%~0.5% 的水平，标志着货币政策正常化开启，也标志着金融危机以来长达 83 个月的零利率时代终结。其实，在 2015 年 10 月的联邦公开市场委员会会议上，美联储就对未来的加息做出指引："委员会预计，当劳动力市场出现进一步改善，并有理由相信通货膨胀将在中期内回落至 2% 的目标时，上调联邦基金利率的目标区间将是合适的。"[①] 2015 年 12 月，点阵图预计 2016 年加息 4 次、2017 年加息 4 次，并且美联储下调了 2016 年的失业率和通胀预期，上调了经济增长预期，显示出美联储对美国经济复苏节奏充满信心。实际操作中，美联储在 2016 年加息 1 次，2017 年加息 3 次，2018 年加息 4 次，2019 年开启降息。而开启加息的重要原因之一是，为日后再次发生危机时留有降息的余地。

---

① 原文为 "The Committee anticipates that it will be appropriate to raise the target range for the federal funds rate when it has seen some further improvement in the labor market and is reasonably confident that inflation will move back to its 2 percent objective over the medium term"。

2. 缩表

2017年6月14日的联邦公开市场委员会会议提到，委员会预期将开始资产负债表正常化，逐渐减少美联储持有的债券。2017年9月20日，联邦公开市场委员会正式宣布开始缩表，计划2017年10—12月，每月缩减60亿美元国债和40亿美元MBS。计划2018年末，美联储资产规模缩减至约4.1万亿美元；2019年末，缩减至约3.5万亿美元。

2019年3月的联邦公开市场委员会会议标志着美国货币政策开始转向，货币政策正常化进入尾声。美联储在2019年放缓缩表节奏并开始预防性降息主要有四大原因。第一，美联储对美国经济增长前景忧虑加深，继2018年12月后，进一步下调经济增长预期，并上调失业率预测。美国制造业PMI连续数月呈回落态势，劳动力市场中，新增非农就业人数回落，制造业每周工时和每周加班工时持续下滑，PCE指标自2018年9月开始回落，反映美国国内通胀疲软、需求不足。第二，全球贸易局势恶化，冲击中小企业利润。自2018年中美经贸摩擦以来，美国PMI新出口订单指数持续走弱，中美经贸关系的不确定性降低了企业投资和扩张意愿。第三，美国通胀压力下行，会议纪要明确指出通胀水平"有所下降"，由于全球经济增长放缓、油价下挫，美联储将2019年的PCE通胀预期由1.9%下调至1.8%。第四，特朗普对美联储施加政治压力。特朗普上台后，多次发文抨击美联储加息行为损害美国经济，而美国对中国愈演愈烈的关税政策也不断给美国经济施压。因此，在多重因素的叠加下，美联储在2019年3月的议息会议上宣布，从2019年5月开始逐步放缓收缩资产负债表步伐，将每月国债缩减上限由300亿美元减半至150亿美元，MBS缩表上限继续维持在200亿美元，因此缩表总上限从之前的500亿美元下修至350亿美元，并预计9月结束缩表进程，同时2019年10月开始将到期的MBS本金转投美国国债（上限为200亿美元/月）。2019年7月，联邦公开市场委员会会议决定8月1日提前结束缩表。

（1）提前终止缩表——市场的解读

纽约联储公布的数据显示，2019年10月22日，联邦基金利率上升至2.19%，与超额准备金利率（2.20%）只差1bp，这是2008年推出超额准备金利率以来的最小差距。10月23日，联邦基金利率进一步升至2.20%，虽然仍在美联储2%~2.25%的目标区间内，但已经达到美联储设定的技术上限，为10年来首次。

通常情况下，联邦基金利率与超额准备金利率之差被视为判断美联储控制短期利率有效性的指标。因此，市场普遍认为，联邦基金利率上行超过超额准备金利率，一方面，可能是美联储多次加息、缩表以及美国国债供应量增加所导致的；另一方面，可能表示超额准备金量不足。这迫使联邦公开市场委员会在2019年初考虑提前结束缩表，避免因超额准备金下滑造成银行体系的资金压力。

（2）提前终止缩表——美联储的真实意图

2018年11月28日，美联储拟开始向公众发布半年一次的金融稳定前景报告。美联储认为，促进金融稳定是帮助美联储完成货币政策目标（充分就业和价格稳定）的关键因素。因此，在资产估值压力普遍升高、企业债务相对于GDP比例创历史新高、信贷环境有恶化迹象的情况下，美联储若继续缩表，则有可能对金融稳定形成威胁。停止缩表后，美联储在2019年7月、9月、10月连续三次预防式降息。

（五）鲍威尔时代，美联储货币政策框架的改变

2020年8月27—29日，在美国堪萨斯城联邦储备银行主办的杰克逊霍尔全球央行年会上，美国联邦储备委员会宣布对长期目标

和货币政策策略声明进行更新,将寻求实现 2% 的平均通胀率长期目标。此前,美联储相关政策表述则是致力于实现通胀率位于"对称性的 2% 目标"附近。

当时全球经济所处的宏观环境与美联储 2012 年启用 2% 的通胀目标时已截然不同,一个典型案例是菲利普斯曲线"失效",劳动力市场表现强劲也无法引起物价水平的显著上升。不仅如此,持续的低通胀引发潜在通缩的风险还在逐渐加大。实施平均通胀目标制,意味着美联储可用未来通胀的"余额"补偿过去和当下的"差额",在有限的降息空间里通过提高通货膨胀的容忍度为货币政策提供额外的空间,以应对逐渐增大的通缩风险。不过此次货币政策新框架能否实现美联储设定的预期效果,仍存在较大不确定性。

第一,新的货币政策框架调整幅度不大,短期作用不明显。相较原有框架,此次调整既没有引入新的货币政策工具,也没有直接触及利率调整,而是力求通过引导通胀预期超过 2% 来间接实现政策目标。金融市场对此次框架调整的反应也较为平淡。自上一轮经济扩张周期开启以来,通胀在大部分时间低于美联储 2% 的目标,这也在一定程度上降低了市场对美联储未来通胀超调的预期和控制通胀能力的信心。

第二,美联储货币政策的不可预见性更强,操作不当或削弱美联储信誉。美联储在此次声明中虽然明确地引入平均通胀目标概念,但并未披露该目标制的具体计算公式等更多相关的细节。这意味着美联储可以主观地选取特定时期进行估计,"技术性"地调整出符合美联储期望的平均通胀水平,而原本明确的泰勒规则被可主观调整的新规则所替代。这样做增加了美联储政策的不可预见性,降低了新框架下货币政策操作的透明度。

第三,美联储"独立性"可能受到损害,货币政策效用渐弱。新冠肺炎疫情暴发后,为了向市场释放充裕的流动性,美联储的资产购买标的进一步扩大至企业债、商业票据等，其行为已超越了"最后贷款人"的职能。为保证财政救助所需资金，美联储一方面大规模进行国债购买，另一方面通过维持低利率降低债务成本。这样一来，货币政策便与财政政策深度捆绑，从而使美联储货币政策的独立性受到一定削弱，货币政策对市场的调控能力下降。美联储货币政策能否推动美国经济内生增长的恢复，是评估美联储新货币政策框架作用时所面临的最大挑战。

二、美国的利率体系

（一）政策利率、市场利率以及二者之间的关系

1. 美联储政策利率：联邦基金利率目标

联邦基金利率目标，是美联储用来设定货币政策立场的政策利率，是美国金融市场中最基本的基准利率。

联邦基金利率目标是美联储设定的联邦基金利率的目标值。所谓联邦基金利率，是美国银行同业拆借市场的利率，当存款机构的准备金账户中有盈余时，会将其拆借给需要准备金的其他银行。简单来说，拥有过剩现金（通常称为流动性）的银行将借给需要快速提高流动性的银行。借款方向贷款方支付的利率由交易双方谈判确定，所有这些类型的谈判的加权平均利率被称为有效联邦基金利率（EFFR）。虽然有效联邦基金利率基本上由市场决定，但在很大程度上会受到美联储的影响，因为美联储可以通过设定联邦基金利率目标，并使用各类货币政策工具来影响联邦基金利率，使其向目标接近，进而对经济进行调控。

联邦公开市场委员会是美联储货币政策的执行主体，通过设定货币政策的立场，引导就业和通货膨胀朝着预期的方向发展。联邦

公开市场委员会每隔一个半月召开一次议息会议来确定联邦基金利率目标，每年共举行8次，分别为每年1月、3月、4月、6月、7月、9月、11月、12月。与会期间联邦公开市场委员会成员将根据美国当下经济、金融形势及未来展望，制订下一步货币政策执行计划。议息会议上，12名委员会成员将对货币政策执行决议进行投票，通过的货币政策决议将首先转达给纽约联储的公开市场账户（SOMA）经理，之后再由公开市场账户经理将指令下发至各地方联储执行。

为实现居民最大就业和稳定物价水平的双目标，在制定联邦基金利率目标时，联邦公开市场委员会将充分考虑经济发展状况。若联邦公开市场委员会认为经济增长过快，通胀压力与美联储的双重目标不一致，可能会设定较高的联邦基金利率目标，以缓和经济活动。相反，可能会设定较低的联邦基金利率目标，以刺激更大的经济活动。

为了达成所设定的联邦基金利率目标，美联储将通过公开市场操作等一系列货币政策工具调控有效联邦基金利率。例如，美联储通过公开市场出售可以降低流动性，提高联邦基金利率；同样，美联储可以通过公开市场购买增加流动性，降低联邦基金利率。

2. 政策利率如何影响市场利率？

联邦基金利率目标是美国金融体系中最核心的基准利率，它的变动会影响整个经济体的利率体系。

受到联邦基金利率目标影响最大、最重要的市场利率之一是最优惠利率。最优惠利率是美国银行系统中常用的短期利率，所有类型的美国贷款机构（传统银行、信用合作社等）都使用美国最优惠利率作为指数或基础利率来给各种中短期贷款产品定价。在整个美国范围内，最优惠利率都是一致的。之所以称之为最优惠利率，是因为它是商业银行向其风险最低的客户提供的利率，商业银行通常使用最优惠利率作为基本贷款利率，进而根据与贷款相关的风险量增加具体利率水平。此外，一些金融机构也使用最优惠利率。

最优惠利率总是与联邦基金利率目标挂钩，当联邦基金利率发生变化时，最优惠利率也将发生变化，如果联邦公开市场委员会投票决定不对联邦基金利率做出任何改变，那么美国最优惠利率也将保持不变。自1994年第二季度以来，美国最优惠利率的经验法则是：美国最优惠利率＝联邦基金利率目标＋3%。目前，由于2021年12月15日联邦公开市场委员会已投票决定将联邦基金利率的目标区间保持在0%~0.25%，所以当前美国最优惠利率为3.25%。

由此可见，联邦基金利率目标和最优惠利率之间的联系十分紧密。此外，由于最优惠利率是许多消费者利率以及各类贷款产品利率的基准，同时也作为某些定期存款产品（如浮动利率定期存单）的定价指数，所以联邦基金利率目标的变动将传导至更大、更广范围的市场利率。

与联邦基金利率目标密切相关的另一个重要利率是伦敦银行同业拆借利率。LIBOR是银行在伦敦银行同业拆借市场上相互收取的欧洲美元（Eurodollar，即存放在美国境外的各国银行，主要是欧洲和美国银行欧洲分行以美元计价的存款，或者从这些银行借到的美元贷款）的价格。LIBOR是洲际交易所（ICE）小组通过对全球大型银行利率报价的调查进行计算并发布的。虽然大多数中小型银行通过借入联邦资金以满足其准备金要求，但这并非它们获得具有价格竞争力的短期贷款的唯一场所，欧洲美元可以作为联邦基金的替代品。LIBOR往往会密切跟踪美联储的政策利率，而较低的联邦基金利率可能会降低LIBOR，尤其是短期LIBOR的水平。

当然，目前，美元LIBOR正在逐渐被SOFR替代。与来自调查银行报价的LIBOR不同，SOFR以美国国债回购市场的交易以及可观察的实际交易数据为基础，是衡量以美国国债为抵押物的隔夜拆借资金成本的一个广泛指标。由于 SOFR 几乎不包含任何信用风险，因此更能代表目前银行间的融资成本。作为 LIBOR 的替代，SOFR 也不可避免地受到联邦基金利率目标变动的影响。

此外，联邦基金利率目标也间接影响抵押贷款、贷款和储蓄等长期利率，对消费者的财富和信心产生重要影响，进而影响整体宏观经济的运行。

（二）美联储如何调控政策利率：货币政策工具

美联储以联邦基金利率为中介目标，通过调节联邦基金利率目标，影响整个市场的利率体系，进而对宏观经济的运行予以把控。本节会对美联储如何通过各类货币政策工具调控利率进行讨论。

1. 有限准备金框架下的货币政策工具

联邦基金利率是银行间隔夜准备金贷款的利率，它是准备金市场供需均衡状态下准备金借贷的价格。因此，探讨货币政策工具对联邦基金利率的影响，需要从准备金市场出发。

与各国央行的普遍做法一致，为确保清偿能力、防止兑付风险，美联储要求商业银行持有一定数量的准备金。传统意义上，准备金总额可分为两个部分：一是法定准备金，等于法定准备金率乘以需要缴纳准备金的存款，是存款机构必须根据特定存款持有的资金；二是超额准备金，是指存款机构在其联邦储备银行账户中自愿持有的超过其法定准备金的数额。

在 2008 年之前，由于美联储不对准备金支付任何利息，所以银行往往只持有略多于准备金要求的存款，即超额准备金规模较低。当银行需要额外的准备金来满足需求时，会在联邦基金市场上借入准备金，成为准备金的需求方；而如果银行有足够的超额准备金，则可以在联邦基金市场上借出它们，成为准备金的供给方。供需之间的相互作用形成了借贷准备金的价格，即联邦基金利率。

银行对准备金的需求曲线有两个特点：一是以美联储的贴现率为上限，银行通常不会以高于美联储贴现率的利率水平借入资金；二是随着借贷成本的降低，银行愿意借入更多资金来增加其储备。准备金的供应曲线是垂直的，因为只有美联储通过准备金公开市场操作供给的准备金，即非借入准备金（Non-Borrowed Reserves, NBR）是固定的，准备金的供应可以视为外生。供给曲线和需求曲线的交点即为联邦基金利率的水平。

在准备金有限的情况下，准备金供应相对较小的增加（减少）会使供应曲线向右（左）移动，并使联邦基金利率降低（升高）。为了提高联邦基金利率，美联储通过在公开市场上出售美国国债来减少准备金供应；准备金的减少使供应曲线向左移动，使均衡状态下的联邦基金利率升高。相反，为了降低联邦基金利率，美联储则通过在公开市场上购买美国国债来增加准备金供应；准备金的增加使供应曲线向右移动，导致联邦基金利率降低。

美联储买卖美国国债的行为被称为公开市场操作。在这个框架下，美联储可以使用每日公开市场操作来微调供应曲线的位置，将联邦基金利率保持在联邦公开市场委员会的目标位置上。由于美联储倾向于保持贴现率和联邦基金利率之间的利差大致恒定，因此当联邦公开市场委员会上调或下调政策目标时，同时也对贴现率予以上调或下调。

2. 充足准备金框架下的新货币政策工具

2007—2008年的金融危机改变了美联储实施货币政策的方式。为应对金融危机，联邦公开市场委员会将联邦基金利率目标下调至接近于零，并从设置单个联邦基金利率目标转变为设置联邦基金利率目标区间，区间的上限和下限相差25bp。此外，2008—2014年，美联储实施了一系列大规模资产购买计划，以降低长期利率，缓解更广泛的金融市场状况，这些购买使银行体系中的准备金水平从约150亿美元（2007年）增加到超过2.7万亿美元（2014年底）。在如此庞大的准备金总量下，小幅调整储备供给已不再是上调或下调联邦基金利率的有效方式。随着经济从金融危机中复苏，美联储将需要依靠新工具来调控联邦基金利率。

美联储的新框架被称为"充足准备金框架"，转而使用两个管理利率（由美联储而不是市场直接决定的利率）来控制联邦基金利率在联邦公开市场委员会的目标区间内：准备金利率和隔夜逆回购协议（Overnight Reverse Repurchase Agreement，ON RRP）利率。

（1）准备金利率

准备金利率即美联储为商业银行在联储银行账户中持有的准备金而支付的利息。自2008年10月，美联储开始对准备金和超额准备金付息。法定准备金利率（Interest on Required Reserve，IORR）为银行的法定准备金提供了利息补偿，事实上相当于取消了对准备金要求的隐性税；而超额准备金利率（Interest on Excess Reserves，IOER）改变了银行在美联储持有超额准备金的动机，超额准备金利率成为影响准备金水平的重要工具。由于目前法定准备金利率和超额准备金利率被设定为相同的水平，且法定准备金率已经降至零，因此可以将二者视为统一的准备金利率。

分析准备金利率对联邦基金利率的影响仍然要从准备金市场的供求情况出发。充足准备金框架下，准备金需求曲线仍然以美联储贴现率为上限，且随着准备金水平的增加而变得平坦。由于准备金水平已经十分充足，供应曲线与需求曲线平坦处相交，因此供应曲线的微小变动对联邦基金利率水平的影响较小，美联储难以使用每日公开市场操作调控联邦基金利率达到目标。

准备金利率（等同于 IOER）是将联邦基金利率保持在目标区间内并推动需求曲线持平的主要工具。由于准备金利息的支付使存入美联储的现金成为无风险的投资选择，银行不太可能以低于准备金利率的价格在联邦基金利率上借出准备金。如果联邦基金利率远远低于准备金利率，那么银行可能会在联邦基金市场借款并将这些准备金存入美联储，从而从差额中获利，这种套利行为确保了联邦基金利率不会过分偏离准备金利率的水平。

在实际操作中，美联储调控准备金利率使联邦基金利率在目标区间内，准备金利率成为联邦基金利率的上限。之所以准备金利率会高于联邦基金利率，是因为并非所有拥有储备账户的机构都可以从美联储的存款中获得利息，也并非所有金融机构都允许在美联储开设账户，比如美国联邦住房贷款银行（FHLBs）和"两房"（房利美和房地美）之类的政府支持企业（GSEs），可以参与同业拆借市场，但是却无法在联储银行获取超额准备金利息。同时，由于金融危机期间美联储向市场注入了大量流动性，银行流动性充裕，拆借意愿较低，而此类机构也获得了很多流动性，愿意以低于准备金利率水平的利率向市场拆出资金，而其他金融机构也可以以低于准备金利率水平的利率拆借然后存于联储账户赚取利差，这使联邦基金利率下穿了准备金利率，并且在很长的一段时间内维持在准备金利率以下。

准备金利率作为联邦基金利率的上限，当美联储提高或降低准备金利率时，联邦基金利率也会上升或下降。因此，美联储可以通过设定准备金利率，将联邦基金利率引导至联邦公开市场委员会设定的目标区间。

（2）隔夜逆回购

包括联邦基金利率在内的短期利率有时会下穿准备金利率，使得联邦基金利率缺少下限约束。为解决这一问题，联邦公开市场委员会于 2014 年推出了 ON RRP 工具，覆盖众多大型银行和货币基金。ON RRP 工具是一种短期公开市场操作工具，其原理是，当机构发起 ON RRP 操作时，它将准备金存入美联储过夜，并获得美联储提供的证券作为抵押品。到期时，美联储将回购证券，而该机构从存入美联储的现金中赚取 ON RRP 利率，以此达到让过剩的流动性回到美联储手中的目的。

相对于无风险的 ON RRP 操作，金融机构不会愿意以低于 ON RRP 利率的价格出借资金。因此，ON RRP 利率作为补充策略工具（设定在准备金利率以下）成为联邦基金利率的新下限。

相比于金融危机以前的回购/逆回购操作，当前的 ON RRP 工具有所不同：一方面，ON RRP 利率为联邦基金利率的下限，用来调控联邦基金利率的范围；另一方面，回购的交易对手范围扩大，以前交易对手方仅限于一级交易商，现在扩充到 24 个银行和一系列非银行机构，包括货币市场基金、主交易商和美国政府赞助企业等。目前的 ON RRP 利率为 0.05%。

旧工具扮演的角色已经改变，新工具正在使用（见表 8-2）。

表 8-2 美联储调节联邦基金利率使用的工具

工具	定义	充足储备框架下的实践
准备金利率	银行在其联邦储备银行账户中持有的准备金支付的利息	由于银行不太可能在联邦基金市场以低于美联储支付的价格发放准备金，因此，准备金利率是指导联邦基金利率的有效工具。实际上，准备金利息是将联邦基金利率转移到目标范围内的主要工具
隔夜逆回购协议利率	该利率与 ON RRP 授信相关，是一项隔夜交易，美联储向符合条件的金融机构出售美国政府证券，同时达成协议在第二天回购证券	相比于准备金利率来说，有更多类型的金融机构可以参与 ON RRP 贷款。由于这些机构不太可能以低于 ON RRP 利率的水平贷款，因此联邦基金利率不太可能低于 ON RRP 利率。所以，ON RRP 利率是控制联邦基金利率的补充工具（ON RRP 授信是一种长期有效的要约，用于与一系列金融机构签订隔夜逆回购协议，是公开市场操作的一种特殊形式）

续表

工具	定义	充足储备框架下的实践
公开市场操作	美联储买卖政府证券的行为	在金融危机之前，公开市场操作是货币政策的主要工具。在今天的框架中，虽然日常购买和出售政府债券不再用于调整储备供应和影响联邦基金利率，但公开市场操作仍然是一个重要的工具，因为购买是定期进行的，以此确保储备保持充足
贴现率	美联储对银行通过美联储贴现窗口获得的贷款收取的利率	银行不太可能以高于贴现率的利率借贷，所以这个利率是联邦基金利率的上限。然而，从传统上来说，从美联储借款的"羞耻感"通常会削弱贴现率作为上限的效力
法定存款准备金	美联储要求银行以现金形式持有的资金，可以存放在金库中，也可以存放在美联储	在有限储备框架下，法定存款准备金通过创造稳定的储备需求发挥了核心作用。然而，在充足储备框架下，法定存款准备金不再在政策实施中发挥重要作用。3月中旬，美联储委员会宣布将从2020年3月26日起将准备金率降至零，这在一定程度上反映了这一事实

三、解密美国货币市场

（一）货币市场组成：联邦基金市场和回购市场

美国货币市场分为联邦基金市场和回购市场。联邦基金市场是无担保的资金借贷市场，是美国银行之间借入或借出准备金的市场，交易利率为有效联邦基金利率。回购市场则是有担保的资金借贷市场，交易利率为有担保隔夜融资利率。参与者包含所有的金融机构、集合产品以及美联储，甚至企业也可以直接参与回购市场出借资金。

美国货币市场中回购市场交易占绝对地位。2008年次贷危机后，联邦基金市场规模持续缩减，2021年日均交易量为670亿美元，占美国货币市场总成交量的6.9%。回购市场的规模逐渐扩大，

2021年以来美国回购市场的隔夜交易的日均交易量约为 0.92 万亿美元，占总成交量的 93.1%，其中，双边回购占比为 56.3%，三方回购占比为 36.8%。金融机构或产品的短期资金供求主要通过回购市场实现，此外，金融机构也可以通过发行商业票据等方式获得短期资金，其供求两端的路径基本与回购市场相同。

（二）货币市场主要参与者

1. 货币当局（美联储）

美联储发行基础货币，调控政策利率，通过多个手段控制市场流动性。美联储调控美元有三个主要手段：制定利率，买卖国债，调节准备金。

（1）制定利率

美国联邦储备委员会决定贴现率，联邦公开市场委员会决定联邦基金利率。贴现率对应的是美联储向商业银行的贴现。联邦基金利率指美国同业拆借市场的利率，其最主要的是隔夜拆借利率，这种利率的变动能够敏感地反映银行之间资金的余缺。联邦公开市场委员会制定的联邦基金利率是银行间拆借利率的参考值和目标值：对于商业银行来说，联邦基金利率是两个商业银行在谈判拆借利率时的基准利率，可以此基准上下浮动；对于联邦公开市场委员会来说，这个利率是一个目标值，即制定了该利率，要通过公开市场的手段来实现目标，把商业银行的同业拆借水平调整到设定的目标值。

由于控制了两大基准利率，提高利率则市场上流动性降低，反之同理。流动性降低，股市、债市倾向下跌，美元升值，从而美元兑黄金和美元对外币的汇率上涨。因此，美联储对当前形势的认知和目标是最为关键的。

（2）买卖国债

美联储印发货币，通过二级市场买卖短期国债，调整美元流动性。美联储买卖国债主要影响债券市场，在债券市场上导致债券需求增加（减少），短期债券价格就会上升（下跌），这将导致短期利率下降（上升），根据期限选择和流动性升水理论，这也将导致长期利率相应变动，即影响整个利率体系。

（3）调节准备金

准备金率是商业银行把一部分储蓄者的钱交给美联储保管的比例，准备金率越高，商业银行能贷款出去的钱就越少。存款准备金率把美联储和商业银行联系在了一起，商业银行要把储蓄者存款的一部分上交给美联储，防止出现挤兑这种极端情况，美联储也通过准备金率来施行货币政策。

2. 货币交易商

货币交易商，也是市场做市商，从事货币市场的资金融入与融出，连接美联储和现金池，通过货币市场融入短期资金，再通过货币市场融出资金，赚取两者的利差，资产负债两端均为货币市场工具，称为匹配账户。

（1）货币交易商：财政部

美国财政部的资产端是财政部存款（TGA）账户，财政部存款账户是美国财政部的现金结余或财政部一般账户，反映美国财政部大部分收入及支出。当财政部存款增加（减少）时，其将从银行系统中吸取（回吐）储备。财政部可以在美联储开设存款账户，但支付零利息，金融危机后，财政部存款账户的变化也是影响货币市场流动性和利率的重要因素。财政部的负债端为短期国债（仅考虑期限短于一年的货币市场工具）。

不同期限的国债有不同的买家基础。

1个月期和3个月期国库券仅对货币基金和私人现金池有吸引力。

公共现金池可以利用外国回购池，银行可以利用IOER，但是货币基金有ON RRP的工具可以获得更高的收益，为什么仍然会投资于1~3个月期国债？因为ON RRP的资金在下午3点30分返回，这对于机构投资者来说，无法成为日内流动性的一个来源，而美国短期国债的成熟度越来越高，可以随时变现，成为货币基金日内流动性的关键来源，为了实现日内流动性，货币基金愿意放弃一些收益率而投资于短期国债。

6个月期国库券的买家基础可能有所拓展。

当6个月期国库券利率高于海外回购池的利率时，公共资金池愿意持有6个月期的国债。

但此时银行仍不感兴趣，除非其收益超过IOER。对于银行而言，准备金和国债都是高质量流动性资产（HQLA），均可用于满足流动性覆盖率（LCR）要求，所以看谁的收益更高就选择谁。当前，国债收益率的期限结构可能随时间变化，根据收益率高低选择即可。

12个月期国库券对银行的吸引力较大。

（2）货币交易商：FHLBs

FHLBs是美国联邦住房贷款银行，是由11家美国政府赞助的银行。它为成员金融机构提供可靠的流动性，以支持住房融资和社区投资。FHLBs持有流动性来预防挤兑。美国联邦住房金融局要求FHLBs持有足够的流动性来应对14天无法获得融资的流动性压力。此外FHLBs运营着约1 000亿美元的现金投资组合。

FHLBs在负债端发行1周、1个月、3个月和6个月期限的贴现票据（DISCO）。买家主要包括货币基金和一些私人现金池。公共现金池和银行一般不会购买DISCO，因为收益更低。货币基金愿意持有短期DISCO，来作为日内流动性提供来源。

FHLBs 在资产端的业务包括 ON RRP 和投入联邦基金市场。其中，ON RRP 是美联储在临时公开市场操作中出售的美国国库券，主要是向市场提供一个保底保收益的机会，对每个金融机构有 300 亿美元的限额。从 2021 年 3 月 18 日起，将每个交易对手每日 ON RRP 的上限从 300 亿美元提高到 800 亿美元。ON RRP 的主要作用是，为货币政策利率筑底，给金融机构保底收益。

对于 FHLBs，如果资产端仅选择 ON RRP，那么其负债端成本和资产端收益几乎相等，收益微薄。因此，投入联邦基金（FF）市场是主要的资产配置方式。

联邦基金市场的现金收回时间是可以双边协商的，可以满足日内流动性要求。当前联邦基金市场的主要参与者就是 FHLBs，其向十余家外国银行的美国分支机构提供资金，然后外国银行从事 IOER-FF 的套利交易。美国银行不加入联邦基金市场，是因为套利交易导致资产负债表膨胀，而美国银行每天都需要向监管机构报告资产负债表，并受到监管，且只赚取相对较低的"影子"IOER，所以意愿较低。而外国银行只在月末报告资产负债表，并可获得全额 IOER，对它们来说，IOER-FF 套利交易的回报更高。

（3）货币交易商：商业银行

银行需要保持流动性来防范挤兑，银行的流动性要求需要满足《巴塞尔协议Ⅲ》的 LCR 要求。根据 LCR 要求，对于期限等于或短于 30 天的货币市场负债，银行需要相应持有 HQLA。HQLA 对于债券和货币市场均适用，对于货币市场，超额准备金是银行主要持有的 HQLA。根据要求，HQLA 对应的融资必须是没有抵押的。因此，在负债端银行需要寻求无抵押的融资，具体而言，可以使用联邦基金、隔夜银行融资（OBFR）、在岸或者欧洲美元的经营性存款、非经营性存款或者商业票据。

联邦基金指美国的商业银行存放在联邦储备银行（中央银行体

系）的准备金，包括法定准备金及超过准备金要求的资金。这些资金可以借给其他成员银行，以满足它们对短期准备金的需求，拆借的利率称为联邦基金利率（前述）。

非经营性存款是银行最廉价的无抵押资金来源。非经营性存款是指私人现金池超出其支付需求的现金存款余额。非经营性存款的不同形式：在岸或离岸（欧洲美元），活期存款、定期存款或存款存单。资产管理公司和对冲基金的非经营性存款相对来说是最不稳定的，因为其可能随时面临支取需求。

对于不同风险偏好的银行，非经营性存款对应的 HQLA 投资组合可能有所区别。对于保守的银行，非经营性存款存入美联储作为超额准备金。对于运营风险更高的银行，非经营性存款对应的 HQLA 由国债和机构 MBS 组成。

经营性存款同样没有抵押，HQLA 要求较低（约 25%），因此它们的收益率更有吸引力，接近有效联邦基金利率和隔夜银行融资利率。

（4）货币交易商：一级交易商

一级交易商是具备一定资格，可以直接向国库券发行部门承销和投标国库券的交易商团体，包括资金实力雄厚的商业银行和证券公司。在美国，任何公司都可以交易政府证券，但在执行其公开市场操作时，联邦储备只与指定的一级交易商或认可的交易商进行直接交易，它们是交易经纪商中资质较好的，可成为联储的直接交易对手。

对货币市场而言，财政部、FHLBs 以及银行均作为主权债券发行者的主权和准主权实体，以及作为无抵押债券发行者的银行（银行可以发行无抵押债券，因为它们可以使用贴现窗口，拥有中央银行作为最后贷款人的背书）。

一级交易商没有贴现窗口，仅能通过提供抵押物借入货币市场资金，实现资产负债表的扩张。在融资端，一级交易商同货币市场基金及私人现金池进行三方回购以获取资金，并在资产端将资金以通用担保品（GCF）回购或双边回购的方式借给其他一级交易商、非一级交易商以及如对冲基金等杠杆买方。其中，双边回购为交易商将资金融出给非交易商时收取的利率，一般为 GCF 回购利率加点形成，而 GCF 回购利率为交易商之间交易收取的利率。GCF 回购利率高于一级交易商融资端三方回购利率，故一级交易商能够在这一过程中实现盈利。

（5）货币交易商：货币基金

美国的货币基金最早是在 1971 年建立的，初衷就是规避"Q 条例"。因为当时的"Q 条例"禁止银行对活期存款支付利息，而且对多种银行的存款也设定了利率上限，所以商业银行无法使用利率吸引储户进行储蓄。

货币基金也是这个时候产生的，主要是通过汇聚投资者的资金，把这些资金投向一些短期的证券或者商业票据等，然后获得的利息还会回报给投资者，所以当时的货币基金也就是银行活期存款的一种替代品。

在资产端，货币基金根据持有的资产不同（从主权资产到无抵押资产和有抵押资产），可将货币基金分为不同的类型：政府型货币基金持有的大多是有抵押或有担保的票据，而优质基金持有的大多是无抵押的票据。不同的资产产生不同的收益，因此，优质基金的收益通常高于政府基金的收益。而在负债端，货币基金发行股权，因此它们仅是"单边"的货币交易商。

（三）货币市场的流动性体系框架

1. 商业银行系统

以传统的商业银行为中介，通过存款、存单、票据等多种方式吸收现金池的资金，在满足实体经济、长期国债等非货币市场的融资需求之后，以超额准备金的形式存放在货币当局，收取超额准备金利率。当短期国债和回购的利率高于超额准备金利率时，商业银行也会投资于短期国债和回购市场。此外，FHLBs 也可以看作商业银行系统的组成部分，FHLBs 在满足住房贷款和社区融资的需求后，将过剩流动性出借给部分外国银行在美分支机构，实现 IOER–EFFR 的套利交易。

2. 影子银行系统

依据获得官方支持的程度，可以将影子银行的活动大体分为三大类。一是官方提供隐性支持类，主要指官方发起实体的中介活动，官方发起实体发行的债券受到美国纳税人的隐性担保。二是官方间接提供支持类，主要指金融机构的表外业务，得到了政府部门的显性或隐性保证，包括投资中介、特殊投资工具、银行信贷衍生和资产管理活动、政府发起实体的资产证券化担保业务、三方回购的清算等。三是官方不提供支持类，主要指非银行财务公司、有限目的财务公司和单独的特殊投资工具发行的负债，受监管和不受监管的单独货币市场中介机构发行的净面值股份等。影子银行系统主要以货币基金作为中介，货币基金可以认为是影子银行系统的重要组成部分。货币基金向现金池发行货币基金份额，可以投资于各类货币市场工具，过剩的流动性通过 ON RRP 的形式回流至美联储。

3. 回购市场

以一级交易商为中介，一方面对接货币基金和现金池投资于回购市场的需求，另一方面满足杠杆投资者的短期资金需求，其也可以视为影子银行的组成部分。商业银行在回购利率高于超额准备金利率时也会参与回购市场；在市场流动性匮乏甚至出现流动性危机时，美联储也会通过直接与一级交易商开展正回购，向一级交易商融出资金。

（四）货币市场证券

1. 国库券

美国国债，是指美国财政部代表联邦政府发行的国家公债。根据发行方式的不同，美国国债可分为凭证式国债、实物券式国债（又称无记名式国债或国库券）和记账式国债三种。根据债券偿还期限的不同，大致可分为短期国库券（T-Bills）、中期国库票据（T-Notes）和长期国库债券（T-Bonds）三类。美国国债除了面向本土投资者外，还面向全球各个国家，往年的国债发行量平均每年是5 000亿~6 000亿美元。美国财政部2022年2月1日公布的报告显示，美国国债总额首次突破30万亿美元，创历史新高。

美国国债突破30万亿美元，国债余额是美国GDP的150%，再叠加各国加息的大背景，会给全世界尤其是中国的经营者和投资者带来哪些影响？

首先，美国国债从2020年开始大幅增加，原因是美国当年为了应对新冠肺炎疫情带来的封闭影响，给居民、企业和社团大量发放补贴，但是并没有通过加税筹集财政收入，所以只能靠发行国债。

其次，美国公众持有的联邦债务的债权人，主要包括国内债权人和国外债权人。国内债权人包括美联储、共同基金、金融机构以及个人等，国外债权人包括各国的中央银行以及机构投资者等。截至2021年末，美国国内投资者持有约17万亿美元美国国债，占未偿还的公众持有债务的70%；外国投资者持有约7.8万亿美元美国国债，占30%。

美国国内债权人持有的债券在2008—2020年两次危机之间大幅增加，从大约4.3万亿美元增至17万亿美元，持有比例增长14个百分点。其中，大部分增长由美联储通过QE持有。截至2021年末，美联储持有美国国债达6.1万亿美元，占美债存量的24%。而2008年末，美联储仅持有0.5万亿美元，约占公众持有债务的7%。

2009—2010年，美国政府债务净发行3.1万亿美元，其中，美联储所持有美债规模增量为1.8万亿美元。2020—2021年，美国政府债务净发行6.2万亿美元，其中，美联储所持有美债规模增量为3.5万亿美元。

可以看出，在应对两次危机时，美联储为美国政府债务融资提供了关键援助。特别是新冠肺炎疫情暴发后，美联储大规模扩表并购入美国国债，贡献了同期美债新增份额的50%以上。这种财政部大规模发债、美联储增发货币，经由一级交易商的通道为财政部融资的过程，其实就是间接的债务货币化。

从美国联邦债务债权人结构的角度看，国外债权人持有的美债比例在2008—2020年显著下降，而美联储持有的美债比例显著上升，显示国外债权人对美债的需求逐渐接近饱和，而美联储则需要持续为财政部发行的美债托底。

2008—2021年，美联储持有的美债规模已从0.5万亿美元上行至6.1万亿美元，占美债存量的23.7%。同时期，国外债权人持有债务的占比从43.4%下跌至30.3%。其中，中国和日本是美债的主要国外持有部门，截至2021年末，中日两国共持有美债2.3万亿美元，占到国外总持有量的30.7%。

从2013年起，中国的美债持有量逐年下行，相较于2013年的峰值，至2021年末已经减持约2 480亿美元。日本作为美国同盟国，在新冠肺炎疫情危机期间，虽然进行了增持，但增持的规模远不及2008—2012年，其美债持有份额也自2008年持续回落。可以看到，中日对美债的需求已明显进入疲软阶段，而新兴经济体对美债需求的增量，无法对冲中日两国对美债需求的回落。

美债债权人结构的改变，暗示着美债在供需两端上的力量逐渐失衡。向前看，市场对美债消化能力有限，但美国财政部支出增速不减，美国联邦政府或许只能持续依赖美联储为其融资。

2. 商业票据

商业票据是公司无担保发行的一种票据，类似公司开出的欠条并且没有任何抵押物，注明还款日期，还带有一定的利息，日期一到拥有欠条的人就可以找这家公司要求还债。通常这种票据只有一些大公司、信用等级很好的公司才有资格发行，这种票据多用于支付工资、应付账款和存货以及其他短期债务。商业票据的期限通常较短，很少超过270天。

3. 回购协议

回购协议是一种质押融资或融券协议，协议一方卖出证券给另一方，并同时允诺在未来一段时间后，以约定价格购回该证券。从经济行为看，债券回购类似于债券作为抵押的贷款，主要形式是以债券质押融入资金，也可以用于融入债券进而做空、对冲或支持做市商的做市活动。债券回购对于美国金融市场的重要性不言而喻，据美联储统计，近几年回购存量余额一直稳定在5万亿~8万亿美元。

回购是一种质押融资（券）行为，卖出和买回债券的价差反映融资的成本。回购通常要求超额质押（债券价值大于融资金额），以对本金进行保护，质押的超额价值称为折扣，债券质量越高折扣率越低。一般来说，货币市场参与者通过回购融进相对低成本的资金，并将其以更高的利率借贷出去，以此获得盈利。

举例来说，对于一级交易商而言，在融资端，一级交易商同货币市场基金及私人现金池进行三方回购以获取资金，并在资产端将资金以 GCF 回购或双边回购的方式借给其他一级交易商、非一级交易商以及对冲基金等杠杆买方。其中，双边回购为交易商将资金融出给非交易商时收取的利率，一般为 GCF 回购利率加点形成。GCF 回购利率高于一级交易商融资端三方回购利率，故一级交易商能够在这一过程中实现盈利。按结算渠道划分，回购可分为三方回购和双边回购。

三方回购由中央托管机构作为第三方管理质押物，回购双方仅确定金额、价格和期限。质押物主要是国债、住房抵押贷款支持证券等一般担保品（GC），因此也称为 GC 回购。三方回购可细分为传统三方回购和 GCF 回购。传统三方回购由纽约梅隆银行担任三方托管机构，其交易量在回购市场中占比最大。GCF 回购由固定收益清算公司（FICC）担任第三方托管机构和中央对手方负责净额清算。1998 年，FICC 为了提高其会员（主要是债券做市商）回购交易的效率，引入了 GCF 回购。该模式下，由经纪商（例如国际碳行动伙伴组织）撮合做市商达成交易，交易双方匿名并统一面对 FICC 清算，FICC 作为中央对手方，在降低交易对手风险的前提下，还可以提供净额清算，进一步降低资金和质押物的占用。该模式已成为主流债券做市商之间互相调节资金的重要渠道。

双边回购需要双方确认具体担保品、金额、价格和期限，可分为 FICC 券款对付（DVP）回购和传统双边回购。前者在 FICC 清算，主要服务于中小做市商和证券公司与一级做市商互相融资，后者主要服务于对冲基金等终端资金使用者向做市商融资。三方回购市场和 FICC 券款对付回购市场的平均利率被称为 SOFR，它也是 LIBOR 未来的替代指标。

四、美国财政和税收体制

(一) 美国征税和预算的制度与立法原则

1. 美国税收制度和立法原则

同绝大多数国家的税收制度一致，美国采用的是复合税制，即同时征收多种税类多个税种。

美国现行的税收制度有两个突出的特征。一是直接税在其税收制度体系中占主体地位，个人所得税、公司所得税和社会保障税占联邦税收收入的近90%，直接税占比长期维持在94%以上。2020年直接税占比达到95.62%，间接税占比却仅为4.38%。这不仅为美国联邦政府提供了足够的财政支持，同时也凸显了公平的价值取向，避免社会阶层的过度分化。二是税收制度的联邦制属性，税收管理体制是彻底的分税制，根据宪法和相关法律，联邦、州和地方三级政府划分税收，并各有独立的税收制度体系，这使财权和事权相结合，在一定程度上调动了地方政府的积极性。

此外，美国税收法律体系相对复杂，主要由国内税收法律、财政法规和其他官方税收文件构成。国内税收法律，即《美国联邦税收法典》，简称"联邦税法"。财政法规，通常又被称为"联邦税收法规"，由美国财政部对于国内税收法律未详细说明的地方提供官方解释。财政法规最初会以草案的形式向大众公布，在充分考虑公众意见后，正式确定最终版本。其他官方税收文件包括税务裁决、税收程序、私人信件裁决和技术建议备忘录等。税务裁决和税收程序具有正式法律效力，而私人信件裁决和技术建议备忘录则不具备财政法规的同等法律效力，也不能被纳税人或税务机关作为先例引用，但在实操中具有重要参考价值。

美国税收立法流程也较为烦琐，且联邦、州和地方的立法程序不尽相同。

具体来看，美国联邦政府征税必须遵照国会通过的法律进行，税种的设立、税率的调整以及税收减免等事项需要通过国会决议。美国宪法第I条第7款规定，有关税收的所有法案应由众议院众筹委员会提出，但参议院可以以修正案的方式提出建议或表示同意。经众议院和参议院通过的法案，在正式通过成为法律之前，须呈送总统。总统如果批准，便须签署。实际的联邦立法程序大体要经过四个阶段：立法动议，众议院审议并表决，参议院审议并表决，总统签署。

税收立法动议的提出。一般来说，美国国会两院议员都有立法提案权，但只有众议院议员有权提出税收立法议案。参议院议员之所以没有税收立法议案的提出权，主要是由于美国国会议员的选举机制。众议院参照各州人口规模，众议院议员数量和地区人口数量呈正比关系，选举出总共435名议员。而参议院则采取每州2名的定额分配制度，共计100名议员。因此，由众议院议员提出税收法案更能代表选民的利益。

总统没有立法提案权，但其可以在国情咨文中向国会提出立法建议，或是直接通过执政党议员向众议院提出立法草案。

众议院审议并表决。众议院设有19个专业委员会，其中负责税收立法活动的是拨款委员会。该委员会由多数党和少数党按照一定比例构成，总数约30人。拨款委员会除了负责税收立法活动外，还负责财政、关税、债务、贸易、健康福利和社会保障等方面的立法工作。拨款委员会只负责举行听证会，无权通过议案。

众议院提出税收立法议案后，由众议院议长决定是否可以形成法案。如果可以形成法案，则由拨款委员会组织有关专家起草法案，并在委员会内部进行表决。通常情况下，拨款委员会通过举行听证会，对草案进行聆讯和审议。经多数同意后，形成最终法律草案。同时，拨款委员会还需要准备呈递给众议院的报告，报告一般较为详细，记录了包括对该法案的反对意见等内容。众议院收到草案和报告后，会召开全体会议对税法草案和报告进行审议，然后进行表决。表决采用简单多数原则，通过后会交由参议院审议，否则，会被退回拨款委员会重议或被放弃。

参议院审议并表决。税收法案经过众议院审议通过后，送交至参议院审议。参议院内部设有财政委员会，负责审议税收相关议案。财政委员会采用与拨款委员会相同的程序，对草案进行讨论、修改，并形成报告提交参议院全体会议进行表决。一般情况下，财政委员会将对众议院提交的税法草案进行较大程度的修改。参议院表决得到51票以上方能通过。如未通过，则提案会被退回财政委员会或被搁置。

按照既定程序，经参议院表决通过后有两种情况。一是完全同意众议院的法案，方案可以直接提交总统签署；另一个则是参议院通过的法案与众议院提交的法案存在差异，需要将法案退回众议院。两院审议通过的法案必须完全一致才能由总统签署。因此，当众议院同意参议院法案时，可以提交给总统签署，否则，需要组成参众两院联席委员会协调。

联席委员会委员由众议院议长和参议院议长指定，一般会由多数党4~5名、少数党3~4名组成。联席委员会要将参众两院的两份草案协调形成一份相同的税法草案。联席委员会就最终达成的折中法案提交两院再次表决，通过后提交总统签署。

总统签署。一般情况下，总统会签署同意税法草案，形成最终法律。但总统对国会送来的税收法案也同样享有否决权。如果总统否决草案，法案将被退回国会，由国会重新表决。如果支持该法案的票数达到2/3以上，国会就可以推翻总统的否决，法案正式通过，形成法律。

此外，联邦税收法律还规定，各州必须实行统一的无歧视性的税率。在州一级，税收立法权同样由州议会行使。各州议会大多采用"两院制"，仅内布拉斯加州议会实行"一院制"。美国州一级的税收立法程序大体与联邦立法程序一样，都要经过法案提出、众议院审议、参议院审议以及州长签署。地方政府还可以利用公投形式，对立法草案进行表决。

税收立法动议的提出。与联邦政府不同，州政府和两院议员都有提案权。各州州长权力很大，州政府所提的议案也可以直接交给议会讨论。州参众两院的议员都有税收提案权，议员可向各自议会提交税收法案。

众议院审议并表决。众议院议员、州政府向众议院提交税收立法草案，并由众议院拨款委员会内部审议讨论。州众议院的拨款委员会在职能和权限上与国会众议院的拨款委员会基本相同。拨款委员会内部形成草案并通过后，再由众议院全体会议进行表决。表决通过后，众议院将税收草案交由参议院审议。由于参议院议员也有税收提案权，因此州众议院还可以收到参议院转递的税收议案，不过流程大致相同。

最后，与联邦和州议会不同，地方政府没有议会，只存在一个民选的管理委员会行使税收立法权，决定地方税收相关法律，地方政府的征税权不是由美国宪法授予的，而是由州政府授予的，因此自主性较小。

2. 美国预算制度和立法原则

财政预算是美国财政制度的首要环节。美国政府通过预算制度，保证总统和国会决定支出资金的规模、资金用途、资金来源等政策内容。国会主要开展四类预算活动：年度预算决议、收入措施、授权立法、拨款法案（见表8-3）。

表8-3　国会的预算职能

预算	授权	拨款	收入
·编制预算决议 ·起草和解指令以及汇编协调法案 ·把新的预算授权、支出以及其他总量分配给各委员会	·编制授权支出和直接支出立法 ·向预算委员会提交对自己管辖范围内事务的建议与评估 ·根据和解指令对现有法案提出修正建议 ·在其立法报告内加入国会预算局的成本评估	·编制定期以及补充性拨款法案 ·审查提议的撤销案和延期案 ·向预算委员会提交意见和评估 ·在其小组委员会之间进行预算支出的再分配	·编制收入立法 ·编制关于社会保障以及其他权利性项目的立法 ·向预算委员会提交意见和评估 ·根据和解指令对现有法案提出修正意见 ·报告对公共债务法定限制的立法调整

根据国会规则，项目和政府机构使用预算资金之前，需要获得预算授权[①]。预算授权一般也称"授权法案"，是联邦政府依法获得的一种权力，这一权力保证达成财政契约或财政责任，即向联邦政府提供资金，保证支出需要。一般来说，预算立法获得授权后，还需要根据预算获得拨款，这种授权、拨款"两步走"程序的主要目的是，把国会内部的项目决策和财政决策分离。但也存在两种例外情形：一是"授权法案"，即针对连续数年的授权实施预拨款，国会会把预算授权法与拨款法合并通过；二是"后门授权"，即在特定时间、特定项目和特定具体金额授权时，在没有得到授权的情况下，联邦政府机构支出请求可获得拨款，但这种情形较为罕见。此外，按照法律规定，预算支出可分为自主性支出[②]和强制性支

---

① 预算授权是指国会授予行政部门通过建立账户接受预算资金，并在财政限额内执行政务的权力。预算账户内的资金，只有得到国会授权，才能由财政部拨款。
② 自主性支出，由拨款行为提供和控制的预算权以及预算当局的支出。

出①，不同类型的支出对应不同的预算过程。拨款是自主性支出的预算过程，拨款法案涵盖了国防支出、大多数联邦部门的运行开支，以及一些补助项目等自主性支出项目。授权立法是强制性支出的预算过程，强制性支出由有关法律而不是年度拨款法案控制，大部分由永久拨款法案自动提供，这些拨款法案纳入强制性支出的法律中，授权法案涵盖了强制性支出项目（见表8-4）。

表8-4 自主性支出与强制性支出的比较

特征	自主性支出	强制性支出
授权立法的预算影响	拨款措施的授权审议	提供预算资源
拨款委员会的职责	提供预算资源	很少或不控制预算资源
行动的频率	每年	不定期，没有固定的日程表
执行预算决议	第302条（b）款分配案	和解程序
计算预算影响的基础	把拨款额度与本年度预算水平、总统对下一年的预算申请做对比	基线预测和对政策变化效果的预估
经济敏感性	较低，不直接	直接，通常自动
政治敏锐性	变化不定；对某些项目影响很大，对另一些则影响很小	通常影响很大
预算支出与实际支出的一致性	对预算授权而言通常很高，对开支则很低	有时候低

自1975年起，美国国会开始在1974年《国会预算与扣押控制法案》确定的预算流程内开展预算活动。该法案规定了预算过程的时间表，可分为三个环节：总统提出预算报告，拟定授权法案和拨

---

① 强制性支出，即直接支出，是除了拨款法以外的法律授权以及预算当局的支出。如美国国会预算办公室许多报告中所使用的那样，强制性支出一般只涉及除了拨款行为以外，由法律规定的预算权限所产生的支出。

款法案，审议通过预算草案（见表8-5）。①

首先，总统提出预算报告。预算报告草案由美国管理与预算办公室和财政部分别编制，管理与预算办公室主要根据政府各部门下一财政年度的计划编制"支出总预算"，财政部主要根据以往的收入水平、经济发展现状和收入预期编制"收入总预算"，最后呈送总统审定，总统在2月第一个周一前提交预算报告。预算报告通常包括三个部分：第一部分为国情咨文，第二部分为具体预算科目，第三部分为重点说明和分析。

其次，通过预算共同决议，拟定授权法案和拨款法案。在总统提交预算报告之后，参众两院各委员会、小组委员会可以就预算报告中自己职责范围内的部分举行听证会，随后向本院的预算委员会提交预算评估报告。4月1日，两院的预算委员会向本院提交初步预算共同决议。在预算共同决议通过后，众议院各委员会根据预算共同决议分配授权目标，拟定各自对口的机构和项目的授权法案；参众两院拨款委员会等12个小组委员会在预算共同决议的框架内分别拟定拨款法案。

最后，按照预算程序，授权法案和拨款法案拟定完毕，国会开始审议、辩论、修正与表决。如果参众两院意见不一致，则需要组建联合委员会进行协商后，完成最终表决。9月30日前，参众两院对有关收入与支出的拨款法案进行投票表决，若法案绝对多数通过，则为最终预算方案，移交给总统。如果总统对最终预算法案表示认可，经签署后便开始生效，即完成新年度预算法定程序。如果总统否决了国会通过的预算法案，那么该项法案将被退回国会，需要经过与上述类似的审议过程，且需要有高于2/3的多数票支持通过议案，才能推翻总统的否决，使预算通过并成为最终法案。如果

---

① 资料来源：Budget Concepts and Budget Process, OMB Circular No.A-11（2016）。

国会不能于9月30日以前完成拨款法案的审议或总统行使了否决权造成预算法案无法及时通过,那么国会将采取补救措施,先行通过临时性拨款法案,即持续决议①,继续按现有水平给政府机构拨款,以此应对相关部门和项目的必要政务所需经费,避免政府关门。

表8-5 美国联邦预算时间

时间	需完成的事项
2月第一个周一	总统向国会提交预算
2月15日	国会预算办公室向预算委员会上交报告,提供预算基线
3月15日	国会各委员会将其对预算的看法和预测提交给两院预算委员会,两院预算委员会起草预算决议案
4月15日	国会两院完成对预算共同决议的表决
5月15日	无论参众两院是否达成决议,众议院都会开始审议年度拨款法案
6月10日	众议院报告年度拨款最终法案
6月15日	国会两院完成预算协调法案表决
6月30日	众议院完成拨款法案表决
7月15日	总统转交《预算中期审查报告》
10月1日	新财政年度开始,如果常规拨款法案尚未制定成为法律,国会需要通过持续决议,为新的财年提供资金,直到预算案获得最终通过并实施

资料来源：Executive Office of the President, Office of Management and Budget, "Preparation, Submission, and Execution of the budget", Circular No.A-11, Washington, D.C., GPO, July 2016。

---

① 持续决议,是对没有在新年开始前通过的常规拨款项目提供的联合决议。持续决议通常是一种暂时的手段,会在一个特定的日期过期,或者是被常规拨款法案取代。

在联邦预算立法期间，预算委员会和拨款委员会职责最大。其中，预算委员会的主要任务是起草和通过预算决议[①]。在提报预算时，参众两院预算委员会将不断收集行政当局、国会预算办公室以及国会各委员会的财政预算资料，在收到各个渠道汇总而来的财政预算信息和证言后，将分别起草并通过共同预算决议，以此作为国会例行财政支出、收入以及债务上限的年度法律框架，预算决议并不是法律，两院通过即开始生效。此外，预算决议通常包括和解指令，用来指导参众两院中的委员会，报告与决议有关的、与政策相一致的法案变化。参议院和众议院各委员会，将分别就各自收到的指令，制定与指导意见相关的立法。其后，立法调整将被送至预算委员会，打包在一揽子协调法案中，再由参众两院根据特殊规则进行审议（协调程序下，参议院只允许对协调法案进行20个小时的辩论，其后将直接对法案进行投票，可凭简单多数的原则通过法案）。协调是一个可选择的过程，协调最初的目的在于通过增加收入或者减少支出来削减赤字，在20世纪90年代后期，协调主要关注的是减税。协调法案一旦启动，就有极大的可能获得通过。因此，协调法案就成为对那些无关预算条款很有吸引力的工具。针对这一问题，参议院通过了"伯德规则"，这项规则限制在预算和解草案中插入无关条款。

拨款委员会的主要任务是制定拨款法案。国会运用年度拨款程序，为联邦政府提供自主性支出资金。拨款委员会每年执行的任务有着固有程序，拨款流程从总统向国会提交预算开始，国会两

---

① 预算决议，是年度预算和拨款程序的一部分，是由国会两院同时通过的一项决议，其制定了总体预算方案，并对个别拨款、授权书和财政收入措施进行评估。影响收入或强制支出的后续拨款行为和授权行为需要与计划中的目标一致。预算决议中计划达到的目标，需要通过法律和国会两院所规定的审批程序，在两院分别通过。

院拨款委员会由12个拨款小组委员会组成，拨款小组委员会每年起草12个拨款法案，拨款法案则决定一些联邦政府计划的自主支出项目，分别经参众两院通过（拨款法案有时会单独成法，或者与其他立法合并通过，最近几年，美国国会往往通过每年两个以上的拨款法案进行合并，以综合拨款法案的形式为联邦政府机关提供资金[①]），再经总统签署之后就可执行（见表8-6）。数据显示，需要经过拨款环节的资金数量（自主性支出）占全部预算支出的35%~39%，其余部分为强制支出和国债利息[②]。

表8-6 拨款行动时间

时间	需完成的事项
2月	总统向国会提交预算，由此启动拨款程序
2月/3月	各机构提交申辩材料（材料包含预算申请的详细解释，这些文件在机构的听证会上提供）
2月/4月	举行小组委员会听证
5月/7月	拨款小组委员会制定第302条（b）款分配案
5月/7月	各个拨款小组委员会主席公布"修订方案"，为小组委员会权限范围内的账户推荐拨款金额
5月/7月	各拨款小组委员会推出其法案，起草报告对做出的决定进行解释，为受影响的机构提供指南
5月/7月	拨款委员会公布法案
5月/7月	众议院对每个法案进行单独审议
7月/8月	参议院通常在众议院之后行动，审议众议院通过的法案
9月/10月	协商会议与最终通过。若有任何一个常规拨款法案在10月1日之前没有被制定成法律，国会就会通过一个或多个持续决议

① 资料来源：Jessica Tollestrup, "Omnibus Appropriations Acts：Overview of Recent Practices", Washington, D.C., Congressional Budget Office, January 14, 2016。
② 债务利息是必须按时支出的。

（二）美国联邦、州和地方政府税收体系

由于联邦制国家的特性，美国实行联邦、州、地方三级征税制度，各级政府有着各自独特的税制体系和结构，各级政府根据财权和事权统一的原则划分税权，并依据社会、经济发展情况，选择不同的主体税种。值得注意的是，联邦和州之间的权力划分与关系是典型的联邦制，而地方政府的税收立法权大多由州授权，即州和地方政治关系更偏向于单一制。

1. 美国税种构成

现行联邦税种主要包括个人所得税、社会保障税、公司所得税、消费税、关税和遗产与赠与税等，其中个人所得税占比最大，其次是社会保障税。州政府的主要税种包括销售与使用税、个人所得税、公司所得税以及消费税等。地方政府则以财产税为主。一般来说，财产税占地方税收收入比重超过50%。除了财产税以外，地方政府还征收销售与使用税、个人所得税以及公司所得税等（见图8-2）。

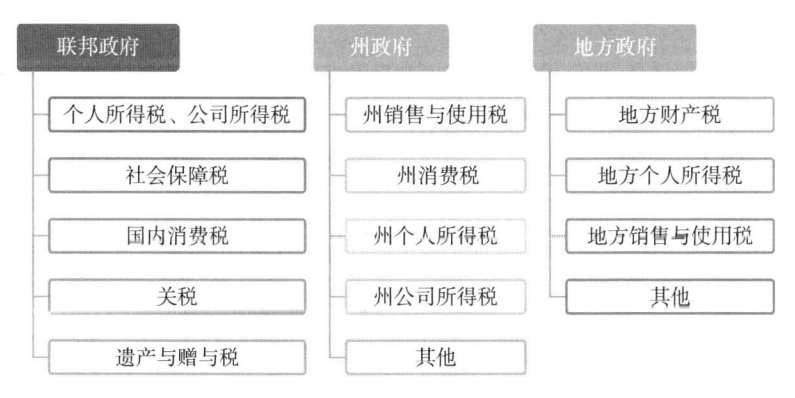

联邦政府	州政府	地方政府
个人所得税、公司所得税	州销售与使用税	地方财产税
社会保障税	州消费税	地方个人所得税
国内消费税	州个人所得税	地方销售与使用税
关税	州公司所得税	其他
遗产与赠与税	其他	

图8-2 美国税收体系

资料来源：stats.oecd.org。

2015年，美国各级政府征收的个人所得税共计1.94万亿美元，占全年税收总收入的40.77%，社会保障税为1.13万亿美元，占全年税收总收入的23.68%，财产税为0.47万亿美元，销售与使用税为0.48万亿美元，企业所得税为0.4万亿美元，而包括消费税、关税在内的其他税种则为0.34万亿美元。从联邦、州和地方整体税收结构看，个人所得税占据税制的主导地位，社会保障税次之，其后是财产税、销售税、企业所得税和消费税，关税、遗产与赠与税以及其他税种在整体税制结构中的地位较低。

2. 美国各级政府税收收入的归属与使用

美国的分税制同样体现在税收收入格局上。在美国总税收收入中，联邦政府收入约占2/3，州和地方政府约占1/3，也就是说联邦政府占据了总税收收入中的绝大部分。2012年联邦政府税收收入占总收入的比重达到63%，州政府为21%，地方政府为16%，联邦政府税收收入总量占据绝对优势地位。

在此收入格局下，各级政府在本级政府的事权范围内分配财政资源。联邦层面上，联邦政府的权力由宪法单独列举。根据联邦享有的事权，联邦政府主要负责国防开支、卫生、社会保障、国际事务等项目的开支。州层面上，州政府不能行使联邦政府的专有权利，州政府主要负责道路建设、基础教育、公共福利项目以及公用事业（警察、消防等）。地方层面上，地方政府的权限主要由州规定，通常负责土地管理、基础教育、公共设施的建设和维修等。

同时，为了平衡各级政府的财政收支，美国还建立了自上而下的政府间转移支付制度。联邦政府每年从本级财政中支出一定比例给州和地方政府发放补助金，州对地方也要发放一定的州补助金，用于地方教育、公路、公共福利等项目的支出。

(三)美国社会保障和医疗保障支出

自 1935 年美国《社会保障法》正式生效以来,该国建立了全国性的社会保障计划,为全国职工提供社会保障。通常所说的"社会保障",一般是指老年与遗嘱保险和残障保险,统称为 OASDI,其资金主要来源于两个方面,一是职工与雇主共同缴纳社会保险税,二是一些投资收益。此外,1935 年《社会保障法》还涵盖了一系列社会福利与社会保险计划,除了老年人、遗嘱和残障保险计划,还有失业保险、老年人和残障健康保险、收入补充保障、家庭临时紧急救助计划、医疗保障(如对各州医疗援助计划的资助、各州儿童健康保险计划等)等内容[1](见表 8-7)。

表 8-7 美国社会保障制度基本框架

	项目		保障内容	资金来源
社会保险	公共退休养老保障	老年与遗嘱保险	养老金与遗嘱福利	雇员与雇主共同缴纳
		残障保险	残障保险金	
	医疗保障	健康保险、医疗保险、医疗补助	医疗费用报销	
	失业保险	失业保险	失业金	
社会福利	社会救助		单亲贫困家庭救助	政府财政补贴
			食品券计划	
			针对老人、盲人的救助	
			低保住房、非公民福利等	
	社会慈善		基本生活保障(社会性质)	社会捐赠

资料来源:根据李超民《美国社会保障制度》(2009)的相关内容整理。

随着美国人口老龄化以及社会保障水平的不断提高,美国社会保障面临潜在的巨大融资缺口。

---

[1] 李超民.美国社会保障制度[M].上海:上海人民出版社,2009.

(四）美国联邦政府债务融资机制

1. 财政部发债的规模、品种、日期

美国财政部代表联邦政府发行国债，为联邦政府进行债务融资。财政部进行债务融资的工具有四大类，分别是国债、通胀保值债券、浮动利率票据、储蓄国债（非流通）。

（1）国债

国债是美国财政部债务融资的最主要手段，在所有债权人持有的债券中，国债占比最大，占据了整个美国债务发行量的90%。美国国债按照债券到期日主要分为短期国库券、中期国库票据、长期国库债券三大类（见表8-8）。

表8-8 美国三大类国债

	短期国库券	中期国库票据	长期国库债券
期限	1年及以下	2年到10年	10年以上
债券付息方式	无利息（折价购买）	每半年按票面利息付息	每半年按票面利息付息
发行方式	拍卖发行	拍卖发行	拍卖发行
债券形式	电子化	电子化	电子化

在发行的三大类债券中，以高流动性的短期国库券为主，平均占到债券融资的75%以上，但短期国库券偿付期较短，联邦政府在短期国库券上的累计债务较少，债权人持有占比不高。

自2008年国际金融危机以来，中期国库票据的发行量显著提升，2008—2021年中期国库票据使联邦政府负债增加12万亿美元以上，成为联邦政府债台高筑的主要原因之一。目前，中期国库票据占美国财政部债务存量的56%。

（2）通胀保值债券

国库通货膨胀保值证券也称通胀保值债券，为债权人提供通货

膨胀的保护。通胀保值债券的本金随着通货膨胀而增加，随着通货紧缩而减少，以 CPI 衡量，期限有 5 年、10 年和 30 年等品种，每半年支付一次票息。通胀保值债券从 1997 年开始发行，其中 30 年期品种发行时间不定，最后一次发行时间为 2009 年 7 月 29 日。

（3）浮动利率票据

美国财政部于 2014 年 1 月开始发行浮动利率票据，发行期限一般为两年。浮动利率票据每季度支付一次利息，直至到期。利息支付的金额根据 13 周国库券拍卖的贴现率来决定。

（4）储蓄国债

美国财政部发行三种储蓄国债，I 系列、EE 系列和 HH 系列。首次发行在 1935 年 3 月 1 日。其中，I 系列具有通胀保护属性，票息随通胀进行浮动；EE 系列票息则根据市场利率浮动，每年 5 月 1 日和 11 月 1 日美国财政部会进行一次调整；HH 系列的储蓄国债已经在 2004 年停止发行。储蓄债券是一种"零息"债券，仅在持有者赎回时才支付利息，且储蓄国债无法在二级市场上流通。

美国财政部并不能无限制地扩张其债务规模，债务上限是美国财政部法定举债的最高限额，最早在第一次世界大战时创设。债务上限设立的最初目的是，一方面免去了国会审批的烦琐步骤，另一方面可以倒逼财政部控制举债成本。1980 年开始，美国债务发行开始提速，为了尽可能规避国家违约情况发生，从里根政府时期开始，债务上限被频繁上调。2000 年后，美国又因先后经历了互联网泡沫、阿富汗战争以及次贷危机等，债务量激增，截至 2019 年，美国暂停债务上限前，债务上限已达 22.03 万亿美元，较 2000 年增长了 16.08 万亿美元。新冠肺炎疫情暴发以来，美国债务再度飙升，目前存量在 28 万亿美元左右。而 2021 年 7 月 31 日债务上限重启，意味着如果美国国会不能再次提高债务上限，那么财政部将无法举债。

2. 美联储的角色

在债务融资过程中，美联储和美国财政部这两个独立的机构有重要关联。一方面美联储是财政部的"银行"，另一方面财政部发行的债券是美联储公开市场操作的重要对象。

美联储是财政部储存待支出资金的"银行"。美联储相当于财政部的"银行"，财政部会把待支出的"钱"存放在美联储的TGA账户里。不同于银行将准备金存放在美联储可以获取准备金利息，TGA没有利息。但美联储每年会将持有美债的收益支付给财政部，在2020年这个数字接近880亿美元。

美联储通过操作财政部发行到公开市场的各类债券来调节市场流动性。财政部发行的国债是美联储在公开市场操作的主要对象，通过购买或出售国债，美联储向市场投放或收回流动性，并完成其法定政策目标：充分就业和价格稳定。美联储资产负债表的数据显示，2021年美联储持有的美国国债金额达到55 313亿美元，占美联储资产的64%。

3. 财政部的钱如何分配？

财政部有债务融资和税收收入两大资金源，为美国联邦政府的各类支出提供保障。根据美国法律，美国财政支出可以分为自主性支出、法定支出和利息净额三项。

自主性支出，可以分为国防支出和非国防支出，其中国防支出指军工装备上的花销；非国防支出则涵盖了教育、社会服务、就业培训以及交通等一系列项目支出。

法定支出，主要涵盖了社会保障、医疗保险、医疗补助、收入保障以及退休金和伤残金，多为社会福利保障性质的支出。

利息净额，指财政部为发行有价证券而偿付的本金及利息。其中法定支出占比最高，2020年法定支出占到财政支出的70%以上。

截至2021年末，美国联邦政府累计负债达到28万亿美元，其中国内持有21万亿美元债券，国外持有7万亿美元债券。常规情况下，政府部门的赤字填补主要通过合理的财政预算，这会使政府的财政处于盈余的状态，进而缓慢填补缺口。然而，目前美国的财政赤字依然严重，负债还在持续上升。当前来看，财政部的短期举措还是通过不断进行新的债务融资来归还过去的债务，由于美联储可以通过印钞消化大于市场需求部分的融资金额，因此财政部可以按时归还债务，以防止发生政府信用风险。

4. 2008年和2020年两次危机下的财政支出和财政政策对比

2008年和2020年两次危机，联邦政府都选择了扩张的财政政策，以应对经济快速下行的风险。2008年美国为应对金融危机，推出了总规模约为1.9万亿美元的财政刺激，主要包括三轮法案。

第一轮是《住房和经济复苏法案》。

《住房和经济复苏法案》于2008年7月30日正式颁布，主要是为了解决次级抵押贷款危机。此法案规定，若次级贷款人将本金贷款余额减至当前资产评估价值的90%，则允许联邦住房管理局为次级贷款人提供高达3 000亿美元的、新的30年期固定利率抵押贷款担保。它的目的是通过加强监管以及向这两个美国大型抵押贷款资金供应商注入资本，恢复市场对房利美和房地美的信心。

第二轮是《经济稳定紧急法案》。

《经济稳定紧急法案》于2008年10月3日由美国总统乔治·沃克·布什签署。该法涉及7 000亿美元的金融救援方案。主要内容包括以下六个方面。

- 问题资产纾困计划，政府向金融机构购买2008年3月14日以前的问题房贷资产。

- 保护住宅所有权，以帮助更多家庭保有房屋。
- 限制持有问题资产公司所有者的待遇，以保障纳税人的权益。
- 财政部分批拨发 7 000 亿美元救济款，国会强化监督，确保资金不被滥用。第一批额度为 2 500 亿美元；第二批额度为 1 000 亿美元，需总统向国会提出书面要求后才能动用；第三批额度为 3 500 亿美元，由国会审议通过后动用。
- 提高美国联邦存款保险公司存款保险额度上限，每户由 10 万美元提高至 25 万美元，实施期限至 2009 年 12 月底（2009 年 5 月 20 日宣布延长至 2013 年 12 月底）。
- 新增 1 500 亿美元的租税减免，以刺激经济增长。

第三轮是《美国复苏与再投资法案》。

《美国复苏与再投资法案》于 2009 年 2 月 13 日获得通过，是 2009 年初新任美国总统巴拉克·奥巴马针对经济大衰退所提出的总额达 7 870 亿美元的美国经济刺激方案，具体内容如表 8-9 所示。

表 8-9 《美国复苏与再投资法》

	项目	金额（亿美元）
减税	在 2009 年和 2010 年，95% 的美国家庭获得减税，个人可以抵减 400 美元，家庭则可减免 800 美元	2 860
基础建设及公共投资	基建计划和科学研究投资。改善公共交通系统，兴建高速公路、高速铁路	1 200
	宽带网络覆盖，用于改善偏远地区的宽带网络	72
	医疗信息技术领域，例如将病例数据电子化	190
	投资教育建设，包括对各州政府拨出 536 亿美元，用于学校建筑修缮	1 059
环境及能源安全	环境计划，包括消除已废弃核武器和能源研究中心，对国防设施实施能源效益计划，改善饮用水设施	145
	再生能源及节能项目，其中 131 亿美元用于对再生能源生产的税收抵减	199
	提升美国的电力网	110

续表

	项目	金额（亿美元）
低收入人群福利	公共卫生与社会服务紧急基金，其中269亿美元用于帮助失业者维持他们的医疗保险	437
	公共住房计划	100
	济贫，以食物换领券资助贫穷家庭	199
其他	其他支出项目	1 299
合计		7 870

新冠肺炎疫情暴发以后，美国进行了规模空前的财政扩张，共推出了七轮财政刺激法案，总金额达到8.3万亿美元。

第一轮是《冠状病毒准备和响应补充拨款法案》。

《冠状病毒准备和响应补充拨款法案》于2020年3月6日签署，是一项83亿美元的紧急拨款法案，以加强美国对日益严重的新冠肺炎疫情的响应，为各州和地方官员抗疫提供资金。拨款包括逾30亿美元用于疫苗、测试盒和治疗药物的研发，22亿美元用于帮助预防、准备和响应方面的公共卫生活动，另外12.5亿美元用于帮助控制疫情方面的国际需要。

第二轮是《家庭首次冠状病毒应对法案》。

《家庭首次冠状病毒应对法案》于2020年3月18日签署，旨在应对新冠肺炎疫情大流行的经济影响。该法案为免费冠状病毒检测提供资金，为受该病毒影响的美国工人提供14天的带薪休假，并增加对食品券的资助，涉及金额1 920亿美元。

第三轮是《冠状病毒援助、救济和经济安全法案》。

《冠状病毒援助、救济和经济安全法案》于2020年3月27日签署。支出主要包括向在美国交税的民众支付3 000亿美元的一次性现金（大多数单身成年人获得1 200美元，有孩子的家庭获得更多），增加2 600亿美元的失业福利，设立向小企业提供可豁免贷款的"薪资保护计划",初始资金为3 500亿美元(后来通过后续立法增加到6 690亿美元),向企业提供5 000亿美元贷款,以及向州和地方政府提供3 398亿美元,共涉及金额2.2万亿美元。

第四轮是《薪资保护计划和医疗保健增强法案》。

《薪资保护计划和医疗保健增强法案》于2020年4月24日签署,该法案共涉及4 840亿美元,主要包括三个方向。

一是中小企业。法案针对中小企业的救助新增了3 813亿美元,核心为小型企业的薪酬保护计划。

二是医疗机构。《冠状病毒援助、救济和经济安全法案》向医院、公共和非营利性医疗机构以及医疗保险和医疗补助供应商提供1 000亿美元拨款,医院可以为应对新冠肺炎疫情相关的一系列支出申请资金,包括建造临时设施、改造设施,以及医疗设备、个人防护用品的购置。此次《薪资保护计划和医疗保健增强法案》追加750亿美元。两个法案合计拨款1 750亿美元用来支持美国医疗机构。

三是提高新冠病毒检测能力。《薪资保护计划和医疗保健增强法案》新增对新冠病毒检测的支持,直接拨款250亿美元用于主动感染及预先暴露检测、分子抗原及血清检测、检测设备的制造采购分销以及其他测试的开发等,扩大新冠病毒检测能力,旨在有效监测和抑制新冠病毒。

第五轮是《综合拨款法案》。

《综合拨款法案》于2020年12月27日签署,是一项涉及2.3万亿美元的支出法案,该法案将9 000亿美元用于缓解美国的新冠肺炎疫情大流行,并将1.4万亿美元用于2021联邦财政年度的综合支出法案(合并12项单独的年度拨款法案)。这项新方案将包括向绝大多数美国人提供600美元的直接刺激款项,以及将每周失业救济金增加300美元。同时还将拨款超3 000亿美元用于援助企业、资助疫苗发放、援助学校及面临扫地出门处境的租客。

第六轮是《美国救助计划法案》。

《美国救助计划法案》于2021年3月14日签署,共涉及1.9万亿美元。该法案的救济计划包括一笔针对大多数美国人的一次性1 400美元直接派现,这项资助只针对年收入75 000美元以下的个人或者年收入15万美元以下的夫妻。每位儿童将获得额外1 400美元的补贴。收入超过此金额的个人或者家庭,领取的资助会减少。联邦政府还将向州和地方政府拨款3 500亿美元,为重开学校拨款1 300亿美元,为扩展新冠病毒检测和研究拨款490亿美元,以及为支持疫苗分发拨款140亿美元。该救济计划亦协助低收入及失业人士支付房租水电费用,并为受疫情冲击的餐厅等产业提供250亿美元的拨款。另外,将有50亿美元用于航空公司,80亿美元用于机场,等等。值得注意的是,该法案曾提议将全美最低工资从每小时7.25美元提高到15美元,这是此次在参议院讨论及立法的症结所在,最后并未纳入法案的最终版本。之前,一些民主党人也对某些条款提出了批评,导致该援助方案做出了一些妥协,比如将联邦失业救济金从每周400美元降至300美元。

第七轮是《基础设施投资和就业法案》。

《基础设施投资和就业法案》签署于2021年11月15日,包括翻新老化的道路、桥梁和港口,更换管道,升级和加固国家电网,以及为对抗人为气候变化灾难的基建投资,共涉及1.2万亿美元。

5. 新冠肺炎疫情和次贷危机期间的财政刺激,对消费形成的影响

(1)新冠肺炎疫情期间对家庭部门采取的财政刺激政策

新冠肺炎疫情暴发以来,美国政府推行了多轮财政刺激政策,其中规模最大的三轮为《冠状病毒援助、救济和经济安全法案》(2.2万亿美元)、《冠状病毒应对和救济补充拨款法案》(0.9万亿美

元）以及《美国救助计划法案》（1.9万亿美元）。在三轮大规模的财政刺激中，政府对于居民部门的救济始终是重点，通过发放纾困金和失业补贴的方式，直接增加居民的现金流。表8-10总结了三轮财政刺激中，政府向居民直接发放的纾困金和失业补贴——从规模来看，《美国救助计划法案》的力度最大，对于居民部门的补贴占总刺激规模的比重最大，《冠状病毒援助、救济和经济安全法案》次之，《冠状病毒应对和救济补充拨款法案》最小。

表8-10 新冠肺炎疫情以来美国政府向居民直接发放的纾困金和失业补贴

类型	时间	法案	具体内容	支出规模
个人支票	2020年3月27日	《冠状病毒援助、救济和经济安全法案》	年收入低于7.5万美元的个人或年收入低于15万美元的家庭，每人获得1 200美元补助，儿童可获得500美元补助	2 920亿美元
	2020年12月27日	《冠状病毒应对和救济补充拨款法案》	年收入低于7.5万美元的个人或年收入低于15万美元的家庭，每人（包括儿童）获得600美元补助	1 660亿美元
	2021年3月11日	《美国救助计划法案》	年收入低于7.5万美元的个人或年收入低于15万美元的家庭，每人获得1 400美元补助，儿童和成年的被抚养人可获得额外的1 400美元补助	4 050亿美元
	共计8 630亿美元				
失业补贴	2020年4月5日—2020年7月26日	《冠状病毒援助、救济和经济安全法案》	第一轮：每周600美元的额外失业补贴，持续13周；第二轮：每周300~400美元的额外失业补贴，持续6周	4 110亿美元
	2020年12月26日—2021年4月5日	《冠状病毒应对和救济补充拨款法案》	每周300美元的额外失业补贴，持续11周	1 230亿美元
	2021年3月16日—2021年9月6日	《美国救助计划法案》	每周300美元的额外失业补贴，持续23周（2021年9月6日截止）	1 790亿美元
	共计7 130亿美元				

资料来源：CRFB（https://www.covidmoneytracker.org/）。

（2）财政刺激政策对消费的影响

三轮大规模财政刺激形成强"收入效应"，迅速支撑居民收入。随着三轮财政补贴相继落地，美国政府财政对居民转移支付大幅增长，推动个人总收入快速上升，大幅超过疫情前水平。从同比数据来看，美国个人总收入同比在财政刺激下经历高速增长，主要拉动项为转移支付。2021年3月，个人总收入同比再度升高至接近30%，其中转移支付对个人总收入同比的贡献率高达25.9个百分点。

财政救济和补贴带来收入高增，刺激了居民消费需求，推动消费快速复苏。然而，财政刺激带来的消费复苏却呈现明显的结构分化，由于疫情持续蔓延，服务消费需求受阻，过剩需求流向商品消费（耐用品＋非耐用品），导致商品消费已经超过疫情前趋势水平，而服务消费仍存在缺口，复苏速度较弱。在商品消费中，又以耐用品消费的增长最为明显，从同比数据来看，从2020年第三季度至2021年第一季度，耐用品消费始终是个人消费支出的最主要拉动项。

然而，新冠肺炎疫情暴发以来，财政刺激政策对于消费的促进作用也受到了以下几个因素的限制。

首先，财政刺激政策在带来个人收入快速提升的同时，储蓄率也大幅攀升，这意味着个人收入除用于消费外，仍有较大部分转换为储蓄，高储蓄或对居民的消费力造成"吞噬"。根据纽约联储对美国家庭部门对财政救助金使用用途的调查[①]，美国家庭为消费预留的救助金平均份额（即边际消费倾向）从第一轮的29.2%下降到第二轮的25.5%，再到第三轮的24.7%，而救助金中用于储蓄的

---

① 资料来源：纽约联储报告，An Update on How Households Are Using Stimulus Checks，参见 https://libertystreeteconomics.newyorkfed.org/2021/04/an-update-on-how-households-are-using-stimulus-checks/。

比例则有所上升。此外，更有超过 1/3 的救助金份额被用于偿还债务。由此可见，在疫情仍未消退的背景下，对经济环境的担忧和不确定性使居民将大部分救助款项用于偿还债务和储蓄，财政刺激政策主要转化为"超额储蓄"而非消费。

此外，调查结果还显示，低收入家庭将救济金用于偿还债务的比例大幅高于高收入家庭；而从教育水平的差异来看，没有大学学位的家庭报告的平均边际消费倾向略低，且用于偿债的款项占比更高。财政补贴在不同收入水平、教育水平家庭中的分布也将很大程度上对财政政策的效果产生影响（见表 8-11）。

表 8-11 纽约联储调查：家庭如何使用他们的刺激支票？

财政刺激轮次	第一轮	第二轮	第三轮
报告时间	2020 年 6 月	2021 年 1 月	2021 年 3 月
平均消费支出占比（%）	29.2	25.5	24.7
平均储蓄/投资占比（%）	36.4	37.1	41.6
平均偿债支出占比（%）	34.5	37.4	33.7

注：第一轮、第二轮和第三轮的受访人数分别为 1 423 名、1 062 名、1 007 名，受访者均已收到或预计将收到对应轮次的财政刺激支票。
资料来源：纽约联储消费者预期调查（SCE）。

其次，财政刺激政策仅在需求端发挥作用，而供给端仍受疫情压制，存在较大缺口。一方面，直接发放失业补贴无法解决经济内生的就业压力，目前虽然失业率已回落至接近疫情前水平，但劳动参与率持续低迷，职位空缺率居高不下，大量人口退出就业市场使劳动力持续供不应求，劳动力成本上升，限制了消费的供给端复苏；而财政刺激政策不仅无法缓解劳动力供给，高额的财政援助金额反而降低了部分人的劳动意愿，进一步压制劳动力市场复苏。另一方面，商品消费尤其是耐用品消费的供给端出现原材料短缺等问题，叠加港口、内运阻塞，造成供给侧的瓶颈，而财政刺激造成的过热需求则进一步强化了供需矛盾，推升部分商品价格高涨，消费陷入"量缩价涨"的局面。

最后，持续的大规模财政支出结合宽松的货币环境，容易造成政府债务激增，通胀高企，加剧经济的不确定性，降低消费者信心，对消费产生不利影响。

（3）次贷危机期间的财政刺激政策

次贷危机期间，美国经历了小布什、奥巴马两任政府，其分别于2008年和2009年推出两轮大规模财政刺激计划，对居民部门采取财政刺激政策。

第一轮财政刺激是《经济刺激法案》（2008年2月13日由小布什签署）。

《经济刺激法案》的核心是提供退税补贴，意图通过大幅退税刺激消费和投资，拉动经济增长。该计划使1.17亿户美国家庭获得了退税补贴，根据最终生效的法案，个人最多可得到600美元的一次性退税，家庭可得到1 200美元退税，而未成年子女可获得300美元退税。该计划分两年实施，退税补贴总额高达1 680亿美元。

第二轮财政刺激是《美国复苏与再投资法案》（2009年2月17日由奥巴马签署）。

与《经济刺激法案》不同，《美国复苏与再投资法案》聚焦于减税和失业补贴。该法案规定，个人享有最高400美元的个人所得税免税额度；此外，该法案增加失业金补助，符合条件的居民可获得最高33周的紧急失业补偿。该法案用于经济刺激的财政资金规模非常庞大，总规模达7 870亿美元。

此外，奥巴马政府在2009—2010年还推出数轮较小规模的经济刺激法案，为居民提供了税务激励，并延长了部分失业者领取失业补助的时限。

（4）财政刺激对个人消费支出的影响

次贷危机的两轮财政刺激政策均对居民收入产生正向影响，但影响方式有所不同。2008年《经济刺激法案》通过提供退税补贴，直接向居民发放支票，增加了居民的转移支付收入并拉高了居民总收入，2008年5月转移支付收入对个人可支配收入同比的贡献率达6.76个百分点。而第二轮财政刺激，主要通过减税提高个人可支配收入，个人所得税对个人可支配收入同比的贡献率由负转正，而失业补贴带来的转移支付收入对个人总收入的贡献则相对略弱。

次贷危机期间美国资产泡沫破灭，居民资产规模大幅度缩水，家庭财富迅速减少，居民消费意愿和购买力受到严重打击。虽然次贷危机期间的两轮财政刺激政策在短期内提高了居民的收入水平，但这远远无法弥补资产价格泡沫破灭对经济总需求的抑制作用，故财政补贴对居民消费的提振作用有限。因此，尽管这段时间的财政刺激政策对居民收入起到了支撑作用，但个人消费支出水平仍持续保持明显下行趋势。

与新冠肺炎疫情暴发后相比，次贷危机时期财政刺激政策对消费的影响有如下特征：一方面，次贷危机期间，服务消费受到的下行冲击相对较弱，财政刺激对消费的影响并未出现明显的结构分化；另一方面，由于需求端受到严重冲击，次贷危机期间的财政刺激政策并未造成突出的供需矛盾，因此通胀水平在这段时间也整体下行。

此外，直接发放补贴和失业救济同样对生产与就业造成了不利影响，但由于财政补贴的规模相对较小，未出现补贴数额高于正常就业薪资的现象，因此相对于疫情发生以来的大规模财政刺激，其对就业市场的挤出程度较低。

（五）美国日益扩大的财政赤字

1. 美国财政赤字历史回溯

虽然在美国独立战争期间，大陆会议和各州就开始大量发行债券，但统一的美国国债发行始于1792年，由美国第一任财政部长汉密尔顿推动。

美国目前的巨额财政赤字开始于小布什8年任期内的"财政革命"。当时美国政府状况急剧恶化的原因主要有三点：一是2001—2003年给富人大幅度减税，二是推行处方药的医保改革，三是阿富汗战争和伊拉克战争。

2007—2008年金融危机发生，美国经济增长急速放缓，财政状况雪上加霜。美国政府一方面需要大规模财政刺激来摆脱经济衰退，另一方面经济增速下降导致税收下降，叠加中东反恐战争，以及国内大规模社会福利改革计划的压力，使联邦财政不堪重负，赤字扶摇直上，超过1万亿美元。与财政赤字遥相呼应的是，到奥巴马执政结束时，联邦政府债务更是达到创纪录的19.9万亿美元。

2009年12月，美国总统奥巴马签署法案，将美国政府债务上限从2 900亿美元提升到了12.4万亿美元。

2011年8月2日，美国总统奥巴马签署了国会通过的《预算控制法案》，避免了出现债务违约。同年8月5日，由于美国政府的削减财政赤字计划未达到标准普尔期望的4万亿美元标准，标准普尔降低了美国政府的AAA主权信用评级至AA+级，并将评级前景定为负面，引发了全球金融业的剧烈波动，这是美国政府主权信用评级1994年以来首次被降低。

2016年特朗普执政后，大幅削减公司、富人的税收，导致政府财政收入锐减。同时，受新冠肺炎疫情影响，美国经济出现断崖式下降，特朗普政府不得不紧急通过一系列疫情救济和经济纾困计划，缓解疫情对美国经济及民生的影响。但结果是，财政赤字急剧攀升，2020年联邦政府的财政赤字超过3万亿美元，联邦政府债务更是突破20万亿美元大关。

2020年拜登入主白宫后，一方面要集中精力应对愈演愈烈的新冠肺炎疫情，另一方面要想方设法复苏经济，此外还要推行雄心勃勃的基建和社会福利改革计划，因此，财政赤字和联邦债务继续攀升。

2021年8月，联邦政府债务突破28.4万亿美元上限，美国财政部甚至不得不通过拆东墙补西墙的"特别财政措施"，防止出现政府债务违约。

2. 2008年和2020年的国债发行对比

2020年美国国债的发债规模是2008年金融危机时的314%，整体国债的发债占比结构和2008年相似。2020年的发债规模相较于前一年增长73.5%，而2008年相较于前一年发债规模仅仅增长48%。为了刺激疫情下的经济复苏，推进拜登政府的基建和社会福利改革计划，财政部的资金需求增长陡峭，并快速推高联邦政府的负债总额。

（1）美国为何能做到不断抬高财政赤字？为何全世界都在为美国的债务买单？

美债收益率在发达经济体中仍然具有优势。2007—2008年的次贷危机后，美国、欧洲、日本等发达经济体纷纷开启宽松周期，美国的量化宽松一直持续到2015年底，2015年12月美联储启动加息，标志着以次贷危机为开端的宽松周期结束，美联储进入新一轮紧缩周期，与此同时美债收益率开始走高，而相对保守的欧洲央行和日本央行并未跟进，甚至进一步开启了负利率时代。此消彼长之下，美债收益率在全球主要发达经济体中遥遥领先，相对高收益率的美债具有较高的吸引力，支撑了美国的财政扩张（见图 8-3）。

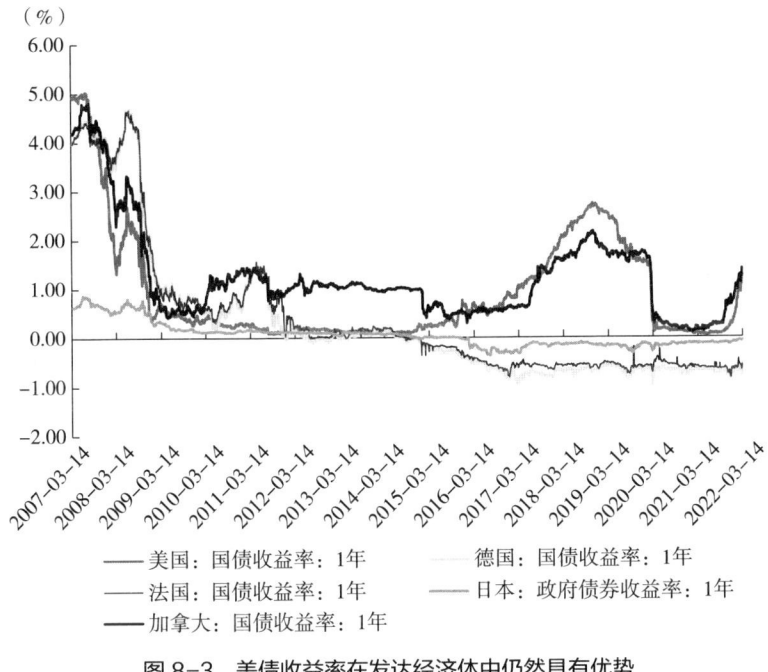

图 8-3 美债收益率在发达经济体中仍然具有优势

现代货币理论成为发达经济体财政和货币政策的理论指导。进入 21 世纪以来，关于现代货币理论的讨论广泛扩大，尤其在次贷危机后，美国、欧洲、日本等发达经济体的决策层，在亟须向市场提供救济款的现实需要下，不得不改变新自由主义的保守理论，转而寻求新的理论指导，因此现代货币理论成为受次贷危机影响深重的发达经济体政府的救命稻草。根据现代货币理论，以美国、日本为代表的拥有主权货币的发达经济体和行动具有高度一致性的欧元区国家，可以放松对主权债务上限的警惕，将财政政策与货币政策相结合，这实质上是将各国央行变成了政府的一部分，财政扩张的约束得到放松。

（2）美元在其中的作用是什么？

美元强势，间接提高了美债收益率。前面我们提到，2015年12月美联储加息，启动了一轮紧缩周期，随着美元回流，市场上的美元减少，叠加美国经济的稳健复苏，美元指数从2015年开始走高，经济好转叠加美联储加息预期构成了美元强势的支撑。美元兑主要货币中，以外币计价的美元兑日元、美元兑加元均呈现与美元走势相似的态势，而以美元计价的欧元兑美元和英镑兑美元则呈现与美元走势相反的态势（见图8-4）。

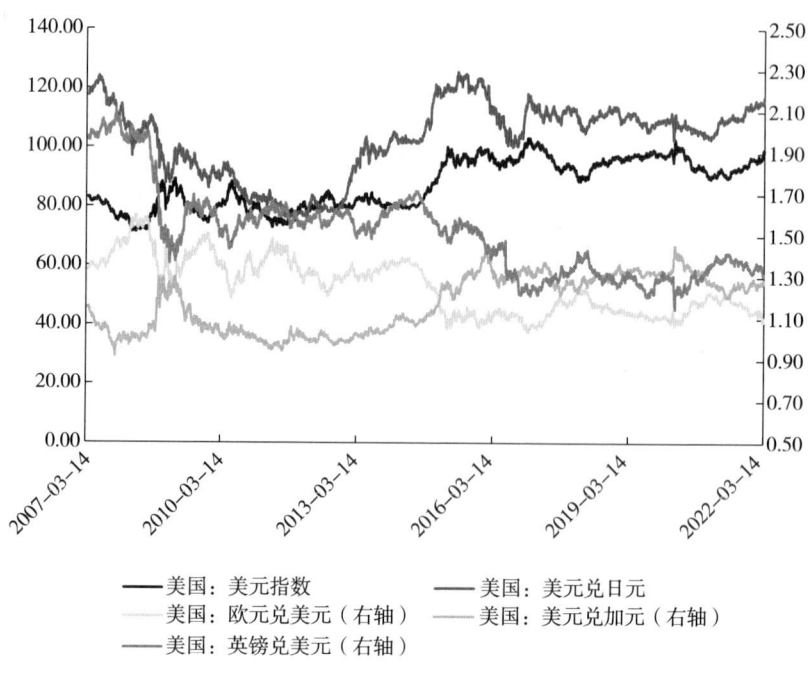

图 8-4 美元兑主要货币走势

美元的强势构成了美债的另一层需求逻辑，对美元升值的预期使美债相对于其他国家资产存在基于汇率的额外收益。欧元区和日本的长期低利率甚至负利率的利率环境，决定了欧元和日元资金持续外流，美债则成为欧元和日元资金的主要外流目的地。

（3）美国如何利用美元维持全球霸权？

从布雷顿森林体系建立开始，美元凭借着国际结算货币的地位和与黄金、石油的高度挂钩而成为世界货币，各国对美元的稳定需求成为美国利用美元维持霸权的条件。第二次世界大战结束后，作为主要战场的欧洲经济受挫严重，美国趁机主导了布雷顿森林体系的成立，通过将美元与黄金挂钩，再将各国货币与美元挂钩的形式，确定了美元成为国际结算货币。即使1971年尼克松政府结束了美元与黄金的比例兑换，但基础工业品石油市场与美元的深度绑定又维持住了美元的国际结算地位。

美联储根据美国经济周期设计加息降息的货币政策周期，在政策设计中并不纳入作为国际结算货币的美元的外溢属性。因此，在经济萧条或遭遇负面冲击时，美联储采取的降息措施往往会导致大量美元流向其他国家的高收益资产，而经济复苏后，美联储采取的加息缩表往往又会回收美元流动性，一来一回之间，金融市场脆弱的发展中国家面临严峻考验，东南亚金融危机就是明显的例证。

第九章

中美关系分析框架:大国博弈与全局推演

美国对华施加"关税大棒"以来，不断有美国企业对白宫游说和施压，要求减免关税。2021年6月20日，代表数百个美国家用电器、电气和食品服务设备制造商的若干行业协会致信美国贸易代表戴琪，敦促拜登政府取消前任政府对美国进口商品征收的惩罚性关税。信中提到，"由于这些关税，与全球竞争对手相比，美国制造商为钢铁支付的费用高出40%"。2021年7月20日，美国财政部长耶伦公开表示，美国对华采取的关税措施正在伤害美国消费者。穆迪的研究报告显示，美方对中国加征关税带来的额外成本中的90%，是由美国进口商承担的。如果对华加征的关税大部分都被美国企业和消费者承担，增加了美国制造业的成本和通胀压力，为何美国政府还要坚持对华加征关税呢？

我们从美国民主党和共和党两个利益团体来做分析。开启中美经贸摩擦和对华大范围加征关税的特朗普，其竞选基本盘是美国的工人和农民，这部分群体并没有受益于全球化，因此特朗普在竞选中就以减少贸易逆差、让工作机会回流美国，不断游说美国国内工人和农民。特朗普上台之后，便与欧洲、日本、韩国、加拿大、墨西哥等主要贸易对手开展了密集的贸易谈判，谈判诉求落于低附加值的制造业及农业，包括提高钢铁、金属制品的进口关税，降低别国进口美国农产品的非关税壁垒等。特朗普总统发起的对华经贸摩擦，与其竞选利益一致，并且也为他赢得了保守主义的众多信徒。

但是民主党和拜登所代表的大型企业及跨国公司，是受益于全球化的一方，为何拜登上任后，并没有取消对华关税？实际上，民主党也有强烈的取消对华关税的诉求，并且希望能够通过取消对华关税，换取符合其竞选基本盘的利益，如更大限度地开放中国市场、与中国在碳减排方面取得合作。2021年10月5日，美国贸易代表办公室公布了549项产品清单，就是否恢复关税排除程序对公众征询意见；2021年11月，美国财政部长耶伦也公开表示，拜登政府正在考虑对中国减免部分领域的关税，可能会考虑以"互惠的方式"降低部分关税，以减缓美国近期的物价上涨趋势。但是从2021年第四季度至2022年第一季度，中美两国迟迟未对取消关税达成一致。原因在于，2021年8—11月，在阿富汗撤军、通胀高企、新冠肺炎疫情反复等多个因素的冲击下，拜登的支持率出现了一轮快速下跌，下滑程度甚至大于特朗普同期的表现。2022年，民主党即将迎来中期选举大考，在美国保守主义思潮越发强烈的压力下，民主党对于众议院的控制权岌岌可危。国内选情的压力，使拜登总统必须顺应国内鹰派选民的情绪，从而丧失了对华缓和的窗口期。

可以说，中美关系的演绎，很大程度上取决于美国政客的诉求。美国民主党和共和党，分别代表了撕裂的美国社会中一方的利益。因此，对华的政策也会随着美国政坛局势而变化。如果我们把眼光放到更长的周期，会看到每次美国对中国的政策发生较大的转变，也基本上取决于美国的利益变化。研究中美关系，首先要了解美国的政治体系和决策机制，这样才能站在"大国博弈"的角度，对中美关系有更为全面的把握。

一、中美关系进入百年大拐点

（一）新中国成立以来中美关系整体复盘

多数人认为，中美关系是无法预测的。然而，根据我们多年的研究经验，研究中美关系在于理解美国，在于理解美国的政治版图、党派利益。在大量的数据分析中，我们往往可以窥探到美方的真实意图，并且综合分析总统、政客、美国企业团体的行动和言论，分析美方下一步出牌的可能方向。

回首中华人民共和国成立以来的 70 多年时间里中美关系的演变，国际局势和美国利益发生了巨大的变化，中美关系也随势而变。中美关系共出现三次大的转折点，分别是 1972 年中美建交、2001 年"9·11"事件及 2011 年奥巴马提出"重返亚太"战略。整体来看，中美关系从中华人民共和国成立伊始的对抗和隔绝，到建交后的曲折发展，到逐步深入合作，再到 2011 年后裂痕逐步出现，以三个转折点作为分界，一共经历了四个阶段的发展。

1. 第一个转折点：苏联战略转变及中美建交

中华人民共和国在成立初期，面临严峻的国际形势，选择了"一边倒"的外交政策，中美关系处于隔绝和对抗的状态。然而，20 世纪 70 年代，随着苏联战略的转变，中美关系也迎来了第一次关键的转折点。随着军事力量的逐步壮大，苏联从防御型战略逐步转变为进攻型战略。1969 年珍宝岛事件，更是加剧了中苏关系的紧张。面对苏联的威胁，中美迎来了和解的历史时机。

20 世纪 70 年代，中美正式建交，中美三个联合公报的签署，为中美关系奠定了政治基础。1972 年 2 月 21 日，美国总统尼克松访华，受到毛泽东主席的接见。1972 年 2 月 28 日，中美第一个联合公报——《上海公报》发表。1978年12月16日，中美两国发表第二个联合公报——《中美建交公报》，美国政府接受中国提出的建交三原则：同台湾"断交"、撤出军队和设施、废除"共同防御条约"。1982年5月，邓小平会见时任美国副总统乔治·赫伯特·沃克·布什，中美在8月17日发表了第三个联合公报——《八一七公报》，美方声明"无意侵犯中国的主权和领土完整，无意干涉中国的内政，也无意推行'两个中国'或'一中一台'的政策"。自此，三个联合公报，奠定了中美关系的政治基础。

在此后将近30年的时间里，中美关系不断加深，在曲折中前行。彼时，中美在经济、军事等领域实力悬殊，中国潜在的巨大市场，也使美国政治精英对于中国的认知，总体保持正面和积极。在这一时期，中国推进现代化，摒弃苏联模式，向欧美学习借鉴，中美也因此启动了大量的交往与合作，中美关系整体趋向改善。1997年及1998年，中美两国元首国事互访，为中国在21世纪初加入WTO创造了有利的条件。这一阶段，中美之间虽然经历了美国轰炸中国驻南联盟大使馆、李登辉访美等事件，但风波之后，中美关系的主趋势依然是积极的。随着中美关系保持稳定，也推动一批西方国家承认中国，为我国的改革开放拓展了有利的发展空间，进一步提升了我国的国际地位。

2. 第二个转折点：国际反恐局势变化及中美全面深化合作

21世纪初，国际反恐局势的变化，成为中美进一步全面加深交流的第二个关键转折点。2000年，小布什总统入主白宫。起初，中美关系一度出现紧张态势，南海撞机事件更是加剧了紧张局势。然而，2001年的"9·11"事件后，国际反恐合作催化中美关系开始调整，成了中美进一步加深合作的关键转折点。2001年10月，江泽民主席与前来参加上海亚太经济合作组织会议的小布什总统举行会谈，双方同意继续发展建设性合作关系。2002年，中美最高领导人相互进行工作访问，双方一致同意推动中美建设性合作关系不断向前发展，极大地推动了两国关系向好的势头。

此后，在21世纪的头10年，中美两国进一步全面加深合作，两国关系在教育、文化、经贸、体育等多个领域都取得了跨越式发展。这一时期内，中美外交持续保持战略对话。在经历了5次中美战略经济对话（SED，2006年12月至2008年12月）和6次中美战略对话（SD）之后，两国元首于2009年4月决定，将这两个对话体系以"中美战略与经济对话"（S&ED）的名称延续下去。在2009年7月至2016年6月共进行了8轮S&ED对话，这种独特的"务虚会"，成为两国战略沟通的重要平台。

3. 第三个转折点：2011年"重返亚太"战略

随着中国和平崛起，国力不断增强，美国政治精英的心态也在不断发生变化。次贷危机后，西方国家经济增长普遍停滞不前，美国对于失去世界霸权的焦虑感日益增长，而美国国内的社会矛盾也在不断激化。自20世纪70年代滞胀后，西方国家普遍采取新自由主义经济政策，放任市场化机制自由发展，这使得贫富差距和社会矛盾日益尖锐，社会动荡不安。美国多年超发货币，资产价格持续上涨，更是加剧了国内的贫富差距，亟须向外转移国内矛盾。

2011年奥巴马宣布"重返亚太"战略，成为中美关系的第三个关键转折点。这也是中华人民共和国成立以来，中美关系逐步走向下坡路的关键转折点。自此，从奥巴马时代的合作与竞争并存，到特朗普时代的全面遏制，再到拜登时代的"小院高墙"、"排华供应链"和"印太经济战略"，中美关系整体曲折向下。

奥巴马时代，中美关系的裂痕已经逐步出现。在奥巴马第一任期内，采取了竞合共存的对华政策，这一对华政策，也基本延续到奥巴马第二任期。美国一方面克制且低调，与中国沟通合作，但另一方面也暗中操作、加大制约。奥巴马执政期间，美方已经开始在贸易领域频频对中国施压。2010—2018年，美国多次对中国展开"反垄断、反补贴"的双反调查，以及以电子行业专利侵权为主的"337调查"。只是，这些调查只集中于部分商品领域，调查的结果以征收高昂的反倾销税、反补贴税、惩罚性补贴税而结束，尚未扩大到全贸易领域（见图9-1）。

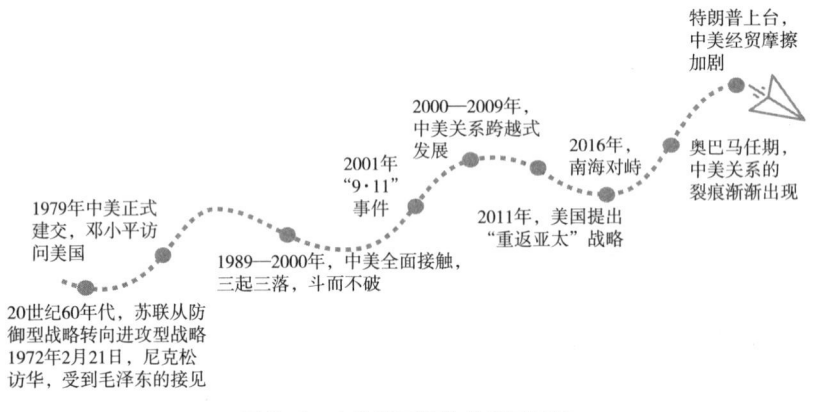

图9-1 中美关系整体的发展局势

资料来源：作者整理。

（二）特朗普任期的经贸摩擦复盘和第一阶段协议

2016年，特朗普接棒奥巴马入主白宫，实施"美国优先"的单边主义，对多个贸易对手国发起新一轮贸易磋商，包括加拿大、墨西哥、日本、韩国、欧洲国家等。细数特朗普的谈判诉求，主要落于低附加值的制造业及农业，包括提高钢铁、金属制品的进口关税，扩大美国农业出口的范围。

这与特朗普的竞选利益是一致的。作为保守主义的极端代表，特朗普在竞选时期就以降低贸易逆差（尤其是对华贸易逆差）、推动工作机会回流来游说美国的工人和农民。在这一旗帜鲜明的竞选纲领下，在2016年的总统大选中，铁锈带地区（位于美国五大湖地区，传统工业曾经一度繁荣，但现今已衰败）的摇摆州整体倒向了特朗普和共和党。特朗普上任之后，也主导美国退出《跨太平洋伙伴关系协定》（TPP），发起中美经贸摩擦，以笼络美国的工人和农民，稳固选票（见表9-1）。

表9-1 特朗普政府的谈判诉求

针对协议、国家	日期	事件	美方成果/诉求
《北美自由贸易协定》（NAFTA）	1994年1月	美国、加拿大、墨西哥三国协商后，正式生效	减少美国对墨西哥、加拿大的贸易逆差，改善美国制造业、农业与服务业在这两个国家的市场准入，为美国提供更多的就业机会
	2016年7月	特朗普竞选期间，提出重新谈判NAFTA的目标	
	2017年4月	特朗普与加拿大、墨西哥的领导人通话后，同意不会终止NAFTA，寻求重新谈判	
	2017年8月	美国与加拿大、墨西哥举行首轮谈判	
	2018年5月	美国宣布对加拿大、墨西哥征收25%的钢铁关税，征收10%的铝关税	
《美韩自由贸易协定》	2007年6月	2007年6月签署，补充汽车条款后，于2012年3月正式生效	韩国将把美国汽车进口配额从2.5万辆增至5万辆，美国对韩国卡车征收25%关税的条款延长至2041年（原计划到2021年）
	2018年1月	就修改双边自贸协定举行首轮谈判，重点讨论了汽车贸易等问题	
	2018年3月	韩国获得美国钢铁关税永久豁免权，但每年最多可以向美国出口268万吨钢铁	
	2018年9月	签署了修正过的《美韩自由贸易协定》	
《美日贸易协定》	2018年9月	举行美日首脑会谈，启动《货物贸易协定》（TAG）谈判	缩减美日贸易逆差，提高对日本的汽车出口；让日本开放农业、林业和渔业的市场准入

续表

针对协议、国家	日期	事件	美方成果/诉求
《美欧贸易协定》	2018年5月	美国宣布对欧盟征收25%的钢铁关税，征收10%的铝关税；欧盟对总额28亿欧元的美国商品征收25%的关税	取消工业品关税和打破非关税壁垒，贸易谈判需要包括农业议题
	2018年7月	美欧同意展开新贸易谈判，谈判期间不会征收新关税	
《美英贸易协定》	2017年7月	英国启动"脱欧"进程后，美英成立贸易和投资工作组	农产品问题仍是双方最大的分歧，尤其是来自美国的牛肉和鸡肉等持续受到英国的强烈抵制

资料来源：作者整理。

2017年8月，美国贸易代表办公室对中国发动"301调查"（美国贸易代表办公室根据《1974年贸易法》第301条，对美国贸易伙伴展开的调查）。2018年3月，美国贸易代表办公室发布调查结果，无端指控中国存在强迫技术转让、窃取美国知识产权等问题，这也成了特朗普对华加征关税的依据。不同于奥巴马执政时期的双反调查，特朗普执政时期的中美贸易争端几乎涵盖了中国对美国的全部出口商品。除了采用加征关税等手段之外，美方也出台了大规模的实体清单，对华高技术出口管制力度空前加大，全方位打压中国的制造业产业链。

中美经贸摩擦中，特朗普政府不断反复，多次上调和下调关税税率。因此，我们将特朗普时期的中美经贸摩擦，拆分为四个阶段：摩擦阶段、谈判第一回合、谈判第二回合和执行阶段。这四个阶段，美国从初期的小步试探到中期的反复，再到后期的疯狂加税，不断挤压中方极限，每一个阶段都服务于特朗普不同时期的政治利益诉求。

1. 摩擦阶段，500 亿美元关税清单生效

该阶段从 2017 年 8 月美方启动"301 调查"开始，一直到 2018 年 5 月 19 日中美就经贸磋商发表联合声明。在此阶段，中美摩擦主要集中于经贸领域，美方威胁对 500 亿美元中国商品加征关税，中方反制 500 亿美元清单。这时，距离 2020 年总统大选尚远，特朗普不断出牌，反复试探中方的底线。

美方对中方拟加征关税的 500 亿美元清单商品，主要涵盖了中方对美方出口的机电产品，目标在于打击中国制造业。而中方对美方的反制清单，也直指美国共和党的基本盘。我们自美方进口的最大品类是矿产化工和机电设备，农林牧渔只占到比较少的一部分。但是，在中方出台的反制清单中，主要涵盖了美国对华出口的农业品。中方反制的策略，直接打击了共和党的基本盘，即摇摆州的农民。实际上，对美方农产品的反制也深刻地影响了美国 2018 年中期选举。中美经贸摩擦下，美方农产品对华出口锐减，这也使得特朗普失去了摇摆州的支持。

2018 年 5 月，中美两国就双边经贸磋商发表联合声明，达成了"双方不打贸易战"的共识。然而，在中美联合声明发表 10 天之后，美方就推翻了磋商共识，对中国的经济体制、贸易政策横加指责，宣布将继续推进加征关税计划，拟对 500 亿美元商品征收 25% 的关税。

2. 谈判第一回合，2 000 亿美元关税清单生效

从 2018 年 5 月至 2019 年 5 月，中美开启了新一轮谈判周期，我们称之为谈判第 回合。在这段时间，美方对中国加征关税的商品清单总额，从 500 亿美元上升至 2 500 亿美元，且涵盖了大量的劳动密集型产品（见图 9-2）。共计 2 500 亿美元的关税清单，占到了中国对美国出口的 4 000 多亿美元的一半以上。中美贸易关系持

续紧张，也对我国的制造业投资和中小企业的扩产意愿造成了较大的冲击。当然，这一时期，美国对华的出口也同样出现大幅下滑，尤其对美国铁锈带地区的工人和农民造成了较大的影响。

2018年12月，中美元首在阿根廷G20（二十国集团）峰会上举行会晤，达成了共识，停止加征关税，中国则同意从美国购买农业、工业及能源制品。紧接着，从2018年底到2019年4月，中美双方展开了多轮经贸高级别磋商。但是，美方得寸进尺，采取霸凌主义态度，坚持不取消全部关税，导致双方迟迟未能达成共识。2019年5月7日，美方通过了所谓的"台湾保证法"。5月10日中美经贸第十一轮高级别磋商之后，美方撕毁了中美G20共识，宣布要对2 000亿美元清单商品加征25%的关税，并于6月15日实施，中美关系再次陷入了紧张局面。

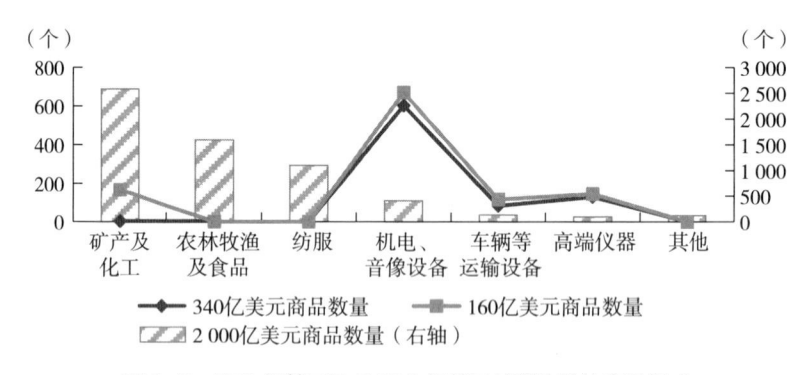

图9-2 500亿美元及2 000亿美元关税清单的商品组成

数据来源：USTR。

3. 谈判第二回合，3 000亿美元关税清单生效

从2019年5月中美经贸第十一轮高级别磋商，至2019年12月中美就第一阶段协议达成一致，我们将这段时间称为谈判第二回合。随着美国2020年大选不断临近，特朗普政府求成心切，出尔反尔，将贸易争端扩大到了科技、中国台湾、中国香港条线，不

断施压，企图通过霸凌主义态度和关税的极限施压手段，让中方屈服。

为了达到其谈判诉求，特朗普动用了多种武器，关税条线上，2019年8月，美方宣布加征3 000亿美元商品的关税，并且威胁要对总额5 500亿美元的所有清单商品进一步提高关税。对此，中方则是宣布对于美方750亿美元清单商品加征关税。在"关税大棒"之外，美方还试图以台湾问题掣肘中方，5月7日，美国众议院通过了"2019年台湾保证法案"及"重新确认美国对台及对执行台湾关系法承诺"决议案，5月22日美国军舰穿越台湾海峡。科技条线方面，特朗普也对中方采取极限施压，2019年4月及5月出台大规模清单，并将华为及其68家关联公司列入实体清单。

然而，无论美方以什么样的手段施压，其背后一定是希望争取利益。对于特朗普而言，彼时已经非常临近2020年大选。在发动大规模的经贸摩擦后，特朗普的最终目的还是希望中方能够加大自美采购力度，以获取铁锈带地区摇摆州的支持。果然，在2019年9月，美方主动推迟了关税上调，归还了扣押的华为物资，向中方释放极大的诚意。之后，中美关系峰回路转，10月在华盛顿举行了第十三轮磋商。在2020年1月15日，中美正式签订了第一阶段协议，特朗普也赶在大选之前，正式向选民交出了这份"对华外交答卷"。

4. 从第一阶段协议，看特朗普发起经贸摩擦的本意

2017年布局、2018年正式发难、2019年持续紧逼、2020年达成谈判，通过这四年的中美经贸摩擦，特朗普总统到底有何诉求？我们通过拆分第一阶段协议，来透视特朗普总统的真实意图。第一阶段协议主要涵盖知识产权、技术转让、贸易、金融、宏观政策等七个方面的内容，具体包括美方停止剩余的关税清单生效，中方加

大自美采购力度，中方在相关领域放开非关税壁垒，加大知识产权保护，中美建立对话机制，加快中国金融市场的开放。其中，最引人注目的，也是特朗普在大选中反复宣传的，就是中方在2020—2021年，新增采购2 000亿美元的美国产品，这也是特朗普对华发起经贸摩擦的初衷（见图9-3）。特朗普能够赢得2016年总统大选的关键变量，就在于摇摆州的工人和农民。中美签订的第一阶段协议规定的众多产品采购，主要是农产品、制成品和能源品，这正是特朗普去讨好摇摆州的重要抓手。

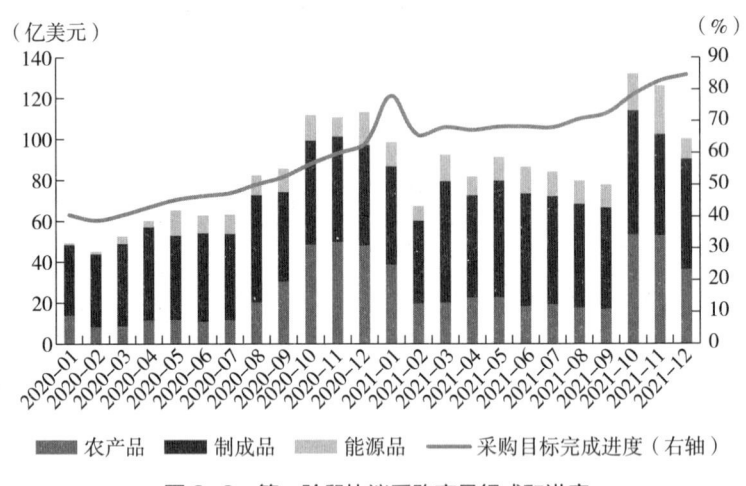

图9-3 第一阶段协议采购产品组成和进度

数据来源：USTR，USITC。

第一阶段协议成了中美经贸关系的压舱石。在2020年新冠肺炎疫情暴发和大选年的双重冲击下，即使中美在外交、军事等条线上反复博弈，在经贸关系上也始终保持稳定，双方均没有进一步上调关税。

二、如何看懂美国政治版图？

（一）英美三权分立制度有何不同？

英美政治体系同源，均为三权分立，体现了分权和制衡的思路，但其中也存在区别。英国的政治体制又称作议会制，最高领导人为首相。在议会制下，选民先选出下议院的议员，下议院多数党的党魁当选首相。因此，英国首相与议会多数党派为利益共同体，即立法权与行政权在实质上是合一的，英国也存在明确的执政党和在野党的区别，在野党无权参与政策的制定。

然而，美国政治体制为总统制，最高领导人为总统。议会议员的选举和总统的选举分开举行，各州选民一方面要选出总统，并由总统组建内阁，另一方面也要隔期（2年或者4年）选举各州的议员。也就是说，美国的行政权与立法权并不是完全一体的，很有可能出现议会多数党和总统分属两个党派。如果说总统所在的党派是议会的少数党，那么对手党派就可以在议会投票时否决总统的提案，削弱总统的权力。与英国不同，美国不存在绝对的在野党和执政党之分，政治的天平会随时随着两党在议会中的席位发生倾斜。

现在，活跃在美国政坛的主要是民主党和共和党，也被称为红蓝两党，或驴象两党。蓝党即民主党，群体画像是受高等教育的精英人士，包括了华尔街、硅谷和移民精英。红党即共和党（也被称为老大党），可以将其代表群体想象为在农场工作、在阳光下晒得通红的美国白人，普遍是中低收入的工人、农民。两党执政理念也有不同，民主党奉行大政府、种族平等的自由主义，支持高税收与高政府支出；而共和党奉行小政府的保守主义，支持减税，强调要降低政府对市场的干预。近年来的多位美国总统，在执政期间，基本都奉行了各自党派的理念，如推动医改的奥巴马、推动减税的特朗普和推动加税的拜登。

共和党和民主党代表了美国不同群体的利益，每个党派也拥有相对固定的基本盘，也就是俗称的铁票仓。观察2012—2020年的三次总统大选投票，大部分州的投票倾向都没有发生太大变化，东西海岸基本是民主党的基本盘，俗称"蓝州"，而中部及南部地区则是共和党的基本盘，即"红州"。既然大多数州的投票不会发生摇摆，左右美国总统大选结果的关键就聚焦于少数投票会出现摇摆的州，这些州也被称为"战场州"。目前，美国的战场州主要集中于铁锈带地区。铁锈带地区在2016年倒向了特朗普和共和党，2020年又倒向了拜登和民主党，成了决定美国总统大选的关键变量。

（二）立法权：红蓝两党、参众两院和中期选举

美国两党人士通过选举进入国会两院[①]，并进一步参与政治决策。美国国会分为参议院和众议院，议员普遍为社会精英阶层，每个州有2名参议员，全国共有100名参议员。参议员卸任后，可能会继续竞选州长，或者进入内阁，甚至是竞选总统。参议员的任期为6年，这也给他们营造了较为稳定的政治环境。众议院人数较多，全国共有435名众议员，各州席位每隔10年按照最新人口普查的结果来确定，例如加利福尼亚州在2010—2020年拥有53名众议员，在2021年选区重划中因为人口数量减少，众议院席位调整至52席。对于人口小州，则至少拥有1个众议院席位。众议员任期为2年，到期全部改选。

参议员每6年选举一次，众议员每2年选举一次，而总统则每

---

① 两院中也有小部分议员为独立党派人士，但两党人士占绝大多数。

4年选举一次。这就意味着，每到偶数年，全部众议员和约1/3的参议员会参与换届选举。如果当年没有总统大选，则该年份就会被称为中期选举年。2018年、2022年均为中期选举年。

中期选举的重要性不亚于总统大选。2020年11月总统大选结束后，民主党只掌握了众议院，共和党依然把持着参议院。这使得拜登在2020年底推进9 000亿美元财政刺激方案时，遇到了共和党的重重阻碍。最终两党通过反复妥协和协商，才推动法案通过。然而，在2021年1月5日，民主党赢得了佐治亚州参议院选举的两个席位，一举拿下了参议院的控制权。1月14日，拜登火速提出1.9万亿美元的财政刺激法案，并且在3月无视共和党人的反对，以预算协调的方式强行在国会通过法案。

简而言之，美国国会把持了美国政坛"真正的权力"。图9-4是

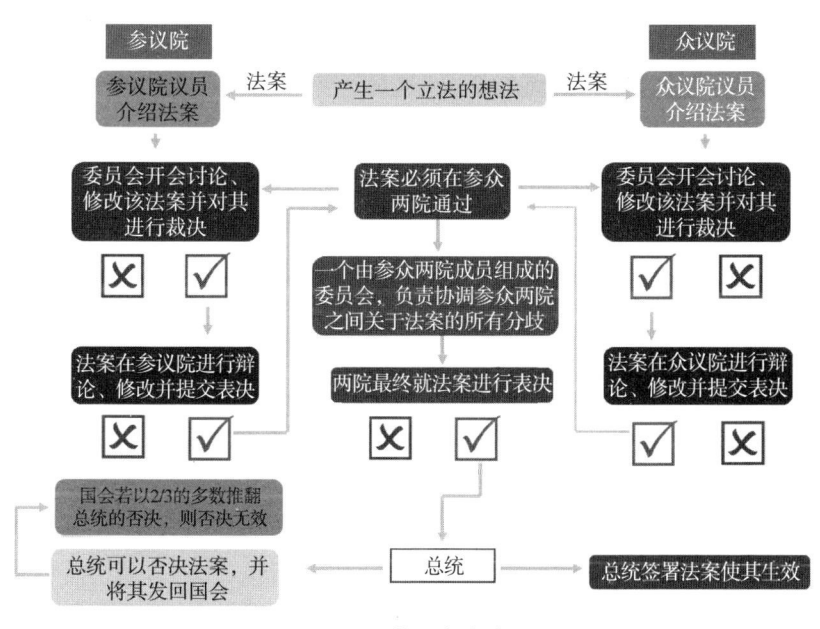

图9-4 美国立法过程

资料来源：美国国会。

美国国会行使立法权的一个简洁版本。法案起初由某个或多个议员共同提出，议员可以来自单一党派，也可以是跨党派小组。如果法案由参议员提出，要先在参议院投票通过后继续送到众议院审议，反之亦然。所有法案均要在两院获得通过，方可生效。在两院获批后，法案会继续送交总统签字，如果总统否决，两院会再次投票，如果获得了2/3以上的赞同票，则可以否决总统的否决。

（三）司法权：大法官会被总统左右吗？

美国司法权属于最高法院，由1名首席大法官和8名大法官组成。最高法院大法官终身任职，不属于任何党派、意识形态或是利益集团。但是，大法官须由美国总统提名，并需要获得参议院和其所在州的参议员的支持[①]。这也是美国司法权和立法权相互制衡的体现。因此，超越党派的大法官身上也存在"党派烙印"，大法官偏向保守还是自由的意识形态，会成为两党进行提名时的关键考虑因素（见图9-5）。而这种烙印，或许会在美国政治角力的关键时刻，产生决定性的影响。

最高法院大法官的角色，隐匿在美国政坛的背后，但是他们的每次裁决，都会对美国政坛产生深远的影响。美国最高法院对美国宪法具有唯一解释权。最高法院在总统选举、行政法案等出现争论时，拥有最终裁决权。比如，2021年6月17日美国最高法院以7票赞成、2票反对的裁决，驳回了18个共和党领导的州和特朗普政府提出的推翻2010年《平价医疗法案》的提案，第三次维持了

---

① 获得总统司法任命的候选人，必须首先征得来自其所在州的参议员的支持，否则任命无法提交参议院全体表决，这就是每名参议员享有的"否决特权"。

该法案的合法性。美国总统大选在选票统计时出现的诸多争论,其最终裁决权也落于最高法院。

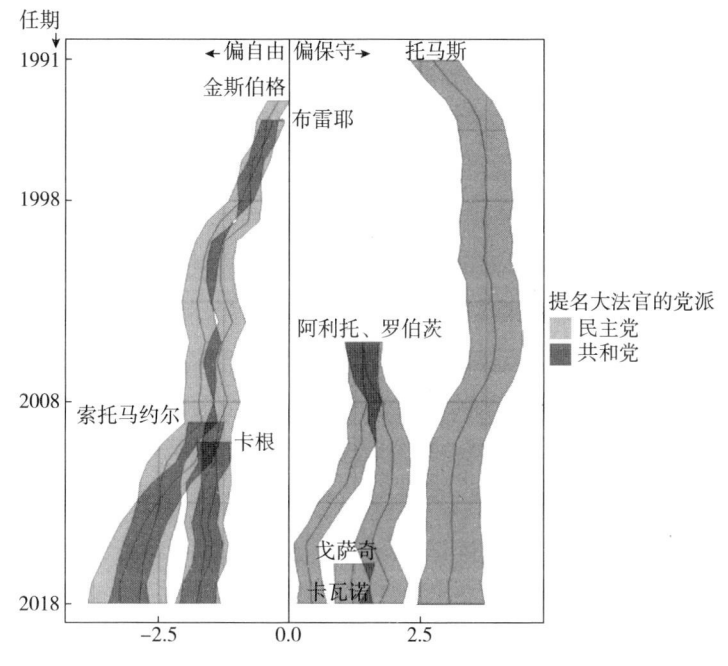

图 9-5 近年来大法官的意识形态倾斜

资料来源:Reddit。

(四)行政权:选举人团票、赢者通吃,精英与反精英内阁

如果说掌握了立法权的美国国会和掌握了司法权的最高法院是暗处的"美国政府",那么行政权则在明处,主要由美国总统和内阁团队、各级政府来执行,也是美国政治的前台话事人。美国总统任期 4 年,由全美民众票选。在总统成功获选后,可以组建内阁团队。

但是,票选并非一人一票,美国总统选举制度有一项特殊的规定，即"选举人团"制度。美国全境各州共有538张选举人团票，且每10年根据最新人口普查的结果在各州重新分配——选举人团票的数量，等于各州参议员和众议员数量之和。各州有两名参议员且最少有一名众议员，则每个州最低可能获得三张选举人团票。例如加利福尼亚这一人口大州，拥有两个参议院席位和52个众议院席位，则拥有54张选举人团票，占到全美538张选举人团票的10%。总统大选中，各州分别计票，按照"赢者通吃"的规则，候选人在一州获胜后，即可拿下该州的所有选举人团票。

为什么要设置选举人团票的规则？这也是美国政治体系中权力相互制衡的一种体现。每个州最起码拥有3张选举人团票，这就保护了人口小州的利益，不至于完全被人口大州绑架。而由于各州最起码拥有3张选举人团票，一些小州的选举人团票数量与该州人口的比例可能远高于东西沿海各州。换言之，每个美国人手中选票的"权重"是不同的，这也给美国总统竞选增加了更大的变数。即使赢得了总票数的普选，可能也会在最终的选举人团票数上败北。

特朗普正是借助这一制度，"以少胜多"赢得了2016年总统选举。虽然希拉里赢得了全国普选，但是其支持者集中于东西沿海等民主党传统优势地区，她以巨大的优势赢得了加利福尼亚州、马里兰州、马萨诸塞州、新泽西州和华盛顿州等州，特朗普则以微弱优势赢得了密歇根州、宾夕法尼亚州和威斯康星州等小州，"聚少成多"，最终赢得了304张选举人团票。因此，美国媒体也称特朗普"win by little"（赢得小）。但是，这个对策并不能永远奏效。2020年总统大选中拜登最终获胜。而他的胜利，可谓"赢得小"又"赢得大"。一方面，拜登与特朗普的普选票数差距是2000年以来的第二高。另一方面，在摇摆州，拜登又以非常微弱的优势取胜，优势甚至小于特朗普当年取胜之时。

而在选举人团制度的背后，还隐藏了一个更为隐秘的游戏规则——"选区划分"。全美 50 个州被划分为了 435 个选区（也恰好为众议院议员的总数）。无论是总统大选，还是议员选举，首先会在每个小选区内计票。州议员选举时，赢下该州内多数选区，即为获胜。总统大选时，如果赢下该州多数选区，则可以拿下该州所有选区的选举人团票，也就是"赢者通吃"。那么，熟稔该规则的政客，就利用规则玩起了操纵选区划分的戏码。

美国政客操纵选区划分的方式有两种，将支持对手方的绝大多数领域集中于一个选区并战略性放弃该选区，或者尽可能将对方阵营支持者划分至多个选区，以达到稀释的作用。如图 9-6 所示，两种不同的选区划分方法，可以得到不同的结果，也可以实现"以少胜多"。美国在建国初期，就已经有政客通过选区划分，操纵选举结果。部分选区由于划分得过于奇怪，也被戏谑为"杰利蝾螈"①。近年来，随着科技的发展和大数据的出现，政客从社交网站、住址、消费记录等多个数据源可以更为精准地刻画选民倾向，对于选区的切割和组合也更为复杂和精准。

在 2011 年的选区重划中，共和党便投入了非常大的精力，也获得了丰厚回报。2010 年美国人口普查结果出炉后，各州便陆续启动了选区重划。由于民主党在 2010 年的中期选举中失利，共和党掌握了全国多数地区选区划分的主导权。共和党通过重新划分选区，将大量的民主党支持者集中"挤进"几个地区，来降低民主党的影响力。在 2012 年的总统大选中，虽然民主党人奥巴马赢得大

---

① 1812 年，马萨诸塞州州长杰利签署了一项重新划分选区的法案，以使其所在的民主共和党（共和党前身）相对联邦党（民主党前身）获益。其中在波士顿地区新划定的一个选区貌似蝾螈，一名报业人士将该地区称为"杰利蝾螈"（Gerrymander）。自此，"杰利蝾螈"成了选区划分被政治绑架的代名词，而"gerrymandering"（不公正改划选区）则成了选区重划的指代。

选，但共和党却赢下了众议院的控制权。在2016年的总统大选中，共和党更是精巧地应用"以少胜多"的原则，助力特朗普赢得大选。无论是表面的竞选纲领和游说，还是背后对于选区的精巧计算和切割，美国总统大选中都存在无数变数和不确定因素。

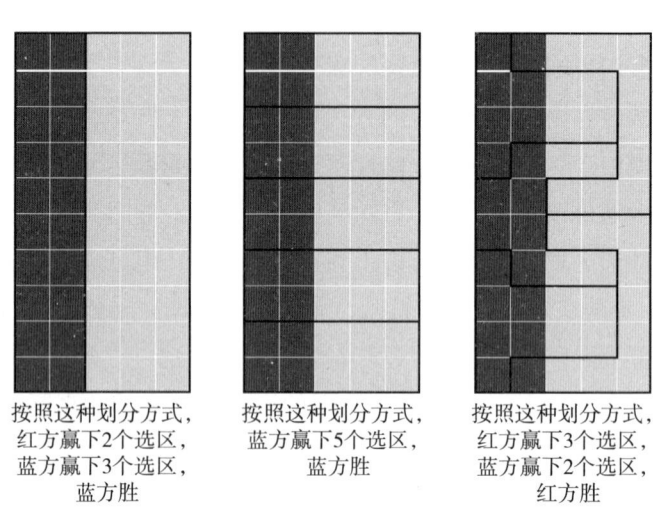

按照这种划分方式，
红方赢下2个选区，
蓝方赢下3个选区，
蓝方胜

按照这种划分方式，
蓝方赢下5个选区，
蓝方胜

按照这种划分方式，
红方赢下3个选区，
蓝方赢下2个选区，
红方胜

图9-6 两种选区的分割方式，可以达到完全不同的效果

注：深灰色表示红方，浅灰色表示蓝方。
资料来源：作者整理。

在4年一度的总统大选决出胜方后，便由总统组建内阁团队，入主白宫执政。受到提名的内阁官员需要参加参议院听证会且得到51票同意票，方可上任。[①] 美国各届政府的执政理念和风格，不仅会受到总统本人的影响，内阁官员的价值观和理念也会造成重要影响。例如拜登和特朗普的内阁，便有鲜明的不同。特朗普在任命内

---

① 在2013年11月之前，总统提出的行政和司法任命需要在参议院获得绝对多数，即60票同意，方可通过。2013年11月美国国会对该法则做出了调整，总统提出的行政和司法任命只需要51票的简单多数，就可以通过。

阁官员时，重用商界人员，喜好任命政治"素人"和强硬保守派人士。特朗普执政时期，美国政府在外交方面也表现得较为强硬、反复无常。而拜登的内阁则有着多样化、精英化、温和建制派的特征，普遍为领域专家，从政经验丰富。二者内阁的不同特色，也与其从政期间美国整体内政外交的特点是一致的（见图9-7）。

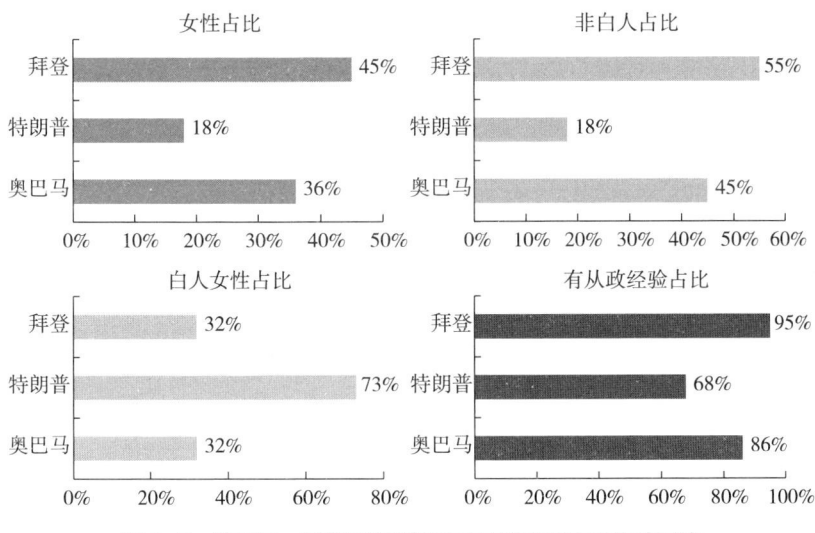

女性占比
- 拜登 45%
- 特朗普 18%
- 奥巴马 36%

非白人占比
- 拜登 55%
- 特朗普 18%
- 奥巴马 45%

白人女性占比
- 拜登 32%
- 特朗普 73%
- 奥巴马 32%

有从政经验占比
- 拜登 95%
- 特朗普 68%
- 奥巴马 86%

图9-7 奥巴马、特朗普和拜登政府主要内阁官员构成对比

数据来源：NPR。

总统作为行政权的代表，具体能够在哪些事务上行使权力？一般而言，总统可以签署四种类型的文件，包括行政命令、总统备忘录、总统公告和通知（截至2022年4月8日，美国总统乔·拜登已签署87项行政命令、68份总统备忘录、228份总统公告等文件）。总统行政命令是总统写给行政部门官员的指令，并在《联邦公报》上发表。总统备忘录包括针对行政官员的指示，但没有强制发布的要求。波特兰州立大学公共行政学教授菲利普·库珀在2014年出版的《总统的命令：行政直接行动的使用和滥用》一书中写道：

"总统备忘录被用作相当于行政命令，但不符合行政命令的法律要求。"① 总统公告则通常与私人或仪式性事件有关。

总统签署的行政命令中，一部分仅涉及内部行政领域，不具有外部效果，比如为行政机关制定行为守则，选派白宫和其他行政机关的官员等；另一部分则具有直接或者间接的外部效果，有学者称其为具有"实质效果的命令"，包括外交和国防政策、自然资源和环境保护、规制审查、劳工政策、民权问题。但是，总统政令只能建立在现有的法条之下，不能更改已有的法律框架。比如，特朗普总统启动对华加征关税，其依据是美国贸易代表办公室在 2017 年根据《1974 年贸易法》所做出的"301 调查"结果，因此不需要得到国会的立法决策。

三、中美关系展望：小周期、"小院高墙"和"排华供应链"

（一）美国政治周期，引发中美关系小周期

近年来，美国总统在上任后支持率普遍走低，总统所在党派在中期选举中的表现也普遍不佳。造成这一现象的主要原因是，美国国内社会撕裂、政治立场对立的情况越发严重，而执政党无法同时满足对立双方的利益，总有一方选民会在中期选举中"用脚投票"、发泄愤怒。

全球化进程中，美国国内贫富分化和阶层固化不断加剧，这也是美国近年频繁发起对外贸易争端、转移国内矛盾的根源所在。全球化促进生产要素在全球充分流动，而资本本身拥有较高的流动

---

① COOPER P. By Order of the President : The Use and Abuse of Executive Direct Action [M]. Lawrence : University Press of Kansas, 2014.

性，在寻找廉价劳动要素的驱动下流向海外，赚取超额收益，美国大型跨国公司就是这一进程的受益方。但是，劳动力无法在国际间自由流动，随着美国制造业空心化日益严重，工作机会不断减少，蓝领和部分中产阶级对社会现状产生了极大不满。2016年总统大选中，特朗普能够赢得摇摆州的支持，也正是因为触及了工人和农民的核心诉求。

社会矛盾不断激化、对抗情绪激烈，这也使美国政客协调对立双方的利益变得更为困难。美国政客的核心诉求在于竞选利益，为赢得大选，需要在对立和撕裂的选民群体中求得最大公约数，笼络更多的选票。这也使美国政客的内政外交都要为"竞选利益"服务，即使这与其自身的价值观有所冲突。而美国两年一次的竞选周期，也使美国的对外关系，尤其是对华关系，随之存在两年左右的小周期。

偶数年是美国举行选举的年份，如2018年、2020年，中美关系普遍紧张，美国两党均会在竞选前对华施压，以吸引国内鹰派选民的眼球。但美国政党毕竟是不同利益集团的代表，对中方总有各种利益诉求。因此单数年，比如2019年、2021年，中美之间便出现了一个较为缓和的窗口期，如2019年底中美签订了第一阶段协议，2021年下半年中美元首通话和会晤，美国贸易代表办公室也就关税排除清单向公众征询意见[①]。

对于拜登总统和民主党，其首要政治诉求在于赢得2022年中期选举和2024年总统大选。拜登总统在2021年下半年一度释放较强的对华谈判意愿，主要是为了向民主党的基本盘兑现竞选承诺，

---

① 美国贸易代表办公室在2021年10月就关税排除清单展开公众质询，后续迟迟没有公布进展。而美国贸易代表办公室于2022年3月公布的文件显示，2021年10月美国贸易代表办公室便执行了352项产品的关税排除清单。

一方面，希望扩大市场开放，在气候问题上取得合作，为民主党的基本盘——金融、科技、互联网、医疗和新能源公司，获取更大的在华利益；另一方面，目的在于降低一些美国依赖度较高的中间产品的关税，以降低美国通胀压力。

但是，自 2021 年下半年以来，在阿富汗撤军、国内通胀压力高企和新冠肺炎疫情出现反复等多个因素的影响下，拜登支持率持续走低，对华缓和的窗口期再次收紧。对于拜登而言，中美关系中的贸易逆差问题已经不是首要冲突，经历了疫情大考之后，拜登和民主党也认识到，美国制造业空心化日益严重、竞争优势低下，在传统的经贸框架下难以遏制中国崛起，而拜登和民主党则选择了另外一条道路，即加大在高技术领域对中国的围堵和打压。

（二）拜登抉择：放弃 CPTPP，打出"排华供应链"和"印太经济战略"两张牌

2021 年 11 月，在日本首相公开呼吁美国重返《全面与进步跨太平洋伙伴关系协定》（CPTPP）之后，正在马来西亚吉隆坡访问的美国商务部长雷蒙多表示，美国不会返回 CPTPP。奥巴马时代，美国是 TPP 的最积极推动者。如果说特朗普领导美国"退群"是共和党人的固有烙印，那么在中国加入《区域全面经济伙伴关系协定》（RCEP）并且申请加入 CPTPP 后，美国民主党人却选择拒绝加入 CPTPP。拜登作为跨国企业利益集团的话事人，为何会拒绝加入 CPTPP？

加入 CPTPP，对于美国政客而言带来的机遇是，以更低的关税和贸易壁垒打开亚洲市场。而其成本，则是会流失劳工组织、环保组织、农业组织、医疗保障组织的支持。对于民主党人来说，奥巴马、希拉里和拜登在不同时期，做出了不同的选择。奥巴马是

坚定的TPP支持者，希拉里和拜登则从TPP的支持者，转变为TPP/CPTPP的反对者。民主党人行为发生逆转的原因，我们认为有三点。

一则，近10年来，共和党在两院的控制权逐步增大。民主党执政根基不稳，要走中间路线，争取劳工组织等群体的选票，以争取最大的支持面。

二则，美国产业空心化越发严重，自由贸易协定难以打开更大范围的中国市场。如果说奥巴马时代看到的中国制造业，依然处于产业链较后端的环节，政客们的思维还局限于传统经贸协定，那么在拜登时代，仍然面临着结构性技术封锁和推动制造业回流的责任，全面的全球化与这一责任有所矛盾。同时，随着中国双循环设计思路逐步浮出水面，以及中国自主可控持续推进，足以使美国政客意识到难以用传统的贸易协定打开中国市场。

三则，特朗普政府主导推进的升级版NAFTA，已经部分解决了廉价劳动力和终端市场的问题。2018年特朗普对NAFTA做了升级版谈判，不仅解决了跨国企业低价劳动力的需求问题，也在墨西哥引入了最低工资条款，从而征得劳动组织的同意。在2021年升级版NAFTA生效后，农产品、机械、机电、医药、钢铁、化工等品类，美国对加拿大及墨西哥的出口增速均出现大幅上行。

综上，美国民主党人意识到，以CPTPP为代表的传统经贸协议，已经不是美国的最优选。而在放弃CPTPP后，拜登和民主党人继续维护其在全球贸易领域霸权的思路——"印太经济战略"和"排华供应链"，也逐步浮出水面。相比于特朗普和共和党人代表了底层的工人和农民，试图与中国产业链全面脱钩、引导制造业回流美国，民主党人则代表了受益于全球化的一方，既想利用全球产业链赚取利润，又想在前沿科技领域保持霸主地位。因此，我们可以看到，美国既在非核心领域的产品出口方面对中国释放缓和信号，包括向华为和中芯国际供货、推出关税排除清单，又在核心领域上加大对中国的封锁，控制和整合核心技术产业链，并联合盟友意图在供应链上实现"去中国化"，打造"排华供应链"。这也是拜登政府所践行的"小院高墙"战略，即美国在核心技术领域（"小院"）进行重点保护和封锁（"高墙"）。

在新冠肺炎疫情暴发后全球芯片短缺和拜登作为新能源企业话事人的背景下，这两个政策导向突出体现在半导体和新能源行业上。在半导体方面，日本、韩国及中国台湾在半导体产业链上分工明确，各占优势。2021年，美日韩三方就半导体供应链安全进行了多次会谈，美国还以提高产业链透明度为名，要求三星和台积电向美国提交核心数据。此外，美国还推动台积电和三星前往美国建立工厂，以保障自身供应链安全。在新能源方面，拜登除了在基建法案中以政府补贴和采购的方式拉动国内新能源产能扩张外，美国通用汽车、福特汽车还纷纷联合各自的上游日韩厂商，在美国境内建立电池工厂或电动卡车装配厂。

除了在行业领域上进行整合和控制外，拜登和民主党人也意图通过打造地缘政治的"小圈子"，进一步加大对中国的封锁和围堵。2021年11月15日，美国商务部长雷蒙多到访日本并表示，美国将在本地区探索一种"新型区域经济框架"，以"覆盖通常不会包含在传统贸易协定中的领域，比如供应链、数字标准、技术标准或基础设施"。12月9日，雷蒙多再次强调与亚洲国家接触已成为美国的"优先任务"，拜登政府希望"为新经济建立新的经济框架"。雷蒙多提到，上述新型经济框架还包含协调出口管制，以"限制向中国出口'敏感产品'"，并且将尝试为人工智能和网络安全制定"技术标准和规则"。

2022年2月11日，美国白宫公布《印度－太平洋战略》文件，声称将聚焦从南亚到太平洋诸岛的印太地区的所有角落，强调联盟关系、军事威慑以及加强在东南亚地区的存在,将矛头直指中国,号称要通过加强与盟国的关系,形成"综合遏制力"来"塑造围绕中国的战略环境"。由此可见,美国对于未来亚太地区经贸关系的构想和遏制中国崛起的新思路,主要落于美国围绕着核心技术的供应链安全和对亚太地区技术发展的管控上。一方面,加大对芯片、数字经济等核心技术,以及供应链安全和敏感基础设施等领域的投入,确保其背后跨国公司利益集团的利润稳固,并且联合日韩等盟友,逐步实现"去中国化";另一方面,加大对知识产权、信息安全、人员交流等方面的管控,以"保护"之名阻断核心技术在亚太地区扩散,稳固自身在核心技术领域的霸主地位。

总而言之,后疫情时代和后全球化时代,拜登政府对于中美竞争实力的差异化,认识得更为务实和清晰,而其选取的"小院高墙"战略,也会给中国产业升级和经济转型带来更大的挑战。当前,世界百年未有之大变局加速演进,应对各种风险挑战,最有效的办法就是办好自己的事。决定国际关系的本质,是建立在科技、文化、军事、经济、金融等多方面基础上的大国力量对比。面对全球化遭遇逆流,欧美加速对华科技封锁,我们更要加快对"卡脖子"核心技术的攻关,如此才能在大国竞争中立于不败之地。

四、美国霸权的核心——美元霸权

(一)美元为何能成为信用货币?

美国的国家霸权,是建立在军事霸权、美元霸权、能源霸权、粮食霸权等各种基础上的,而其核心就在于美元霸权。本节我们将讨论美国是如何通过发行美元来剥削全球的生产力、实现美国霸权的。

我们常说美元是霸权货币，是指美元依赖信用发行，并且在全球利用美元结算、交易的过程中，攫取了全球生产力。但是，美元并非从一开始就是"纯信用货币"。二战之前，全球货币体系为金本位，也就是各国货币与本国黄金储备挂钩。二战之后，由于美国在全球经济中占据主导地位，因此在1944年举行的布雷顿森林会议上，以美国为首的西方国家确立了以黄金为中心、与美元挂钩的国际货币体系，也被称为"布雷顿森林体系"（见图9-8）。该协定中确定的"1盎司黄金=35美元"并不仅仅是度量各国货币价值的准则，也是限制各国无限制超发货币的约束。但是，在接下来的30年内，美国持续消耗自身的黄金储备，美元已经无法与黄金挂钩。1971年8月，美国总统尼克松宣布美元不再与黄金挂钩，也

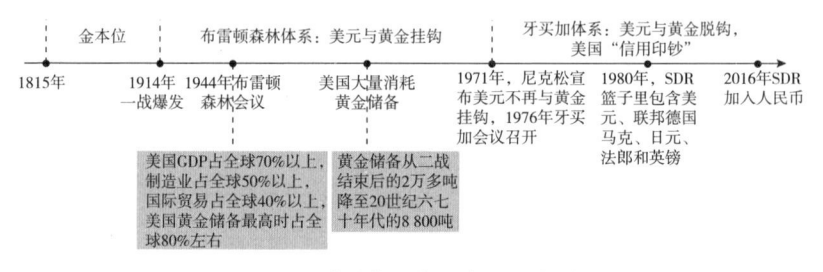

图9-8 全球货币体系演化的时间线

资料来源：作者整理。

不再维持美元与其他国家货币的固定汇率。1976年，国际货币基金组织在牙买加会议上正式确认了浮动汇率制的合法化，全球货币体系由此进入"牙买加体系"时代。

为什么布雷顿森林体系会解体？1960年，美国耶鲁大学教授罗伯特·特里芬在其出版的《黄金与美元危机》中便提出了"特里芬难题"，为布雷顿森林体系的解体埋下了伏笔。特里芬认为，美国持续向国际社会输出美元，将持续消耗国内的黄金储备，从而撼动美元与黄金挂钩的基础。而在布雷顿森林体系建立后的30年

内，美国的黄金储备也确实出现了快速下滑。一方面，美国在越南战争和朝鲜战争中消耗了大量黄金储备。另一方面，美国出现了双赤字——贸易赤字和政府赤字，因此持续消耗自己的黄金储备。美国持有的黄金储备从1948年的超过2万吨，快速下滑至1970年的9 839吨。直到1971年，布雷顿森林体系解体后，美国黄金储备才开始稳定。

在布雷顿森林体系解体之后，美元不再与黄金挂钩，成了依赖信用发行的货币。但是，在布雷顿森林体系崩塌后，美元依然是用于国际间贸易结算和金融交易的最主要币种。美元依然是国际通用货币，主要来自三个方面的支撑。

一是美元绑定了石油结算体系。1979年，美国-沙特阿拉伯联合经济委员会会议中，双方同意将美元用于石油合同，这也是石油美元体系建立的标志事件。石油是工业体系的支柱，美元绑定了石油结算，也就确定了美元的绝对地位。从这一点也可以看出，美国持续介入中东问题，其根源在于维系自己在石油体系中的话语权。

二是美国通过军事霸权，制裁可能对自己的地位产生威胁的国家。如对欧盟一些国家、日本、俄罗斯，美国都曾经发起过不同手段的制裁行动。过去，美国对外制裁主要以军事制裁和威胁为主，而随着全球各国的经济和金融联系越发复杂，美国开始利用各类金融工具对外发动制裁，如2014年克里米亚事件后，欧美各国联合制裁俄罗斯，动用了包括冻结美元资产、制裁俄罗斯银行和各类企业、限制在美国金融市场上的投融资等工具。

三是美国建立了全球最发达的资本市场，美国国债成为全球公认的避险资产。截至2021年7月，外国投资者持有美国国债约7.5万亿美元，占到美国未偿还的28万亿美元国债的1/4以上。为了购买美国国债及各类美元资产，各国政府也需要持有美元。据国际货币基金组织的数据，2010年底，美元占全球官方外汇储备资产比例依然高达65%，只比全球金融危机前（2002—2003年水平）的66%略有下降。同时，国际货币基金组织通过5年一次的调整，反映货币篮子中各货币在国际贸易和金融体系中的权重（见表9-2）。

表9-2　2010年、2016年、2022年国际货币基金组织货币篮子中各货币的份额

单位：%

年份	英镑	日元	人民币	欧元	美元
2010	11	9	—	37	42
2016	8	8	11	31	42
2022	7	8	12	29	43

数据来源：IMF。

绑定石油结算、军事霸权和发达的资本市场等主要原因，支撑美元继续成为全球结算货币。那么，美元成为全球主要结算货币，享受了什么好处，又是如何攫取全球生产力的呢？

（二）美国货币超发、通胀摊销和贫富分化

首先，美国通过印钞向全球征收铸币税。据美联储的数据，100美元的生产费用为14.2美分（约占0.14%），1美元的生产费用大概为5.5美分（约占5.5%）。美联储印刷出美元，却可以直接向全球购买商品，印刷成本与面值之间的差值，就是美国向全球各国征收的铸币税。2000年后，美元增发的速度大幅超过了GDP增速，美国印刷了超过经济发展所需要的货币，这些货币中约2/3在海外流通。我们估算，从2010—2020年，全球经济系统中新增1.25万亿美元流通，美元印刷成本按照2.5%估算，即美联储获得了8 125亿美元国际铸币税，约占2015年美国GDP18万亿美元的4.5%。

除了直接征收"铸币税"之外，美元自身也存在贬值和升值的周期。在美元贬值周期中，持有美元的每一个人，都承担了美国增发货币带来的购买力下滑的损失，即分摊了"通胀税"。而在美元升值周期中，又往往对新兴国家造成冲击，引发新兴国家的金融和经济危机，比如20世纪80年代的拉美债务危机，20世纪末的亚洲金融危机及2014年俄罗斯、南非、巴西等国的经济危机。可以说，美元贬值周期向全球收了通胀税，美元升值周期又冲击了潜在的竞争对手，打击了新兴国家的金融和经济发展（见图9-9）。

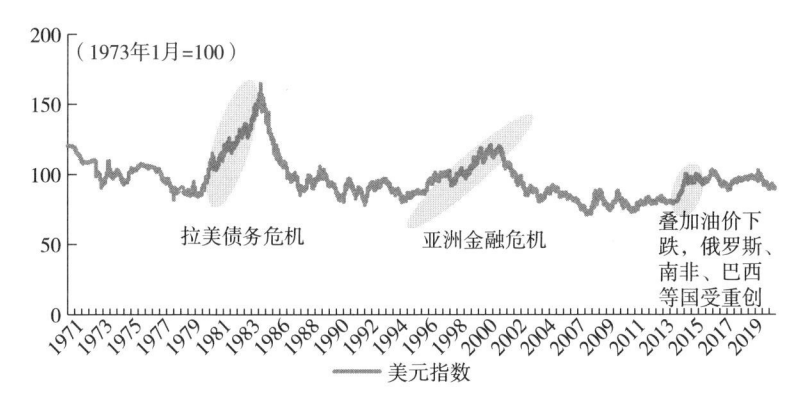

图9-9 美元指数涨跌与新兴市场危机

数据来源：Wind。

美国通过美元霸权所享受的优势，还体现在金融制裁霸权上。美国过去曾经以垄断、操纵市场等各种理由，向欧洲、亚洲、拉丁美洲的银行和公司开出巨额罚单，被制裁对象一旦拒绝支付罚单，将面临被切断美元清算渠道，也就是与全球经济和金融系统切断联系的风险。

SWIFT（环球银行金融电信协会）系统，是目前使用最为普遍的国际结算系统，在1973年由欧美15个国家的239家银行设立。SWIFT系统设立的初衷是，给国际银行间的结算提供标准化的通信服务，不同国家银行之间进行资金结算，只需要向SWIFT发送报文，SWIFT经过解码将报文送至清算系统后，便可以完成汇款。目前，SWIFT系统是全球美元结算的主要平台，2020年超过11 000家机构每天通过该系统发送超过3 500万笔交易。

"9·11"事件后，美国总统小布什根据《国际紧急经济权力法案》，授权美国财政部海外资产控制办公室，可以从SWIFT调取"与恐怖活动有关的"金融交易和资金流通信息。以反恐为名，美国可以借SWIFT系统掌握相关国家、机构及个人的金融交易信息，并且以反恐、反垄断、反市场操纵等名目，禁止金融机构甚至某个国家通过SWIFT系统与全球进行美元交易，从而切断其与全球商业社会的联系。

2012年，在美国的要求下，SWIFT取消了伊朗金融机构的会员资格，终止了30家伊朗银行跨境支付服务项目。这使得伊朗无法与其他国家使用美元进行结算，其他国家进口伊朗原油、燃料油和铁矿石等的支付结算无法正常进行。伊朗只能被迫采取以物易物的非现金交易模式，这也给伊朗的经济造成了重大打击。2022年2月26日，美国等西方国家宣布将部分俄罗斯银行排除在SWIFT系统之外，并对俄罗斯央行实施限制措施，以防其配置国际储备而削弱制裁措施造成的影响。

铸币税、通胀税、美元周期、金融制裁霸权，都是美元的全球通用货币地位给美国带来的实际利益。大家可能会好奇，美国大量超发货币，为什么没有造成大规模的通货膨胀？我们认为主要有两个原因。第一，近20年随着中国、印度、东南亚国家和拉美国家深度参与全球产业链分工，其相对低廉的劳动力成本降低了全球的生产成本，低价商品持续向美国国内输入低通胀，缓解了美国货币超发带来的通胀压力。不过，全球贸易链只能解决商品的高通胀，却解决不了服务业的高通胀。近年来，美国商品低通胀的同时，服务价格却在持续走高（见图9-10）。

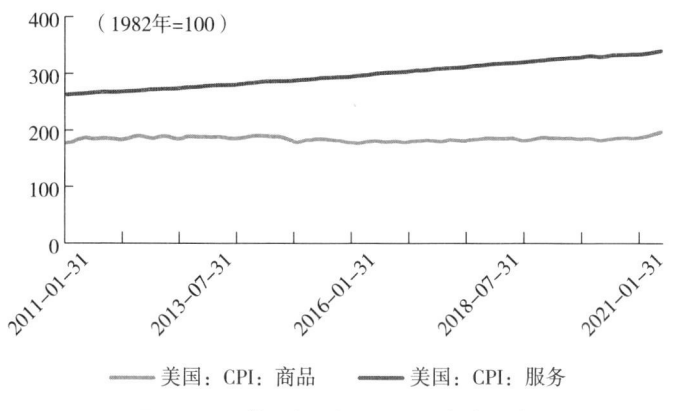

图 9-10 美国商品低通胀及服务高通胀

数据来源：Wind。

第二，除了全球贸易链向美国输入低通胀之外，美国的资本市场也吸收了大量的超发美元。尤其在次贷危机后，由于社会总需求不足，大量资金被投入股市和债市，用于购买劳务和商品的比例相应减少。国际清算银行测算，美国投入金融系统的资金是GDP的约60倍，也是全球主要经济体的第二高。

因此，美国一方面超发货币，另一方面又借全球贸易链来压低通胀，成功地运转起了美元霸权的"游戏"。当然，这样的机制也存在弊端，一方面，超发的货币不断流入资本市场里，资本价格持续水涨船高，加速了美国国内的贫富差距；另一方面，超发的美元也持续削弱美元购买力，冲击美元信用体系（见图9-11）。

新冠肺炎疫情暴发以来，美国新一轮的量化宽松对美元信用体系造成了进一步的冲击，美元霸权正在逐步遭到削弱。而全球化的倒车，以及疫情对于全球贸易链条的冲击，也影响了美国摊销通胀的逻辑。2021年以来，美国通胀持续高企，甚至达到了30年来的最高值，逼迫美联储加快货币政策转向的步伐。通胀摊销链条的断裂,以及美元信用体系的式微,是否意味着美元霸权就此走向结束?

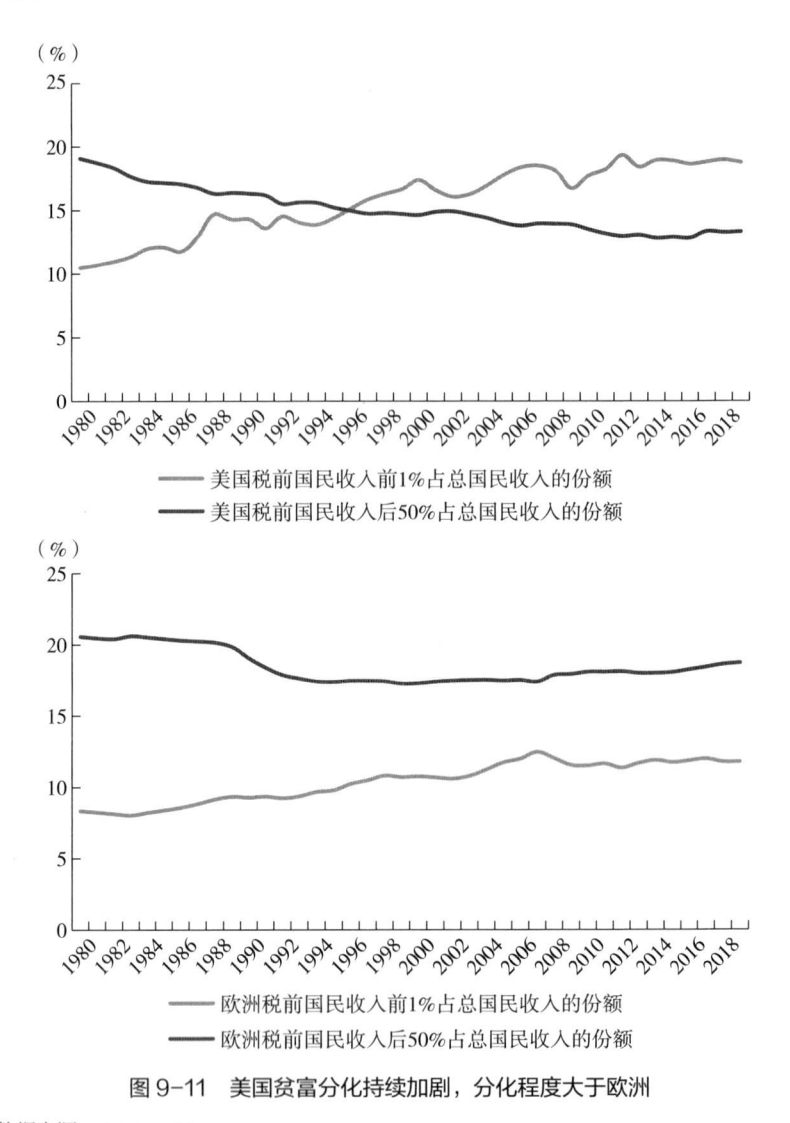

图9-11 美国贫富分化持续加剧,分化程度大于欧洲

数据来源:WID.world。

近年来，美国国内日益动荡，债务上限屡次被突破，看空美元和美元资产的观点也频繁见诸媒体。美元是否还有优势地位？美元资产是否还值得配置？对于这些问题，不能简单、片面地看待。

我们认为，美元信用体系的崩塌过程是相对缓慢的。美元霸权是美国霸权的重要基础，然而，美元霸权也同时建立在美元石油货币结算、军事霸权、技术垄断、发达的资本市场等多种基石之上。即使美国国内日益动荡，疫情持续反复，美国依然是全球最有经济实力和军事实力的大国。在拜登带领美国重回多边外交舞台之后，迫于美国的压力，日本、欧盟短期都再次倒向美国。2022年1月，外国投资者持有美国国债的总额达7.6万亿美元，比2020年1月多了6 344亿美元，其中英国、法国、日本和加拿大四国分别增持1 585亿、999亿、912亿和428亿美元，中国则减持185亿美元。

各国资产体现出来的是经济的相对强弱。虽然美国国内面临诸多问题，但在全球的经济增速疲弱下，美国依然拥有绝对的军事和经济霸权地位。拜登目前也在加快推进美国国内的改革，无论是基建计划、制造业复苏还是美国家庭计划，希望通过改革的方式再次提振美国的经济增长潜力。因此，中国的改革时间窗口也非常紧张和宝贵，我们也要通过改革的方式，再次激活各类生产要素的潜力，增强国力，和平崛起。

未来篇

第十章

人口分析框架：全球共振与中国人口红利

中国人口问题到底有多严重？2020年中国新出生人口为何会突然大幅下滑？对此，我们认为要冷静、辩证地看待。2020年，中国新出生人口同比下滑了18%。横向来看，美国出生人口也达到了历史较低水平，相对2019年同比下滑了4%。

中国新出生人口下滑如此之快，下滑幅度远超过美国，我们认为有两个原因。

第一，在新冠肺炎疫情的反复扰动下，居民出于对公共卫生安全的担忧，推迟了生育计划。全球来看，2020年法国、韩国、日本、加拿大等国的出生率均出现普遍下滑。由于国内疫情在2月暴发，因此对于出生人数的影响在2020年年内就有所体现。而美国疫情从2020年3月才开始蔓延，影响会滞后到2021年才体现。2021年，我国新出生人口降至1 062万人，相比2020年的1 202万人同比减少11.6%。多个省份2021年出生人口创下了数十年来的新低，如安徽省出生人口比2017年下降了47.6%。

第二，二孩政策的效果出现边际下滑。2016年，我国"全面二孩政策"正式施行，前期积累的生育需求集中释放。二孩及以上占全部出生人口的比例快速上升，2015年二孩及以上占全部出生人口的比例仅为47%，在2017年快速上升至59%，成为近年出生人口的重要支撑。但是，在二孩对应的生育率快速上行时，一孩的生育率依然在下行。二孩需求短期快速释放，推升二孩生育率在2018年达到峰值，之后便开始缓步下行。到2020年，二孩政策的边际效应继续下滑，也加速了出生人口的边际回落。

参考二孩的经验，三孩政策放开，也势必会释放前期积累的生育需求，推高生育率。但是，积累的三孩需求，也只能短期支撑小部分的出生需求，如果无法解决居民整体生育意愿回落问题，也难以扭转新出生人口下滑的趋势。

简而言之，2020年新出生人口同比快速下滑，短期是受到了疫情和二孩政策边际回落的双重冲击。但是，既不能高估短期的冲击，也不能低估长期的趋势，人口问题可能会成为影响未来中国宏观经济和政策的最大变量。

一、中国：人口总拐点即将到来，出生下滑趋势难以逆转

（一）中国人口总拐点将在2025年前后到达

我们采用队列要素法，在联合国对于生育率预测的假设上做出调整，得到了对中国总人口和各年龄段人口规模的预测。在此首先要厘清两个概念——生育率和出生率。生育率，是指出生人数与同期平均育龄妇女人数之比，19~25岁、30~35岁的女性生育率都是不同的。总和生育率，则是指把各年龄段的妇女生育率加权相加，可以理解为每个女性在她生育年龄时生育孩子的总数。而出生率对应了每千人的出生婴儿数量。进行人口预测的假设时，我们对生育率做出假设，而非假设出生率。一般来讲，国际上认为要达到正常的代际"人口更替"水平，保持上下两代之间人口的基本平稳，总

和生育率至少要达到2.1,1.5则是总和生育率的国际警戒线。

观察全球主要经济体的生育率,多数分布在1.5左右,美国相对较高,约为1.7。日本作为低生育率的代表,生育率约为1.36。我国2020年生育率约为1.3。未来随着三孩政策开放和疫情对于公共卫生安全的扰动有所回落,预计生育率将有所回升。在中性假设下,预计生育率可以回升并稳定在1.45左右,人口拐点大概会在2025年前后出现。在乐观情况下,人口拐点会延后在2027年出现;而在悲观情况下,人口拐点会在2023年出现。

可以看出,无论是哪一种假设,人口拐点的来临,都早于2016年12月国务院印发的《国家人口发展规划(2016—2030年)》提到的人口总量将在2030年前后达到峰值14.5亿人。为何我国人口总拐点会提前到来?对比2017年的人口规划,最超预期的就是总和生育率的下降。一定程度上,可以说,二孩政策的效应不及预期。2017年发布的人口发展规划预计,总和生育率在2020年及2030年仍然能保持1.8的高度。然而,生育意愿和生育基数回落,叠加疫情对总人口和出生人口的冲击,都使得人口峰值提前到来。

人口总拐点的到来,对经济有何影响?直接根据索洛三要素对中国经济增长做拆分的话,实际上2015年后,我国劳动力数量对经济的贡献基本消失。2019年,劳动力数量开始对经济做出负贡献。也就是说,劳动力的红利已经先于人口总拐点到来。原因在于,我国劳动力主力群体来自新中国成立后的两轮婴儿潮,而婴儿潮带来的劳动力峰值,已经于2014年提前到来。

(二)劳动力规模已经触顶,青年劳动力规模率先塌陷

研究中国劳动力峰值和结构,不得不先从婴儿潮说起。新中国成立后,中国出现了两轮婴儿潮。20世纪50—70年代出现了一轮

生育高峰,我们称之为"建国一代"。"建国一代"在1985—1995年陆续进入生育年龄,带来了第二波婴儿潮,即"建国二代"。"建国二代"出生高峰大概持续到1995年结束,此后,计划生育政策的效果逐渐显现,叠加年轻人生育意愿不断回落、生育年龄后移,出生人口自1995年便开始塌陷(见图10-1)。

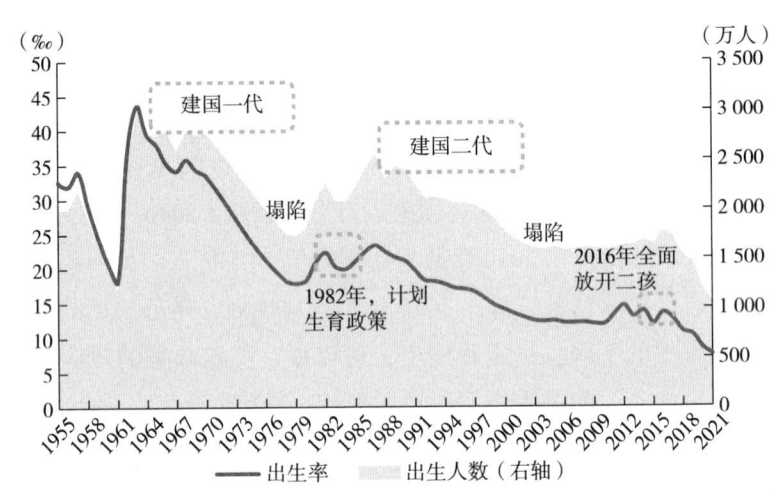

图10-1 新中国成立后,中国经历了两轮婴儿潮

资料来源:Wind。

前两轮婴儿潮,给中国经济腾飞做出了巨大贡献。在21世纪前10年,40~50岁人群("建国一代")和20~30岁人群("建国二代")快速增长,恰逢中国加入WTO,劳动密集型产业快速增长,推动中国经济腾飞。

2014年,20~60岁劳动力群体达到峰值(8.5亿人),之后开始回落。"十四五"期间,预计20~60岁劳动力规模将以每年-1%左右的速度继续回落,参考中国人民银行调查统计司的测算数据,劳动力数量的下滑,在"十四五"期间每年拖累经济增速约-0.2个百分点。不过,由于劳动力质量的提升,短期能够对冲劳动力数量下滑对经济的拖累。

劳动力规模下滑速度虽然还未对经济产生较大影响,但更值得注意的是,劳动力内部结构发生的巨大变化(见图10-2)。由于新出生人数在1995年后开始塌陷,这使得20~30岁人群规模在2016—2020年加速下滑,率先塌陷。青壮年劳动力规模率先塌陷,会加速劳动力群体内部年龄结构老化。此外,青壮年人口规模的快速减少,也会拖累生育基数下滑。

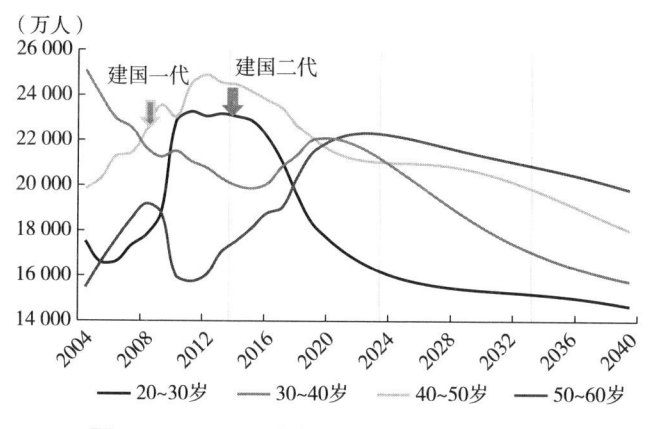

图10-2 20~30岁青壮年劳动力规模率先塌陷

数据来源:Wind。

(三)生育基数塌陷叠加生育意愿回落,加速出生人口下滑

出生人口下滑的原因,可以拆分为两个部分:生育基数的下滑和生育意愿的下滑。

第一,生育基数持续回落。2016年,处在20~35岁黄金生育期的育龄女性数量快速下滑。鼓励生育的政策,只能提高生育意愿,却无法扭转生育基数,这也说明相关政策的窗口期非常短暂。

作为反例,日本社会在20世纪末就意识到生育意愿回落的问题,但受经济危机拖累,直到2003年才出台一揽子鼓励生育政策。而此时日本已深陷老龄化陷阱,没有适龄生育女性,生育政策也无法发挥效用。

第二,生育意愿在持续下滑。总和生育率即每个女性平均生育的子女数,是育龄生育妇女生育意愿的代表。国际社会普遍认为2.1是实现人口稳定代际更迭的水平,1.5则是人口下滑的警示线。根据第七次全国人口普查数据,我国总和生育率已经滑落到1.3,已经接近日本(2019年为1.36)。年轻人生育意愿的下滑,是出于生活压力、育儿压力、购房压力、女性职场压力等多种原因,需要政策多方面发力解决。

2021年以来,针对提高生育意愿已经推出了不少政策。2021年7月26日,《中共中央 国务院关于优化生育政策促进人口长期均衡发展的决定》正式发布。7月23日,《人民日报》刊文《解除后顾之忧,释放生育潜能》。2021年以来,监管在教育、医疗、住房领域频繁出拳,为民生"减负"。这些措施在一定程度上,确实会缓解年轻人的生育压力。

三孩政策短期会带来补偿性生育潮,但效应有限。2015年10月,党的十八届五中全会决定,全面放开二孩政策。2016年,二孩及三孩占全部出生人口比例便出现快速上升,2015年二孩及以上占全部出生人口比例仅为47%,在2017年快速上升至59%,成为近年来出生人口的重要支撑。但是,二孩生育需求集中于2016年及2018年释放,2019年开始,二孩生育率便逐步下行。与此同时,一孩生育率持续下滑,拖累整体生育率回落。

参考二孩政策的效果,三孩政策短期会刺激补偿性出生潮的出现,叠加我国积极有序推进新冠肺炎疫情防控各项工作,预计疫情消退和三孩政策会刺激一轮补偿性出生潮的出现。但是,考虑到生育基数的下降和一胎生育率的下滑趋势,仅放开三孩生育限制难以全面扭转出生人数下滑的趋势，更需要政策的全方位配合。

（四）老龄化率将在未来两个五年规划中加速提升

2021年，60岁及以上人口占比18.9%，比2019年的18.1%进一步提升。在2020—2030年，也就是"十四五"至"十五五"期间，由于"建国一代"（1960—1970年婴儿潮）开始在这个阶段进入60岁的老年阶段，老龄化进程（65岁以上人口占比）会明显加快。进入"十六五"之后，由于1970—1980年出生的人口出现塌陷，叠加1985—1995年的"建国二代"婴儿潮的高度明显低于"建国一代"，使后期老龄化进程出现放缓（见图10-3）。

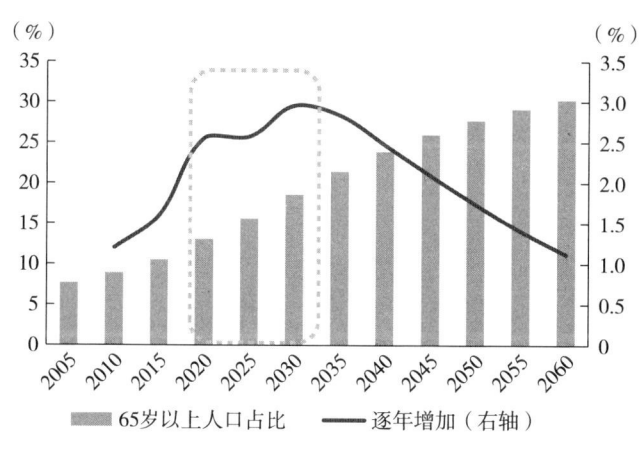

图10-3 老龄化进程在2020—2030年明显加快

数据来源：Wind，联合国。

加速的老龄化会给消费带来怎样的影响？

老龄化将给总消费水平带来冲击。随着年龄的提升，劳动参与率逐步下降，劳动收入会逐渐减少乃至消失，从而降低社会整体的消费意愿（蔡昉，2021）。从美国各年龄段消费数据来看，随着经济的发展，消费水平在青年和中年时期抬升更快，但是并没有随着年龄的增长而延续，老年群体的消费水平没有随时代发展明显提高。

与发达国家相比，中国也存在未富先老的问题。一方面，中国人均GDP低于日本、美国达到同等老龄化的时期。2020年，中国60岁及以上人口占全部人口的比重是18.7%，人均GDP超过1万美元。日本、美国分别在1992年及2011年达到相同的老龄化水平，人均GDP分别为3.1万美元、5.0万美元。未富先老对于消费最直接的挑战就是，国家的养老金负担较大，人均养老资源较少，国民收入中用于养老医疗、文化休闲等方面的非生产性消费支出将增加，限制生产部门的资金投入，从而制约社会总产出的长期增长。

另一方面，中国存在大量的农民工人口，在年轻时可以通过从事重体力劳动维持收入，在步入老年后收入大幅下滑，抑制了消费支出。尤其是从事建筑、采矿等重体力劳动的工人，随着年龄增长，再就业困难，甚至很多劳动者在尚未达到退休年龄时便已实际退出就业岗位，造成整体劳动参与率显著下降。随着人口老龄化的日益严重，区域间、城乡间以及不同年龄居民之间的消费结构不平衡将会越发突出，消费水平的差异更加明显，消费异质性会更加显著，这不利于消费潜力的释放。

但是，人口老龄化也蕴含着巨大的结构性消费潜力，服务类消费占比将持续提升。虽然中国老龄化程度将逐渐加深，但是老年人口的年龄结构仍会在一定时期内保持相对年轻的水平。近年来，科学技术的不断发展和消费理念的升级催生了新的养老需求，智能化、多样化的养老需求也在不断给相关企业带来新的发展空间。参考美国和日本的消费结构演绎，未来服务类消费占比将不断提升，尤其是医疗服务相关产业的需求将不断释放。

美国老龄化加速期间，医疗消费占比出现了快速提升。2007

年前后，美国老龄化加速，对两类消费品产生了较大影响：汽车消费占比快速下降，医疗占比快速提升。

在日本"低通胀、低增长、低利率"的三低阶段，在老龄化加速期，与医疗服务、家庭护理相关的服务业价格也在持续提升。从1970—2020年，日本服务类消费持续涨价，个人和家庭护理服务价格在轻度老龄化阶段快速上涨，医疗服务的价格则在中度老龄化阶段加速上涨。

除了整体的老龄化率在加速之外，中国各区域老龄化比例出现较大分化，整体呈现北高南低、东高西低的特征，老龄化较严重的区域是辽宁（25.72%）、上海（23.38%）、吉林（23.06%）、黑龙江（23.22%），老龄化较轻的区域是西藏（8.52%）、新疆（11.28%）、青海（12.14%）及广东（12.35%）。

老龄化在全国呈现较大的分化，一方面是受到沿海劳动密集型产业用工需求的拉动，吸引年轻人持续迁入；另一方面是中国经济重心在不断南迁，南部地区的生育意愿更为强烈。较为严重的老龄化，正在冲击部分区域的经济发展、劳动密集型产业链以及区域消费总需求，但是也为医疗、疗养等老年产业带来了发展机遇。

（五）队列要素法的逻辑阐述和基本方法

学界、联合国普遍采用队列要素法来预测人口数据。

第一步，预测t期各年龄段女性的生育率和该年度的出生性别比例，结合t期15~49岁的女性人口结构数据，计算t期的新生儿数量及新生儿的性别比例。

第二步，由预测的各年龄段的死亡率和t期的人口结构，计算t期各年龄段各性别的存量人数。

第三步，根据出生人数以及t期各年龄段、各性别存量人数，按图 10-4 中的公式计算 t+1 期的人口结构；之后重复上述步骤，滚动计算各年度的预测结果。

需要主观设定的假设包括以下几个方面。

基期，以及基期的各年龄段人口数据。

出生性别比。可以采用联合国的预测数据，出生男女性别比由 2020 年的 1.11 逐渐下降至 1.07 并维持稳定。

死亡率数据。数据可以采用联合国公布的中性假设。中国人口普查及联合国公布的死亡率数据有一定差异，主要是婴儿与老年组差异较大。以第五次、第六次全国人口普查数据为例，女性婴儿死亡率明显高于男性，但联合国公布的数据中，男性婴儿死亡率高于女性。在老年组中，联合国老年组死亡率高于中国第五次人口普查数据。

生育率。联合国参考了各国人口趋势后，公布了对于中国九种情境下的生育率假设。生育率假设可以参考中国人口普查数据，在联合国公布的假设上做进一步调整。

队列要素法的基本原理如图 10-4 所示。

二、二战后的全球人口共振和中国的相对红利

从中国人口的演绎中可以看出，中国人口结构受到新中国成立后两轮婴儿潮的巨大影响。我们也不禁想到，是否全球都出现了类似的情况？中国的人口红利在全球来看，是否还有优势呢？

（一）二战结束后，多数发达经济体均出现了婴儿潮

与我们的直觉一致，实际上，二战结束后，全球都迎来了一轮婴儿潮，主要以中国和发达国家为主。从 1950 年到 1970 年，发达

图10-4 队列要素法的基本原理

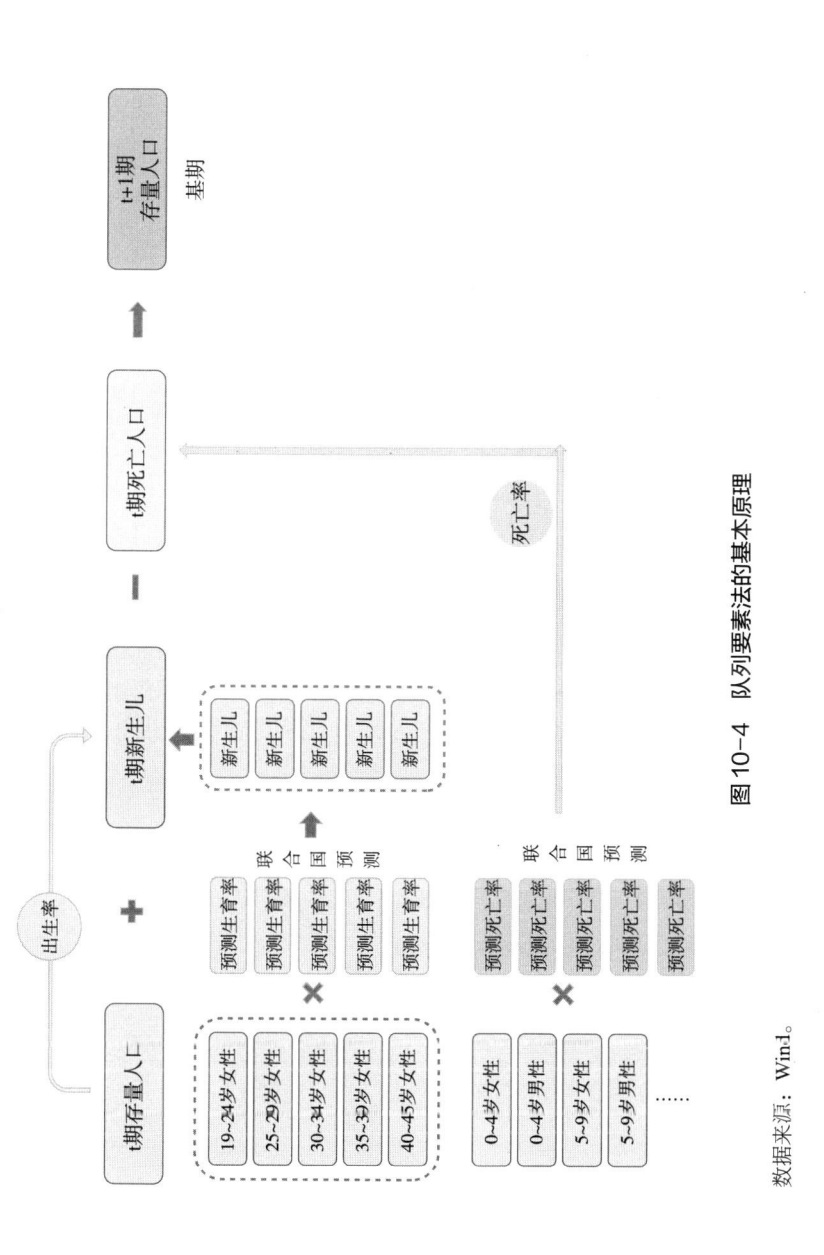

数据来源：Wind。

第十章
人口分析框架：全球共振与中国人口红利

国家新出生人口占全球的20%。

英国、法国、意大利、西班牙等国，均在二战结束后出现了婴儿潮。这些新出生人口集中于欧洲各国及北美，普遍受到了良好的教育，在1970—2000年进入劳动力市场，给全球带来了工程师红利。当然，除了美国和中国之外，绝大多数发达经济体只出现了一轮婴儿潮，这也导致人口红利在大型经济体中逐一出现。我们发现，各个经济体出现的人口红利，其实与全球产业链转移的时间恰好匹配。

举例来说，产业链从欧美迁向日本，以及从日本迁向亚洲四小龙，就恰好对应了日本人口红利涌现和退出的时点。1950—1970年，日本的青壮年劳动力占比快速提升，在1975年达到了顶点。劳动力大军涌现，叠加美国在二战后执行复兴日本政策，向日本输送了大量的技术，日本的经济快速发展，占全球贸易量比重快速上升。

但是，随着日本贸易量开始回升，美国对外贸易的占比也开始下滑。日美在20世纪70年代出现了贸易顺差，日美贸易摩擦进入了紧张阶段，这也加速了日本下一步对外转移产业链（见图10-5）。

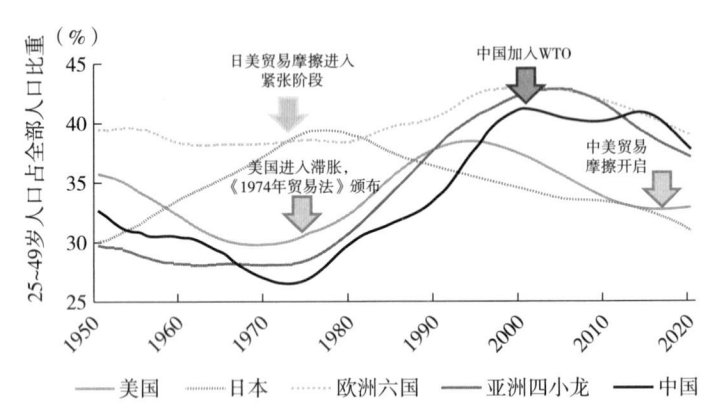

图10-5　20世纪70年代，日本劳动力红利的涌现和退出

数据来源：联合国。

这也给我们带来了思考，可以说，日本在人口下滑时，通过对外投资的方式，对冲了一部分国内人口下滑的压力。那么中国人口下滑能否通过类似的方式得到缓解呢？

（二）全球人口增速回落，中国依然保有相对红利

实际上，目前中国与日本面临完全不同的全球劳动力格局。二战结束后到 20 世纪末，由于发达国家和中国均出现了婴儿潮，全球人口红利涌现。然而，向前看，全球劳动力增速将进入缓慢下滑的通道。而且，中国和发达国家的青壮年劳动力人口占比在 2020 年后快速下滑，新增劳动力主要聚集在最不发达国家（见图 10-6）。这些国家分散于非洲、拉丁美洲、中亚和东南亚地区，人口受教育程度较低，新增劳动力群体的劳动生产效率较低，叠加气候炎热，地缘政治动荡，难以形成较大规模的产业集群。

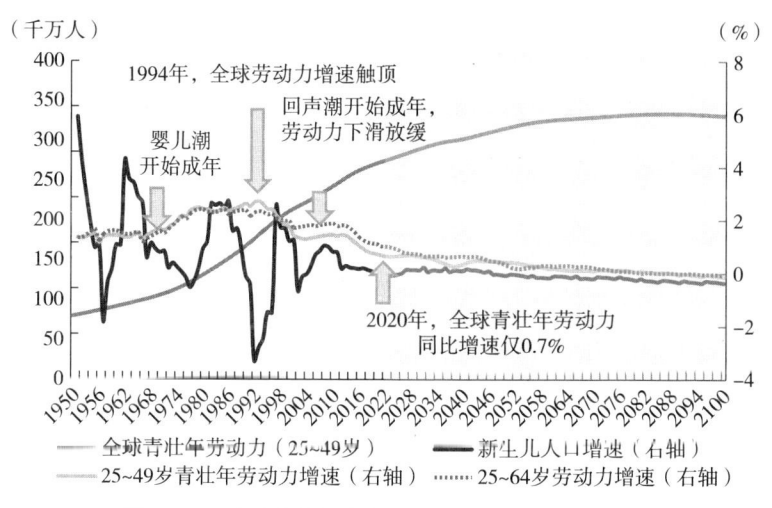

图 10-6　全球青壮年劳动力人口增速在 1994 年触顶

数据来源：联合国。

从全球来看，中国依然有相对优势。虽然中国劳动力规模高峰已过，但是庞大的"建国二代"群体仍然支撑劳动力规模处于高位，在 2034 年之前，中国青壮年劳动力占比依然高于美国、欧洲、日本。从全球来看，中国内地产业链条完备，港口众多，市场开放度持续提升，法律法规日渐完善，虽然人口红利在消退，但是中国的优势依然相对显著。然而，2034 年之后，如果从 25~49 岁青壮年劳动力角度来看，美国则开始占优势。

三、中美人口力量对比：美国人口红利、美版共同富裕

（一）二战结束以来，美国出生人口规模并未塌陷

在发达经济体中，美国的人口结构是非常独特的。二战结束后，主要发达国家普遍迎来人口增长，但是英国、法国、意大利、西班牙等国只出现了小幅增长，之后就快速回落、恢复稳定，只有美国持续享受了人口红利。

美国新出生人口下降缓慢，持续享受人口红利。自二战结束至今，美国一共出现了两轮婴儿潮。第一轮婴儿潮在 1960 年前后出现，生育率（妇女在整个生育期生育的孩子数）达到了 3 以上的高峰。之后进入 20 世纪 70 年代，美国经济增长停滞，出生人口持续下滑，这代人也被称为"X一代"。1985 年，婴儿潮人口进入生育年龄，带来了新一轮出生高峰"回声潮"。叠加 20 世纪 90 年代末期美国出现的移民潮，美国至今仍然维持了相对较高的新生儿出生规模，相对二战后出生数量并未大幅下滑，美国整体的出生率下滑的速度，也慢于全球和中国（见图 10-7）。

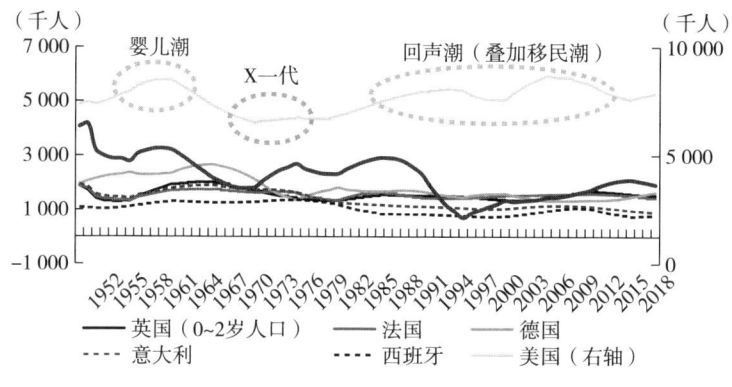

图 10-7 美国新生儿出生规模并未出现大幅下滑

数据来源：联合国。

（二）美国劳动力规模增速在 2026 年之后继续上行

向前看，美国劳动力人口增速会在 2026 年触底反弹，在 2034 年再次达峰。根据联合国预测的数据，虽然 2020 年美国劳动力增速依旧处于下滑区间，但受到 2000 年左右出生高峰的支撑，劳动力增速会在 2026 年触底反弹，再次上行，并且在 2034 年达到峰值（见图 10-8）。

庞大的、持续稳定的出生人口规模，给美国供给端和需求端都带来了长久的内生动力。美国统计局数据显示，美国家庭将会在 45 岁达到支出高峰，中年人口和劳动力规模是决定美国总需求的关键变量。从长周期来看，美国劳动力（25~64 岁人口）增速与通胀的走势基本是趋同的。

2034 年之后，美国青壮年劳动力的占比就会超过中国，人口将成为中美博弈的重要变量。人口红利退潮下，中国须紧抓时间窗口，通过多种方式来弥补人口增速的下滑。

2021 年 8 月，美国公布了最新的人口普查数据。从最新的普查数据，我们可以看出美国的人口结构出现了两个比较明显的特征，一是更为多元化，二是向南部集中。

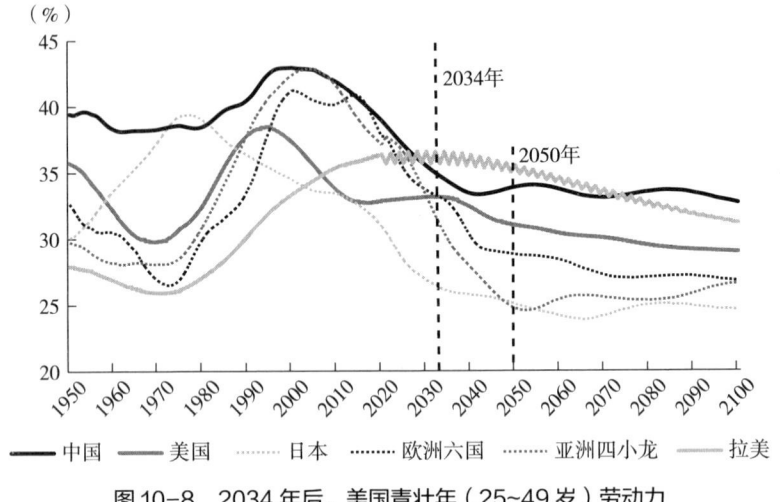

图10-8　2034年后，美国青壮年（25~49岁）劳动力占本国人口比重会超过中国

注：2020年及之后数字为联合国预测值，中国指中国内地地区。
数据来源：联合国。

第一，美国人口重心持续向南部和西部转移，短期利好共和党，长期影响则不确定。相比于2010年，2020年人口统计数据显示，美国人口正在向南部和西部集中。短期来看，由于人口的增长，共和党州（如得克萨斯州）也新增了两个席位。

但长期来看，新移民和年轻人数量的增长，可能也会导致该地区的政治倾向发生变化。据《华盛顿邮报》的报道，美国南部和西部多个州，包括得克萨斯州、佛罗里达州、亚利桑那州、新墨西哥州和内华达州，新增的一半人口为拉丁裔人。为了降低这些少数族裔的影响，从共和党提交的选区重划方案来看，共和党人尽量将增长较快的少数族裔集中于少数几个选区，试图以此减少新移民的影响力。

第二，美国人中少数族裔占比在提升，未成年人中少数族裔占比提高得更快，未来美国保守派白人与少数族裔的对抗会越来越激烈。据最新的人口普查结果，2020年有色人种占美国总人口的43%，高于2010年的34%，白人占比从63%下滑至57%。少数族裔中，黑人占比反而小幅下滑了0.2个百分点至11.9%，拉丁裔占比增长了2.2%至19.5%。不过，也有部分研究指出，近10年来少数族裔的快速增长，可能也受到更多人认同自己"多种族"身份的影响，存在高估的可能。

但是，无论如何，美国人口多元化的趋势正在推进。在18岁以下人群中，有色人种占比从2010年的47%提高至2020年的53%，大幅高于成年人。这意味着，美国人种的多元化趋势在未来会越来越明显。这也意味着，保守派白人与少数族裔的对抗在美国会越来越激烈。

（三）美版"共同富裕"初具雏形，教育、幼托改革在路上

2021年4月28日，美国总统拜登发表总额2万亿美元的"美国家庭计划"，投向针对儿童、学生和家庭（见表10-1）。在8月该计划与前期的基建计划一起，打包成为3.7万亿美元计划，在11月又被拜登下调至1.7万亿美元。虽然该计划尚未在国会通过，但是从计划的支出领域，我们可以窥探到拜登和民主党对于美国社会领域的结构性改革蓝图。

计划资金主要来自拜登加税计划，小部分来自财政收入。该项提案未来10年所需的2万亿美元资金中，将有约1.5万亿美元通过提高额外税收而抵免，另有3 030亿美元由国家财政收入抵销。拜登计划，将年收入超过60万美元的个人所得税税率从37%提高

至 39.6%，同时针对年收入超过 100 万美元的家庭，资本利得税也将提高到 39.6%。

表 10-1 2021 年 4 月，美国白宫公布总额 2 万亿美元的"美国家庭计划"

	项目	资金（亿美元）
教育	为 3~4 岁儿童提供免费普及性学前教育	2 000
	向所有美国人提供两年免费社区大学	1 090
	提高最弱势社区学生的大学保留率和毕业率	620
	佩尔助学金（向低收入学生提供 1 400 美元援助）	800
	补贴少数族裔大学和机构的低收入学生	390
	家庭护理中心和管理服务机构	460
	培训、装备和多样化美国教师	90
为美国家庭提供直接支持	儿童保育	2 250
	全面带薪家庭和医疗休假计划	2 250
	家庭营养计划	450
税收抵免	美国家庭和工人减税（儿童税收抵免延长至 2025 年，并使儿童税收抵免永久有效）	8 000

数据来源：美国白宫。

拜登"美国家庭计划"开启了对美国的新一轮人力资源投入。从计划投向来看，主要包括三个方面，提高全美教育水平，降低家庭抚养压力，鼓励生育。

第一，提高全美教育水平。2 万亿美元的"美国家庭计划"向教育方面投入 5 450 亿美元，包括为 3~4 岁儿童提供免费普及性学前教育（2 000 亿美元）、向所有美国人提供两年免费社区大学（1 090 亿美元），以及向低收入学生和有色人种学生提供补贴。

第二，降低家庭抚养压力。"美国家庭计划"投入 4 950 亿美元为美国家庭提供直接支持，包括 2 250 亿美元用于高质量的幼托服务，450 亿美元用于满足儿童的营养需求，例如扩大夏季膳食计划的范围，2 250亿美元用于建立全美范围内带薪育儿和病假综合计划。

第三，通过儿童税收抵免，鼓励生育。"美国家庭计划"建议将儿童税收抵免计划延长至2025年，并永久全额退还，扩大儿童和家属护理税收抵免并将其永久化，将无子女工人的收入所得税抵免额永久化。实际上，这也是一种变相鼓励生育的手段。

从拜登的行动中我们可以看到，美国的精英人士也日益认识到了国内贫富差距和社会动荡的原因，针对教育、幼托、生育等展开的一系列改革开始提上日程。

人口将是中美中长期博弈的重要变量。劳动力资源是国家进行产业升级、资本积累、技术进步的承载体，也是大国博弈的重要变量。向前看，由于我国出生率下滑的速度快于美国，因此老龄化的速度也快于美国。2034年之后，美国青壮年劳动力的占比就会超过中国。

人口红利退潮下，中国须紧抓时间窗口，通过多种方式来弥补人口增速的下滑。由于中国在2000年前后新生儿规模出现塌陷，导致未来10年，20~30岁人口快速下滑，下滑速度明显快于30~40岁人口，因此中国必须紧抓时间窗口，通过提升全要素生产率来弥补人口增速的下滑。2020年新冠肺炎疫情暴发以来，高技术制造业引领整个制造业投资复苏；向前看，供应链再造和"卡脖子"核心技术攻关也将激活中国新的经济增长引擎。

第十一章

共同富裕框架：全球背景与实现路径

新冠肺炎疫情的全球蔓延，使一些欧美发达国家或发达城市在疫情防控中暴露出了诸多社会混乱和对立问题，暴露出了西方国家巨大而严重的社会贫富差距与社会不平等问题。在疫情的冲击下，这些问题引发和激化了新矛盾，使西方国家的国家治理、社会治理陷入混乱和困境。由此可见，作为一个独立的国家、城市或经济体，政府在追求经济总量和人均指标不断提升、努力实现高收入经济体或富裕国家目标的同时，更要关注财富在不同群体、不同地区之间的合理、公平分配。

努力缩小社会贫富差距，降低社会不平等，增强社会包容性，实现全体民众的共享、共赢、共富，是国家实现繁荣稳定发展的治理之道，对处于转型升级发展阶段的国家而言，意义尤为突出。

当前，我国历史性地解决了绝对贫困问题，已经全面建成了小康社会，成为全球第二大经济体。在全面建设社会主义现代化国家新征程中，党中央把促进全体人民共同富裕摆在了更加重要的位置上。

党的十九届五中全会明确把"全体人民共同富裕取得更为明显的实质性进展"作为2035年基本实现社会主义现代化的目标。实现全体人民共同富裕是中国特色社会主义的本质要求，是人民群众的共同期盼，也是中国式现代化的重要特征。2021年8月，习近平总书记主持召开中央财经委员会第十次会议时指出，共同富裕是全体人民的富裕，是人民群众物质生活和精神生活都富裕，不是少数人的富裕，也不是整齐划一的平均主义，要分阶段促进共同富裕。这为准确理解共同富裕的内涵以及制定正确的推进路径、战略举措提供了根本遵循。共同富裕是关乎我国第二个百年奋斗目标实现程度的一项具有全局性、根本性、长期性、艰巨性的重大政治战略任务，需要中央和地方加强政策协同，选择正确路径，采取重大举措，久久为功，持续推进。

一、为何在这个时点强调共同富裕？

2021年8月17日，习近平总书记主持召开中央财经委员会第十次会议，研究在高质量发展中促进共同富裕。会议强调，共同富裕是社会主义的本质要求，是中国式现代化的重要特征，要坚持以人民为中心的发展思想，在高质量发展中促进共同富裕。那么，共同富裕背后有何政治经济含义？为何在这个时点强调共同富裕？如何在高质量发展下实现共同富裕？

（一）百年未有之大变局下，更需处理好效率与公平的关系

第一，新发展阶段、新发展环境，需要再次审视和正确处理效率与公平的关系。

世界百年未有之大变局加速演进。在2018年6月召开的中央外事工作会议上，习近平总书记提出了一个重大论断，即"当前，我国处于近代以来最好的发展时期，世界处于百年未有之大变局，

两者同步交织、相互激荡"。当前，全球化遭遇逆流，保护主义、单边主义上升，新冠肺炎疫情更是加速了国际格局和国际关系的大裂变。在这一背景下，统筹国内国际两个大局，办好中国的事情，扎实推进中华民族伟大复兴战略全局，要更好地发挥政府作用，促进社会公平和社会稳定，促进共同富裕。

社会主要矛盾发生变化，更突出"不平衡不充分"。1993年党的十四届三中全会提出"效率优先、兼顾公平"，是为了解决彼时社会主要矛盾，即人民日益增长的物质文化需要同落后的社会生产之间的矛盾。从党的十四届三中全会至今，我国经济已经发展了将近30个年头，国民生产总值、人均GDP、人均收入等都实现了巨大跨越。2017年10月召开的党的十九大，提出了社会主要矛盾的新论断，即"人民日益增长的美好生活需要和不平衡不充分的发展之间的矛盾"。

社会矛盾更突出"不平衡不充分"。发展不平衡，主要是各区域各领域各方面存在失衡现象，制约了整体发展水平的提升；发展不充分，主要是我国全面实现社会主义现代化还有相当长的路要走，发展任务仍然很重。因此，在分配机制上，也要发挥政府作用，在市场分配机制失灵时予以纠偏。

人民对美好生活的向往更加迫切，要求更高。当前，我国长期所处的短缺经济和供给不足的状况已经发生根本性转变，人民对美好生活的向往总体上已经从"有没有"转向"好不好"，呈现多样化、多层次、多方面的问题。习近平总书记多次在讲话中提出，"人民对美好生活的向往，就是我们的奋斗目标"。现在人民群众的要求变高了，期盼有更好的教育、更稳定的工作、更满意的收入、更可靠的社会保障、更舒适的居住环境等。因此，解决好人民群众最关心最直接最现实的利益问题，更好满足人民对美好生活的向往，推动人的全面发展、社会全面进步，努力促进全体人民共同富裕取得更为明显的实质性进展，成为当下紧迫的课题。

促进全体人民共同富裕，是全面建设社会主义现代化国家的必经之路，也是中国特色社会主义制度赋予我们的独特禀赋和宝贵机会，是对全球治理的重大贡献。脱贫攻坚战的全面胜利，为推动共同富裕夯实了物质基础。接下来，发挥政府"有形之手"的力量，与市场"无形之手"共同处理好效率与分配的事情，不仅关乎民生福祉，关乎打破经济发展的桎梏，全面释放生产要素的潜力，也关乎全人类的福祉。

第二，欧美收入分配机制逐渐失灵，社会割裂、矛盾频发。

市场化是经济发展的重要手段，但放任市场化机制自由发展，是欧美国家收入分配差异过大、出现社会动荡的主要原因。欧美新自由主义经济政策下，过度强调市场的自由化，导致贫富差距日益扩大，保守主义思潮抬头。20世纪70年代末以来，西方国家普遍采取新自由主义经济政策，放任市场化机制自由发展，大力倡导大市场和小政府理念，实施诸如减少金融控制、私有化、削弱工会、降低税率和减少劳动保护等政策措施，使工人收入水平下降，贫富差距逐步拉大。这也是欧美近年来，保守主义思潮抬头、社会动荡的根源所在。

美国国内贫富差异分化显著，是美国社会割裂和国内矛盾频发的主要因素。无论是2020年6月爆发的"Black Lives Matter"（黑人的命也是命）运动，还是2021年特朗普支持者攻占国会山运动，均直指美国国内社会割裂，贫富分化显著，矛盾日益突出。一则，美国的资本受益于全球化浪潮，但是无法自由流动的劳动力却受到全球化冲击，导致美国国内蓝领和部分中产阶级日益不满于社会现状；二则，持续超发的美元进入资本市场，导致美国资产价格高企，进一步拉大了贫富差距。

在欧美发达国家因为分配制度失灵，经济增长陷入停滞的背景下，中国发挥国家制度和国家治理体系的优越性，在共同富裕道路上不断尝试和前进，这是对于全人类发展和全球治理道路的重大贡献。

(二)理论层次：共同富裕概念一直贯彻在我国的发展思路中

共同富裕并不是突然提出的概念，而是一直贯彻在我国的发展思路中。共同富裕是中国特色社会主义的本质要求，是中国式现代化的重要特征。在推进社会主义现代化的过程中，共同富裕表现出不尽相同的内涵，也体现出历史阶段性特征。回顾改革开放以来的发展历程，我们始终一步一个脚印向前迈进。

"共同富裕"一词，最早可以追溯到1953年的中央正式文件《中共中央关于发展农业生产合作社的决议》。决议提到，通过农业社会主义改造，使农民能够逐步完全摆脱贫困的状况而取得共同富裕和普遍繁荣的生活。这是中国共产党对共同富裕的首倡。

改革开放后我国摸索出一条以经济发展为中心，通过先富带后富的方式实现共同富裕的路径。在这一阶段，我们党深刻总结正反两方面历史经验，认识到贫穷不是社会主义，打破传统体制束缚，推动解放和发展生产力。在这一阶段，我们对共同富裕的认识趋于成熟，认识到实现共同富裕必须首先摆脱贫穷，因此发展是第一要务。

党的十八大以来，中央将实现共同富裕摆在了更加重要的位置上。党的十八大报告指出，"必须坚持走共同富裕道路。共同富裕是中国特色社会主义的根本原则。要坚持社会主义基本经济制度和分配制度，调整国民收入分配格局"，"朝着共同富裕方向稳步前进"。这一阶段，中央高度重视民生工作，大力推进脱贫攻坚战，实现全面建成小康社会，"十三五"时期累计有5 575万农村贫困人口实现脱贫，为下一步实现共同富裕打好基础、创造条件。

党的十九届五中全会后，中央对共同富裕的目标设计更加精细，逐步构建了实现共同富裕的时间路径。综合考虑我国的阶段性特征及现有的城乡差距、区域差距等，十九届五中全会在擘画2035年远景目标蓝图中提出"全体人民共同富裕取得更为明显的实质性进展"，在改善人民生活品质部分突出强调了"扎实推动共同富裕"，在党的全会文件中有这样的表述还是首次。可以说，无论是主观愿望，还是客观条件，我们在现阶段都已具备了在新发展阶段推进共同富裕的基础。

习近平总书记多次强调，共同富裕是社会主义的本质要求。2012年11月17日，习近平总书记在主持十八届中共中央政治局第一次集体学习时就指出，"共同富裕是中国特色社会主义的根本原则，所以必须使发展成果更多更公平惠及全体人民，朝着共同富裕方向稳步前进"。此后，习近平总书记又多次从不同角度对这一问题进行阐释。

消除贫困是实现共同富裕的第一步。扶贫开发工作是习近平总书记特别重视的重要任务，曾在多个不同场合提到消除贫困、改善民生、实现共同富裕是社会主义的本质要求。从逻辑上看，从消除贫困到改善民生再到实现共同富裕是一个渐进实现的过程，因此，脱贫攻坚是我国实现共同富裕路径上的第一件大事。

发展是实现共同富裕的基础，发展必须以共同富裕为目的。习近平总书记在多个省市考察时都强调，要以广大人民群众共同富裕为目标坚持发展，让发展的成果由人民共享。推进乡村振兴战略，在把握好共同富裕路线和农村土地集体所有制的基础上发展农村经济，将共同富裕的目标贯彻到发展的过程中。

（三）实践层次：居民收入分配差距拉大是不容忽视的现实

相比于欧美国家，我国收入差距处于较高水平。根据国家统计局的数据，1978 年改革开放以来，我国基尼系数持续扩大，2008 年基尼系数达到峰值，此后有所回落，但相比于其他国家，我国基尼系数依然处于较高水平。近年来，在精准扶贫等一系列政策推动下，我国低收入群体（后 20%）的收入增长较快，但与高收入群体（前 20%）的可支配收入差距仍然较大，2020 年高收入群体可支配收入占全部群体的 46.7%，而低收入群体可支配收入仅占 4.3%。

居民财富差距比收入差距更为显著。根据中国人民银行调查统计司《2019 年中国城镇居民家庭资产负债情况调查》的结果，我国城镇居民家庭总资产均值为 317.9 万元，居民家庭资产分布不均，收入最高的 10% 的家庭户均总资产为 1 511.5 万元，是收入最低的 20% 的家庭户均总资产 41.4 万元的 36.5 倍（见图 11-1）。

新冠肺炎疫情的冲击再次加剧了收入与财产差距，限制了经济恢复。疫情对经济产生剧烈冲击，不仅严重影响了居民工资收入和农民工工资收入，也极大地影响了收入分配格局，进一步加剧了收入分配不平等。西南财经大学中国金融研究中心的调查报告显示，疫情冲击后，年收入在 30 万元以上的家庭收入很快恢复，且有明显增长；而年收入在 5 万元以下的家庭收入增长缓慢，受到了更为严重的冲击。居民收入恢复的不均衡，也成为限制消费复苏的主要原因（见图 11-2）。

此外，行业间、地域间的收入差距也较为突出。根据国家统计局的数据，2020 年东部地区人均可支配收入为 41 240 元，而西部地区人均可支配收入仅为 25 416 元，东部地区人均可支配收入为西部地区的 1.62 倍。行业间的收入差距也较为显著，在行业大类中，工资最高的三个行业分别为信息传输、计算机和软件业，金融业，以及科学研究服务，而收入最低的三个行业为农林牧渔、住宿和餐饮，以及水利环境公共设施，收入最高行业与收入最低行业的工资收入之比达260%。

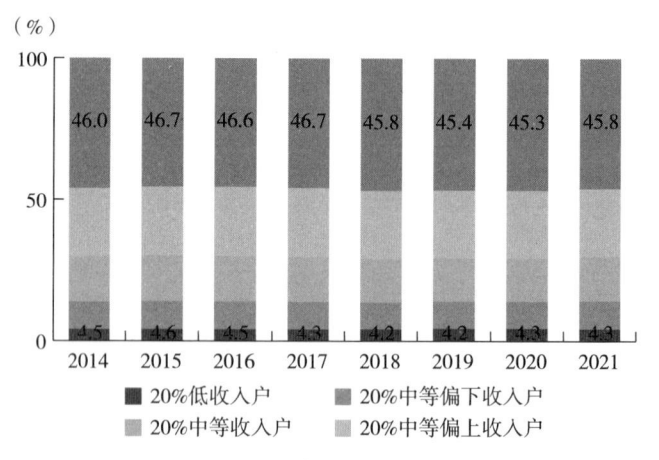

图 11-1 高低收入群体的可支配收入差距仍然较大

数据来源：Wind。

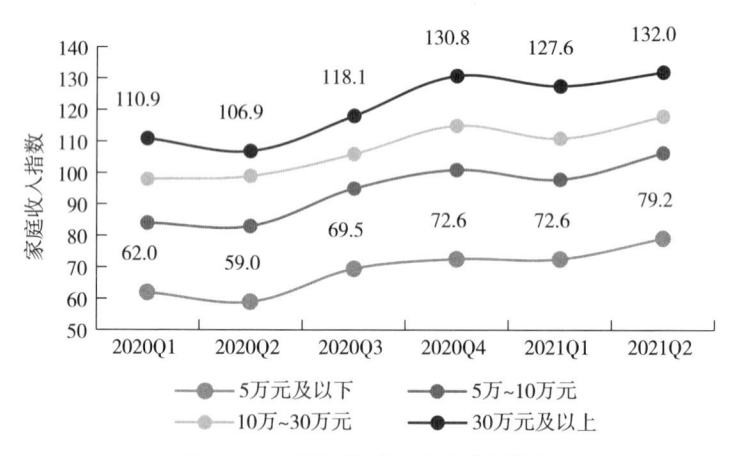

图 11-2 疫情对低收入家庭冲击较大

数据来源：西南财经大学中国金融研究中心。

二、为什么制造业是实现共同富裕的关键？

从美国和德国的经验来看，经济发展到一定程度，基尼系数与制造业占比呈现负相关性。稳定制造业，一方面，可以减缓转型中面临的经济减速，保证经济总量的持续增长；另一方面，可以稳定和扩大就业，壮大中等收入群体，避免收入差距扩大。建立强大的制造业，将为中国实现共同富裕提供重要的物质保障，也是中国缩小贫富差距的关键。

（一）为何强调稳定制造业比重？

2012年以来，国内制造业处在增速换挡、结构调整的阵痛期，制造业增加值比重持续走低。2013年以来，制造业增加值增速逐年回落，且持续低于整体经济增速。我国制造业增加值占GDP比重从2011年32%的高点，持续回落至2020年末的26%。

从外部来看，全球需求增速趋势性放缓，全球制造业价值链面临重构风险，我国面临劳动密集型产业外迁、高端制造业向发达国家回流的双重挤压。内部来看，随着人口红利的衰减，我国劳动力、土地、资本等要素成本逐年上升，制造业低成本优势逐渐减弱，叠加产能过剩问题凸显，进一步挤压企业利润空间。当前，传统制造业步入转型升级期，而先进制造业尚待壮大，国内制造业处在增速换挡、结构调整的阵痛期。

相较于发达国家而言，我国产业链仍处于中低端水平，近年来，工业增加值比重回落速度过快，存在过早"去工业化"风险。2012年，我国工业增加值比重开始回落，2011—2020年，9年内共下降8.7个百分点。而美国、德国、法国、意大利、西班牙、日本、韩国7个主要发达经济体，在工业增加值比重回落的前9年内，平均下降 4.2 个百分点。参照工业增加值比重相当的德国，在去工业化的前 9 年内，德国工业增加值比重仅回落 6.4 个百分点，降幅同样低于中国。

尽管第三产业成为国内经济的新引擎，但我国仍处于工业化发展阶段，制造业仍是国内的支柱产业，更是双循环的重要保障。2020 年，我国制造业贡献 26% 的 GDP、22% 的就业人口、40% 的固定资产投资。近年来，制造业占经济比重过快下降问题已经引起政府高度关注，"十四五"规划中将稳定制造业比重作为重点任务。因此，"十四五"规划中首次提及"保持制造业比重基本稳定"，并删除"十三五"规划中提出的"服务业比重进一步提高"，将制造业高质量发展放到更加突出的位置。

稳定制造业占比，可以减缓经济转型面临的减速问题，保证"蛋糕"总量的持续增长。从各国经验来看，当步入以服务业为主的发展阶段时，经济增速会呈现下降趋势，甚至出现"鲍莫尔病"。"鲍莫尔病"是指，当劳动力不断从进步部门向非进步部门转移时，整个国家经济增长速度将逐渐变为零。其中，"进步部门"是指应用先进技术设备、能大规模生产、发挥规模经济效应的制造业部门；"非进步部门"是指传统服务业，由于新技术应用较少，劳动生产率长期保持在一个恒定水平。

稳定制造业占比，有利于稳定和扩大就业，壮大中等收入群体。制造业仍是我国吸纳就业群体最多的行业，但近年来制造业就业人口持续下降。2020 年，城镇就业人员中，制造业就业人员为 3 806 万人，占就业人口的 22%，较 2014 年的高点已经减少 1 438 万人。制造业流出的人口，多数进入金融、教育、房地产、租赁和商务服务等行业。通过国际经验来看，美国、韩国在服务业占比超过 50% 后，均面临经济增速中枢下移（见图 11-3、图 11-4）。

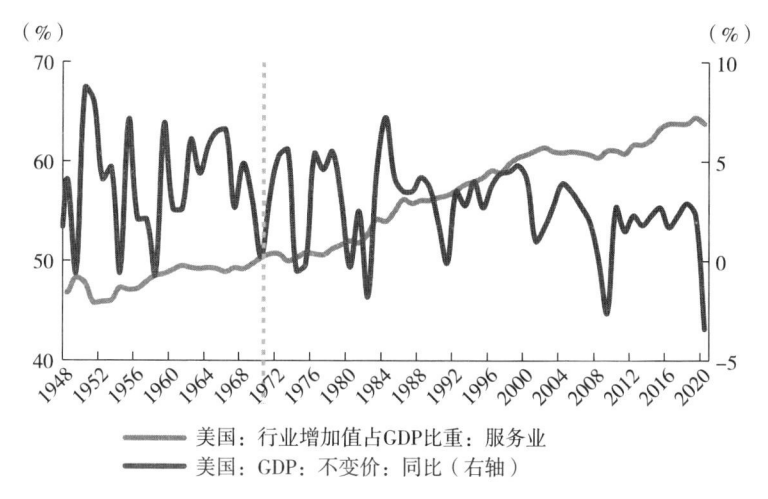

图 11-3　美国在服务业占比超过 50% 后，经济增速中枢下移

数据来源：Wind。

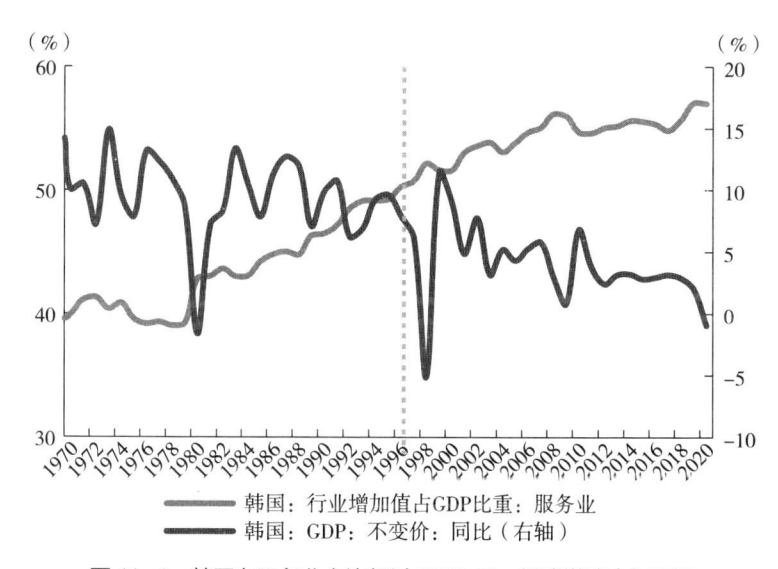

图 11-4　韩国在服务业占比超过 50% 后，经济增速中枢下移

数据来源：Wind。

同时，由于我国服务贸易国际竞争力不强，新增就业多数集中在

面向国内消费的生活性服务业，劳动生产率偏低，市场需求也相对有限。因此，稳定就业市场，需要改造提升传统制造业，培育制造业新动能，并配合劳动技能培训，帮助更多群体进入中等收入行列。

（二）从美国和德国的经验看，缩小贫富差距，关键在制造业

产业结构调整过程中，收入和财富面临重新分配，容易造成贫富差距扩大。在经济转型的过程中，往往伴随着劳动力在城乡、区域、行业之间的重新分配。各个行业由于生产效率的差异，形成劳动力收入水平的分化，进而带来新的收入差距。尤其在资本逐利性的驱动下，资源会优先向少数高回报率行业集中，导致少数人掌握大多数财富。

从现实经验看，缩小贫富差距，关键在于稳定制造业占比。从美国和德国的实际情况看，制造业产值占比和基尼系数呈现负相关关系。美国的制造业占比自20世纪60年代初的37%持续回落至2020年的15%，同期基尼系数自40%不断上升至49%，显示出制造业占比回落的过程中，贫富差距也日益扩大（见图11-5）。而德国则截然相反，1991年以来，由于德国政府和企业重视制造业投入，制造业占比长期稳定在20%左右，基尼系数也常年稳定在30%附近。

二战后，美国经历三次产业结构变迁，将中低端制造业向外转移。二战结束后，美国提出"欧洲复兴计划"，对西欧各国战后重建进行资金援助，并拥有大量的商品出口市场，美国工业迎来历史上的黄金时期，工业产量稳居全球第一，美国制造业产值占全球制造业总产值的份额一度达到40%。此后，随着西欧和日本的崛起，加上本国劳动力成本的快速上升，美国开始将纺织、钢铁等制造业向外转移。

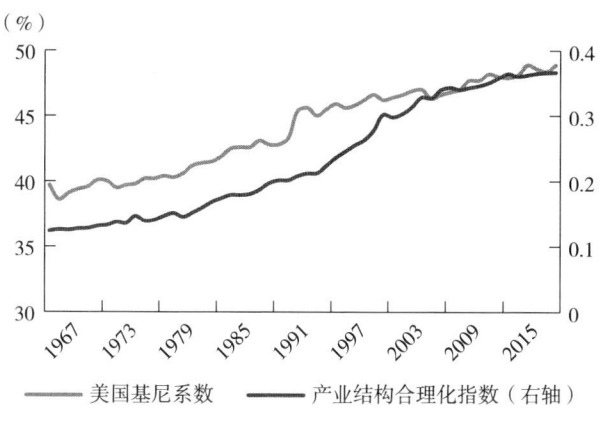

图 11-5 美国制造业占比降低，贫富差距扩大

注：数据截至 2019 年。
数据来源：美国商务部。

20 世纪 70 年代后，美国进一步将劳动密集型产业、电子产品加工制造业向日韩等亚洲国家转移。20 世纪 90 年代以后，在信息革命的推动下，美国大力发展通信设备、计算机、航空航天、生物工程等高新技术产业，并引进高新技术对传统产业加以改造，金融保险、信息通信等生产性服务业逐步取代了钢铁、汽车和机械行业，成为拉动美国经济增长的支柱产业。美国第二产业增加值占比自 20 世纪 60 年代初的 32% 回落至 2020 年末的 23%，同期，第三产业增加值占比自 49% 提升至 76%。

随着美国制造业重心转向技术密集型，对劳动力的需求减少，多数就业人口被迫转移至低附加值第三产业。美国制造业向外转移的过程中，本土制造业空心化现象严重，传统的汽车、电气设备、机械、加工金属等行业增加值占比自 1977 年的 7.5% 回落至 2020 年末的 2.4%，而计算机电子行业增加值占比常年保持在 1.4% 以上。

传统制造业淡出的过程中，第二产业就业人口占比自 20 世纪

60年代初的33%降至2020年末的14%,同期,第三产业就业人口自64%提升至85%。其中,70%的就业人口集中在劳动生产率最低的低附加值第三产业(批发零售、交通运输、教育医疗、艺术娱乐等),15%的就业人口分布在劳动生产率最高的高附加值第三产业(金融保险、房地产、租赁、技术服务等)。

究其原因,一方面,高附加值第三产业对劳动力的素质要求较高,吸纳人数有限,绝大多数劳动人口流向低附加值第三产业,如批发零售、教育娱乐等;另一方面,低附加值第三产业技术含量低,无法形成规模效应,因此劳动生产率长期保持在较低水平,劳动报酬增长缓慢。

与美国不同的是,德国在产业转型时坚守"德国制造"的立国之本,保障制造业占比的长期稳定。2020年末,德国制造业增加值占比为20%,较1991年仅下滑5个百分点。

德国制造业高质量发展,保障就业人口的合理分布,有效避免了收入差距扩大(见图11-6、图11-7)。受益于德国高端制造业的红利,第二产业享有最高的劳动生产率,同时众多细分领域的中小企业,也提供了较多就业岗位。2020年末,德国有24%的就业人口分布在第二产业,高于美国的14%;有17%的就业人口分布在高附加值第三产业,高于美国的15%;有58%的就业人口分布在低附加值第三产业,远低于美国的70%(见图11-8)。

与美国不同的是,德国第三产业主要依附于第二产业,产业模式仍然围绕制造业。19世纪30年代,伴随蒸汽机的到来,德国开始发展纺织等轻工业,同时重视钢铁、机械等重工业的发展。20世纪初,借助第二次工业革命的契机,德国一举完成对英国和法国的超越,不仅改造传统机器设备制造业,而且开拓化学和制药等高新制造业。1914年,德国第一、第二、第三产业占GDP的比重分别为25%、40%、35%,初步具备现代化产业结构。

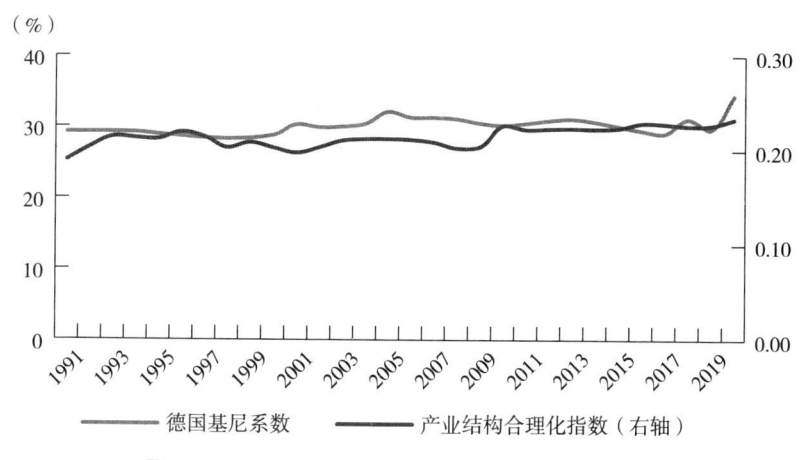

图 11-6　德国制造业占比稳定，贫富差距尚未扩大

注：数据截至 2020 年。
数据来源：德国统计局。

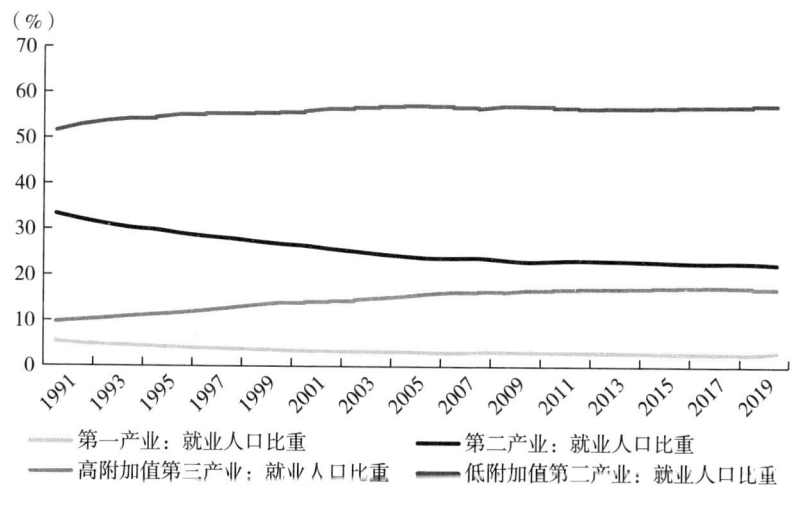

图 11-7　德国产业结构调整，并未带来就业人口的过快调整

注：数据截至 2020 年。
数据来源：德国统计局。

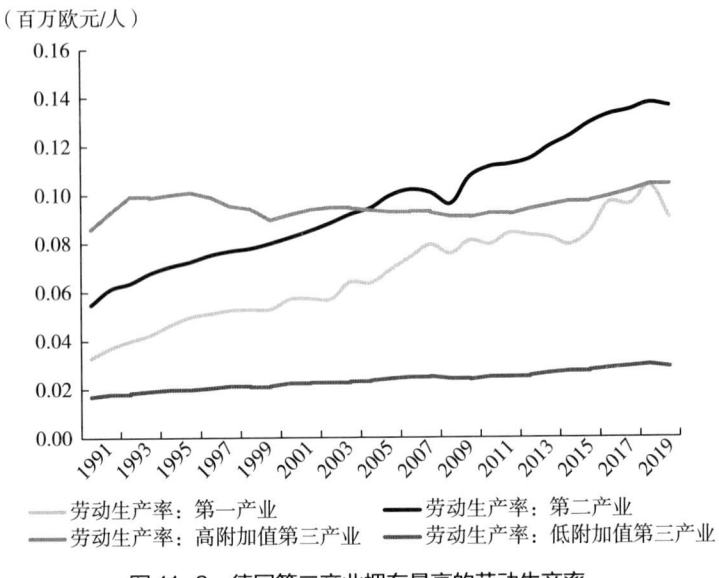

图 11-8 德国第二产业拥有最高的劳动生产率

注：数据截至 2020 年。
数据来源：德国统计局。

二战后，战后重建需求的推动，叠加美国马歇尔计划的援助，德国制造业进入快速发展期。1970 年，德国第二产业比重达到 57.6%，超过第一产业和第三产业的总和，达到历史最高值。此后，由于国际重化工业产品市场需求疲弱，加上石油危机出现，本国劳动力成本逐渐上升，德国被迫进行新一轮产业结构转型。钢铁、造船等高耗能工业发展相对停滞，制造业增加值占比快速回落，从 1970 年的 36.5% 下降到 20 世纪 90 年代初的 23% 左右。

同期，德国第三产业占比逐渐超越第二产业，但不同于美国市场，德国金融业占比偏低，第三产业的发展主要依附于第二产业，例如针对德国生产的机械设备，提供后续的企业培训、设备调试和售后服务等。因此，尽管第三产业成为德国的主导产业，但整体产业模式仍然是由第二产业带动的。进入 20 世纪 90 年代后，德国政府采取一系列提振制造业的产业政策，通过加大研发投入，在机械、汽车、电气设备等高附加值行业保持全球领先水平，另外大力支持信息通信、航空航天、生物技术等高新技术产业。

德国制造业长期保持全球领先优势，源于政策、教育、创新等多方面的支持。2021年4月底，联合国工业发展组织发布"全球制造业竞争力指数"，德国凭借汽车、机械、化工等优势产业，稳居全球第一。

政策层面，德国政府及时出台各类产业政策，帮助产业结构调整。1958—1975年，德国鲁尔区出现采煤业产能过剩问题，政府先后出台《煤炭适应法》《改善区域经济结构共同任务法》等，通过以促进煤炭产业发展为目标的政策干预，实现煤炭公司的重组，使煤炭的生产能力有计划地、逐步地适应能源经济的发展。

1975—1987年，德国的钢铁工业出现了大量生产过剩，政府对钢铁业发放投资津贴，帮助经济在转型中保持平稳。德国对钢铁业的补贴到1981年占国民生产总值的0.3%。进入2000年，德国政府加大对计算机、信息技术的投入力度，旨在提升制造业的智能化、绿色化水平，如高技术战略（2006年）、2020高技术战略（2010年）、"工业4.0"战略（2013年）、数字化战略2025（2016年）、国家工业战略2030（2019年）。

教育层面，除重视培养研究型人才、高技术人才外，德国开创以"双元制"职业教育为特色的劳动力培训体系，培养适应新技术和新工艺的制造业技术工人。科研创新方面，2018年德国研发投入约占GDP的3.1%，仅次于日本和韩国。

（三）美国与欧盟不遗余力发展制造业，提升居民福利

美国版共同富裕计划，旨在加大教育、儿童、医疗、社保、住

房等公共福利，并将能源、气候相关的绿色投资作为首要支出项。2021年10月28日，拜登公布了《重建美好未来法案》新框架，总支出达1.75万亿美元。尽管该计划的规模相对7月初民主党提出的3.5万亿美元大幅削减，但支出的优先项仍然围绕改善儿童保育、扩大医疗保险覆盖范围、完善社会安全网以及实现美国2030年碳排放减半等目标展开。其中，儿童保育支出4 000亿美元，医疗支出3 150亿美元，社保支出2 900亿美元，住房投资1 500亿美元，能源、气候投资5 500亿美元。

欧盟通过史上最大规模的财政刺激计划，帮助欧盟各国在经济复苏过程中实现绿色和数字化转型。2020年12月17日，欧盟理事会通过了欧盟史上最大规模的财政刺激计划，包括欧盟2021—2027年多年度财政框架，以及下一代欧盟计划。

一方面，欧盟2021—2027年多年度财政框架，将为欧盟27国提供近1.21万亿欧元资金支持，以打造一个更具韧性、更加绿色和数字化的欧洲，实现欧盟各国的经济复苏。另一方面，下一代欧盟计划规模达8 069亿欧元，其中，援助资金4 075亿欧元，贷款3 858亿欧元，主要用于研究创新、数字化转型、气候变化等，在加速欧盟复苏的同时助力其实现双重转型的目标。截至2021年10月5日，欧盟理事会已批准19个成员国的经济复苏计划，卢森堡、比利时、葡萄牙、希腊等国家已陆续获得相应的预融资款项。

过去8年间，中国通过精准扶贫，打赢脱贫攻坚战，取得了举世瞩目的成就，但收入分配不均问题仍然严峻。"十三五"期间，我国低收入群体收入增速明显加快，2020年农村贫困人口全部脱贫。但基尼系数显示，近年来贫富差距有所扩大，可能与中等收入群体比重偏低，高收入群体收入增长过快有关。

实现共同富裕，需要不断扩大中等收入群体规模，打造橄榄型社会。具体包括，在初次分配环节注重效率，通过区域协调发展、加强反垄断监管等措施，提高发展的平衡性和协调性；在再分配环节注重公平，调节过高收入，促进公共服务均等化，把"蛋糕"分好，形成人人享有的合理分配格局。

为实现共同富裕，中国应当实施系统性、大规模的制造业振兴计划，不仅包括发展"专精特新"和攻克关键"卡脖子"技术，还要依靠雄伟的碳中和计划，推动中国制造业整体升级。2021年10月，国务院印发《2030年前碳达峰行动方案》，提出工业领域要加快绿色低碳转型和高质量发展，力争率先实现碳达峰。一方面，针对传统高耗能高排放行业，加快落后产能退出，推进低碳工艺革新和数字化转型。另一方面，大力发展绿色低碳产业，包括信息技术、生物技术、新能源、新材料、高端装备、新能源汽车等战略性新兴产业。

三、要素改革如何推动共同富裕？

高质量发展中实现共同富裕，即通过要素改革，破除机制障碍，在发展中调节收入分配关系。从美国、日本、德国三国的经验来看，我国在教育、住房、户籍等领域的改革，有望再次释放人口红利，缩小收入差距；金融服务实体经济的关键在于强实体、稳房市、稳杠杆，提高直接融资占比；土地要素改革仍然步履艰难，近年来聚焦盘活农村用地，服务乡村振兴，但棘手的土地财政仍需破局。高质量发展是适应我国经济发展阶段变化的主动选择，需要供给侧改革和需求侧管理的双向配合，在发展中调节效率和公平，进而促进共同富裕。

（一）劳动力：促进劳动力自由流动

随着劳动力人口数量红利的消退，促进劳动力自由流动成为劳动力要素改革的重心。近年来，随着中国经济进入新常态，各地存量竞争更加激烈，部分资源型城市、外向型城市出现局部收缩现象。促进劳动力自由流动，有助于提高生产效率和资源配置水平，延长和释放潜在人口红利。进一步而言，对于消除区域发展不平衡，缩小城乡差距也有重要意义。

推动劳动力自由流动的关键在于，持续推进户籍制度改革，实现公共服务均等化，破除城乡二元经济结构。我国户籍制度的特殊性在于，户籍本身附带众多社会公共资源，影响社会福利的再分配。对于化解方式，不仅要积极扩大教育、医疗、养老和住房等公共产品供给，缩小城市间、区域间、群体间的公共福利差距，而且要从小城市到大城市，逐步放开落户限制，完善流动人口就业与落户服务体系，推动劳动力市场一体化。

在日本，户籍主要解决居民的身份问题，居民卡主要解决居民的居住地，"人户分离"是正常现象。日本人可以自由选择居住地，户籍可以根据本人意愿迁往日本境内任何地方，户籍与居住地没有必然联系。但在中国，户籍附带众多社会资源，我国早期曾实行严格的户籍迁移控制，如果离开户籍地到其他城市居住，将作为流动人口管理，存在"人户分离"的问题。根据经济发展的需求，我国户籍制度约束逐步打开。

我国户籍制度最早于1958年正式确立。《中华人民共和国户口登记条例》颁布后，我国开始严格控制人口的自由流动和迁移，最初设立的目的在于，防止农村劳动力的大规模流动，保障城市基本生活品和最低福利的供给，通过节约政府开支、压低各类原材料价格等方式筹集资金，服务于我国早期在计划经济体制下优先发展重工业的战略。

进入20世纪80年代后，户籍制度管理开始逐步开放。中国沿海开放地区迅速发展，吸引大量农村劳动力流入，而原有的户籍制度约束，导致农民工群体与城市福利隔离，阻碍了这一生产要素的自由流动。因此，自1984年之后，户籍制度管理开始逐步开放，国务院提出农民自理口粮进集镇落户。

进入21世纪后，各地政府因地制宜，自主制定本地户籍政策，实行准入制或积分制的落户方式。进入2012年以后，中央层面加快推进户籍制度改革，分层级逐步放开落户限制，各省均提出要建立城乡统一的户口登记制度和居住证制度（见表11-1）。

表11-1 户口制度改革进程

时间	文件	内容
1951年	《城市户口管理暂行条例》	中华人民共和国成立后第一部户口管理条例，基本统一了全国城市的户口登记制度，规定了对人口出生、死亡、迁入、迁出和社会变动等事项的管制办法
1958年	《中华人民共和国户口登记条例》	正式确立户口制度，第一次明确将城乡居民区分为"农业户口"和"非农业户口"，严格控制人口的自由流动和自由迁移，是造成我国城乡二元结构的源头
1962年	《关于加强户口管理管制的意见》	对农村迁往城市的，必须严格控制；城市迁往农村的，应一律准予落户；城市之间必要的正常迁移，应当准许，但中、小城市迁往大城市的，要适当控制
1984年	《国务院关于农民进入集镇落户问题的通知》	提出农民自理口粮进集镇落户，赋予劳动者一定程度的自由择业权，农村剩余劳动力开始转移
1997年	《国务院批转公安部小城镇户籍管理制度改革试点方案和关于完善农村户籍管理制度意见的通知》	已在小城镇就业、居住，并符合一定条件的农村人口可以在小城镇办理城镇常住户口

续表

时间	文件	内容
2011年	《国务院办公厅关于积极稳妥推进户籍管理制度改革的通知》	引导非农产业和农村人口有序向中小城市和建制镇转移，逐步满足符合条件的农村人口的落户需求，逐步实现城乡基本公共服务均等化
2013年	《中共中央关于全国深化改革若干重大问题的决定》	创新人口管理，加快户籍制度改革，全面放开建制镇和小城市落户限制，有序放开中等城市落户限制，合理确定大城市落户条件，严格控制特大城市人口规模
2014年	《关于进一步推进户籍制度改革的意见》	促进有能力在城镇稳定就业和生活的常住人口有序实现市民化，通过全面推广居住证稳步推进城镇基本公共服务常住人口全覆盖，提出建立积分落户制度
2015年	《居住证暂行条例》	公民离开常住户口所在地，到其他城市居住半年以上，凡符合有合法稳定就业、合法稳定住所或连续就读条件之一的，可以依照本条例申领居住证
2016年	《国务院关于深入推进新型城镇化建设的若干意见》	加快落实户籍制度改革政策，全面实行居住证制度，推进城镇基本公共服务常住人口全覆盖，加快建立农业转移人口市民化激励机制
2016年	《国务院办公厅关于印发推动1亿非户籍人口在城市落户方案的通知》	除极少数超大城市外，全面放宽农业转移人口落户条件。"十三五"期间，城乡区域间户籍迁移壁垒加速破除，户籍人口城镇化率年均提高1个百分点以上。到2020年，全国户籍人口城镇化率提高到45%
2021年	《"十四五"就业促进规划》	放开放宽除个别超大城市外的落户限制，试行以经常居住地登记户口制度。推动地方逐步探索制定城乡双向流动的户口迁移政策，推动在城镇稳定就业生活、具有落户意愿的农业转移人口便捷落户

资料来源：国务院。

目前来看，户籍制度改革明显滞后于城镇化发展，不能满足人口自由流动需求，农业转移人口受到户籍制度和公共服务供给不均等的制约。这不仅不利于提高劳动力生产效率，而且会导致社会阶层固化，使地区间、群体间贫富差距进一步拉大。

当前我国户籍制度的实施路径是积分落户制和居住证制度并

行,但农民工仍被排除在外,难以在大城市落户。与城市职工60岁退休不同的是,农民工一般在45岁之后不再被企业聘用,极大缩短其劳动寿命。2020年,我国有2.86亿农民工,如若该群体的社保、户口问题得以解决,将有效释放生产力。

进入"十三五"之后,中国户籍制度改革加快推进,全面实行居住证制度,"十四五"期间,政府开始探索以经常居住地登记户口制度。国务院提出,到2022年逐步消除城市落户限制,到2035年基本建立城乡有序流动的人口迁移制度。

从推进节奏来看,户籍制度的改革遵循由小及大、稳步放开原则,并配合区域发展、配套公共服务建设。考虑到国内区域间发展尚不平衡,若户籍限制完全放开,一方面,难以避免人口向经济发达的城市过度集中的问题,反而会加重当前发展不均衡的问题;另一方面,在有限的公共资源下,户籍改革触及政府、居民各方利益,因此要配合各地区共同解决发展问题,增加配套公共服务。

(二)教育:如何畅通向上流通渠道?

中国校外培训的乱象与近年来推行的教育减负有直接关联,但本质上是由于国民对学历重视度高、就业单位以学历为导向。因此,当学校教育减负的同时,变相地增加了家庭的教育负担,这不仅破坏了教育的公平性,也导致资本过多流向校外教育培训市场。

日本也曾经历"宽松教育"失败经验,课内减负的同时带来课外加负,最终被迫回归正常的学校教育。而德国则在"双元制"职业教育体系下,顺利实现所谓的"宽松教育",学生的竞争压力远低于其他国家。

日德两国的经验告诉我们,如果想要减轻学生的竞争压力、实现教育的公平性,那么在不改变教育和就业机制的前提下,单纯地依赖学校教育减负，必然会带来适得其反的效果。因此，我们应当做到的是，为学生铺设更多出路，改变学历导向的就业观念，提供多路径的教育模式。

1. 日本：前车之鉴，为何"宽松教育"宣告失败？

课内减负带来课外加负。20世纪70年代，应试教育的有效性和必要性开始遭到质疑。在此背景下，1977年日本政府在《学习指导要领》中提出"宽松教育"概念，旨在为学生减负。例如，2002年日本取消了原先周六上课的制度。然而，"宽松教育"在减少公共教育的同时倒逼教育责任转移至私人教育，导致日本教育出现课内减负、课外加负的现象。最终在2016年5月，日本宣布"去宽松化"政策，宣告"宽松教育"失败。2016年日本公布新版《学习指导要领》，提出以培养扎实的基础学习能力为目标，增加学习内容，部分地区开始恢复周六上课制度。

日本"宽松教育"的失败，源于社会阶级分化、学历重视程度高以及政府推崇资本自由竞争。制定政策时，并没有考虑为学生增设其他出路，也没有解决深层次的社会问题，所以出现适得其反的效果。

其一，日本泡沫经济破灭后，社会阶级分化导致"一亿总中流"转向"格差社会"。社会结构的分化导致家庭在私人教育领域的开支分化，削弱了"宽松教育"原本的减负目标和平等目标。

其二，日本对于学历重视程度高。在OECD国家中，日本对于学历更为重视，2019年，在25~34岁青年群体中，日本受过高等教育的人口比例为61%，位于OECD国家第五名。

其三，政府鼓励资本自由竞争，导致校外培训机构的发展乱象，家庭承担主要教育费用。日本的私立教育支出主要由家庭承担，在OECD国家中，日本家庭高等教育费用支出占比位居第二（2018年）。

2. 德国："双元制"教育模式促就业

德国政府历来重视基础教育。截至 2017 年，德国政府对于公共教育的支出已经超过政府财政支出的 10%，占 GDP 的比重达 4.91%，处于较高的水平。对比我国，2020 年公共财政中教育支出占 GDP 的比重为 3.6%。

德国重视基础教育的公平性，私人家庭教育经费负担轻，公共教育支出约为私人教育支出的 8 倍。此外，德国教育从小学到大学都是免费的，政府还会向有需要的家庭提供教育补助金，家庭的教育经费负担不重。

"双元制"职业教育提升了德国教育的灵活性，激发了产学研合作。所谓"双元制"，是指参与职业培训的学员必须经过两个场所的训练，一是职业学校，传授与职业有关的专业知识；二是企业或公共事业单位等校外实训场所，让学生在企业里接受职业技能培训。

德国教育阶段试错成本很低，学生可以自由选择道路，分流的方式使学生的竞争压力远低于其他国家。德国学生在小学、初中、高中毕业的三个时间点，都可以选择是否进入职业学校学习专业技能，每个职业只有经过专业技术的学习才能入职。10 年级（国内为高一）学生就可以进入企业与学校合作的职业学校，这吸引了大量的人才向专职学校流动。根据《德国职业教育与培训》，德国大约有 1/2 的学生选择初中毕业后直接进入学徒制学校学习专业技术，还有 1/2 的学生选择文理学校获得更高的教育水平。

（三）住房：如何建立长效运行机制？

从日本和德国的经验看，我国房地产市场发展应当遵循"双轨统筹"，即保障轨和市场轨双轨统筹。一方面，增加保障性租赁住房、共有产权住房供给，完善长租房市场。可参考日德经验，通过立法规范租房市场，控制租金涨幅。另一方面，抑制房地产投机需求，包括房企"三道红线"、发布二手房参考价、通过调节教育资源分配整治学区房、扩大房地产税试点等政策。

相较于欧洲及中国而言，日本近年来房价涨幅较小，且租房比例长期保持稳定。除了低通胀预期外，与日本实施的房地产税、租房保护以及租售同权政策也有密切关联。

在日本持有房产，需要缴纳房地产税。日本的房地产税分为两部分——固定资产税和城市规划税，税率分别为评估价格的1.4%和0.3%。也就是说，在日本持有一套房产，不管是否使用，每年都需要缴纳1.7%的税费。

日本通过立法有效保障租客权益，日本租房比例常年稳定在40%。日本1991年颁布的《借地借家法》规定，日本实行不作为自动续约制度，即在租赁合约到期后（日本一般为两年），如果双方都没有意见，则自动按照原来的条件续签；如果承租人不想续租，则需提前一年至六个月之间提出解约；如果出租人想要解约，则会非常困难，一方面需要提供正当的理由，另一方面即使有正当的理由，若承租人期满后想要继续入住，也只能自动续租。换句话说，承租人只要想继续租房，就可以按照原来的条件继续入住。

日本的房屋产权与教育资源不存在必然联系。尽管日本也存在学区房概念，但与我国不同的是，日本实行租售同权制度，按照居住权即可获得学籍。同时，日本的公立学校教师实行轮换制度，规定教学6年以上的教师必须轮换，并通过多项补贴以保证轮换的积极性。正是因为和教育资源的脱钩，所以对于日本民众而言，房屋的居住和使用属性较强，投资属性较弱。我国多个城市目前也在推进教师轮换的试点，日本经验对于我国具有较大的借鉴意义。

德国拥有欧洲最大的住房租赁市场，是德国居民住房保障的重要支撑。德国政府通过立法规范住房市场，以保障租客权益为中心立场，实行租金管制机制，主要分为三个方面，分别是租金限制、调整限制以及解约限制。租金价格指标与租金刹车机制（2015年6月1日开始施行），是德国在控制房租上涨方面的两个重要工具，一般来说，实际租金不得超过租金价格指标的110%。

针对低收入群体，政府提供福利公共住宅。政府推行"社会住房"和"住房金"等资助政策给予保障，提供可出租的公寓楼、合作社住宅，以低于成本的租金供应给低收入阶层，并且通过实施"住房金"制度，向低收入家庭提供补贴。

此外，德国住房供应充足、城市群发展均衡，政府对房地产商采取严格限价，收取房地产交易税费，并采取"先存后贷"的住房储蓄模式，稳定住房抵押贷款利率和抵押品价值，这也是德国房价稳定的重要原因。

（四）资本：金融更好服务实体经济

资本市场改革，不仅包括汇率、利率的价格形成机制，还需要配合我国经济发展模式，转变融资结构，由以往的政府和银行主导，逐渐转向市场主导。长期以来，我国的金融市场体系以间接融资为主，由政府和银行主导，这与以往投资驱动的经济发展模式相适应，政府和企业可以利用国内的高储蓄，开展大规模的基建和房地产投资。

但是，随着我国经济由高速度增长转向高质量发展，经济增长动力将更多源于创新驱动，由政府和银行主导的金融体系，显然难以胜任新形势下的经济转型需要，并且可能导致宏观杠杆率进一步攀升，形成潜在的系统性金融风险。

党的十八大以来，中央就提高直接融资比重、优化融资结构、增强金融服务实体经济能力做出一系列重要指示。党的十九届五中全会提出，全面实行股票发行注册制，建立常态化退市机制，提高直接融资比重。2021年中央经济工作会议进一步提出，要抓好要素市场化配置综合改革试点，全面实行股票发行注册制，发挥资本作为生产要素的积极作用。

从国际经验看，以直接融资为主导的经济体，在产业结构转型升级中往往能够抢占先机，转型过程也更为平稳顺畅。发展直接融资可将不同风险偏好、期限的资金更为精准高效地转化为资本，促进要素向最具潜力的领域协同集聚，提高要素质量和配置效率，加速科技成果向现实生产力转化。

19世纪后期，股票市场快速发展，成为德国引领第二次工业革命的重要支撑。当时德国的股票市场与美国旗鼓相当，大量上市公司涌现，股票市场成为企业融资的重要来源。随着实施1870年的公司法，德国大量股份公司集中设立。1870—1874年设立的股份公司多达857家，远远超出1851—1870年的295家。1913年，德国上市公司市值与GDP之比为44%，高于美国的39%；每百万人上市公司27.96家，高于美国的4.75家。1870—1913年，通过股票市场筹集的资金占企业总融资的比重达到43%。

此后，德国未抓住第三次工业革命的机遇，这与直接融资市场发展偏慢，阻碍新兴产业成长有关。尽管1990年以来，德国开始着手解决股票市场长期发展滞后的问题，但收效甚微。这主要是因为德国计算机、软件、通信、互联网等新兴产业发展滞后，普遍存在的是传统企业或成熟企业，其经营行为趋于保守，并且较多的中小企业为家族企业，重视对企业的控制权，对上市融资并不热衷。

在德国的金融体系中，针对传统企业和成熟企业，凭借多样化的银行体系，可以提供低成本、高可得性以及稳定的资金来源。但是对于新兴产业和成长型企业，难以提供风险偏好型股权融资，新创企业或小企业难以成长为大企业。中国与德国最大的差异在于，中国是追赶型超大规模经济体，德国是成熟型大规模经济体。中国拥有更大的创业创新空间，不仅传统行业需要银行业的高效支持，也有新产业新技术涌现，需要股票市场和风险投资给予有力支持。

目前来看，中国直接融资占比距离美国及英国仍有较大差距（见图11-9、图11-10）。为了培育制造业、服务业领域的新兴增长动力，未来提高直接融资比重仍是长期方向。具体而言，包括全面实行股票发行注册制，拓宽直接融资入口，同时进一步健全退市制度，推动上市公司提高质量。

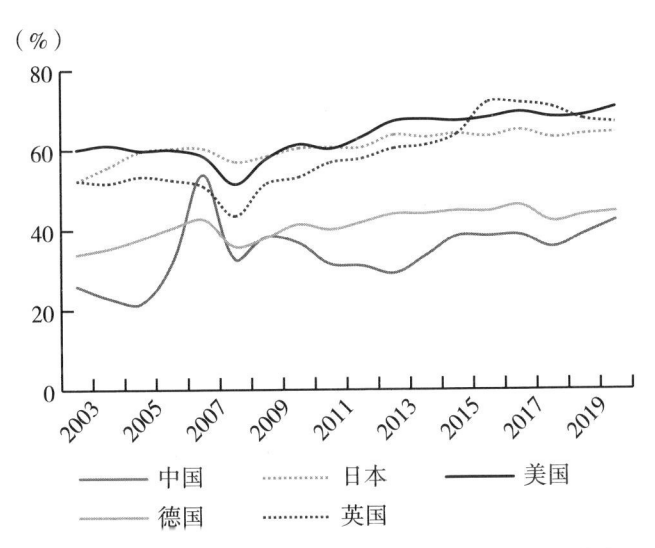

图 11-9 中国非金融部门直接融资占比低于主要发达经济体

数据来源：世界银行，国际清算银行。

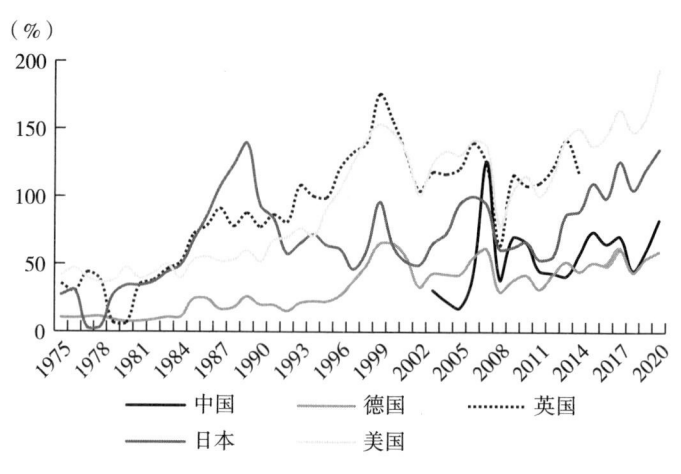

图 11-10　中国证券化率明显低于美国、日本、英国

数据来源：世界银行。

做强实体、稳定房地产、控制杠杆率是金融服务实体的前提。2017 年起，我国金融脱实向虚的问题愈加严重，监管层开始强调金融服务实体经济的重要性。此后金融市场的一系列改革也是围绕这一中心展开的。2017 年，全国金融工作会议对金融与实体经济的关系做过重要定调，会议称，"金融要把为实体经济服务作为出发点和落脚点"，"金融是实体经济的血脉，为实体经济服务是金融的天职，是金融的宗旨，也是防范金融风险的根本举措"。

金融业的创设，本身是为了服务于实体经济，而一旦监管缺失，金融脱实向虚，反而会削弱生产要素，侵蚀实体经济发展成果。从历史经验看，中美 GDP 差距真正缩小是在 2004—2018 年，美国的部分金融产品和实体经济脱钩引发次贷危机，从而对 GDP 形成重创。

从德国经验来看，我国的金融与实体经济规模匹配度较低，本质上是两者在报酬结构方面的失衡。推动报酬结构再平衡，既要从实体经济着手，增强微观主体活力和产业竞争力，也要从金融着手，处理好金融、房地产与实体产业的关系，避免搞金融内部循环。

德国保持金融业收益率长期低于实体经济利润率，企业金融化程度有限，实体经济在报酬结构中占优，呈现出"小金融、大实体""强企业、弱银行"的格局。这种格局的形成，实际上源于德国实体经济具备强劲竞争力。同时，德国金融机构利润导向度低，强调相互信任的银企关系，住房市场具备长期稳定机制，进一步推动金融服务实体经济。

首先，德国企业利润率高，内源性融资较多，未过度积累杠杆。德国企业大多专注于特定细分领域，注重长期稳定发展，强调核心竞争力的培育，参与全球竞争，享受欧元区红利。由于其强大的盈利能力，加之德国企业重视对企业的掌控，所以德国企业更加偏好内源性融资。2013年，德国企业中使用内源融资的比例为37%，明显高于同期英国（30%）、意大利（23%）和法国（22%）的水平，也高于欧盟（26%）的平均水平。

其次，德国金融体系利润导向度低，并无动力创造过量债务。德国金融体系利润导向度低，主要源于两个方面。一方面，德国银行业以储蓄银行部门、信用社和政策性银行等非私人商业性银行为主，并不追求利润最大化。2019年底，储蓄银行部门、信用社、政策性银行等合计1 228家，占银行总数的80.1%，其所持资产为4.63万亿欧元，占银行业总资产的49.8%。另一方面，尽管德国保留大量公共银行，但是政府依法不干预公共银行的独立运营，储蓄银行监事会和管理层具有严格分离的治理架构，董监事依法履职，公正选择信贷项目，少有关系贷款和贪污受贿。

再次，德国具备协调的银企关系，形成"雨天少收伞"的现象。不同于以英美为代表的自有市场经济，德国遵循的是协调性市场经济体制，企业更多依赖合作性关系而非竞争性关系。因此在德国，银行可以通过持有企业股权、行使代管股票表决权、享有监事会席位等方式参与贷款企业的公司治理。同时，银行遵循区域经营原则，中小银行有条件、有必要与贷款客户建立长期互动关系。银行大多以抵押贷款的形式发放，不仅对银行债权形成保护，而且提供了债权人协调行动的基础，降低了债务人在"雨天"被银行挤兑的风险。

最后，德国凭借审慎住房金融制度，对住房金融市场形成有效节制。固定利率主导、以MLV（抵押贷款价值）方法进行抵押物价值评估、贷款价值比低、审慎的再融资制度是德国审慎住房金融制度的四大支柱，它们的共同作用是避免了金融和房地产市场顺周期性叠加与螺旋式循环。此外，以保护货币为首要目标的货币政策、庞大而高效的住房租赁市场、多中心城市发展格局也是德国住房金融和住房市场稳定的重要前提。

四、数字经济如何赋能共同富裕？

近年来，随着信息技术革命的发展，人类社会正在逐步进入数字经济时代，数字化技术已经向社会经济生活全面渗透，并成为经济增长的新动能。在共同富裕框架下，数字经济也大有可为。一方面，数字技术作为一种重要的生产要素，可以有效提高全要素生产率，从而促进经济增长，即"做大蛋糕"；另一方面，数字经济可以促进产业均衡发展以及区域协调发展，即"分好蛋糕"。此外，数字经济还能在公共服务均等化等方面发挥作用，助力于共同富裕目标的实现。

（一）做大蛋糕：作为重要生产要素，助力生产率提升

"十四五"时期，数字经济成为保持经济中高速增长的重要因

素。共同富裕的第一层含义是"富裕",生产力高度发展是最基本的前提。

习近平总书记在《不断做强做优做大我国数字经济》一文中指出,"发展数字经济意义重大,是把握新一轮科技革命和产业变革新机遇的战略选择"。国务院《"十四五"数字经济发展规划》要求,立足新发展阶段,以数据为关键要素,以数字技术与实体经济深度融合为主线,加强数字基础设施建设,完善数字经济治理体系,协同推进数字产业化和产业数字化,为构建数字中国提供有力支撑。

1. 作为技术要素,有效提升全要素生产率

数字作为经济增长的重要生产要素,可以有效提高全要素生产率,做大蛋糕。数字经济用极易复制和扩散的数据生产要素连接各个经济活动,显著降低了交易成本,提高了全要素生产率。与传统工业经济规模报酬递减不同,数字经济呈现规模收益递增的态势,中国信息通信研究院的测算显示,中国数字经济规模由2005年的2.6万亿元增长到2020年的39.2万亿元,占GDP的比重由14.2%提升到38.6%,表明数字经济极大地推动了宏观经济的可持续增长(见图11-11)。

2020年新冠肺炎疫情暴发之后,数字化对中国及全球经济增长韧性的作用进一步凸显。中国信息通信研究院2021年8月发布的《全球数字经济白皮书》显示,2020年全球47个国家GDP下降了2.8个百分点,但其数字经济却同比增长了3个百分点,数字经济增长高于整体经济增速接近6个百分点。2020年我国数字经济增速同比上升9.7%,位居全球第一,是同期GDP名义增速的3倍多,标志着数字经济产业已成为中国经济稳定增长的重要引擎(见图11-12)。

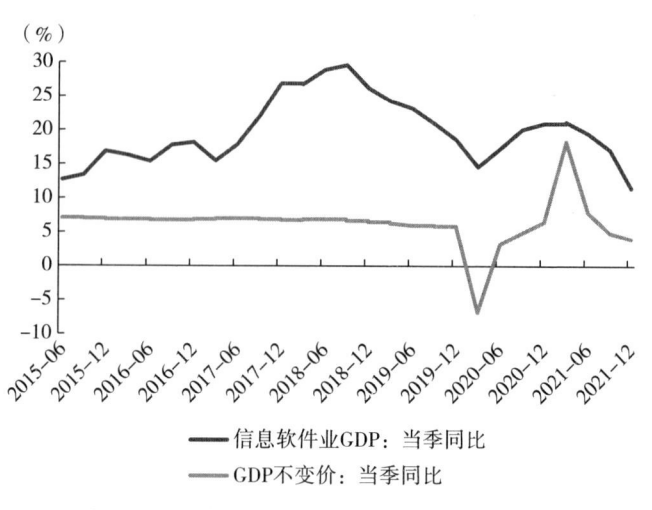

图 11-11 我国信息软件业始终保持中高速增长

注：数据更新至 2021 年 12 月。
数据来源：Wind。

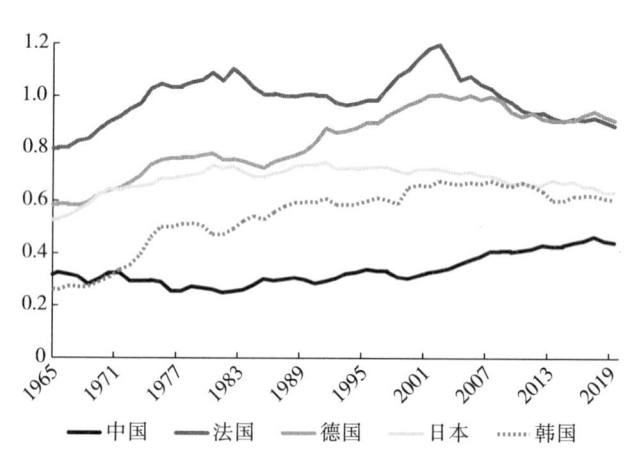

图 11-12 相比海外发达国家，我国全要素生产率仍有待提升

注：图中为各国全要素生产率，是相对指标，以"美国全要素生产率 =1"绘制。数据更新至 2019 年。
数据来源：Wind。

从海外经验来看，美国数字经济整体增长相对强劲、规模不断扩大，在美国经济增长、就业岗位提供中占据越来越重要的地位，成为美国经济增长主导力量之一。与美国传统产业或部门相比，数字经济在美国经济中的地位比较靠前，2019年美国数字经济规模占到GDP的9.6%，仅排在制造业之后。从就业来看，2019年美国数字经济行业提供了770万个工作机会。

2. 数字技术是打通经济循环的关键

从经济循环的视角来看，经济活动由生产、流通、分配、消费四个环节组成。供给侧结构性改革，着重解决的是生产端的问题，强调以高质量发展推动共同富裕，在初次分配阶段，提升居民收入，缩小贫富差距。对于当产品供给满足之后国内外市场能否消化、居民收入增加之后消费意愿能否提升等问题，就需要双循环战略进一步解决。

双循环是指以国内大循环为主体、国内国际双循环相互促进，其中内循环以满足国内需求为出发点和落脚点。2008年国际金融危机发生之后，国际经济形势发生了较大变化，叠加国际政治格局演变，依赖外部循环的经济发展模式难以为继，产业链、供应链的稳定性也受到挑战。因此，双循环战略的推出，以坚持扩大内需为战略基点，扩大中等收入群体，提高居民消费水平，最终向共同富裕的目标迈进。

数字经济是打通经济双循环的关键。数字经济背景下，数字技术可以推动各类资源要素快捷流动、各类市场主体加速融合，帮助市场主体重构组织模式，实现跨界发展，打破时空限制，延伸产业链条，畅通国内外经济循环。推动双循环战略的关键，在于充分挖掘国内需求，提升居民消费率。数字经济的发展可以有效降低交易成本，更好匹配消费需求，从而提升居民消费水平。

一方面，数字经济能大幅降低交易成本，提高市场交易效率。在数字经济时代，数字平台成为与企业和市场分庭抗礼的一方，正是因为平台内部的交易成本较低，企业更愿意把业务放到平台上处理，导致平台的规模逐渐做大。随着数字经济的发展，大型平台企业快速崛起，这直接降低了市场准入标准。

另一方面，数字经济使线上与线下实现了信息高效匹配，从而提升居民消费率。数字经济时代，企业之间的竞争变得更加激烈，能够更好满足需求的供给方将获得更大的市场份额，而效率低、缺乏比较优势的供给方要么提升自己的效率，要么将资源转移到其他领域，从而大大提高市场配置资源的效率。

3. 完善的数字基础设施是共同富裕的基础

近年来，以数字信息为主的新基建在我国经济中发挥了更加重要的作用，成为经济增长的重要动能。习近平总书记在《不断做强做优做大我国数字经济》中指出："要加强战略布局，加快建设以5G网络、全国一体化数据中心体系、国家产业互联网等为抓手的高速泛在、天地一体、云网融合、智能敏捷、绿色低碳、安全可控的智能化综合性数字信息基础设施，打通经济社会发展的信息'大动脉'。"

2022年的《政府工作报告》指出，围绕国家重大战略部署和"十四五"规划，适度超前开展基础设施投资；建设数字信息基础设施，推进5G规模化应用，促进产业数字化转型，发展智慧城市、数字乡村。"数字信息基础设施"通常被看作中国新基建的重要组成部分，也成为地方政府在"十四五"规划中的发力方向（见图11-13、图11-14）。

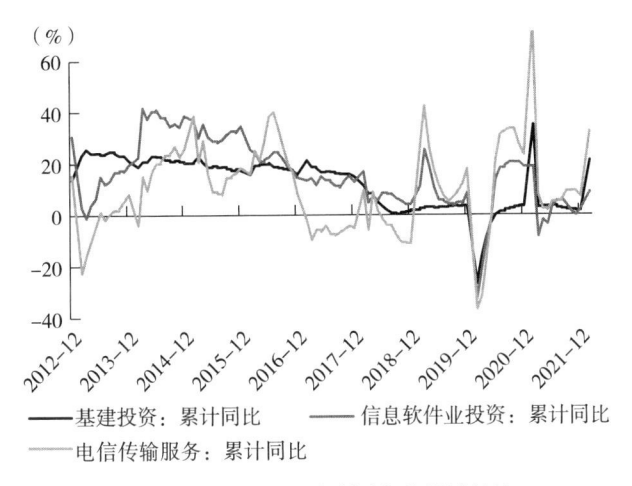

图 11-13　近年来，新基建投资增速较快

注：2021 年数据为两年平均复合增速。数据更新至 2021 年 12 月。
数据来源：Wind。

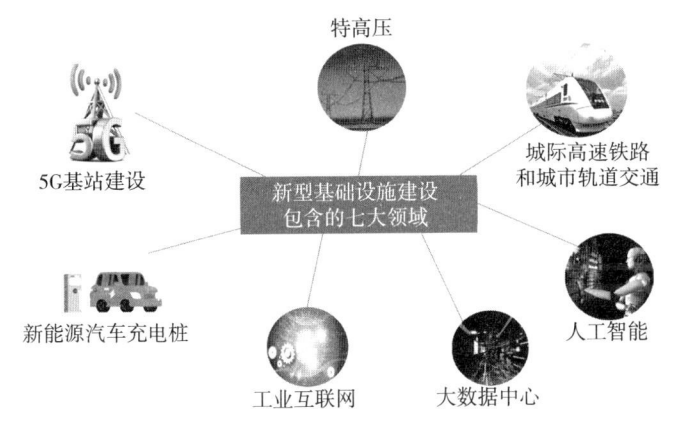

图 11-14　新基建成分包含特高压、工业互联网、大数据中心等领域

数据来源：工信部。

　　完善的数字基础设施能够促进公共服务均等化，是实现共同富裕的坚实基础。"要想富先修路"，在数字经济时代，"路"不仅指公路、铁路等交通基础设施，也包括信息高速公路，后者的重要性正在日益凸显。基本公共服务均等化是共同富裕的基础保障，这方面有赖于数字基础设施的建设，我国这方面发展迅速，工信部数据显示，截至2021年6月我国移动宽带覆盖超过99%的行政村，截至2021年9月我国5G基站数量超过100万个，占全球总数的70%以上。

当前，我国新型信息基础设施全球领先，5G网络、大数据中心建设加速推进。"十三五"时期，我国已建成全球规模最大的光纤和第四代移动通信技术（4G），5G网络建设和应用也在加速推进。宽带用户普及率明显提高，光纤用户占比超过94%，移动宽带用户普及率达到108%，互联网协议第六版（IPv6）活跃用户数达到4.6亿。按照《"十四五"数字经济发展规划》，"十四五"时期，我国千兆宽带用户数要从2020年的640万增至2025年的6 000万户，增长规模将近8.38倍。

（二）分好蛋糕：赋能产业升级，促进产业均衡发展

实现共同富裕要重点解决发展不平衡不充分的问题，分好蛋糕，即要实现均衡性增长，促进各产业均衡性发展。在经济转型的过程中，往往伴随着劳动力在城乡、区域、行业之间的重新分配。各个行业由于生产效率的差异，形成劳动力收入水平的分化，进而带来新的收入差距以及财富的重新分配。数字经济通过赋能产业转型升级，稳住制造业占比，提升服务业生产效率，助力产业安全，从而促进产业均衡发展。

1.制造业：数字经济赋能传统产业升级改造，稳住占比

产业结构调整过程中，收入和财富面临重新分配，容易造成贫富差距扩大。在经济转型的过程中，往往伴随着劳动力在城乡、区

域、行业之间的重新分配。各个行业由于生产效率的差异，形成劳动力收入水平的分化，进而带来新的收入差距，以及财富的重新分配。尤其是在资本逐利性的驱动下，资源会优先向少数具备高回报率的行业集中，导致少数人掌握社会的大多数财富。

数据作为新型生产要素，对传统生产方式变革以及产业结构调整具有重大影响。在数字时代，数据不仅是生产要素，而且是各种生产要素在市场竞争中形成合力、生成效率的催化剂。习近平总书记在《不断做强做优做大我国数字经济》一文中指出："数字经济具有高创新性、强渗透性、广覆盖性，不仅是新的经济增长点，而且是改造提升传统产业的支点，可以成为构建现代化经济体系的重要引擎。"

数字技术已成为产业变革中的关键共性技术，不仅催生了大量新产业新业态新模式，而且为越来越多传统产业转型升级提供了途径。推动制造业、服务业、农业等产业数字化，利用互联网新技术对传统产业进行全方位、全链条的改造，能够有效提高全要素生产率，发挥数字技术对实体经济发展的放大、叠加、倍增作用。《"十四五"数字经济发展规划》指出，"十四五"时期，数字经济发展要以数字技术与实体经济深度融合为主线，赋能传统产业转型升级。

2. 服务业：数字经济助力生产效率提升，缩小行业差距

服务业在我国经济中的占比日益提升，我国已进入服务经济时代。服务业在我国经济总量中的比重，2012年超过制造业，2015年占比首次超过50%，我国进入了服务经济时代，与此同时经济增长的下行压力也开始加大。

从各国经验来看，当步入以服务业为主的发展阶段，经济增速会呈现下降趋势，甚至出现"鲍莫尔病"。"鲍莫尔病"是指，当劳

动力不断从进步部门向非进步部门转移时，整个国家经济增长速度将逐渐变为零。其中，"进步部门"是指应用先进技术设备、能大规模生产、发挥规模经济效应的制造业部门；"非进步部门"是指传统服务业，由于受技术进步影响弱，劳动生产率提高有限，当服务业成为经济主体后，就会带来整体经济效率的下降。

数字经济的发展，成为提升服务业生产效率的重要方式。数字技术最显著的经济学特点之一是，能够全面显著提升服务业效率。一是数字技术的无尽连接能力，极大降低了服务供给和服务消费的边际成本，产生了极为显著的规模经济和范围经济效应；二是数字技术的海量数据汇聚和处理能力，借助数据搜索技术，可以精确满足个性化服务需求，大大提升服务业生产效率。

3. 产业安全：提高数字技术基础研发能力，强链补链

同发达国家相比，我国高技术产业链发展缓慢，对经济的贡献不高。我国高技术产业发展起步较晚，发展的总体水平和层次较低。从产业自身的发展来看，我国高技术产业劳动生产率水平和发达国家差距较大。从对经济发展的贡献来看，我国高技术产业增加值占制造业增加值比重低于发达国家，维持在41%左右，市值占全球份额依然较低（见图11-15）。

我国高技术产业安全问题突出。技术风险是高技术产业最突出的风险。与发达国家相比，我国研发投入总额不高，高技术产业R&D（研究与试验发展）投入强度不足，重点领域专利申请数量较低，核心技术对外依赖度高（见图11-16）。受发达国家技术出口限制，我国高技术产业主要以加工方式嵌入全球价值链，呈现出价值链"低端锁定"状态，而发达国家在价值链高端环节始终保持较强竞争力。此外，与发达国家相比，我国相关制度创新不足，制度保证效应较低。

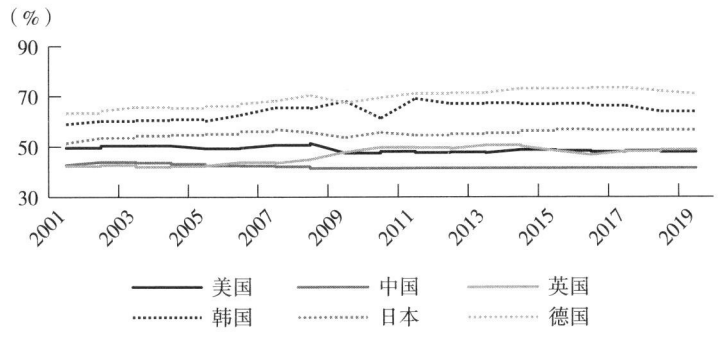

图 11-15　各国高技术产业占制造业增加值的比重

数据来源：Wind。

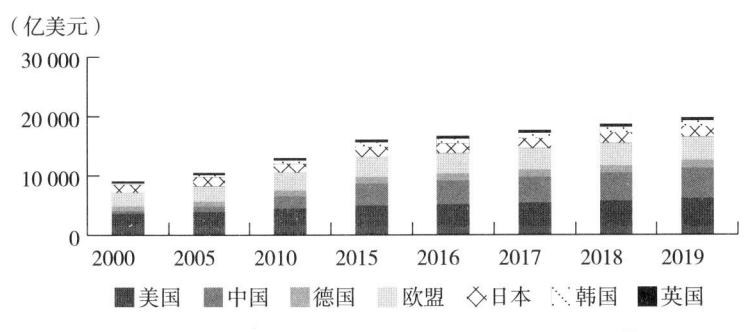

图 11-16　2000—2019 年全球主要国家研发投入总额情况

数据来源：Wind。

数字经济健康发展，有利于推动构筑国家竞争新优势。当今时代，数字技术、数字经济是世界科技革命和产业变革的先机，是新一轮国际竞争重点领域。数字经济事关国家发展大局，数字经济正在成为重组全球要素资源、重塑全球经济结构、改变全球竞争格局的关键力量。

大国博弈背景下，发展数字经济对构建我国自主可控的产业生态至关重要。数字经济涉及集成电路、新型显示、通信设备、智能硬件等重点领域，也是我国目前产业链的短板领域，增强产业链关键环节竞争力，需要我们加快锻造长板、补齐短板，培育一批具有国际竞争力的大企业和具有产业链控制力的生态主导型企业，构建自主可控产业生态。

习近平总书记在《不断做强做优做大我国数字经济》中强调，"要牵住数字关键核心技术自主创新这个'牛鼻子'，发挥我国社会主义制度优势、新型举国体制优势、超大规模市场优势，提高数字技术基础研发能力，打好关键核心技术攻坚战，尽快实现高水平自立自强，把发展数字经济自主权牢牢掌握在自己手中"。

（三）分好蛋糕：破除要素流动障碍，赋能区域均衡

近年来区域分化问题并未有明显缓解，甚至有所加重。从全国GDP分布情况来看，东北地区占全国GDP比重持续降低，自2010年的9%，回落至2021年的5%。而在这10年内，中部和西部地区占全国GDP的比重，仅分别提高2个百分点，并且区域间弥合趋势在2018年之后基本停止（见图11-17、图11-18）。

近年来，产业结构的调整是影响区域间发展的重要因素。2012年之后，东部地区逐步进入后工业化发展时期，服务业占比提升明显，工业也向中高端迈进，大力发展高技术制造业。与此同时，中部地区凭借丰富的自然资源、良好的工业基础，承接东部地区的产业转移，进一步强化其工业发展的导向。而东北地区和多数西部地区由于工业基础相对薄弱，产业结构升级较慢。2021年末，西部地区的第一产业比重仍然高达16.8%，而东北地区第一产业比重仅次于西部地区，为13.4%，甚至高于2010年的10.6%。

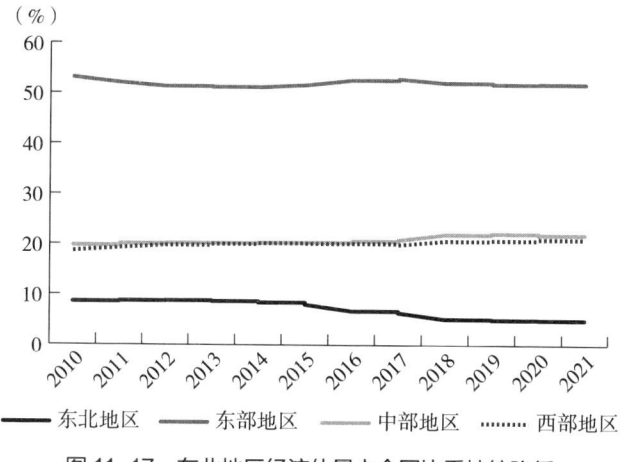

图 11-17　东北地区经济体量占全国比重持续降低

数据来源：Wind。

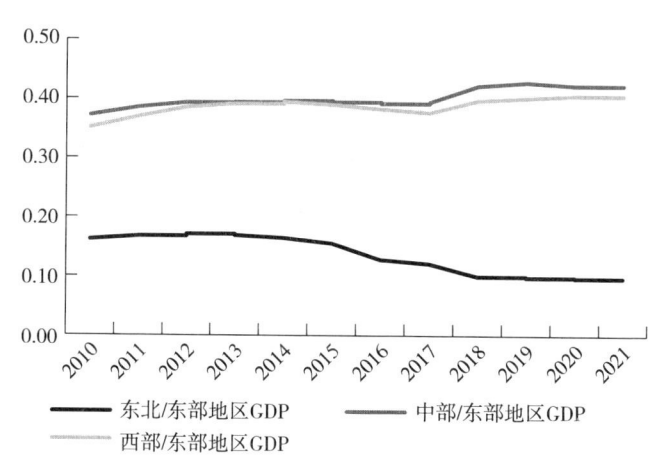

图 11-18　中西部地区与东部地区 GDP 差距仍然较大

数据来源：Wind。

1. 建立全国统一市场，破除要素流动障碍

随着数字技术的迅猛发展与广泛应用，数字技术借助其高渗透性特征，打破地理空间的限制，实现重要商品、服务和信息的跨空

间交换。农村电子商务、在线直播、远程医疗、在线教育、数字普惠金融的出现，不仅推动线上线下渠道融合发展，也促进第一、第二、第三产业融合发展。中国互联网络信息中心发布的《中国互联网络发展状况统计报告》显示，截至 2021 年 12 月，在线办公、在线医疗用户规模分别达 4.69 亿、2.98 亿，同比分别增长 35.7%、38.7%，成为用户规模增长最快的两类应用；网上外卖、网约车的用户规模增长率紧随其后，同比分别增长 29.9%、23.9%，用户规模分别达 5.44 亿、4.53 亿。

同时，数字经济的发展，有效促进城乡要素双向流动，弥合城乡差距。以往在城乡二元化背景下，城市和农村土地市场相互割裂，农村人口向大城市的流入也有所受限，数字要素摆脱了土地造成的有形壁垒，通过加强数字乡村、智慧城市的建设，推动乡村资源与城市要素市场对接，使城乡流动的边界逐步模糊，实现城乡之间的要素、商品和信息双向流动。

2. 数字经济带来产业分散化，优化资源利用效率

目前在数字经济领域，中西部发展速度整体滞后于东部地区。根据中国信息通信研究院发布的《中国城市数字经济发展报告（2021 年）》，我国数字经济竞争力较高的城市集中于东部地区，北京、上海、深圳位于我国数字经济竞争力第一梯队。其中，数字经济竞争力指数全国排名前 15 的城市中，东部地区 12 个、中部地区 1 个、西部地区 2 个。

2022 年 2 月 17 日，我国"东数西算"工程全面启动，将有效推动区域平衡发展。国家发改委、中央网信办、工信部、国家能源局联合印发通知，同意在京津冀、长三角、粤港澳大湾区、成渝、内蒙古、贵州、甘肃、宁夏 8 地启动建设国家算力枢纽节点，并规划了 10 个国家数据中心集群。

"东数西算"工程，将解决东部地区能源供给不足问题，优化资源利用效率。随着5G、人工智能计算、区块链等新技术的推广普及，未来我国对算力的需求将持续增加，尤其是东部地区，算力需求增长较快，如果继续在东部地区进行数据中心建设，将给东部地区的供电、能耗指标带来较大压力。通过将算力需求向西部数据中心调度，能有效缓解东部地区能源供给短缺的问题，形成数据中心由东向西梯次布局、统筹发展。

历史上美国也曾借助技术创新，实现区域平衡发展。早在20世纪30年代以前，美国区域经济的不平衡较为严重，东部、北部地区由于开发较早、发展较快，先进制造业大多集中于此，而西部、南部地区基本都是落后的农业区，工业基础较为薄弱。但西部和南部地区土地辽阔、气候舒适，劳动力价格相对便宜，适合高新技术的发展。因此二战后，西部和南部地区抓住美国大量军事工业转为民用的契机，在联邦政府的扶持下，依托于大学、研究所等技术部门，以及便捷的交通网络，迅速发展起航空航天、电子、生物技术等高新技术产业，同时也带动区域内金融、地产等服务业发展，实现跳跃式发展。

同样，中国也应当抓住数字经济的发展机遇期，借助西部地区的低成本和资源优势，推动东部产业链向西部延伸。东部地区由于创新能力强、数字经济发展迅速、产业发展相对完善，吸引资金、人才和技术更多向东部聚集。"东数西算"工程，有助于推动东部地区的产业链向西部地区延伸，引导数据、信息要素从东部流向西部，激发西部数字经济活力，形成东西部优势互补、协同发展。

3. 数字经济赋能乡村振兴，缩小城乡差距

近年来，我国农村地区正加速融入网络社会，行政村已全面实现"村村通宽带"，城乡上网差距持续缩小。2021年，我国农村

网民规模已达 2.84 亿，农村地区互联网普及率为 57.6%，远高于 2013 年的 28.1%。数字经济助力现代农业农村建设，打通生产消费循环，为农业生产、农村电商、数字化生活等应用场景提供重要基础。

一方面，通过大数据、云计算、物联网、区块链溯源等技术，可以有效提升农业生产和流通环节的数字化程度，提高农业生产效率。同时，农业数字化转型，可以打造集生产、生活、生态、观光等于一体的都市型现代农业，向服务业领域延伸，提升农业附加值。

另一方面，在农村消费升级的背景下，县域农村的线上消费市场呈现快速增长态势，数字经济充分释放乡村消费潜力。《2022 数字经济＋乡村振兴发展指数报告》显示，从京东销售数据来看，2019—2021 年，线上服务、工业品在县域农村地区的成交额年均增长率均超过 100%。

发展数字经济有助于提高农村居民收入，弥合城乡收入差距。2021 年中国信息通信研究院发布的《中国城乡数字包容发展研究报告》显示，2014—2018 年，参与数字活动能够提升居民 16.57% 的家庭收入水平。分城乡来看，农村居民参与数字活动能够提升 22.2% 的家庭收入水平，高于城镇的 7.57%。可见，数字化活动的参与，能给提高农村居民收入增速、缩小城乡差距带来积极作用。

第十二章

全球能源革命：一场政治与经济博弈

全球碳中和在加速推进，我们正处于一轮全球能源大变革中。全球能源历史的第一次革命是18世纪中期，煤炭取代木材等成为主要能源；第二次革命是19世纪中后期，石油取代煤炭成为全球能源的主导。进入21世纪以来，全球能源消费开始从以石油为主要能源，向分散式的新能源和可再生能源的多能源结构过渡转换，因此，新一轮能源革命的核心就是实现从化石能源为主、清洁能源为辅，向清洁能源为主、化石能源为辅的根本性转变，体现出由高碳能源向低碳能源转型、由低效利用向高效利用转型的新趋势。

我国作为全球最大的能源生产国和能源消费国，在全球能源博弈日趋激烈的当下，传统能源生产和消费模式难以为继，我国的能源行业面临深刻转型挑战。"十三五"期间，我国清洁能源消费比重从14.5%提高到22.1%，煤炭消费比重历史性下降到60%以下，单位GDP能耗下降20.3%，这是全球最大能源生产国和能源消费国在经济发展新常态下，抢占新一轮科技革命和产业变革先机的奋起一跃。展望"十四五"，我国能源革命转型将继续加速，为实现双碳革命贡献出中国方案。

党的十八大、十九大以来，习近平总书记多次提及"能源革命"，将其与科技革命、产业革命并列为新一轮全球性"革命"。2014年6月13日，习近平总书记主持召开中央财经领导小组第六次会议并发表重要讲话，明确提出中国要推动能源消费革命、能源供给革命、能源技术革命、能源体制革命，并全方位加强国际合作，实现开放条件下的能源安全。由此，"四个革命、一个合作"作为国家长期战略，成为全国能源高质量发展的实践遵循。

当前，我国能源发展的主要矛盾已经转变为人民日益增长的美好生活用能需要和能源不平衡不充分的发展之间的矛盾。能源安全新战略为破除能源发展矛盾问题提供了新理念新思维新方法。变革，让能源在高质量发展新时代迅速找准时空定位，开辟新的发展格局，焕发新的生机活力。一个全新的能源体系正在加速形成。

在国际能源供需矛盾与气候问题日益凸显的今天，能源问题和环境危机已成为有关各国的重大战略问题，并转变为一场政治与经济的博弈，谁能在关键技术上占据制高点，谁能在关键矿物上获得话语权，谁就能领先未来的全球能源革命。本章从政治、经济、能源三个角度来对此进行全方位解读。

一、全球能源转型加速，中美欧三方如何博弈？

全球气候变化议题本质上是一个国际政治经济学话题。减缓气候变化是一个现实决策问题，涉及全球公共资源配置，这就使气候变化这样的环境问题转变为国际政治经济学问题。鉴于温室气体减排对经济发展的深远影响，各国都有"搭便车"趋向，历史上全球气候谈判一直颇为艰难。

全球气候战略的制定和形成要从国际互动关系入手和分析。从理论上说，控制气候变化是一种"加总型公共物品"，这种属性意味着公共物品的分配将取决于所有国家的减排努力之和。从博弈论的角度，全球各国在气候变化问题上的博弈并不是一场"囚徒困境"，而是"协调博弈"（或称"智猪博弈"）。在这场博弈中，要想达到最优，"大猪"必须首先做出牺牲与示范，"小猪"往往搭便车，最终实现全局最优。

（一）欧美对气候议题表态差异显著

回顾历届气候大会的谈判，欧盟无疑是这场"智猪博弈"中的"大猪"，积极引领全球气候议题的谈判。

自美国2001年退出《京都议定书》后，欧盟一直是推动全球气候变化议题的积极领导者。20世纪80年代末期，欧盟最早提议要求将气候变化议题纳入国家议程。

1997年京都气候大会上通过的《京都议定书》，欧盟在其生效问题上扮演重要角色。首先，在《京都议定书》的协议谈判中，欧盟15个国家最先集体承诺，将二氧化碳的排放量集体减少8%，这一目标减排幅度比其他发达国家所承诺的幅度高。此外，欧盟以支持俄罗斯加入WTO和以较高价格购买俄罗斯天然气等措施，换取俄罗斯在《京都议定书》上签字，最终为《京都议定书》顺利生效铺平了道路。

2009年哥本哈根气候大会上，欧盟在气候变化问题上试图重新确立自己的国际领导地位。欧盟在气候协议谈判中指出，如果哥本哈根气候大会能够达成气候变化协议，欧盟将在2050年前削减高达95%的温室气体排放，在2020年前减少30%。

2015年巴黎气候大会上，欧盟努力协商缔约国提交出具体的实施进程规划，并希望在2020年之前，能够加强相关行动执行力度和透明度。2019年，《欧洲绿色协议》在全球率先提出了在2050年实现温室气体净零排放的目标。

2020年9月，欧盟正式发布《2030年气候目标计划》，将2030年温室气体排放量从目前40%的减排目标（较1990年）提高到55%。

与欧盟不同，美国在气候议题上一直三心二意，气候政策也具有周期性和易变性。

1992年，在巴西里约热内卢召开的地球峰会上，时任美国总统老布什（共和党）签署了《联合国气候变化框架公约》，公约的目的是"将大气中温室气体的浓度稳定在防止气候系统受到危险的人为干扰的水平上"。不过，在美国的坚持下，该公约没有设定时间表和具体的行动目标。

2009年，在哥本哈根气候大会上，美国虽然积极参与了气候大会协议的谈判，但其制定的减排目标是，2020年温室气体排放量在2005年的基础上减少17%，然而，这仅相当于在1990年的基础上减少4%，这一目标无疑是杯水车薪。

2015年，在巴黎气候变化大会上，时任美国总统奥巴马积极参与气候协议的讨论与制定。但特朗普上台后则宣布，美国不会履行承诺，并于2020年11月正式退出《巴黎协定》。

2021年1月，拜登上台第一天便宣布重返《巴黎协定》，之后任命美国前国务卿克里作为美国总统气候问题特使，担任拜登政府开展气候外交的重要角色。

拜登政府将气候变化议题打造为美国重塑盟友关系与重夺世界事务领导地位的主要抓手。克里在拜登执政百日之内就相继出访欧洲与亚洲，尤其在访华期间与中国气候变化事务特使解振华举行会谈，达成中美应对气候危机联合声明。此后，克里又陆续访问多个国家，展开气候变化领域的"穿梭外交"。拜登希望借此重夺美国在气候议题上的引领权。

2021年4月，美国总统拜登召开气候峰会，进一步兑现气候变化承诺，并提高减排目标。2021年4月22日，由美国总统拜登召集的全球气候峰会在线上召开，40多个国家的领导人受邀出席。拜登政府希望借助本次峰会重建美国信誉，并动员国际社会携手应对气候危机。

在峰会上，日本、德国、加拿大等国在此前碳中和表态的基础上，提出了更高的减排目标。美国方面，承诺到2030年将碳排放量在2005年的基础上减少50%~52%；日本方面，将2030年的减排目标在2013年26%的基础上提高到46%，并表示，日本将继续努力争取更高的减排目标，即50%；加拿大方面，2030年的减排目标相比2005年从30%提高到40%~45%。

（二）为何欧盟积极推动全球气候行动？

从《京都议定书》到《巴黎协定》，欧盟在全球气候议题中发挥着关键协调者的角色，并在谈判中多次做出幅度更大的减排承诺，成为推动全球气候谈判的积极领导者。那么，为何欧盟在气候博弈中选择了"大猪"角色？

1. 可能因素一：欧洲地区受气候变化的影响更大？

2004年，电影《后天》在美国上映，该影片讲述了这样的故事：随着全球变暖的加剧，南北极冰山迅速融化，气候自然系统发生剧变，最后造成新冰河世纪降临，冰层和白雪覆盖了整个地球表面。虽然电影是虚构的，但是这并非无稽之谈。许多人会困惑，全球变暖下，气候为何会突然堕入严寒？

实际上，这与电影中的北大西洋暖流密切相关。我们首先思考一个问题，我国的漠河和英国的伦敦同处一个纬度，为何我国漠河地区冬季平均气温能到零下20摄氏度，而伦敦冬季平均气温则为

4~9摄氏度？其中便有北大西洋暖流的关键作用，这条暖流是欧洲冬季的"暖气片"，它携带着丰沛的水汽，使欧洲西北部全年降水稳定，云量大，湿度高，多雾雨天气，如久负盛名的"雾都"伦敦。如果没有这条暖流，欧洲的温度将会降低5~10摄氏度。

气候变暖会给欧洲带来什么？在2.65万~1.9万年前末次冰期最盛期，北美大陆和北欧地区发育出巨大的冰盖，这些冰盖环绕在北大西洋周边。随着全球温度的升高，这些冰盖的融化使大量淡水直接注入北大西洋，阻碍了原本应在高纬度地区下沉生成的深层水，干扰了温盐环流的正常循环，向北传输热量的北大西洋暖流崩溃，从而带来气温骤然下降。8 200年前，欧洲和北美地区的剧烈降温便是北美大陆的冰盖崩解导致的。

从上述分析来看，全球气候变暖的确会给欧洲地区带来显著的影响，北大西洋环流的减弱，气温调节功能的丧失，可能会使欧洲冬季更冷、夏季更热，进而对欧洲社会产生更大影响。

2. 可能因素二：两次石油危机后，欧洲对能源危机的关注增加

20世纪70年代发生的两次石油危机，对欧美等发达经济体造成了巨大的影响（见图12-1、图12-2）。

第一次石油危机：1973年10月，第四次中东战争爆发，为打击以色列及其支持者，石油输出国组织宣布收回石油标价权，并对以美国为首的以色列支持者实施禁运，导致石油价格暴涨，从而触发了全球经济危机，此次危机期间（1973—1975年），美国实际GDP下降了0.8%，英国实际GDP下降了4%。

第二次石油危机：1978年底，石油输出国组织成员之一伊朗政局剧变，亲美温和派国王巴列维下台，此时又爆发了两伊战争，全球石油产量受到影响，从每天580万桶骤降到100万桶以下，油价在1979年开始暴涨，并持续半年多，从每桶13美元猛升

至1980年的36美元，在此期间西方经济陷入衰退，此次危机期间（1979—1980年），英国实际GDP下滑2%。两次石油危机成为西方经济衰退的主要原因。

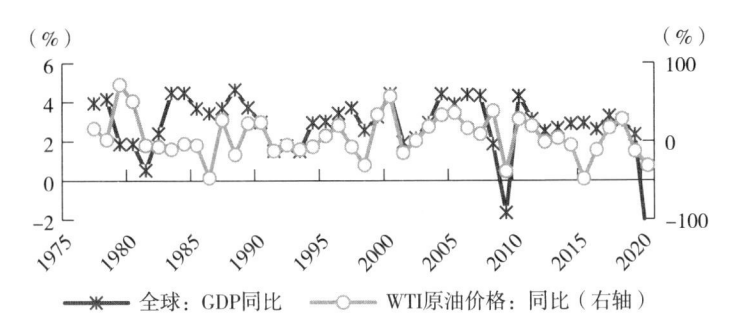

图12-1 石油价格波动与全球经济波动密切相关

注：WTI表示美国西得克萨斯轻质原油。
数据来源：Wind，世界银行。

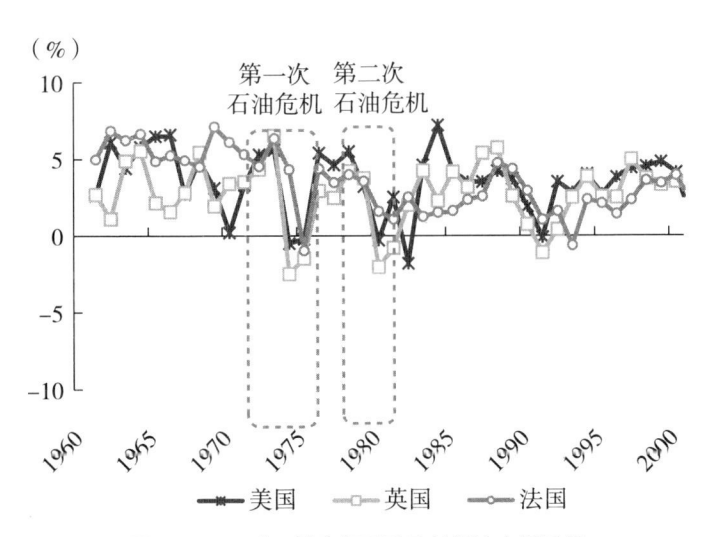

图12-2 两次石油危机导致欧美经济大幅受挫

注：图中指标为各国实际GDP同比增速。
数据来源：Wind。

两次石油危机引发的经济衰退，使欧洲对能源危机问题越发关注，并在此后开始了能源革命，积极寻求替代能源，开发节能技术。在欧洲的能源结构中，传统化石能源（尤其是石油和天然气）储量在全球占比不足2%，而对比能源消费结构，欧洲的传统化石能源消费与能源生产存在巨大缺口，能源严重依赖进口，因此随时可能面临能源被人"卡脖子"的困境。

为解决欧洲在能源方面的压力，叠加民众对气候问题的关心，欧盟开始变身全球环保先锋，近年来出台了非常激进的清洁能源计划。

德国方面，早在2011年福岛核事故之后，德国便决定在2022年前关停所有核电站，2019年德国政府计划2038年关闭所有燃煤电厂，最终目标是到2040年，德国的可再生能源要提供该国65%~80%的电力。

英国方面，清退煤电的步伐更快，原本计划在2025年关闭所有燃煤电厂，在2021年早些时候又将这一目标提前到2024年，但英国并未放弃核能。

法国方面，该国是西欧能源革命中最激进的领头羊，计划在2021年底彻底淘汰煤电，但其发电结构严重依赖核电，2020年法国核电站供应了70.6%的电力。

从清洁能源发展来看，欧洲也确实走在世界前列，清洁能源占比在其发电结构中与日俱增，已逐步超过化石燃料发电占比。

从发电能源结构来看，欧洲国家发电所耗用的能源中，清洁能源占比明显高于其他地区。一国的发电能源结构与经济发展所消耗的能源结构密切相关，从各国的发电能源结构来看，2020年欧洲的清洁能源（可再生能源、核能、水电）使用量占比高达63%（见图12-3、图12-4）。

分国别来看，德国方面，近年来风电、光电占比快速上升，到

2020年风电和水电的发电量首次超过了化石燃料，可再生能源净发电量占比超过50%，高于2019年的46%，其中风能发电占比为27%，成为最重要的电力来源。英国方面，风能同样是重要的电力来源，2020年发电量占比为24.2%。但同时，在煤电下降与可再生能源发电上升的过渡期，天然气在英国发电能源结构中至关重要。

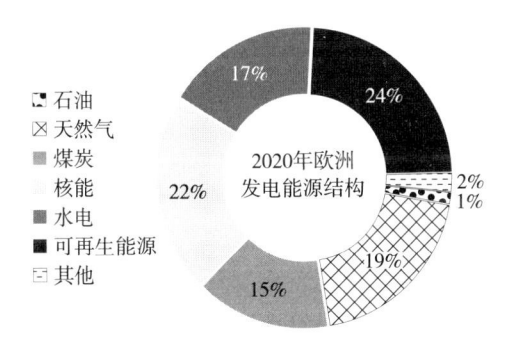

图12-3　2020年欧洲发电能源结构中化石能源占比仅35%

数据来源：bp能源。

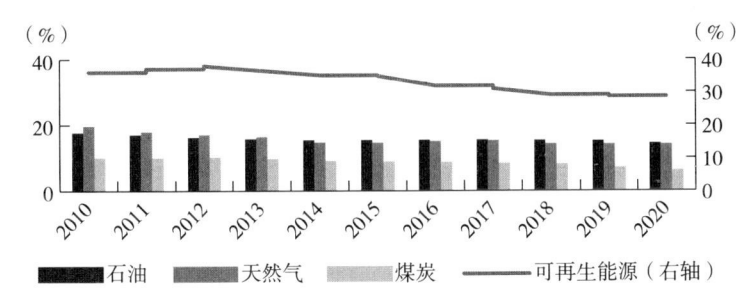

图12-4　欧洲化石能源消费占全球比例逐步减少

数据来源：bp能源。

3. 可能因素三：欧洲试图通过低碳革命重塑全球领导地位

欧盟在低碳行动上领先全球，碳排放已处于下降阶段。由于较早完成工业化以及产业转移，叠加近年来清洁能源革命，欧盟地区的二氧化碳排放已达峰值，目前碳排放处于下降阶段，"碳排放权益"充足，倘若未来实现全球碳排放权交易，那么欧盟无疑是最大的受益者。因此，掌握气候问题的领导权，也就意味着掌控了制定全球碳排放标准的话语权。

欧洲碳交易成交额占据全球88%以上的规模，欧元成为全球碳交易的主要结算货币。全球主要的碳交易所中，逾一半位于欧洲，并且大部分以欧元为计价单位。2020年欧洲碳交易所的成交金额占全球交易所成交金额的88%，得益于欧洲碳交易所的先发性以及交易规模，在碳交易市场中，欧元超越美元成为主要计价货币，决定了欧洲在全球碳金融中的主导地位。

4. 可能因素四：在欧洲，关注气候成为一种"政治正确"

近年来，在欧洲的政权中，绿党的地位越来越重要。"欧洲选举，是气候的选举"，绿党的这一竞选标语，简单精准地传递出2019年欧洲议会选举的一股力量。气候和环境保护成为2019年欧洲议会选举的主题之一，始于德国的绿党得票率较上届增加了一倍，各主流媒体欢呼"绿党历史性的胜利"。从各个国家的纵向对比上看，德国绿党国内得票率为20.5%，其他13个国家也获得国内超过10%的得票率。因此，无论是从绝对数量上看，还是从相对得票率看，德国在这波绿色浪潮中，都真正走在了时代的前面。民调显示，欧洲的年轻人关注"气候问题"甚于"病毒蔓延"。咨询公司益普索集团2020年10月至11月开展了一项以线上为主的民意调查，要求20多个欧洲国家的2.2万多名年轻人列举"人类面临的三大严重问题"。结果显示，其中近50%的人选择了"全球气候变暖"；选择"环境恶化"的人数排名第二，占比44%；选择"传染病蔓延"和"贫困"的人数并列第三，占比均为36%。

民调还发现，在15~35岁的调查对象中，超过80%的人自称"相当"、"非常"或"极其担心"气候变化。只有3%的调查对象说"毫不担心",8%的调查对象称"不相信"气候变化。在地域分布方面,南欧年轻人比欧洲其他地区的年轻人明显对气候问题更感到焦虑。比如,西班牙、葡萄牙年轻人中"极其担心"气候变化的比例分别达71%、64%,而欧洲东北部国家拉脱维亚的年轻人中这一比例只有23%。

欧盟的绿色新政在全球力度超前。2019年12月,欧盟委员会发布了《欧洲绿色新政》,阐述了欧盟经济可持续发展的路线图。通过转向清洁、循环经济,以及阻止气候变化、恢复生物多样性丧失和减少污染来促进资源的有效利用。为满足投资需求,欧盟委员会将"下一代欧盟复苏计划"(1.8万亿欧元)的1/3,以及未来长期预算的至少25%应用于气候行动,同时欧洲气候银行与欧洲投资银行也将提供进一步的支持。

(三)为何美国在气候议题上如此多变?

我们在前文提到,与欧洲不同,美国在全球气候议题上"三心二意",并且气候政策具有明显的周期性和易变性,这明显与美国历来在全球极力塑造的霸权地位形象不相匹配,那么美国"三心二意"的原因是什么?

1. 气候议题是美国两党博弈核心,具有很强的周期性与易变性

美国历任总统在气候问题上表态不一,核心是共和党与民主党所代表的利益集团的差异,这使美国政府的气候变化政策有很强的周期性和易变性。美国的利益集团分布明显带有地理属性,往往形成区域性利益联盟。东西部沿海地区是新兴产业集聚地,也是政治、金融和教育中心,而中西部和中南部地区则是农业、采矿业、汽车和石化工业等传统产业分布地。

从美国历任总统选举的票仓来看，共和党票仓与传统产业利益集团绑定，在气候变化问题上更为宽松；民主党票仓则与新兴产业利益集团绑定，对待气候问题更为严格。传统产业利益集团主要由传统工业（化工业与传统制造业）和农业组成，其对制定气候政策的态度非常复杂，担心改变现行生产方式会影响其既得利益。新兴产业利益集团则属于低能耗部门，包括新能源、新材料、银行、保险等行业。该派利益集团认同全球气候变暖的科学论证，主张转变传统生产模式，大力发展低碳经济，借以拓展获利空间。

从政治献金来看，美国传统能源行业的政治献金2/3以上投向了共和党，进一步促成了二者利益的绑定。在石油和天然气行业的领导下，能源行业将其大部分政治活动的捐款注入美国共和党金库，在这种情况下，共和党的政策制定会充分考虑传统能源行业的利益。

在2008选举年，气候政策成为美国竞选辩论最为激烈的话题之一，利益集团为使候选人在气候问题上为其代言，不惜以重金相献。利益集团对政府气候决策施加的影响不亚于对国会气候立法的影响。奥巴马执政时期气候政策最大的阻力来自化石能源产业利益集团。

2009年是美国实施总量控制和交易制度的第一年，那年2月奥巴马在向国会提交联邦财政预算时提出包括拍卖减排指标等多项内容，但遭到化石能源产业利益集团和大制造商的强烈抵制。他们游说共和党，最终使该部分内容被删除。

两党关于气候变化态度的差异，也造就了竞选期间针对气候变化截然不同的承诺。2020年11月，特朗普在竞选期间宣布退出《巴黎协定》；而拜登在竞选期间则提出，美国不仅将重新加入《巴黎协定》，还将不遗余力地运用外交手段推动其他国家共同应对气候变化的威胁。2021年1月，拜登在就任总统的第一天便宣布重返

《巴黎协定》，使美国重新走上应对气候变化的正轨。

2021年，拜登上台后，致力于推动一系列气候治理内容的支出法案，试图将应对气候变化与创造就业岗位、促进经济转型、建设基础设施等国内要务结合。两党对于气候议题的差异在一定程度上阻碍了拜登政府关于气候治理支出法案的推出，拜登政府努力推出的与气候变化相关的社会支出法案一直受到共和党的阻碍。此后，拜登《重建美好未来法案》的支出规模由3.5万亿美元腰斩至1.75万亿美元。

美国时间2021年11月19日上午，众议院最终通过了拜登1.75万亿美元的刺激法案（《重建美好未来法案》，该法案中有约5 500亿美元用于应对气候变化，此前为7 130亿美元），民主党以220票对213票取得优势（所有共和党议员投反对票，1名民主党议员投反对票）。在众议院通过后，该法案将提交至参议院进行修订，参议院多数党领袖当时的目标是在圣诞节前通过该法案。

此外，在气候支出上，民主党内部也存在争议。12月19日，参议员乔·曼钦（民主党派）宣布他不会投票支持拜登的气候和社会支出法案，并警告该法案会危及美国能源独立。因此，为了让该法案通过，气候支出可能会被进一步削减。

2. 石油危机后，美国快速实现页岩油开发的技术突破，成功实现能源独立

在两次石油危机中，美国同样损失惨重，经济陷入长久衰退。与欧洲大刀阔斧进行的新能源革命不同，美国除了建立牢固的石油美元体系之外，还在全球率先发起页岩油革命，在一定程度上解决了能源的"卡脖子"问题。凭借页岩油的成功开发，美国一举扭转了20世纪70年代依赖的原油产量下滑的颓势，原油自给能力大幅提高，世界石油格局重塑。

相比于沙特阿拉伯、俄罗斯，美国页岩油开发成本高。不同于沙特阿拉伯、俄罗斯的整装大油田可以维持峰值产油，美国页岩油往往只能采收一次，出油的峰值难以持久，开采后产量会急剧下降，这就需要持续不断的投资来大量打井和开发，因此开发成本高，根据美国能源信息署的统计，美国六大页岩油产区的平均成本价为每桶46.6美元，比沙特阿拉伯足足多出30美元。

2008年国际油价的飙升，大幅刺激了美国页岩油的规模化开采。2008年国际油价飙升至147美元每桶，金融危机后跌到30美元每桶，2年后重回100美元每桶以上，并在2014年之前，保持80~100美元每桶的原油价格，使美国页岩油迎来了史上最辉煌的时刻。在2008—2018年的10年间，美国原油产量从3亿吨上升至6.7亿吨，2018年美国产油量跃居全球第一，一度超过沙特阿拉伯这样的产油大国。2019年9月，美国更是一跃成为石油净出口国。

美国能源信息署预测，美国页岩油会在2025年前后达到5亿吨以上的年产量峰值，占美国石油总产量的2/3以上，并大体保持这一产量水平至2030年。国际能源署预测，2024年之前，全球新增石油供应的70%以上将来自美国，且有望在未来5年内取代沙特阿拉伯，成为全球最大的原油出口国。

此外，美国通过对外政权干预，进一步掌控了全球原油市场的话语权。一方面，"阿拉伯之春"以来，美国推行对中东有限军事干预的政策，积极利用中东内部固有的民族、宗教矛盾制造地缘政治和安全热点，推动中东地区动荡的长期化。

另一方面，美国以制裁为手段，限制敌对产油国的原油出口，典型目标是委内瑞拉和伊朗，谋求颠覆两国现有政权，改变两国能源对外合作格局。2018年针对上述两国的制裁，直接导致两国对原油市场的影响力基本消失。

（四）为何中国近年来在低碳战略上跑步入局？

中国对于碳中和的态度是随着国家经济的发展而逐步变化的，从保守到参与，再到现在积极推动成为话事人。中国承担全球责任，顺应全球民众的呼声，在全球重塑中国的国际形象，增强影响力。

近年来，我国在低碳战略上推进较快，减排目标承诺持续提升。2015年在《巴黎协定》的签署过程中，我国发挥了重要作用。习近平主席在巴黎气候大会前分别与美国、法国等国家的元首发表联合声明，并且出席巴黎气候大会，为《巴黎协定》的达成、签署、生效做出了历史性、基础性的突出贡献。

为落实《巴黎协定》自主贡献承诺，2020年习近平主席在气候雄心峰会上发言表示，中国将提高国家自主贡献力度，力争2030年前二氧化碳排放达到峰值，努力争取2060年前实现碳中和。这一决定在发展中国家中做出了表率。

2021年11月，在格拉斯哥气候大会上，中美达成强化气候行动联合宣言。两国宣布计划在此决定性的10年，根据不同国情，各自、携手并与其他国家一道加强并加速旨在缩小差距的气候行动与合作，包括加速绿色低碳转型和气候技术创新。中国计划将在"十五五"时期逐步减少煤炭消费，并尽最大努力加快此项工作。美国则制定了到2035年100%实现零碳污染电力的目标。

与欧美已经步入去工业化阶段不同，我国工业化程度全球最高，并且大多数产业链处在全球中下游，经济发展对碳密集型产业依赖度较高。由于发展阶段的不同，发达国家已普遍经历碳达峰，为达到2050年碳中和，更大程度上只是延续以往的减排斜率。而我国碳排放总量仍在增加，需要经历2030年前实现碳达峰后，再努力争取2060年前实现碳中和。

从实现碳中和的年限来看，中国比发达国家预留的时间更短，碳中和压力更大。发达国家从碳达峰走向碳中和普遍用了45~70年，我国承诺的时间间隔仅30年，压力更大、困难更多、时间更紧迫。与欧美国家相比，我国面临的碳减排压力更大，为何在低碳布局上，迈的步伐如此之大？

1. 我国碳排放量居首，能源结构严重依赖煤炭

中国碳排放量居全球首位，远高于美、欧、日等发达经济体。2020年全球二氧化碳排放量达到322.84亿吨，前三名中，中国排放99.0亿吨，美国排放44.6亿吨，印度排放23.0亿吨。中国碳排放量是美国的2倍、欧盟的4倍。进入21世纪，中国经济迅速崛起，工业主导的经济结构导致碳排放增速较快，碳排放压力在国际倡导低碳减排的背景下与日俱增（见图12-5、图12-6）。

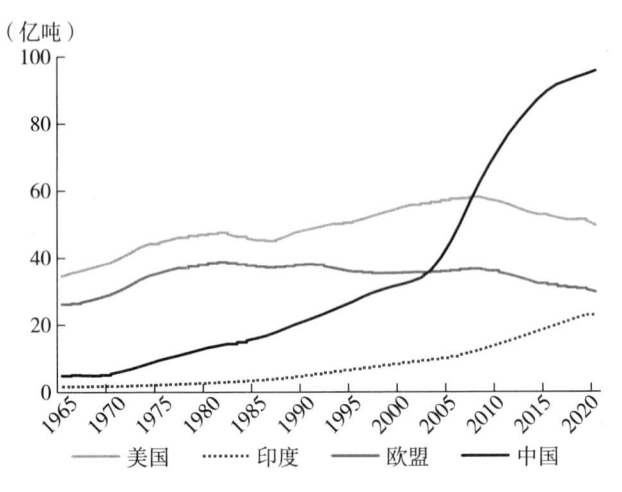

图12-5 从总量来看，中国的碳排放量居全球首位

数据来源：世界银行。

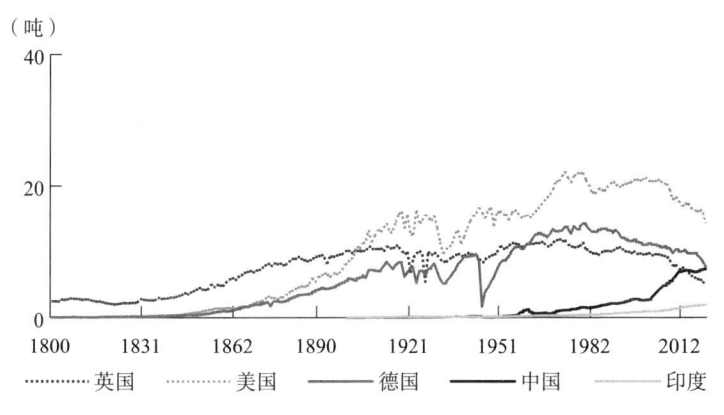

图 12-6　从人均碳排放来看，中国明显低于美国

数据来源：our world in data。

在全球对气候问题的关注与日俱增的背景下，我国碳减排的推进必然成为全球焦点。在这场气候议题中，一旦我们和其他发展中国家没有参与全球碳排放体系，今后将会被排除在全球供应链之外，失去参与全球碳排放规则制定的主动权，作为全球制造业出口的大国，未来我们可能要承担欧美强行施加的碳货币枷锁。

我国发电能源结构中，煤炭仍占据主导地位。受资源禀赋与技术约束，我国能源结构仍以化石能源为主，其中原煤占据绝对主导地位（见图 12-7）。从我国的发电能源耗用结构来看，目前我国发电仍主要以燃煤为主，清洁可再生能源占比不高。2020 年煤炭发电比重为 63%，相比于欧美发达国家，我国发电能源结构亟待调整（见图 12-8）。

尽管减少煤炭使用已初步达成全球共识，但是必须意识到，能源转型是一项长期工程，减少煤炭使用必须在保供应的前提下开展。2021 年 10 月，国务院总理李克强在国家能源委员会会议上就提到，供给短缺是最大的能源不安全，必须以保障安全为前提构建现代能源体系。2021 年中央经济工作会议强调，要正确认识和把握碳达峰、碳中和，传统能源逐步退出要建立在新能源安全可靠的替代基础上，要立足以煤为主的基本国情，抓好煤炭清洁高效利用，推动煤炭和新能源优化组合。

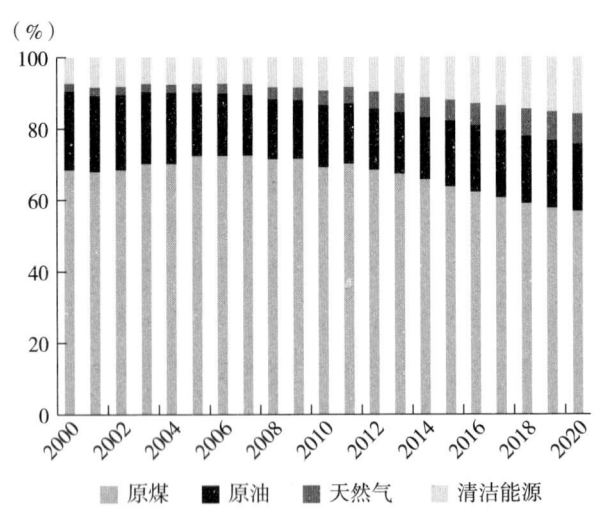

图 12-7 我国的能源消耗结构中，原煤占据主导地位

注：清洁能源包括水电、风电、核电。

数据来源：Wind。

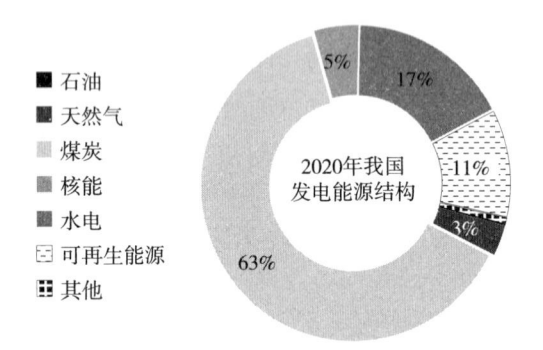

图 12-8 2020 年我国的发电能源结构以煤炭为主

数据来源：bp 能源。

2. 能源转型下技术再造，驱动我国未来经济稳增长

在双碳战略的背景下，能源转型带来的工业再造，或将成为我国未来经济稳增长的重要调节变量。双碳战略下，以新能源、光伏、风电等为代表的新兴能源产业需求加速扩张，进入高景气发展期，同时能够带动上游原材料、中游设备制造、下游消费以及能源运营商的全产业链进入高速发展期，电网、储能等设施的需求扩张也会带来新基建的投资机遇，对我国经济增长形成较强的动能支撑。

双碳战略驱动的技术改造投资，或是未来稳住制造业投资和制造业增值占比的关键。2010年以来，我国制造业投资呈现出了明显的趋势性下滑特征。制造业投资下滑的背后，我国制造业占国民生产总值的比重也在快速下行。为此，"十四五"规划明确提出，要深入实施制造强国战略，保持制造业比重基本稳定。而双碳战略驱动的制造业投资，或成为支撑我国未来制造业投资的重要动能。

3. 碳中和推动全球新一轮战略合作与共识

气候领域涉及的是一场全球大变革，需要全球广泛合作，也是一轮新的全球战略合作格局的重塑。在2014年的中央财经领导小组第六次会议上，习近平总书记就提出，中国要推动能源消费革命、能源供给革命、能源技术革命、能源体制革命，并全方位加强国际合作，实现开放条件下的能源安全。

2021年以来，中美双方按照两国元首通话精神，举行了两场面对面的会谈和20余场视频会谈。双方于2021年4月在上海发表了《中美应对气候危机联合声明》，提出中美将在接下来的10年里，在工业减碳和减少煤、油、气排放等八大领域展开对话和交流。2021年9月，中欧双方举行了中欧环境与气候高层对话，并发表了联合声明，决定继续扩展双方在节能和提高能效等方面的合作。

气候变化也成为中美之间开展对话的重要出发点。2021年3月18—19日，中美高层战略对话在安克雷奇举行，对话提及要开展气候变化联合工作；4月14—17日，美国总统气候问题特使克里访问上海，中国气候变化事务特使解振华会见；4月18日，中美两国发表《中美应对气候危机联合声明》，表示在应对气候危机问题上，两国"致力于相互合作"。

2021年11月10日，中国和美国在格拉斯哥气候大会期间发布《中美关于在21世纪20年代强化气候行动的格拉斯哥联合宣言》。中美在联合宣言中表示，坚持携手并与其他各方一道加强《巴黎协定》实施的承诺，在体现共同但有区别的责任和各自能力原则、考虑各国国情的基础上，采取强化的气候行动，有效应对气候危机。中美格拉斯哥宣言给格拉斯哥气候大会注入了强大的正能量，为增进格拉斯哥气候大会的成色做出了很大贡献。

二、新能源革命下，全球未来利益争夺点在哪里？

根据国际能源署的预测，要实现全球碳中和的目标，必须逐步减少化石能源（煤炭、石油、天然气）的使用，清洁能源则会在能源系统中占据越来越重要的地位。因此，从这个意义上来看，气候议题本质上是一场全球能源革命。

（一）化石能源何时淘汰？

在全球能源转型推进过程中，虽然各主体一致认同未来化石能源会被清洁能源所替代，但对于化石能源减少使用的节奏是各国的博弈焦点所在，这不仅与各国的经济发展基础有关，也与各国的能源储备和结构有关。为此，欧盟在全球气候议题中加速推进全球能源转型，而传统化石能源经济体则试图拖延转型节奏，双方难以达成一致。

回顾历届气候大会，"化石能源的逐步减少使用"一直以来推进缓慢。1997年《京都议定书》中，核心议题是碳排放承诺目标，并未提及化石能源的减少使用；在2015年《巴黎协定》中，虽然也没有直接提及化石能源，但其设定的长期目标是将全球平均气温较前工业化时期，上升幅度控制在2摄氏度以内，并努力限制在1.5摄氏度以内，而这一目标的实现依赖各国化石能源的减少使用。

在2021年格拉斯哥气候大会上，首次明确提到针对化石燃料的措施，减少煤炭使用已成为全球共识。197个国家签署的《格拉斯哥气候协议》，其中一项涉及燃煤电厂与化石燃料补贴，这也是气候大会召开26次以来，首次明确提到针对化石燃料的措施。格拉斯哥气候大会召开期间，多国就淘汰煤炭问题争论不休，直到协定的最后时刻，印度环境和气候部长布平德·亚达夫要求对协定内容做出修改，把"逐步淘汰"煤炭改为"逐步减少"煤炭，包括中国、南非、伊朗在内的多国代表支持印度的提议，虽然一些发达国家仍表示不满，但并未投下否决票，协议才得以达成。

然而，在石油和天然气方面，进度始终停滞不前。在历次气候议题的谈判中，欧洲部分国家一直致力于减少所有化石能源（包括石油和天然气）的使用，而这一诉求仅在欧洲部分国家内部达成共识，在全球则始终进展缓慢。2021年的气候大会上，由爱尔兰、法国、丹麦和哥斯达黎加等国发起，11个国家宣布成立"超越石油和天然气联盟"，旨在设定国家油气勘探和开采的结束日期。此外，25个国家和公共金融机构签署了一项联合声明，承诺在2022年前停止对所有常规化石能源领域的国际公共支持，转而优先支持向清洁能源的转型。

那么，是什么导致了全球在化石能源问题上的争议？

第一,这与各国的能源禀赋和能源消费结构有关。欧洲地区化石能源储量少叠加早期工业化阶段消耗过多,迫切需要能源转型以降低其对外部能源的依赖,而中东等地区化石能源储量丰富,且主要靠化石能源开采支撑其经济发展,因此能源禀赋差异造就了各国对气候议题的争论。根据BP(英国石油公司)能源的统计,截至2020年,在全球已发现(或称"探明")的化石能源储量中,欧洲的化石能源储量全球最少,其石油和天然气储量在全球占比分别为1%和2%。

而对比中东地区,石油和天然气储量分别占到46%和40%,北美地区石油和天然气储量分布也占据全球的15%和8%,亚太地区石油和天然气储量不占优势,而煤炭储备相对较高。总之,全球各国之间的化石能源禀赋差异较大,这也使各国在开发可再生能源节奏上不统一。

从各国的可再生能源生产分布来看,2020年产生的可再生能源中,欧洲和亚太地区占到了全球的70%以上,北美占比为21%,传统化石能源储量较多地区(独联体和中东地区)则占比不到10%。

第二,这与各国的经济发展阶段和经济结构有关。欧洲发达国家较早完成了工业化进程,伴随产业转型以及转移,工业化程度已处于下降通道,未来经济发展对化石能源的依赖快速减少,并且近年来持续在可再生能源上进行投入,欧洲对于可再生能源的生产与使用都在世界前列(见图12-9)。

对于发展中国家来讲,经济发展正处于工业化加速时期,对化石能源的依赖短期内仍在增加,而且针对可再生能源的投资以及技术研发尚处于初级阶段,因此短时间内淘汰化石能源无疑会对经济发展造成较大影响(见图12-10)。而对于依赖化石能源出口支撑经济发展的中东地区,淘汰化石能源更意味着收入来源减少,自然难以加入积极应对气候变化、逐步淘汰化石能源的阵营中。

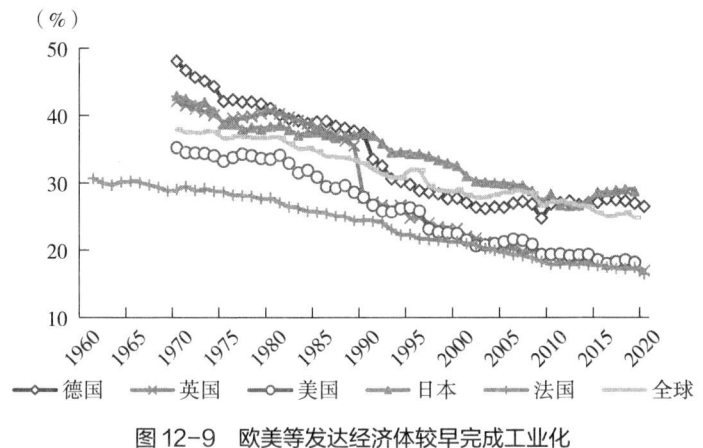

图 12-9 欧美等发达经济体较早完成工业化

注：图中为各国工业增加值占 GDP 比例。
数据来源：Wind。

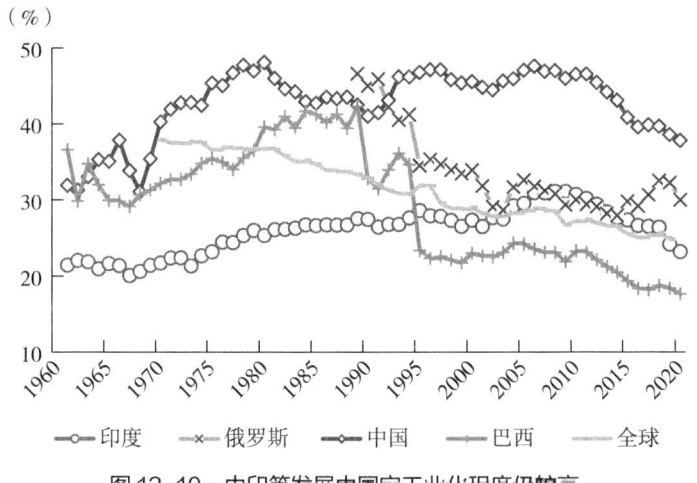

图 12-10 中印等发展中国家工业化程度仍较高

注：图中为各国工业增加值占 GDP 比例。
数据来源：Wind。

此外，相比于发达国家，发展中国家的燃煤发电厂等基础设施相对"年轻"，快速淘汰这些煤电厂付出的成本巨大。在现有燃煤电厂中，新兴市场和发展中经济体的燃煤电厂相对较"年轻"，例如亚洲的燃煤电厂平均使用年限为13年。根据国际能源署的测算，在碳中和设定下，这些发展中国家的燃煤电厂平均使用年限达到25年时就得淘汰。而在发达经济体中，燃煤电厂机组的平均使用年限已经接近35年，大部分电厂回收的资金已超过成本，进行煤电转型的成本较低。

（二）全球碳排放权的分配

国际气候合作的基础是公平与效率问题，既要考虑历史责任，也要考虑现实排放与未来需求。在气候议题上，发达国家以"效率"来强化自身的经济利益，发展中国家则以"公平"来维护自己的发展权益。如果全球碳排放权益的制定不考虑发展中国家的现实情况与未来需求，那么自然难以达成一致。

碳排放权交易的概念源于1968年，美国经济学家戴尔斯首先提出的"排放权交易"概念，即建立合法的污染物排放的权利，将其通过排放许可证的形式表现出来，让环境资源可以像商品一样买卖。

1997签署的《京都议定书》将市场机制视为解决温室气体减排问题的工具，即将二氧化碳排放权视为一种商品，买方支付一定金额给卖方以获得二氧化碳减排额，并且买方可以通过使用购买的配额来减缓温室效应而实现其减排目标。

近年来，全球碳排放交易体系逐渐发展成熟。根据国际碳行动伙伴组织的资料，到2021年，全球已有33个从不同级别政府层面启动的碳排放交易体系，其中包括1个超国家机构、8个国家、18个省或州和6个城市，此外未来还有24个碳排放交易体系正在筹备。截至2020年底，这些正在运行碳市场的司法管辖区占全球

GDP 的 54%，碳市场覆盖了全球 16% 的温室气体排放。

欧洲碳排放配额交易全球领先。欧盟碳排放交易系统（EU ETS）是全球首个碳排放权交易系统。截至 2020 年底，欧盟碳排放交易系统作为全球首个碳排放权交易系统，其交易量约占全球总量的 3/4，覆盖电力、炼油、炼焦、钢铁、水泥、造纸等行业，涵盖了近 11 000 个排放源，占欧盟总排放量的 45%。

现阶段，全球在碳排放权的分配问题上存在很大争议，核心争议点在于碳排放权分配的依据以及碳排放权的计算方式。

1. 争议之一：工业化程度不同导致各国碳排放需求不同

在历届的气候大会上，发达国家与发展中国家该承担多少"碳减排"责任，一直是争论的焦点。为了尽快达成气候协议，1997 年签署的《京都议定书》达成"共同但有区别的责任"，发达国家从 2005 年开始承担减少碳排放量的义务，而发展中国家则从 2012 年开始承担减排义务，并且没有提出具体要求。此举招致美国等部分发达国家的不满，2001 年 3 月，美国以"发展中国家也应该承担减排和限排温室气体的义务"为由退出了《京都议定书》。

欧美发达国家较早完成工业化进程，伴随产业转型以及转移，工业化程度已处于下降通道，未来碳排放需求减少，因此在气候议题上一直较为激进。从发展的动态过程看，欧美发达国家碳排放总量和人均排放量都已经过了峰值点，近几年呈现缓慢下降趋势。1970 年以来，欧美国家工业增加值占 GDP 的比重不断降低，服务业增加值占 GDP 的比重则不断增加，这是由于欧美国家较早完成工业化进程，主要工业产业已发生转移，未来碳排放需求不断减少。

中国、印度等发展中国家正处于工业化加速阶段，叠加前期欧美高耗能产业转移，碳排放需求相应快速增加。1990 年以来，中印等发展中国家工业增加值占 GDP 的比重呈现上升趋势（中国自 2010

年以来开始下降）。目前，中印等发展中国家仍处于快速工业化、城市化的发展阶段，工业产值快速增长。同时受国际分工和资金技术限制，发展中国家工业结构中以低端制造业为主，同样的能耗生产同样的产品由于品牌差异效应价值较低，造成碳排放浪费的假象。

2. 争议之二：碳排放权益分配仅考虑现在，不考虑历史

气候议题最终的落脚点是全球碳排放权益分配问题。欧洲发达国家碳减排发展早，碳减排已处于下降通道，并且已在碳排放权交易制度设计上进行了多年的尝试，目前发展已非常成熟，迫切希望借助碳排放权来巩固其在全球产业链上游的地位，并通过碳排放权来赚取更多收益；发展中国家碳排放还未达峰，未来碳排放需求仍在不断提升，碳排放权交易也处于发展初期，如若进行全球碳排放权交易，必然处于不利地位。

在碳排放权益分配上，发达国家提出的"人均趋同""祖父原则"等均未考虑发展中国家的现实情况。一方面，与人均历史累计碳排放相比，发达国家提出的"人均趋同""祖父原则"，以及按GDP比例分配等原则进行碳排放权益分配的理念，忽视了历史排放对当前温室气体浓度升高的巨大影响；另一方面，与消费者责任制相比，当前碳排放权益分配采用的生产者责任制也忽视了各国产业结构的差异。因此，欧盟在碳排放权方面的设计，可能是站在自己立场的自私行为，剥夺了发展中国家的发展权益，一定程度上违背了国际关系的公平正义原则。

第一，虽然目前发展中国家的碳排放处于全球前列，但从人均历史累计碳排放来看，欧美等发达国家则是碳排放大户（见图12-11、图12-12）。如果在进行全球碳排放权分配的同时不考虑历史排放，必然难以赢得发展中国家与发达国家之间的一致认同。1997年，巴西政府提出了累计排放的概念，估算了不同国家和地区的碳

排放源对全球气候变化的相对贡献，强调由于温室气体在大气中有一定的寿命期，全球气候变化主要是发达国家自工业革命以来的200多年间排放温室气体造成的。

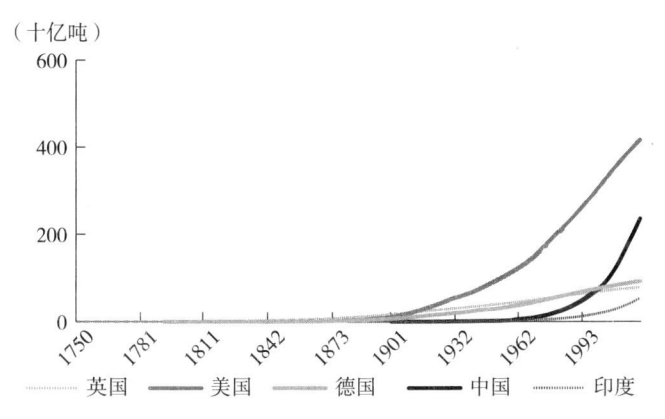

图12-11　从累计碳排放来看，美国居世界首位

注：数据截至2020年。
数据来源：our world in data。

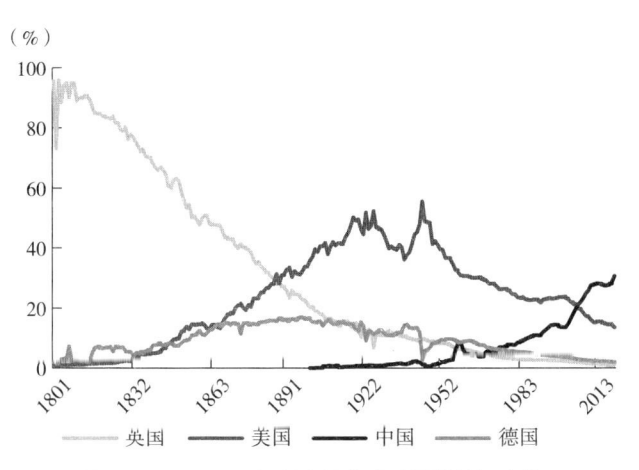

图12-12　1800年以来的全球碳排放份额变化

注：数据截至2020年。
数据来源：our world in data。

第二，目前国际上衡量碳减排，主要采用的是"生产者责任制"，即对国家领土范围内产生的温室气体进行核算，这一核算方法对发展中国家非常不利。在发达国家去工业化过程中，低端产业与碳密集型产业均被转移到了发展中国家，为满足消费需求，发达国家可以从发展中国家进口碳密集型产品，因此生产者责任制对净碳出口国不利。而在"消费者责任制"下，生产过程的碳排放应由进口国承担。

（三）未来全球利益争夺点或聚焦哪些领域？

第一，新能源经济下，全球对关键能源的争夺也会逐步衍变为对关键矿物的争夺。

历史上的资源冲突表现为石油、天然气等燃料矿物之争。21世纪以来，新兴产业的兴起和新一代信息技术的广泛应用以及全球绿色转型的加速，使一些非燃料矿产，如锂、钴、锰、稀土等地位凸显。世界银行预计，到2050年全球对这些矿产的需求可能会增长500%。

国际能源署2021年发布的《关键矿物在清洁能源转型中的作用》报告提及了铜、锂、镍、钴和稀土等矿物对全球能源行业实现安全且快速转型的重要性。锂、钴和镍使电池具有更高的充电性能和更高的能量密度。利用某些稀土元素（例如钕）能生产出强大的磁铁，这对于风力涡轮机和电动汽车至关重要。

国际能源署估计，一辆典型的电动汽车需要的矿物投入是传统汽车的6倍，而陆上风力发电厂需要的矿物资源是类似规模的燃气发电厂的9倍。随着全球气候目标的战略实施，各国加速对关键矿产资源的部署和定价权掌握，其中最关键的是镍、锂和铜矿。

与供应相对宽松的油气资源不同，全球战略性矿产资源储量有限，每种矿产的市场规模、价格和产地均不同，生产和加工高度集中在少数几个国家。鉴于关键矿产资源的高度稀缺性和垄断性，目前主要经济体已经开始调整其国际资源战略。

欧盟方面，自2008年起就发起"关键矿物材料倡议"，确保从第三国获得资源，增加欧盟内部的原材料供应，以及提高资源利用效率、可替代性和可回收性。2020年，欧盟委员会更新该倡议，特别提出要实现工业生态系统发展"弹性价值链"、加强资源循环利用、促进产品创新和可持续、减少对第三国供应的依赖、加强内部产业链联系以及实现供应多样化等一系列目标。

美国方面，关键矿产战略于2010年启动，其主要思路与欧盟相似。全球供应链多元化被美国认为是其降低供应风险的关键。2019年美国与加拿大、澳大利亚、巴西、刚果（金）、秘鲁、菲律宾等9个国家共同通过《能源资源治理倡议》，美国意欲通过与盟友、合作伙伴的贸易获取关键矿产，并促进稀土、锂、钴等其他资源的开发，减少高技术材料对国外进口的依赖度。

日本方面，其国际资源战略目标是确保未来矿产资源的稳定供应，政策重点包括四大领域：确保海外资源安全、提升回收利用率、开发替代品和加强关键原料储备。2021年4月，日本宣布与美国在包括半导体在内的敏感供应链上建立伙伴关系，寻求减少对中国稀土矿产的依赖，并使其供应路线多样化。

中国方面，自2011年12月国土资源部等四部门联合发布《找矿突破战略行动纲要（2011—2020年）》以来，在战略性矿产资源开发和生产方面取得了显著成果，但新增资源储量的增长仍然远低于储量消耗的增长，我国需要进一步延长"找矿突破战略行动"，提高国内资源保障能力，深化国家间合作，推动构建全球新的矿产资源治理格局。

第二，新能源经济下，清洁能源关键技术的竞争也成为焦点。

新能源经济下，孕育着一场全新的技术革命，关于清洁能源关键技术的争夺也将成为未来全球的竞争着力点。低碳技术创新已经开始重塑全球的能源格局。得益于成本的快速降低，包括太阳能光伏和风能在内的可再生能源大规模部署已经显著降低了电力部门的碳排放强度，电动汽车的普及也为交通运输行业的去碳化提供了技术路线。然而，根据国际能源署的研究，只有少数能源技术的发展速度能够匹配全球的可持续发展目标。

储能技术。储能技术是可再生能源装机规模发展的重要支撑，是电力系统低碳发展的保障，在高比例可再生能源场景下，储能价值及重要性将进一步凸显。

全球能源互联网发展合作组织测算，到 2025 年，中国发电结构中，煤炭占比将从 67% 下降至 49%，风光发电占比将从 8% 上升至 20%，气电、水电、核电等次优能源占比将从 25% 微升至 28%。整体趋势可概括为，未来煤炭发电持续削减，风光发电持续扩张，次优能源稳定支持，生物质作为补充力量。

可再生能源出力具有强随机性和波动性，储能技术能够帮助水电风电实现稳定，实现用电端平衡。由于风光出力具有较强的间歇性与随机性，其大规模并网将显著提高电力系统功率不平衡的风险性，对电网的功率输送以及安全稳定运行带来较大的挑战。因此，风光发电想要深度取代火电，需要其出力保持相对稳定，而这一关卡的突破则依赖储能技术。

2021 年 4 月 21 日，国家发改委、国家能源局就《关于加快推动新型储能发展的指导意见（征求意见稿）》公开征求意见，为新型储能的发展定了基调，提出到 2025 年新型储能从商业化初期向规模化发展转变，装机规模达 3 000 万千瓦以上，明确了新型储能推动碳达峰、碳中和的重要作用。

储能行业仍处于多种储能技术路线并存的阶段，抽水蓄能仍然是当前最成熟、装机最多的主流储能技术。储能按照能量存储形式可分为电储能、热储能、氢储能。电储能主要包含抽水储能等机械储能技术，以及铅酸电池、锂离子电池等电化学储能技术。各储能技术根据其输出功率、能量密度、储能容量、充放电时间等特点，将在不同的应用场景中发挥最优储能效果。

制氢以及储运氢技术。氢能作为一种清洁高效的二次能源，对于构建清洁低碳、安全高效的能源体系具有重大意义。

2021年10月24日，《中共中央　国务院关于完整准确全面贯彻新发展理念做好碳达峰碳中和工作的意见》发布，氢能也被上升至国家层面的战略能源地位，将在碳达峰、碳中和的宏伟进程中发挥重要作用。

根据中国氢能联盟的预测，在2030年碳达峰下，我国氢气的年需求量预期达到3 715万吨，在终端能源消费中占比约为5%；在2060年碳中和下，我国氢气的年需求量将增至1.3亿吨左右，在终端能源消费中占比约为20%。氢能在工业深度脱碳、交通以及跨季节储能领域可以很好地发挥与电力互补的优势。

在制氢方面，电解水制氢代表了未来主流技术。PEM（质子交换膜）电解水由于具有良好的对可再生能源发电波动的适应性以及更高的能量转化效率，目前已成为主流的电解水技术。根据国际能源署的数据，2015—2019年，全球新增电解槽装机中，PEM电解槽装机容量占比超过80%。

在储运环节，液氢关键技术与设备国产化是核心。目前我国氢能的储存、运输、分销，以及在工业和交通领域的应用，都处于技术示范和关键设备国产化的阶段，仍然需要国家补贴的大力支持。从氢能战略上来看，当前重点需要突破交通领域关键设备和材料的技术，以及国产化应用。

碳捕集、利用与封存（CCUS）技术。碳捕集、利用与封存技术可以实现化石燃料利用过程中的二氧化碳近零排放，可以在为经济发展保障能源安全稳定供应的前提下，既降低碳排放总量，同时又显著控制总减排成本。

碳捕集、利用与封存，即把生产过程中排放的二氧化碳进行提纯，之后将捕集的二氧化碳运送到利用或封存地，继而投入新的生产过程中进行循环再利用或封存。

目前，我国在碳捕集、利用与封存技术的各环节上进展较快。从捕集环节来看，部分技术已达到或接近达到商业化应用阶段；从运输环节来看，二氧化碳陆路车载运输和内陆船舶运输技术已成熟；从利用环节来看，化工利用取得较大进展，整体处于中试阶段；从封存环节来看，中国已完成了全国二氧化碳理论封存潜力评估。

第三，新能源经济下，清洁能源领域的就业将成为劳动力市场重要的增长点，其增长或将抵消传统化石燃料供应部门就业的下降。

新能源经济除了在可再生能源领域创造就业机会之外，还会增加建筑部门（改造和节能建筑）和制造业（高效能电器和电动汽车）等相关行业的就业机会。根据国际能源署的估计，到2030年，在各国承诺的碳减排情景下，清洁能源及相关行业将创造1 300万个就业机会，而在全球碳中和情景下，这个数字可能翻倍。

但应该注意的是，短时期内这种就业形式的转变会伴随混乱以及无序，从而造成结构性失业。因为新的工作岗位不一定会在失业的地方产生，劳动者的技能组合并不是自动转移的，他们需要学习新的技能。

三、低碳转型是我国经济稳增长的重要调节变量

在双碳战略的背景下，能源转型带来的工业再造，或将成为我

国未来经济稳增长的重要调节变量。双碳战略下，以新能源、光伏、风电等为代表的新兴能源产业需求加速扩张，进入高景气发展期，同时能够带动上游原材料、中游设备制造、下游消费以及能源运营商的全产业链进入高速发展期，电网、储能等设施的需求扩张也会带来新基建的投资机遇，对我国经济增长形成较强的动能支撑。

（一）绿色基建：未来托底基建的重要增量

在低碳转型推进下，绿色基建将是经济稳增长的重要发力点。2021年12月9日，中央经济工作会议指出，积极的财政政策要提升效能，更加注重精准、可持续，要保证财政支出强度，加快支出进度，适度超前开展基础设施投资。2021年12月11日，在2021—2022中国经济年会上，中央财经委员会办公室副主任韩文秀表示，要适度超前进行基础设施建设，在减污、降碳、新能源、新技术、新产业集群等领域加大投入，既扩大短期需求，又增强长期动能。

因此，在双碳战略下，绿色基建将贡献一大部分基建增量。绿色基建既涵盖了环境保护和资源节约范畴，又囊括了现代能源体系建设工程，在实现碳减排的同时，也提供了新的经济增长点。

2020年2月14日，中央全面深化改革委员会第十二次会议指出，基础设施是经济社会发展的重要支撑，要以整体优化、协同融合为导向，统筹存量和增量、传统和新型基础设施发展，打造集约高效、经济适用、智能绿色、安全可靠的现代化基础设施体系。

2021年3月11日，《中华人民共和国国民经济和社会发展第十四个五年规划和2035年远景目标纲要》决议通过。聚焦补短板、强弱项、惠民生，精准发力稳投资，包括交通基建、能源、新型基建等在内的一批大手笔、大工程浮出水面。规划纲要共设置20个专栏，提出102项重大工程项目。规划纲要指出，加快构建现代能源体系建设，建设一批多能互补的清洁能源基地，完善生态安全屏障体系，构建自然保护地体系。

2021年10月24日，国务院印发《2030年前碳达峰行动方案》，该方案聚焦2030年前碳达峰目标，对推进碳达峰工作做出总体部署，并提出碳达峰十大行动，涉及能源体系假设、新型基础设施节能降碳以及绿色交通等基础设施建设内容，明确了2030年前重点支持的领域。

在基建投资中，能源与交通领域占比超过50%，而绿色基建也主要聚焦这两大领域，将为基建投资带来更广阔的增长空间。基建投资各分项占比的变化反映了各阶段基建投资项目的重点。从2019年以来基建投资各分项投资额占比走势来看，电燃水供应业与交通运输设施投资额占比有所提升，公共设施投资额占比明显下降，与2010—2018年的趋势形成对照，反映了双碳战略下我国基建投资的重点切换。

在基础设施建设投资分项中，截至2020年，电燃水供应业投资额占比约为18%，交通运输、仓储和邮政业投资额占比约为35%，水利环保与公共设施投资额占比约为47%；而对比2009年，电燃水供应业投资额占比为25%，交通运输、仓储和邮政业投资额占比为43%，公共设施投资额占比为32%。

从近年来的基建投资增速来看，电燃水供应业投资增速对基建整体投资增速的贡献度明显提升，2019年基建投资增速为3.3%，其中电燃水供应业分项投资增速为4.5%；2020年基建投资增速为3.4%，其中电燃水供应业分项投资增速为17.6%（电力投资增速为17.0%，水力投资增速为22.4%）。

拆分电力分项内部来看，水电、风电是主要支撑项。未来在双碳战略的继续推动下，风电、水电有望继续保持较高增速，成为基建投资增长的重要支撑。事实上，过去15年间，我国光伏和风电装机容量一直处于稳步增长态势，但2020年以来增长更为显著。截至2021年10月，我国风电、光伏太阳能累计装机容量分别为2.99亿千瓦、2.82亿千瓦，均占全球装机容量的50%左右，位居全球首位。

光伏方面，根据中国光伏行业协会的预测，2021年我国光伏新增装机规模将继续保持增长，可能达到55GWh（吉瓦时）至65GWh，"十四五"时期，国内年均光伏新增装机规模可能达到70~90GWh。

风电方面，在2020年北京国际风能大会上，《风能北京宣言》正式发布。宣言提出，将保证年均新增风电装机5 000万千瓦以上。2025年后，中国风电年均新增装机容量应不低于6 000万千瓦。

锂电方面，我国电动车加速放量，新能源乘用车渗透率接近20%。2021年1—10月，中国新能源汽车产销分别完成256.6万辆和254.2万辆，同比均增长180%。2021年10月，新能源汽车产销分别完成39.7万辆和38.3万辆，同比均增长130%。目前我国锂电产业具备全球竞争力，未来锂电设备装机将持续增长。

在海外国家的气候行动方案中，均以发展绿色经济作为新的增长引擎，绿色基建成为重点投资领域。2020年6月，欧盟委员会正式提出7 500亿欧元的欧洲复苏计划，该计划以欧盟委员会于2019年12月颁布的《欧洲绿色协议》为主体框架，将绿色化、数字化作为核心和基础，以摆脱经济衰退、推动经济绿色低碳复苏。

从发展领域来看，各国在能源、交通、基础设施、绿色技术等方面，进行了不同水平、不同侧重点的探索。例如，德国将1 300亿欧元刺激资金中的1/3用于公共交通和绿色氢开发等领域；丹麦拨款40多亿美元用于社会住房的改造，以增加绿色就业岗位；美国侧重发展太阳能、风力发电、电池、新能源汽车等行业，以及推动关键清洁能源技术的成本降低和商业化；日本将致力于加强太阳能、氢能和碳循环等重点技术领域的研发与投资等。

绿色基建投资需要巨量资金，需要财政资金与社会资本的共同参与。根据清华大学国家金融研究院的估算，从现在到2060年，我国每年将有相当于GDP总量1.5%~2%的资金投入新能源、能源基础设施，以及碳中和科技创新和技术改造转型之中，预计2021年资金将超过1.5万亿元，以后还会逐渐增加。除财政资金以外，绿色基建还受益于政策性贷款、绿色债券、低碳转型基金等多渠道融资支持。

（二）低碳制造：稳住制造业占比的关键

2010年以来，我国制造业投资呈现出了明显的趋势性下滑特征。制造业投资下滑的背后，我国制造业在国民生产总值中的比重也在快速下行。为此，"十四五"规划明确提出，要深入实施制造强国战略，保持制造业比重基本稳定。而双碳战略驱动的制造业投资，或成为支撑我国未来制造业投资增长的重要动能。

实际上，制造业投资增速下滑与近年来我国产业结构转型存在关联。在我国的制造业结构中，传统制造业（尤其是高耗能产业）一直占据较高的权重，制造业投资增速的下滑，实际上表现为中低端制造业增加值占比的下滑。虽然高端制造业投资增速一直保持在较高增速区间，但是与中低端制造业相比，高端制造对整体制造业投资的贡献仍有待提升。

一则，双碳战略下，虽然对高耗能产业的产能扩张有制约，但同时也驱动其技术改造与绿色转型加速。

从我国碳排放现状来看，高耗能产业碳排放占比很高，要实现双碳目标，对高耗能产业的产能压降是必然趋势。2021年以来，国家发改委多次发文强调，为推动重点工业领域节能降碳和绿色转型，坚决遏制全国"两高"项目盲目发展，增量项目要坚决严控，不符合能耗双控要求的新项目不能再审批。

但是，高耗能产业是国民经济的重要组成部分，双碳战略并非摒弃其发展，而是有序推动节能降碳技术改造，加速实现高耗能产业绿色改造升级进程。

2021年11月15日，国家发改委等五部门联合发布《高耗能行业重点领域能效标杆水平和基准水平（2021年版）》。对拟建、在建项目，应对照能效标杆水平建设实施，推动能效水平应提尽提，力争全面达到标杆水平。对能效低于本行业基准水平的存量项目，合理设置政策实施过渡期，引导企业有序开展节能降碳技术改造，提高生产运行能效。

2021年12月3日，工业和信息化部印发了《"十四五"工业绿色发展规划》。文件指出，以实施工业领域碳达峰行动为引领，着力构建完善的绿色低碳技术体系和绿色制造支撑体系，系统推进工业向产业结构高端化、能源消费低碳化、资源利用循环化、生产过程清洁化、产品供给绿色化、生产方式数字化6个方向转型。

2021年12月14日，国家发改委、工业和信息化部印发《关于振作工业经济运行 推动工业高质量发展的实施方案的通知》，提出16条举措振作工业经济运行，推动工业高质量发展。通知明确，大力推动企业技术改造，在钢铁、有色、建材、石化、煤电等重点领域组织开展技术改造。因此，虽然在低碳战略下高耗能产业的产能扩张受到一定限制，但是低碳也驱动高耗能产业进行大规模技术改造，从而使这些行业的制造业投资增速保持稳定，合理完成过渡。

二则，双碳战略将驱动我国能源与工业体系再造，对光伏、风电、氢能等清洁能源行业的投入,将带动上下游全产业链扩张,带来更多投资机遇。

2021年10月,国务院印发《2030年前碳达峰行动方案》,该方案重点实施"碳达峰十大行动",明确将"聚焦化石能源绿色智能开发和清洁低碳利用、可再生能源大规模利用、新型电力系统、节能、氢能、储能、动力电池、二氧化碳捕集利用与封存等重点,深化应用基础研究"。

双碳战略下,以新能源、光伏、风电等为代表的新兴能源产业需求加速扩张,进入高景气发展期,同时能够带动上游原材料、中游设备制造、下游消费以及能源运营商的全产业链进入高速发展期,电网、储能等设施的需求扩张也会带来新基建的投资机遇,对我国经济增长形成较强的动能支撑。

新能源经济将朝着电气化、高效化、互联化和清洁化的方向继续发展。政策支持和技术创新的良性循环,带动了新能源经济的崛起,而成本的降低则进一步推动其发展。清洁能源技术正成为投资和就业的一个重要新兴领域,也是一个国际合作与竞争日趋活跃的舞台。

实现全球碳中和需要一次空前的清洁能源投资注入。根据国际能源署的估计,在全球碳中和设定下,到2030年,全球每年对清洁能源的投资将增加到4万亿美元,是目前水平的3倍多,这笔庞大的投资为整个清洁能源供应链上的设备制造商、服务提供商、开发商,以及工程、采购和建筑公司均提供了前所未有的市场机会。

在新能源经济下,清洁技术的巨大市场机遇成为国际竞争的重要新领域。各国都争相在新能源经济的全球供应链中争夺位置。国际能源署估计,如果到2050年全球实现碳中和,那么风力涡轮机、太阳能电池板、锂离子电池、电解槽和燃料电池制造商每年的市场机会将增长10倍,创造的收入有望达到1.2万亿美元,单单这5

个因素就足以超过今天的石油行业及其相关收入。

(三)绿色消费:消费潜力释放的重要来源

消费是稳增长的"压舱石",是畅通国内国际双循环的重要引擎。在双碳战略发展下,绿色低碳消费成为消费增长新势能,是消费潜力释放的重要来源。党的十九届五中全会提出,要广泛形成绿色生产生活方式,促进消费向绿色、健康、安全发展,并对践行绿色生活方式、推进绿色消费做出重要部署。

2021年9月15日,国家统计局新闻发言人付凌晖在回答记者提问时表示,从消费潜力来看,目前一些绿色智能相关产品的消费还有很大潜力。下阶段要把这些消费潜力释放出来,增加有效供给,持续增加智能家居、智能家电以及低碳产品的生产。

2021年12月,中央经济工作会议指出,正确认识和把握初级产品供给保障,在此基础上强调在消费领域增强全民节约意识,倡导简约适度、绿色低碳的生活方式。

2022年1月24日,国家发改委等部门发布《促进绿色消费实施方案》,完善有利于促进绿色消费的制度政策体系和体制机制,推进消费结构绿色转型升级,加快形成绿色低碳的生活方式和消费模式。

绿色低碳消费,凸显出环境可持续发展的消费主张,其本身有如下特征:一是"恒温消费",消费过程中温室气体排放量最低;二是"经济消费",对资源和能源的消耗量最小;三是"安全消费",消费结果对消费主体和人类生存环境的健康危害最小;四是"可持续消费",对人类的可持续发展危害最小;五是"新领域消费",鼓励开发新低碳技术、产品,以及建立新的消费标准。

现阶段,新能源汽车消费是居民绿色低碳消费的重要来源。作为战略性新兴产业和全面建成小康社会的有力支撑，新能源汽车产业是有效缓解能源和环境压力、促进经济发展方式转变和可持续发展的重要推手。国务院发布的《新能源汽车产业发展规划（2021—2035年）》指出，发展新能源汽车是我国从汽车大国迈向汽车强国的必由之路，是应对气候变化、推动绿色发展的战略举措。

近年来，我国新能源汽车加速放量，新能源乘用车渗透率接近20%。2021年1—10月，中国新能源汽车产销分别完成256.6万辆和254.2万辆，同比均增长180%。2021年10月，新能源汽车产销分别完成39.7万辆和38.3万辆，同比均增长130%。

2021年11月19日，在"2021红杉数字科技全球领袖峰会"上，比亚迪董事长王传福提到，电动汽车在中国迎来了前所未有的发展期。新能源乘用车渗透率从2021年初的5%~6%，已经上升至2021年10月的20%左右，他预计，2021年中国市场新能源乘用车销量有望突破330万辆，2022年底，中国新能源乘用车渗透率将超过35%。

为促进居民绿色低碳消费，相关部委相继出台一系列举措，保障绿色消费潜力的充分释放。为对冲新冠肺炎疫情的影响、促进汽车市场消费，2020年4月，财政部、工信部、科技部、国家发改委发布了《关于完善新能源汽车推广应用财政补贴政策的通知》，将新能源汽车推广应用财政补贴政策和免征车辆购置税政策实施期限延长至2022年底，平缓补贴退坡力度和节奏。

2020年4月，财政部、国家税务总局、工信部又联合发布公告，自2021年1月1日至2022年12月31日，对购置的新能源汽车免征车辆购置税。

2020年9月，财政部、工信部等五部门发布《关于开展燃料电池汽车示范应用的通知》，加快推进燃料电池汽车核心技术产业化攻关和示范应用。与此同时，中央财政还根据各地新能源汽车推广数量安排充电设施奖励资金。

2021年3月,工信部等四部门发布《关于开展2021年新能源汽车下乡活动的通知》,稳定增加汽车消费,促进农村地区新能源汽车推广应用,引导农村居民绿色出行;鼓励各地出台更多新能源汽车下乡支持政策,改善新能源汽车使用环境,推动农村充换电基础设施建设。

2021年12月,国家发改委、工信部发布《关于振作工业经济运行 推动工业高质量发展的实施方案的通知》,释放重点领域消费潜力,加快新能源汽车推广应用,加快充电桩、换电站等配套设施建设,鼓励有条件的地方在家电等领域推出新一轮以旧换新行动,鼓励开展新能源汽车、智能家电、绿色建材下乡行动。

此外,绿色低碳消费不仅可以释放消费潜力,还可以倒逼企业进行绿色改造。在实现自身商业利益最大化的目标下,企业进行减碳行动的动力并不强。因此,需要引入消费端的力量。只有消费者对高碳产品做出群体性的"用脚投票",才能对供给端形成强大的倒逼力量,助力生产与服务企业做出力度更大的"减排"行动。

从目前来看,我国民众生活的总能耗庞大,碳排放量较高。国际环保公益组织自然资源保护协会发布的《政府与企业促进个人低碳消费的案例研究》报告显示,2021年我国居民消费所产生的碳排放量将达到29.7亿吨,为2002年的2.27倍。实现双碳目标,对居民端消费品的减碳行动也迫在眉睫。